北京大學《儒藏》編纂與研究中心 編

《儒藏》精華編選刊

周易姚氏學

〔清〕姚配中 撰
周玉山 校點

U0434224

北京大學出版社
PEKING UNIVERSITY PRESS

圖書在版編目(CIP)數據

周易姚氏學 /（清）姚配中撰；北京大學《儒藏》編纂與研究中心編. —北京：北京大學出版社，2023.9
（《儒藏》精華編選刊）
ISBN 978-7-301-34379-1

Ⅰ.①周… Ⅱ.①姚…②北… Ⅲ.①《周易》-研究 Ⅳ.①B221.5

中國國家版本館CIP數據核字（2023）第163561號

書　　名　周易姚氏學
ZHOUYI YAOSHIXUE
著作責任者　（清）姚配中 撰
周玉山 校點
北京大學《儒藏》編纂與研究中心 編
策劃統籌　馬辛民
責任編輯　吴冰妮
標準書號　ISBN 978-7-301-34379-1
出版發行　北京大學出版社
地　　址　北京市海淀區成府路205號　100871
網　　址　http://www.pup.cn　新浪微博：@北京大學出版社
電子郵箱　編輯部 dj@pup.cn　總編室 zpup@pup.cn
電　　話　郵購部 010-62752015　發行部 010-62750672
編輯部 010-62756449
印 刷 者　三河市北燕印裝有限公司
經 銷 者　新華書店
650毫米×980毫米　16開本　29.25印張　309千字
2023年9月第1版　2023年9月第1次印刷
定　　價　112.00元

目録

校點説明

《周易姚氏學》十六卷，清姚配中撰。姚配中（一七九二——一八四四），字仲虞，安徽旌德人。弱冠博覽經史百家，「尤嗜《易》」（包世臣撰《清故文學旌德姚君傳》），主鄭氏《易》，以爲漢《易》最優。道光二十四年十月廿九日，以諸生卒於鄉里，年五十三。

姚配中初博覽群經，以漢經師之學爲己志，後得其友包世榮提撥，「遂壹志於《易》」（《包序》後附姚配中跋）。始得張惠言《周易虞氏義》，「因爲虞氏之學」，後得李鼎祚《周易集解》，得觀虞、荀、鄭三家《易》，精心研求，以爲鄭氏《易》最優，然苦其簡略，「意推之，至形夢寐」（《清故文學旌德姚君傳》），於是以鄭注爲主，參以漢魏經師諸説，終成《周易姚氏學》十六卷。此外尚有《周易通論月令》二卷、《易學闡元》一卷、《琴學》二卷、《書學拾遺》一卷等。

《周易姚氏學》成書凡經三變，方成定稿。初姚氏以鄭氏《易》爲主，輯録漢魏人《易》注，成《周易參象》十四卷；嘉慶二十二年（一八一七），遊學揚州，始「約煩就簡，改其體例」

（《包序》），更《參象》十四卷爲《周易疏證》十六卷，並請包世榮爲之製序，即今書前之《包序》；道光二年，姚氏歸鄉里，講學其中，「復删舊藁爲《姚氏學》」（《包序》），即定本《周易姚氏學》十六卷。

《周易姚氏學》，主以鄭義，博取漢魏諸家，間下己意，疏通諸家，不立門户之見，能成一家之言。柯劭忞曰：「大旨主發明鄭學，鄭君所未備者，取荀、虞諸家補之，然必與鄭義相比附。荀、虞諸家所未及者，附加案語。亦本鄭君家法，由卦象以求義理，一洗附會穿鑿之陋。至鄭君間取爻辰、徵之星宿，爲後人所駁斥者，配中悉皆删去，一字不登，尤見善而從，不爲門户之標榜，可謂善學鄭君者矣！」（《續修四庫全書總目提要》）

《周易姚氏學》有道光二十五年《一經廬叢書》木活字本（《續修四庫全書》即據該本影印）、光緒三年（一八七七）開雕湖北崇文書局刻本（簡稱「崇文書局本」）、光緒十四年江陰南菁書院刻《皇清經解續編》本（簡稱「皇清經解續編本」）。三個版本各有優劣，《一經廬叢書》本，時間最早，且在書前完整地保留了包世臣撰《清故文學旌德姚君傳》、宋翔鳳撰《宋題辭》、包世榮撰《包序》、朱甘霖撰《朱序》、王守成撰《醵棨一經廬叢書記》五篇文字，對研究《周易姚氏學》不無裨益，然木活字本，難免有魯魚亥豕之誤；崇文書局本與皇清經解續編本雖爲後出，對《一經廬叢書》本多有校正，然亦多有校改錯誤者。有鑑於上，今以《續修四庫全書》影印《一經廬叢書》本爲底本，校以崇文書局本和皇清經解續編本。他校一般據影印文淵閣《四庫全書》本。或有疏誤，就教於方家學者。

校點者　周玉山

清故文學旌德姚君傳

君諱配中，字仲虞，姓姚氏，安徽旌德人也。其先世居湖州，宋寶慶間有述虞者，爲旌德教諭，子孫家焉，故爲旌德人。君穎悟絶人，用思沈摯，不怠倦。甫弱冠，已博覽經史，旁通百家言，而尤嗜《易》。既善毘陵張先生《虞氏義》，因求李氏《集解》。研究羣説，鄭氏最優。苦其簡略，意推之，至形夢寐。嘗夢請業於鄭氏者再，侍鄭氏與虞氏辨論者一，又夢呑乾爻自初九至九五，意乃豁然。客廣陵五年，成《周易參象》十四卷，又爲論十篇，説其通義，附於編後。予讀之，嘆爲絶業。時儀徵劉文淇孟瞻、甘泉薛傳均子韻、丹徒汪沅芷生、江都汪穀小城、丹徒柳興宗賓叔、予從弟世榮季懷、族子慎言孟開，以治漢學，與君朝夕，皆嘆爲莫及。季懷則曰：「仲虞書行於今世，自不及張先生之盛，百年後當獨爲學《易》者宗矣。」遂爲之序。仲虞旋歸里門。至道光甲辰，予遊旌德，去廣陵別已久。君出示定本，點竄原書至什七八，删説通義之十篇爲三，移冠編首，題曰《周易姚氏學》，而序則仍季懷之舊。其微妙詳審，益非予所能測識矣。

君又嗜琴。東南琴學有金陵、常熟、武林三派，而譜則皆出廣陵。君長於金陵而遊廣陵，雜習各派。及歸里，潛心默悟，乃知傳譜多舛誤，更正世所盛習者十數曲，又自製七曲，原數説聲，上溯本始，爲《琴學》二卷，亦出以示予。予未習此事，惟驚賞文義瑰奇而已。君言七弦各有本數、倍數、半數，損益上下，旋相爲宫。以定宫商角徵羽正變清濁之位，而六十律三百六十四聲俱以和相應。凡吟猱必在角羽位，蓋宫爲君，商爲臣，徵爲事，角爲民，羽爲物。君臣所有事，皆爲民物，故吟而上，猱而下，往復遲回，必當民物之位。予聞言不能解，請君一再鼓。君於對几設副琴。鼓至窈眇之時，則副琴弦不動而自鳴，又几案所置杯盎及檽槅，時或響應。余怪問之，君曰：「各物皆有數，數同則聲應。《唐書》所載寺磬每無故自鳴，僧慮其不祥，萬寶常爲刓磬成痕，而鳴止。蓋其磬與宫中鐘同數，鐘鼓於宫則磬應於寺。刓痕雖幺細，而磬之得數已與鐘異，故鳴止。秉筆者不解此義，是以載其事而不能言其故。雖寶常精察，然其數不可誣也。予考董子《同類相動篇》云：『調琴瑟而錯之，鼓宫則他宫應，鼓商則他商應，比而自鳴，非有神，其數然也。』又云：『其動以聲而無形，人不見其動之形，則謂之自鳴。又相動無形，則謂之自然。其實有使之然者。』蓋和聲之道自古如斯，末俗失傳，故詑以爲奇。」然則君真冥契古初者矣。

君又嗜書，爲《書學拾遺》四千餘言。又注《智果心成頌》，以傳立書大幅執筆之法。又和予《論書次東坡韻》五言十四韻，實如親受法於晉唐諸公，掃宋氏以來謬説，而自書亦足踐其言，時流無與比者。

君家貧而守堅，學優而遇蹇。吾鄉士習恇怯，厠名庠序，輒欲結納有司以爲榮而攘利。前後涖旌之長官十數，慕君學行，求識面而卒不得。其督皖學者前後亦十數，皆奇君文，而杭州學士胡敬、湖州侍郎張鱗尤器君。張公奉使當乙酉選拔期，於旌德學拔吕賢基。及謁謝，張公語吕君曰：「姚生學行，寧廣九學無其匹，非止冠旌德已也。吾所爲拔若者，以姚生文淡而彌旨，胎息馬班，風檐中斷無能識之者。若頗能墨裁，是可成進士，登詞垣。若歸，當益親近，請業請益，庶不至終於孤陋寡聞也。」同謁者以其語告君，君一笑而已。而吕君以詞垣歷科長馳驅，主文衡，君竟困諸生。及甲辰，例出貢，而考貢領單之資無可籌，遂以廪膳生卒於家。張公有識有守，爲督皖學者所僅見。然爲子孫求不荒之莊，遂無暇爲斯世惜人材。習俗移人，賢者不免，悲夫！

君卒於道光二十四年十月廿九，距生乾隆五十七年十一月初六，得年五十有三。祖士凱，國子生，邑志所載孝義君子者也。父燦，國子生。娶同邑汪氏，繼程氏。子四。長邦選，季懷之女夫也。攜婦至金陵，居母家，而訓蒙於鄉以自給。次邦道，習貿易於武昌，漸可自植。三邦進，君使爲叔弟經珊後，僑宣城。皆汪出。季邦達，程出也。女子子二。長適同邑吕振宗，汪出。次程出者尚幼。孫一，阿寶；女孫一，歸子。皆幼。君善病，已三四年，至甲辰六月而劇。君之弟子汪守成季鄭、郭賢演文瀾昕夕更番侍疾，潛備棺衾於外。前卒一日，君召季鄭、文瀾，指邦達曰：「此兒質可向學，我死無培植者。姚氏書香自此絶已！」語次嗚咽，不自勝。季鄭故教授文瀾家，文瀾曰：「先生設不諱，弟子即挈邦達，使就學季鄭。十年内衣食、紙筆、考試費，弟子任之。」季鄭任醵金五百，刻所著書，以其餘置産膳程及其幼女。文瀾農家，强自給耳。季鄭赤貧，以潔己任俠，爲邑人所重，竟得醵金如所約，市板開雕。君教授鄉里廿餘年，從遊者多，惟季鄭苦寒力學，頗傳君之業。荀子曰：

「水深則回，葉落糞本。」君當之矣。

道光乙巳夏四月望，涇包世臣譔。

宋題辭

吾友包君甘説士，沓伯。姚子姓名早在耳。百聞或未及一見，心頗然疑口諾唯。兹來僻邑誰相知，邑人譽子同一辭。不愁寂寂耳目際，惟有躍躍心神馳。聞聲急相見，握手明相思。著書一編示赤緑，治《易》三古追黃羲。何止條流分漢學，周秦百氏歸揚搉。張侯絶業竟同情，皋文先生。惠子遺文謝先覺。松崖徵君。欲通尺牘劉原父，申受。始見今時有門户。乍涉津涯意便驚，終慚薄劣中無主。埽地遲君旦夕來，揮麈使我心胸開。詞多紛紛撥荆棘，書成鬱鬱沈草萊。君不見名場議論變寒暑，鄉曲轉無私取予。樵夫漁父各有辭，還待端蓍占出處。

道光七年秋仲，長洲宋翔鳳于庭氏題。

包序

《易》者，三才之秘藴，六藝之根原也。漢儒言《易》見于志傳者十餘家，今唯鄭、荀、虞三家注尚存梗概。三家皆言易象，司農並詳典禮。耑原本一，所造有淺深也。自王輔嗣以清言説《易》，漢儒師法漸焉泯滅者千載。我朝文運昌明，漢學復盛。元和惠氏棟宗禰虞氏，旁徵他説，作《周易述》。武進張氏惠言專據虞氏注，作《周易虞氏義》。吾友姚君仲虞始于市得張氏書，因爲虞氏之學。余爲改今字，美其志也。後得李氏《集解》，見三家注，精心研求。以爲司農之注優于荀、虞，乃據鄭爲主，參以漢魏經師舊説，作《周易參象》，時尚未覩惠氏書。余因取惠氏書挍其所得，同者居其三四，而精到之處足以正惠氏之非者已復不少。更約煩就簡，改其體例，名曰《周易疏證》。疏者，疏以己意；證者，證其所自也。藁凡四易，時經七載，風雨寒暑無間而書成。其書中發揮三聖之奥旨，自序詳言之。

余于嘉慶甲戌歲居金陵，識仲虞。仲虞始學《易》，寄居甚困，以課蒙給俛仰。家有舊欠，索負者日擾其門。漏屋數椽，盎無米儲，而庭多噪擾，勢已無可奈何。然開卷研思，勇气憤發。凡篇中消息義例閒有不明，輒至不寐久之，雖寢食不廢也。其精如此。藁甫脱，陽湖孫伯耑觀察見之，嘆爲絶學復明。丁丑遊揚，館于揚者數歲，同輩見者俱服其精博。荀子曰：「無冥冥之志者，無昭昭之明。」仲虞之明于《易》，其志定也夫。余于《易》未能卒業，何能知仲虞之所造？然仲虞于《詩》《禮》之學及天文算法韵學，凡過目者皆能言其意，况其專門名家，歷艱難辛苦，不問寒暑而成者哉？其爲人誠于身，信于友，庶幾寡過之君子，信乎于此道深也。書既成，屬序于余。余學淺，烏能序其書？然以《谷風》之義無殊骨肉，方且接以婚媾，約爲比鄰，又烏能辭也？聊誌其功力之苦及其爲人，以示後之讀是書者。道光元年三月，同郡友涇包世榮書于揚州湖上之假館。

此余友包君季褏爲余序《周易疏證》者。余壬午歸里，復删舊藁爲《姚氏學》，而季褏以丙戌謝世，不得復請其序，因列是簡端。時復一過，亦庶幾仿佛其人，消我鄙吝。嗚呼喪我良朋，箴規誰繼？言念故人，悲來横集。憶甲戌歲識季褏于金陵之尊經書院，即殷殷然以經學勸。先是，家大人命受業於婺源戴斗垣先生，稍聞經師家説，竊向往之。得季褏爲先路之導，而志益定。季褏以余涉獵之多涂也，謂余曰：「《易》者五常之原而寡過之要，學之，達足以善天下，窮亦足以善其身。學以專成，以廣廢，慎毋泛騖爲也。」余深然之，遂壹志於《易》。采輯舊聞，成《參象》十四卷。而季褏之揚，因就正於孫伯淵先生，先生可之。時家日以落，謀食維殷。丁丑遊揚，由季褏館於洪桐生先生家，爲校書籍，得盡閲其所藏。又得識季褏兄慎伯世臣、其族子孟開慎言、其姻兄弟翟徽五慎典、徽五弟楚珍維善，若揚之薛子韻傳均、劉孟瞻文淇、楊季子亮、汪小城穀、劉楚楨寶楠、梅蕴生植之、吴熙載廷颺，皆季褏之友也。鎮江之汪芷生沅、柳賓叔興宗，則余館於洪桐生先生家及館於鎮江汪氏之所友，而季裒亦友之者。切磋之益，惠我靡窮。乃更《參象》爲《疏證》十六卷。每卷脱藁，必與孟瞻挍之，諸友討論之。書成，而季裒序之。可謂極友朋之樂矣。嗚呼，孰意季裒竟長謝故人，今不得復見邪！載誦遺文，潸焉隕涕。

弱冠始交包十五，卅載棲遲託羈旅。後來見君十九弟，廿年亦向江淮寄。阿兄奇才説經濟，阿弟樸學異時世。弟兄上策不見收，刺促還爲衣食憂。衣食不足顑頷死，阿兄痛哭蕪城裏。如余更與近家法，從此後少相磨砥。姚子學《易》成交親，平生一序留遺文。回環卒讀數百字，掩卷歎息猶微聞。紅橋初見春濯濯，曾喜老蒼得還璞。衆中抑塞苦言詞，暗裏精神喪彫斲。姚子食貧將遠遊，遠遊吴門吾舊邱。欲凂寄聲包十五，何必輕爲常人謀？

包季懷爲姚仲虞作《易周疏證序》，❶季懷殁後，其家始以遺稿寄仲虞。仲虞以見示，因賦此篇。宋翔鳳并記。

❶「易周」，當作「周易」。

朱序

予在都習聞宋于廷、業師包慎伯世丈言安徽旌德姚仲虞之賢，謁選得旌德，私幸爲其長官，得資麗澤。比至皖，晤曾莅旌德者，交口稱仲虞，然皆未得識其面。謂其人抗心希古，恥與俗士伍，蓋狂而狷者。予莅邑閱四年，至壬寅七月，旱甚，予虔禱於西竺寺，仲虞讀堂寺中，予排闥竟造，乃得接晤。及甲辰春初，仲虞忽介學博崇海秋執贄門下，予驚喜無以自任。然後此亦惟吾母氏六旬一進署，而綵觴仍不能屈與也。夏杪，余赴金陵秋闈調，蕆事赴皖，則已改官靈璧。冬仲以交案小住旌德，而仲虞奄在殯宫，余就哭之。其弟子汪生守成醵金爲刻《周易姚氏學》《一經廬琴學》，以稿本質余。宋師、包丈久爲宇内尊宿，又先文正公所嘆賞不置者，皆謂仲虞書精深不可測，何論余之薄殖而荒落，又值役役簿書，心手不相及之時乎？唯承乏七年，仲虞竟肯蹬然枉顧，與前此諸君始終不得一見者，有榮施已，故紀締結始末於簡端，以告善讀仲虞之書者。

道光甲辰仲冬月朔，大興朱甘霖晴佳甫書。

醵槊一經廬叢書記

《一經廬叢書》，先業師姚仲虞先生所著，守成受遺命，約同門諸友醵金所槊也。先生文學精深，躬行修潔，諸名公傳序備紀其詳。守成淺陋，深慚紹述，豈敢更有論説？至大節在三，師恩同於君親，服勤無方，迺循分盡職耳，況區區醵金，此何足道？然古人有言：「師道立則善人多。」諸友之能輕財從義，亦足見先生之教道孔長也。先生遨遊江淮而歸，教授鄉里。其道義交脱驂賻贈，隨在有人，誼屬尊長，不敢屈名簡末。惟在弟子列者附識姓氏。是書之槊也，吕景文醵金百五十爲倡，朱柳塘、汪雨亭率諸舅弟助資贊成之。若夫讐校有舛牾，則守成荒謬之咎也。先生所著仍有《月令箋》七卷，其大義微言已見《周易通論月令》中，俟當續刻，以成完璧。

醵金弟子

吕振宗景文

朱百朋柳塘

汪家禧雨亭

朱　銘仲西

汪一生孟泉
朱　鈺相甫
汪應鎔奕三
汪家福叔垣
郭元章用廷

道光二十五年歲次乙巳季秋月，受業汪守成謹識。

周易姚氏學序

旌德姚配中撰

天一，地二，天三，地四，天五，地六，天七，地八，天九，地十，何也？ 一也。 一者元也，元者易之原也，是故不知一者，不足與言易； 元藏于中，爻周其外，往來上下而易道周，是故不知周者，不足與言易； 日月爲易，坎離相推，一陰一陽，窮理盡性，是故不知太極之始終者，不足與言易； 爻畫進退，變化殊趣，差之豪氂，謬以千里，是故不知四象之動静者，不足與言易； 聖人設卦，觀象繫辭，擬議動賾，言盡意見，是故不知繫辭之旨者，不足與言易；《樂》《詩》《禮》《書》《春秋》五者，五常之道，而易爲之原，是故不通羣籍者，不足與言易； 師儒授受，別派專門，見知見仁，百慮一致，是故不深究衆説之會歸者，不足與言易。 以十翼爲正鵠，以羣儒爲弓矢，博學以厚其力，思索以通其神，審辯以明其旨，則庶幾其不遠也夫。 覽總大要，論附篇首。

贊元第一

元發爲畫，畫變成爻，爻極乃化。一-- 謂之畫，卦首六畫是也。九六謂之爻，畫之變也。伏羲之易，有畫无九六之爻，文王發揮剛柔，乃增以九六之爻，諸所稱初九、初六皆是也。《乾鑿度》云：「夫八卦之變，象感在人，文王因性情之宜，爲之節文。」鄭康成注云：「人情有變動，因設變動之爻以效之。」楊雄《解難》云：「宓羲氏之作易也，緜絡天地，經以八卦，文王附六爻。」司馬季主云：「伏羲作八卦，文王演三百八十四爻。」《漢書・藝文志》云：「文王重易六爻，作上下篇。」《淮南子・要略》云：「伏羲爲之六十四變，周室增以六爻。」高誘注云：「八八變爲六十四卦，伏羲示其象，周室謂文王也。」據此是文王增爻，故鄭以爻辭爲文王作。爻者，畫之變也，六十四卦皆八卦之經緯，故楊雄等但言八卦，義與《淮南子》同。鄭氏「用九」注云：「六爻皆體乾，羣龍之象也。舜既受禪，禹與稷、契、咎繇之屬，並在於朝。」是鄭氏以六爻爲禹稷諸人，而舜則用九者，不在六爻之數，所謂乾元也。虞氏《坤・象》注云：「坤含光大，凝乾之元，終於坤亥，出乾初子。」謂乾元藏於中，坤含光大，凝乾元則坤元也，坤元亦不在六爻之數。而「復德之本也」，虞注云「復初乾之元」者，以元不可見，終亥出子，藏於中宫，因其始動，以目其未動，故獨繫之復初。復初，陽始來復，天地之心也。虞所謂隱初入微，陽始來復，未著成爻也。是虞義與鄭同。乾初九潛

荀氏「大衍之數五十」注云：「卦各有六爻，六八四十八，加乾坤二用，凡有五十。乾初九潛

龍勿用，故用四十九。」其説五十，雖似與鄭異，鄭義以天地之數五十五，五行減五，故五十，似與荀異。但既減五，即以象八卦爻數及二用義，互相濟也。而云「加乾坤二用」，則亦以乾元、坤元不在爻數，用九、用六，實有用之者矣。云「初九潛龍勿用，故用四十九」者，蓋亦以乾元隱初入微，義與虞同。《文言傳》云「陽氣潛藏」，謂「元」；「龍蛇之蟄以存身」，喻「元」。虞注云：「陰息初，巽爲蛇，陽息初，震爲龍。」亦即復初乾元之義。乾元隱於復初，則坤元隱於姤初可知。「下也」，釋爻。乾元隱初乃中宫，非下。自初至終，无非元之所爲。元實起於一卦之始，而舉其義於一卦之終，以見元无不在，非上九之後，又有用九也。故既云「加乾坤二用」，又云「潛龍勿用」，指元爲説，即用九乾元，元藏中宫，萬物之始。非謂元用而初爻不用。惠氏棟因荀義，而以初九爲元、爲太極，未之審也。馬以一爲北辰，京以一爲天之生氣，辭異而義悉同也。夫資始者天，資生者地，乾元資始，父道也，坤元資生，母道也。娠身者母，致養者坤，故坤元獨包四十八而爲之母。萬物資始於乾元，而致養於坤元，故合五十爲大衍太極之全數也。京房云：「其一不用，天之生氣，將欲以虚來實。」馬融云：「易有太極，北辰是也。北辰在中不動，其餘四十九轉運而用也。」鄭氏云：「極中之道，淳和未分之氣也。」鄭義蓋兼五十爲説，京、馬則言其一策。崔憬云：「四十九數合而未分，是象太極也，今分爲二，以象兩儀矣。」是崔以四十九爲太極。❶案，資始

❶「四」，原作「西」，今據崇文書局本、皇清經解續編本改。

資生，乾元一策不與而實與焉，鄭總五十，義兼諸説，諸説合，義始備。故崔又云：「捨一不用者，以象太極，虚而不用也。」至崔以天一地四爲大衍所不管，則失之，李鼎祚駁之是也。許氏《説文》云：「惟初太始，道立於一，造分天地，化成萬物。」此則元之所以爲元也。董子《春秋繁露・重政》云：「元猶原也。」何休《公羊注》云：「元者氣也，無形以起，有形以分，造起天地，天地之始也。」《乾鑿度》云：「夫有形生於無形，乾坤安從生？故曰有太易，有太初，有太始，有太素。太易者，未見氣也；太初者，氣之始也；太始者，形之始也；太素者，質之始也。氣形質具而未離，故曰渾淪。渾淪者，言萬物相渾成而未相離，視之不見，聽之不聞，循之不得，故曰易也。易无形畔。」觀此諸義，可以知元矣。《漢書・律歷志》云：「十一月乾之初九，陽氣伏於地下，始著爲一，萬物萌動，鍾於太陰，故黄鐘爲天統，律長九寸。九者，所以究極中和，❶爲萬物元也。」云「始著爲一」，云「究極中和，爲萬物元」，則其所謂元非初九明矣。其所謂「太陰」，即坤元藏乾元者也。合乾坤之元，謂之太極。故《志》又云：「太極，中央元氣。」蓋元者，視之不見，聽之不聞，範圍不過，曲成不遺，在天成象，在地成形，見乃謂之象，形乃謂之器，皆元也。《參同契》云：「用九翩翩，爲道規矩，陽數已訖，訖則復起，推情合性，轉而相與，循環琁璣，升降上下，周流六爻，難可察覩，故无常位，爲易宗祖。」故曰：「八卦成列，象在其中矣。」「乾坤成列，而易立乎其中

❶「以」，原脱，今據《漢書》補。

矣。」彖者言乎象，卦畫者，元之象也；爻者言乎變，九六者，畫之變也。亦即元之變。《乾鑿度》云：「易有六位。六位之變，陽爻者，制於天也；陰爻者，繫於地也。」案，六位之變，謂六畫變成爻。謂之變者，畫變而爲爻；謂之爻者，效天下之動者也。《乾鑿度》云：「一變而爲七，七變而爲九，九者，氣變之究也。」又云：「陽動而進，陰動而退，故陽以七，陰以八爲彖。陽動而進，變七之九，象其氣之息也；陰動而退，變八之六，象其氣之消也。」鄭注云：「彖者，爻之不變動者，即畫。九六，爻之變動者。《大過》九五虞注云：「荀公以初陰失正當變，數六爲女妻，二陽失正，數九爲老夫；以五陽得正位不變，數七爲士夫，上陰得正，數八爲老婦。」案，荀雖以六爲女妻，八爲老婦，失老少之義，然觀其當變不變之旨，則亦以七變九、八變六，由七八而變爲九六，與《乾鑿度》同，非陰變陽、陽變陰之謂也。《革》九五「大人虎變」，宋衷注云：「九者，變爻。」亦謂九爲七之變，若云變之陰，則五失位矣，何「大人虎變」之云乎？ 一變而爲七，是今陽爻之象，畫是也。《繫辭傳》云：「爻象動乎内。」爻之本象、卦首六畫是也。 七變而爲九，是今陽爻之變。爻爲畫所變。諸稱九六，皆由畫變也。 八變而爲六，「八」，今本誤作「二」，據《乾鑿度》正文改正。 是今陰爻之變，二變而爲八，「二」，今本誤作「六」，據《乾鑿度》正文改正。 是今陰爻之象。」然則畫者七八，由七八而變爲九六，是之謂變，由變而通陰陽，《易》乃謂爲化。 卦畫「⚊⚋」而以爲七八者，《繫辭傳》云：「聖人有以見天下之賾，而擬諸其形容，象其物宜，是故謂之象。」畫「⚊⚋」，象其賾也。 所謂剛柔立本，一變爲七，二變爲八，七八之義，即在是矣。《乾》

「用九」傳云「乾元用九」，《象傳》云「大哉乾元」，《坤·象傳》云「至哉坤元」，虞以復初爲乾元，荀以潛龍爲不用之一策，皆推本言之，爻畫之所由生也。《唐志》一行議：「陽七之静始於坎，陽九之動始於震，陰八之静始於離，陰六之動始於兑。」案，冬至陽生，爲陽之始，一變爲七，是爲正東，故「陽七之静始於坎」。至正東則陽已成七，七爲變之始，七變而九，是爲東南，故「陽九之動始於震」。由一而七，由七而九也，三微成著，正東陽乃著見成畫，七也。冬至之陽是爲賾，元也。正東陽已出地，乃有形容，七也。故曰「聖人有以見天下之賾，而擬諸其形容，象其物宜，是故謂之象」，此由元而成畫者也。陽九之動始於震，由正東至東南，七變成九，此由畫而成爻也。夏至陰生，陽極將化，陰盛西北，陽化而伏矣。陰八之静，陰六之動，義亦如此。以此推之，賾與爻畫，昭然可知矣。擬諸形容，是爲人，天下之賾，則心也。《太玄·礥》初一：「黄純於潛，不見其畛，藏鬱於泉。」《測》曰：「黄純於潛，化在嘖也。」亦即元藏不見、藏於中宫之義。《玄告》云：「天以不見爲玄，地以不形爲玄，人以心腹爲玄。」玄即元也。有是人當有是事，是曰物宜，宜如此而未如此者也。故君子居則觀其象，喜怒哀樂之未發爲中也，及其動則典禮行焉，君臣、父子、夫婦、昆弟、朋友，各行其所當行，故曰：「聖人有以見天下之動，而觀其會通，以行其典禮。繫辭焉以斷其吉凶，是故謂之爻。」典禮行則得失著，故吉凶斷也。《乾鑿度》云：「夫八卦之變，象感在人，文王因性情之宜，爲之節文。」鄭注云：「人情有變動，因設變動之爻以效之。」蓋九六之爻根於畫，如人喜怒哀樂之發本於性，而得失則斷以禮。性偏者，發亦偏；性正者，發亦正。偏則失，正則得，吉凶之斷以是分焉。所謂爻象動内，而吉凶見外者也。畫之未動也，其吉者，是曰吉人，其凶者，是曰凶人，吉凶者宜也，未來之吉凶也。吉人動，而爲吉事吉報焉，凶人動，而爲凶事凶報焉，已來之吉凶也。所謂見乎外，生乎動也，此畫之變而爲爻者也。若凶人遷而之善，吉人而反爲不善，則皆化矣。得位之化，由內而外，其基深，其化難，根於六畫之定位也。失位者，其化易，所當化者即伏於本位也。得位之化，化之外，失其本也；失位之化，化之内，反其常也。是故彖辭或言其人，卦畫。或即其人本其生，元。或即其人度其事；動也。如《屯》「利建侯」《傳》申之云「宜建侯」，則是度之可知，所謂宜也。爻辭或言其變，九六。或本其畫以及其變，或即其變以溯其畫，或由其變以推其化。是以道立於一，以一函三，元是也。太極元氣，函三爲一，有天地人道焉。發爲六畫，是爲三才。才，材也，始也。未極故曰才。彖者，材也。六畫者，三才之道，天地人材始之道也。六畫既變，則曰爻。爻，效天下之動也，是爲三極。六爻之動，三極之道，由才而極也。陽極於九，陰極於六也。問者曰：「元發爲畫爲爻，爻畫不得直謂之元，則元安在？」答曰：「在坤中，於辰爲戌亥，乾元藏於坤元中也。」乾元爲精，陰凝焉，謂之血，《説卦傳》「戰乎乾」，乾，西北戌亥之交也。《乾鑿度》云「乾坤相並俱生」，又云「乾坤氣合戌亥」，謂坤元藏乾元也，此即太極。《繫辭傳》「男女搆精」，虞云：「乾爲精。」《坤》上六「龍戰于野，其血玄黄」，《文言傳》云：「猶未離其類也，故稱血焉。」陽爲陰所凝，故曰血。荀九家云：「血以喻陰也。」此乾元伏藏胎養之始也。《唐志》一行議：「乾盈九，隱乎龍戰之中，故不見其首。」蓋亦以坤上龍戰爲乾元之藏也。虞氏所謂「坤含光大，凝乾之元」，以坤牝陽者也。《坤·文言》虞注云：

「以坤牝陽，滅出復震，爲餘慶。」又「其衰世之意邪」，注云：「乾終上九，動則入坤，陽出復震，入坤出坤。」又「言陰陽相薄也」，注云：「薄，入也。」坤十月卦，乾消剥入坤。鄭「七日來復」注云：「建戌之月，以陽氣既盡；建亥之月，純陰用事；至建子之月，陽氣始生。」是亦謂建亥之月，陽氣伏藏也。《參同契》云：「化氣既竭，亡失至神，道窮則反，窮乎坤元。」❶其於爻則伏於初，初者，卦之極下而極中者也。伏而未發，是爲幾爲賾。又虞氏《大過·象傳》注云：「初陽伏巽中，體復一爻，潛龍之德。」據此，可知陽氣潛藏謂元矣。又「其益无方」注云：「陽在坤初，爲无方。」「寂然不動」注云：「隱藏坤初，機息矣，專故不動者也。」據虞諸注，則其所謂復初乾元，謂始伏復初，非已著成爻象，明矣。所謂在坤初伏巽中也。姚信「精義入神，以致用也」，注云：「陽稱精，陰爲義，入，在初也。陰陽在初，深不可測，故謂之神。變爲姤復，故曰致用也。」夫曰「深不可測」，曰「變爲姤復」，則所謂在初者，亦入而伏於初，未成復姤時也。荀《復》「其見天地之心乎」注云：「復者冬至之卦，陽起復初，爲天地心。」亦謂陽方來復，非謂已著成一爻，義與虞、姚同。是故全卦之氣，隱伏於初，探賾索隱，鉤深致遠，探索此鉤致此也。易氣從下生，實從中生，據畫云下耳。全卦之氣，罔不畢具，是之謂「元」，故聖人得而擬議之。「聖人有以見天下之賾」，虞注云：「賾謂初，象謂三才，八卦在天也，庖犧重爲六畫也。」

---

❶「窮」，《周易參同契》卷中作「歸」。

據此，是虞以賾爲全卦之氣所伏，聖人因從而擬議之，以成六畫也。又「探賾索隱」注云：「賾，初也。初隱未見，故探賾。」案，未見亦謂伏。又言「天下之至賾而不可亞也」，注云：「至賾无情，陰陽會通，品物流形，以乾簡坤易之至也，元善之長，故不可亞。」蓋虞實以爲全卦之氣伏於初，无有遠近幽深，遂知來物者以此，定吉凶、成亹亹者亦以此，以其雖賾，而全卦之氣畢具，故可得而擬議也。元者一也，故曰「天下之動貞夫一」。虞注云：「一謂乾元。萬物之動，各資天一，陽氣以生。」案，全卦之氣伏於初，六畫六爻，悉由以生。發爲六畫，變爲六爻，一以貫之耳。「時乘六龍」，荀九家云：「時之元氣，以王而行，履涉衆爻，是乘六龍也。」《乾》初九干寶注云：「初九，乾元所始也。」謂初爲乾元著見之始，則六畫六爻，罔非元之所爲矣。知幾其神，見其賾也，聖人蓋有所以知之者矣。虞「知幾其神乎」注云：「幾謂陽也，陽在復初稱幾。」又「非天下之至神」注云：「至神，謂易隱初入微，知幾其神乎。」案，初隱未見，幾即賾也。

釋數第二

天一，地二，天三，地四，天五，地六，天七，地八，天九，地十，十亦一也。以一始，以一終，自一至十，不過因始壯究而易其名耳。凡爲天之所包者，皆以一統之；爲易之所有者，皆以一貫之，所謂「易有太極」。太極，元氣函三而爲一者也。《靈樞·陰陽繫日月篇》云：「且夫陰陽者，有名而無形，故數之可十，推之可百，散之可千，推之可萬。」《説文》云：「惟初太始，道立於一。」《乾鑿度》

云：「易變而爲一，一變而爲七，七變而爲九，九者，氣變之究也。乃復變而爲一，一者，形變之始，清輕者上爲天，濁重者下爲地。物有始、有壯、有究，故三畫而成乾，乾坤相並俱生，物有陰陽，因而重之，故六畫而成卦。」陰陽合，謂之一，太極是也。《漢志》云：「太極，中央元氣。」《淮南子・原道》云：「所謂無形者，一之謂也；所謂一者，無匹合於天下者也。」別而言之，則陽一而陰亦一，一陰一陽之謂道。陽始於一，其動也直，「丨」是也；陰始於一，其動也闢，「二」是也。《說文》云：「丨，上下通也。二，地之數也。」案，闢則分，「二」即「⚋」，縱横異耳。干寶《坤》初注云：「陽數奇，陰數偶，是以乾用一也，坤用二也。」乾用一即「丨」，坤用二即「⚋」也。以丨遇一，貫而成十，始於一，終於十，十則五行生成之數備矣。《說文》云：「十，數之具也。一爲東西，丨爲南北，則四方中央備矣。」案，一至五，五行生數，六至十，五行成數。陽動也直，在地上爲「丄」，在地下爲「丅」，貫地中、通上下，則爲十爲中，皆丨也。《說文》云：「丄，高也。丅，底也。中，内也，从口，丨通上下。」❶其始生之難也，則爲屯；寃曲而不得伸，是爲乙；以言其覆，則下垂而爲冂；回轉而爲口爲回，皆一也，所謂「乾爲天爲圜」者也。《說文》云：❷「屯，難也。象艸木之初生，屯然而難。从屮貫一，一，地也，尾曲。《易》曰：『剛柔始交而難生。』」「乙，象春艸木，寃曲而出，陰氣尚彊，其出乙乙，與丨同意。」「冂，覆也。象一下垂也。」「口，回也。象回帀之形。」「回，轉也。回，古文。」《淮南子・天文》

❶ 「通上下」，《說文解字》作「上下通」。
❷ 「說文」，原倒，今據崇文書局本、皇清經解續編本改。

云：「道曰規始於一。」規即爲圜之義。《大玄・礥象屯》次二：「黄不純，屈於根。」《説文》「尾曲」之義，蓋本《太玄》。屯居乾坤後，象氣之初生，不得伸而尾曲者也。陽一以圍，❶口是也。夏至陽極，陰欲萌，陽包乎陰，卦爲離，離爲日，日者實也，❷陽在外故實，而火外明也；冬至陰極，陽欲萌，陰包乎陽，卦爲坎，坎爲月，月者闕也，陰在外故闕，而水内明也。離坎之中，陰陽所緼，視之不見，聽之不聞，无聲而无臭者也。坎離合成既濟，乾元託位於五，坤元託位於二，二五氣通，合之一太極也，日月爲易，而不可見者見矣。《説文》云：「日，實也，太陽之精不虧。月，闕也，太陰之精。」案，二至陰陽伏而不可見，天地之體渾圜也。卦畫不能渾圜，故坎離中畫有陰陽之象。陽氣荄於亥，妊於壬。十月陽伏而陰妊，陰包於外，陽伏於中，於文爲包包，从勹巳。勹，陰也；巳，陽也。陽盛於巳，包从巳，象陽之屈曲於中也，故曰「龍蛇之蟄以存身」。於時陰氣在外，閉而成一。陽一於中，陰一於外，陽起子遇陰，剛柔始交，屯然而難，不得伸而曲，所謂「尺蠖之屈以求信」者也。《易》於否、泰、姤、蒙爻辭言「包」，取相交之義，所謂天地交，天地相遇也。《説文》云：「亥，荄也。十月微陽起接盛陰。从二，二，古文上字，一人男、一人女也。从乙，象懷子咳咳之形。」「壬，位北方，陰極陽

---

❶「一以」，皇清經解續編本作「以一」。

❷「實」，原作「寶」，今據崇文書局本、皇清經解續編本改。

生，故《易》曰『龍戰于野』，戰者，接也，象人懷妊之形。」「包，象人懷妊，巳在中，象子未成形也。元氣起於子，子，人所生也。男左行三十，女右行二十，俱立於巳，爲夫婦，懷妊於巳，巳，子也。十月而生，❶男起巳至寅，女起巳至申，故男年始寅，女年始申也。」案，元氣起於子，子，人所生，人之元即卦之元也。男左行，女右行，謂從子左行，從子右行，故男三十立於巳，女二十立於巳。男起巳至寅，亦左行；女起巳至申，亦右行，皆十月。高誘《淮南子·氾論篇》注義與《説文》同，疑其即本許氏也。元起於子，元是也；十月而生，卦是也，生之始也。三十、二十爲夫婦象，天三覆，地二載，昏期也，爻是也。懷妊於巳，則又陰陽接，變則化矣。十一月一陽生，據其初生之形，是爲小，所謂復小而辯於物，陰陽之物，辯之於早也。至艮東北，陽浸長，陰分爲二，陽從中生，是爲三，中一陽而外二陰，《乾鑿度》所謂「易始於一，分於二，通於三」者也。陽由下生，陰自上降，故爲寅爲甲。由寅甲而卯乙，乙象陽生，卯象陰闢，以丨交一，變而成七，陽雖升，其未升者仍曲尾也，故七陽上升，則陰氣分别而降。--變爲八，八，别也，--之變也，正東震，少陽七位焉；東南巽，少陰八伏焉。陽氣究於九，九者，升極而還復之形也。於時建巳，陽究於外，陰屈於中，陽極將入，是爲丙巳，純陽之月。九，老陽之數，九也者，一之究也。《説文》云：「小，物之微也，从八，丨見而分之。」「寅，髕也。正月陽氣動，去黄泉欲上出，陰尚彊，象宀不達，髕寅於下也。」「甲，東方之孟，陽氣萌動，从木戴孚甲之象。」「卯，冒也。二月，萬物冒地而出，象開門之形，故

❶「生」，皇清經解續編本作「起」。

二月爲天門。」「七，陽之正也。从一，微陰从中衺出也。」案，「微陰」當作「微陽」。又云：「八，別也。象分別相背之形。」「九，陽之變也，象其屈曲究盡之形。」「巳，已也。四月陽氣已出，陰氣已藏，萬物見，成文章。」「丙，位南方，萬物成炳然。陰氣初起，陽氣將虧。从一入冂，一者陽也。」至午陰生夏至離，陰陽始遇交爲㐅，陰欲上，陽欲下，故交皆衺出。㐅轉而爲十，陽直下行，陰見地面也，是爲十。十者，乾坤之合也。《説文》云：「午，啎也。五月陰氣午逆陽，冒地而出。」「五，五行也，从二。陰陽在天地間交午也。㐅，古文。」

正月陽上行，故爲寅爲甲；中央陽下行，故爲戊己，戊己者，中宫也。陽氣之出，出自中宫；其入也，入於中宫；其藏也，藏於中宫。中宫者，中央之宫，四方之所交會也，是之謂中。春秋之中，陽氣上下各半，是之謂十。所謂陰陽合德而剛柔有體，以體天地之撰，以通神明之德者也。《説文》云：「戊己，中宫也。」案，中央土，其數五。陽降則陰又分，至正秋陰成體於上，而分於下，卦爲兑，數爲丣。卯，象上合而下分也。合於上者陰體成，分於下者陽退未盡也。月建卯，卯爲春門，萬物以出，故卝；丣爲秋門，萬物以入，故丣。是故闔户謂之坤，自丣至亥，陽入而陰闔也，所謂其靜也專，其靜也翕，陽靜專，陰斯翕矣；闢户謂之乾，自卯至巳，陽出而闢陰也，所謂其動也直，其動也闢，陽動直，陰斯闢矣。闢户則陽出，故謂之乾；闔户則陰閉，故謂之坤。《説文》云：「四，陰數也。丣，古文四。」「丣，古文酉，从丣。丣爲春門，萬物已出，丣爲秋門，萬物已入。一，閉門象也。」陽升爲丄，降爲丅，丄丅合，是爲十。十者何？一陰而一陽，一縱而一横也。《淮南子·時則》云:「天爲繩,地爲準。」一縱一横陰陽交,故易爻取相交之義焉。《説文》云:「爻,交也,象易六爻頭交也。」案,爻字重乂,交爲乂,轉爲十也。陰陽交而數變也,陽自午至戌亥,消入中宫,伏而藏於戌,荄於亥,故月建戌亥。戌从戊含一,一者,陽也,亥者,荄也,戌亥之交,乾位在焉。於時爲冬,陰盛於上,數爲六。六从入从八,从入者,極將返也;从八者,陽將升也。於時龍戰于野,陰陽接,壬妊而子滋,周而復始矣,坎水位焉,所謂血卦也。《説文》云:「戌,滅也。九月陽氣微,萬物畢成,陽下入地也。五行土生於戊,盛於戌,从戊含一。」「亥,荄也,亥而生子,復从一起。」「六,易之數,陰變於六,正於八,从入从八。」「子,十一月陽氣動,萬物滋,入以爲偁,象形。」《史記·律書》云:「子者,滋也。滋者,言萬物滋於下也。」二至陰陽藏於中,謂之中,二分陰陽交,謂之和。中者,中也;和者,十也。案,十者,一縱一横,天地之交,陰陽之合氣。天氣下降,地氣上騰,和氣生物者,故春秋中爲和。《淮南子·氾論》云:「天地之氣莫大於和。和者,陰陽調、日夜分而生物,春分而生,秋分而成,生之與成,必得和之精。」《董子·循天之道》云:「天有兩和,以成二中。北方之中,用合陰而物始動於下;南方之中,用合陽而養始美於上。其動於下者,不得東方之和不能生,中春是也;其養於上者,不得西方之和不能成,中秋是也。起之不至於和之所不能生,養長之不至於和之所不能成。成於和,生必和也;始於中,止必中也。中者,天地之始終也;而和者,天地之所生成也。是故陽之行始於北方之中,而止於南方之中;陰之行始於南方之中,而止於北方之中。中者,天地之太極也。中之所爲,而必就於和。和者,天地之正也,陰陽之平也,其氣最良,物之所生也。」是以氣之升降也,引而左則左,引而右則右,左右交是爲乂,自上而下、自下而上是爲一，自左而右、自右而左是爲一，交於中則爲十。案，三七九，皆乾一交坤一而變；二四六八，皆坤一交乾一而分；五與十，則陰陽之合也。自一至十，皆一耳。《淮南子·精神》云：「萬物統而爲一。能知一則無一之不知也，不能知一則無一之能知也。」《禮運》曰：「夫禮必本於太一，分而爲天地，轉而爲陰陽，變而爲四時。」董子曰：「天地之氣，合而爲一，分爲陰陽，判爲四時，列爲五行。」《五行相生》文。然則一者，數之原、萬之統也。時行則與之偕行，時極則與之偕極，皆元之貫而易之周也。虞氏「鼓之舞之以盡神」注云：「神，易也。」又「非天下之至神」注云：「至神，謂易隱初入微，知幾其神乎。」又「乾坤其易之緼邪」注云：「易麗乾藏坤，故爲易之緼也。」案，神即一，一即易，易即太極。陰陽不測，謂之爲神；淳和未分，謂之太極；簡易變易不易，謂之爲易；以一統萬，謂之爲一；无形以起，有形以立，謂之爲元：隨義生稱者也。

定名第三

周，密也，徧也，言易道周普，所謂「周流六虛」者也。孔穎達《三代易名論》引鄭《易贊》及《易論》云：「夏曰《連山》，殷曰《歸藏》，周曰《周易》。連山者，象山之出雲，連連不絶；歸藏者，萬物莫不歸藏於其中；周易者，言易道周普，无所不備。」是鄭不以周爲代名。《春官·太卜》：「掌三易之法，一曰《連山》，二曰《歸藏》，三曰《周易》。」注云：「連山，似山出内氣也；歸藏者，萬物莫不歸而藏於其中。」賈疏云：「《連山易》，其卦以純艮爲首，艮爲山，山上山下，是名連山，雲氣出内於山，故名易爲《連山》。《歸藏易》，以純坤爲首，坤爲地，故萬物莫不歸而藏於中，故名易爲《歸藏》也。鄭雖不解《周易》，其名《周易》者，《連山》、《歸藏》皆不言地號，以義名易，則周非地號。以《周易》以純乾爲首，乾爲天，天能周市於四時，故名易爲周也。」案賈蓋本鄭《易贊》爲説是也。孔穎達云：「案《世譜》等書，神農一曰連山氏，黄帝一曰歸藏氏，既連山、歸藏並是代號，則《周易》稱周，取岐山之陽地名。」其説非也。連山、歸藏果爲代號，夏殷何取，因而不革？神農、黄帝所以有連山、歸藏之稱，亦以有連山、歸藏之易，而有是稱，猶之明於農，則稱神農，有軒冕輪轅之制，則稱軒轅。名隨事舉，非古聖之所自名也。不然，上古質，何代名反若是多邪？《繫辭傳》云「易與天地準，故能彌綸天地之道」，又云「知周乎萬物」，又云「周流六虚」，蓋《易》之爲書，始終本末、上下四旁无所不周，故云「周」也。孔氏又謂：「文王作易之時，周德未興，猶是殷世，故題周，别於殷。」更非通論。是時周未有天下，文王又在患難，事暴辛，題周别殷，不唯非明哲保身之道，亦非有二服事之心也。且《易》非文王一人之書，顧以一代盡揜前王邪？此必不然矣。又案，《白虎通·號篇》云：「夏者，大也；殷者，中也；周者，密也，至也，道德周密，無所不至也。」據此則代名並不取岐陽之地矣。《太卜》注，杜子春云：「連山虙戲，歸藏黄帝。」鄭不以爲非，趙商問連山虙戲、歸藏黄帝，敢問杜子春何由知之？鄭答云：「此數者，非無明文，改之無據，且從子春，近師皆以爲夏殷也。」使連山爲神農代號，❶杜子春不應誤以爲虙戲，鄭何至沿其誤而不改？且鄭云「近師皆以爲夏殷」，則並不以連山、虙戲爲誤，祇辯虙戲與夏耳，連山非地號，益昭然矣。其不言「易周」何？周而後知易也。天之行度，名曰周；北辰之居，謂之極。因天之運行不忒，❷知天之極，故曰「乾坤成列，而易立乎其中矣」。天不運行，无由

❶「代」，崇文書局本、皇清經解續編本作「氏」。

❷「忒」，皇清經解續編本作「一」。

知極，故曰「乾坤毀，无以見易」。天非極，則運行差；周非易，斯流行亂，故曰「易不可見，則乾坤或幾乎息」。一經皆陰陽之周流，乾坤變化，皆易所爲。乾坤，易之緼，易藏於乾坤之中。周者，乾坤之陰陽，而易則元也。是故夫易，聖人所以崇德而廣業，崇德謂易，廣業謂周。易无體也，无不體也；无思也，无不思也；无爲也，无不爲也：故曰「寂然不動，感而遂通天下之故」，「其大无外，其小无内」者也。《吕覽・下賢》云：「以天爲法，以德爲行，以道爲宗，與物變化而無所終窮，精充天地而不竭，神覆宇宙而無望，莫知其始，莫知其終，莫知其門，莫知其端，莫知其原，其大無外，其小無内，此之謂至貴。」何以知其周？天之周不可知，以列宿及七政之躔次知之；易之周不可知，以爻畫之往來升降知之。是故見乃謂之象，形乃謂之器，陰陽不測妙萬物謂之神。神妙萬物，无所不周，不過不遺，不可一方名也，故曰「神无方而易无體」。往而還反，終而復始，无一息之停，一毫之閒，不得其端，莫窮其極也。是曰「周易」。周天之度，人强名耳，何所起止乎？故曰「天下之動貞夫一」。楊雄以《太玄》象易，以易爲玄也。易不可見，以六十四卦見之，故統六十四卦，名爲易；玄不可見，以八十一首見之，故合八十一首，號爲玄。卦義明而易著，虚者實矣。《玄攡》云：「夫玄，晦其位而冥其畛，深其阜而眇其根，穰其功而幽其所以然者也。」《玄都序》云：「馴乎玄，渾行無窮，正象天。」此即周易之謂也。《太玄・周》次二：「植中樞，周無隅。」樞者，易也，元也。周无隅，則卦爻也。卦爻周而復始，故无隅，命之曰周。元用卦爻，簡易、變易、不易之所以然，元實主之，謂之爲易。卦爻周而易行，是曰周易。桓譚《新論》云：「伏羲氏謂之易，老子謂之道，孔子謂之元，而楊雄謂之玄。」物得一而生，一即物而存。《中庸》云：「鬼神之爲德其盛矣乎，視之而不見，聽之而不聞，體物而不可遺。」《吕覽・圜道》云：「一也者，齊至貴，莫知其原，莫知其端，莫知其始，莫知其終，而萬物以爲宗。」《論人》云：「凡彼萬形，得一後成。」故乾元，萬物資以始；坤元，萬物資以生。易之爻策，萬物也，而始生之者，元也。元者一也，一者易也。《董子・重政》云：「唯聖人能屬萬物於一，而繫之元也。」又云：「春秋變一謂之元，元猶原也。」何休《公羊注》云：「變一言元。元者氣也，無形以起，有形以分，造起天地，天地之始也。」《乾鑿度》云：「昔者聖人因陰陽定消息，立乾坤以統天地。夫有形生於无形，乾坤安從生？故曰有太易，有太初，有太始，有太素也。太易者，未見氣也；太初者，氣之始也；太始者，形之始也；太素者，質之始也。氣形質具而未離，故曰渾淪，渾淪者，言萬物相渾成而未離，視之不見，聽之不聞，循之不得，故曰易也。」《吕覽・大樂》云：「太極出兩儀，萬物所出，造於太一，化於陰陽。道也者，視之不見，聽之不聞，不可爲狀，有知不見之見、不聞之聞、無狀之狀者，則幾於知之矣。道也者，至精也，不可爲形，不可爲名，强爲之，謂之太一。」案，太一即一也。故合六十四卦、三百八十四爻、萬千五百二十策，而目之爲周易，言其周流而无不遍者，皆易也。是故乾元用九，坤元用六，一經皆九六，九六皆元之用。元即易也，元之用九六，終始一經，即周也。一經之卦各六爻，六爻者，三極之道，而元用之，是元之以一貫三矣。《説文》云：「王，天下所歸往也。董仲舒曰：『古之造文字者，三畫而連其中，謂之王。三者，天地人也，而參通之者，王也。』孔子曰：『一貫三爲王。』」《王部》文。用是例焉，則元之爲元，其用九，而用六者，亦貫之而已矣。董子曰：「王者，人之始。」《王道》文。又曰：「君者，國之元。」《立元神》文。六官之屬三百六十，王爲之元，六十四卦三百八十四爻，元爲之君也。元藏於中，故易爻貴中。五，上之中，乾元託位；二，下之中，坤元託位。二五相應，二而一者也。是以土位中央，元神藏焉，貫地中、通上下，而易之所緼可知矣。易者，易也，變易也，不易也。六十四卦皆兼三義，禮義之經權，陰陽之消息也。《乾鑿度》云：「易者，易也，變易也，不易也。」鄭《易贊》及《易論》依用之。陰陽之義配日月，故易字从日月，象陰陽也。《釋文》引虞翻《參同契注》云：「字从日下月。」案《參同契》云：「坎戊月精，離己日光，日月爲易，剛柔相當。」漢徐景休注云：「易謂坎離，坎離者，乾坤二用，二用无爻位，周流行六虚。易者，象也，懸象著明，莫大乎日月。」《説文》：「易，蜥易，蝘蜓，守宫也。象形。祕書説日月爲易，象陰陽也。一曰从勿。」據「一曰从勿」之言，則易字本象蜥易之形，不从勿，此蜥易字也。若周易字則从日下月，與象形蜥易字不同，後渾爲一，故復引祕書説，以明周易字爲日下月，因渾爲一，遂以象蜥易之易，假作周易之易，而其義則自爲日月，象陰陽，无取蜥易，故以祕書説明之。其云「一曰从勿」，則承上象形而言，謂象形易字亦或以爲从勿，无關日月爲易之義，其旨顯然。或乃以蜥易訓周易，是則彖必訓豕走，象必訓南越大獸，三年一乳者矣。後儒好爲異説，往往字有本訓，舍而之它，字係假借，則必求本訓，以衒新奇。周流蜥易，固不可通，周家蜥易，復成何語？小不足觀，徒泥大道。又案，《禮記疏》引鄭《六藝論》云：「易者，陰陽之象。」義與祕書説同。易兼三義，三義之著，莫過日月，長短分至，弦望晦朔，皆兼三義，懸象著明，莫大乎此矣。以乾坤爲首者，陰陽之元也，乾元藏於戌，荄於亥；坤，十月卦，陽伏而陰妊。乾初曰「潛龍」，坤上曰「龍戰」，皆謂元也。乾坤成既濟，離日坎月，乾坤以日月戰陰陽，故上經以坎離終，下經以既濟未濟終。天之道，非日月不彰；易之道，非坎離不著。坎離者，乾坤之中氣，易之緼也。日往月來，月往日來，一陰一陽，往來屈信，而易道周，終於既濟未濟。未濟六爻失正，則又陽分爲陽，陰分爲陰，自乾坤起矣。故曰既濟定，定則不易；未濟窮，窮則通。未濟思所以濟之，是以易字从日下月，一未濟象也；每卦必成既濟，反之正也。卦成既濟，故卦爻辭每云「利涉」。涉者，濟也。成既濟，則六爻正，故利涉。聖人作易，撥亂反正，以乾爲首，象首出之大人焉。易者彌綸天下之道，而爲五常之原者也。《漢志》云：「《樂》《詩》《禮》《書》《春秋》五者，五常之道，而《易》爲之原。」《大戴・保傅》云：「《春秋》之元，《詩》之《關雎》，皆慎始敬終云爾。」《公羊疏》引《春秋説》云：「伏犧作八卦，丘合而演其文，瀆而出其神，作《春秋》以改亂制。」《漢志》云：「昔殷道弛，文王演《周易》；周道敝，孔子述《春秋》。」則乾坤之陰陽，效洪範之休咎，天人之道，粲然著矣。案，《易》廣大悉備，道无不該，故爲五常之原。《白虎通・五經》云：「文王所以演《易》何？商王受不率仁義之道，失爲人法矣，己之調和陰陽尚微，故演《易》，使我卒至於太平日月之光明，則如《易》矣。」蓋易者，聖人所以治平天下者也。又案，三《易》首卦不同，賈公彦《太卜》疏云：「取三正三統之義。」據此則伏羲以來，正朔已三而改。如鄭義，《周易》首乾，天正也。《董子・三代改制》云：「改正之義，奉元而起。」

周易姚氏學卷第一

旌德姚配中撰

周易上經彖上傳象上傳

案《漢書・儒林傳》云：「孔子晚而好《易》，讀之韋編三絶，而爲之傳。」孔穎達云：「上彖一，下彖二，上象三，下象四，上繫五，下繫六，文言七，説卦八，序卦九，雜卦十。鄭學之徒並同此説。」案，十翼本各自爲篇，不與經連，經傳之合，始自費直。《魏志・高貴鄉公紀》：「帝問曰：『孔子作《彖》、《象》，鄭氏作注，雖聖賢不同，其所釋經義一也。今《彖》、《象》不與經文相連，而注連之，何也？』易博士淳于俊對曰：『鄭氏合《彖》、《象》於經，欲使學者尋省易了也。』」據此，則經傳之合，始自鄭矣。然案《儒林傳》云：「費直治易，長於卦筮，亡章句，徒以《彖》、《象》、《繫辭》十篇文言解説上下經。」以傳解經，則必以傳合經，經傳之連，實當始自費，非始自鄭也。而高貴鄉公、淳于俊並云鄭者，蓋費氏亡章句，徒以傳解經，則傳即爲其章句，注者因費氏之本，既注經，還即注傳，而合傳於經之名，遂獨歸注之者矣。且直以古字，號古文《易》，劉向以中古文《易》校諸家，唯費氏經與古文同。費氏經既與中古文同，而又亡章句，非合傳於經，則傳其書者直云傳古文可耳，烏得以直既亡章句，又无異文，而乃獨以其學歸之費氏邪？《尚書》有今古文之學，此其可證者也。《後漢書・儒林傳》云：「陳元、鄭衆皆傳費氏易，其後馬融亦爲其傳，融授鄭康成，康成亦作《易注》，荀爽又作《易傳》。」案，馬融注《周禮》，尚欲省學者兩讀，其爲《易傳》，當亦必仍費氏之舊，高貴鄉公不言馬融，獨言鄭連之者，時方講鄭學，據鄭言也。蓋唯費亡章句，以傳解經，傳其學者不過用其本耳，是以注家言人人殊，而俱曰傳費氏《易》，極至王弼之虚言，亦稱爲費氏之學，此其明驗也。孔穎達云：「輔嗣之意，以爲象者本釋經文，宜相附近，其意易了，故分爻之象辭，各附其當爻下言之。」是爻傳之附當爻下弼爲之，非費氏之舊矣。然荀、虞注，其於爻傳，皆有「象曰」之稱，疑亦非始自弼也。又案，孔疏不言弼以《文言》附乾、坤，《儒林傳》謂直以《文言》解説，則《文言》附乾、坤，亦直爲之。朱震謂爲王弼，亦臆測耳。注疏本行世已久，兹在解經，欲尋省易了，故依用焉。《漢書》云「直亡章句」，而阮孝緒《七録》有《費直章句》四卷，當爲後儒依託。《晉書·天文志》有《費氏分野》，亦卦筮之用，非章句也。

䷀乾下乾上**案**易始於太極，一陰一陽之謂道也。太極分爲二，清陽爲天，濁陰爲地，乾坤易之門、陰陽之宗，是以二卦通生變化，中氣通成坎離，六位通成既濟未濟。乾元坤元，資始資生，八卦錯綜成六十四，莫非乾坤之消息。陽皆乾元之用，陰皆坤元之用也。至既濟一陰一陽，復太極之體，未濟六爻失正，又起乾坤，周而復始者也。每卦云某下某上，取一下一上，交而周流之義，非某在下、某在上之謂也。

乾，元亨利貞。 **注**《子夏傳》曰：「元，始也；亨，通也；利，和也；貞，正也。」案，諸家注見《集解》者不詳，餘各詳所見。**案**元者，二氣之始，萬物之元也。《董子·重政》云：「元猶原也。」《後漢志》云：「元以原之。」《公羊·隱元年》疏引《春秋説》云：「元者，端也。氣泉。注云，元爲氣之始，如水之有泉。」蓋元自初至上，无時不在，與下爻稱「初」別。下乃成體之初，元則成始成終之原也。太極，陰陽之始，分爲二，陰陽各有始。乾元亨者，陽始通陰，陰陽交會也。二氣交和，美利利物，乾坤相通，成既濟，一陰一陽，陰陽和、六爻正，故利貞。神无方，易无體，故乾圜、坤布，是曰周易。天行健，圜也；地勢坤，布也。見乃謂之象，易无體，不可見，以乾坤象天地，見簡易、變易、不易之道焉。凡所用詁訓，悉本《爾雅》、《説文》及經傳、《史》、《漢》、諸子傳注，閱者自知所出，故不詳，其有一二與常訓異者，詳之。

初九，潛龍勿用。 **注** 鄭康成曰：「周易以變者爲占，故稱九稱六。」見孔疏。案，爻者言乎變，動則觀其變而玩其占，易之九六，皆變也。鄭《乾鑿度注》云：「九六，爻之變動者。《繫》曰：爻，效天下之動也。然則《連山》、《歸藏》占象，本其質性也，《周易》占變，效其流通也。」❶又云：「一變而爲七，是今陽爻之象，七變而爲九，是今陽爻之變。」案，鄭云陽爻之象，謂爻之本象，卦畫是也。爻由象來，爻者，象之動，故注家多爻象互稱，其別解在《贊元》。陽以九爲變，陰不以八爲變者，《乾鑿度》云：「陽動而進，陰動而退，故陽以七、陰以八爲象。陽動而進，變七之九，象其氣之息也；陰動而退，變八之六，象其氣之消也。」蓋陽動息故進，稱九；陰動消故退，稱六。退不稱二四者，大衍用四十九，揲以四，唯得七八九六，其一二三四皆餘策，用本不用餘也。且陰退極於六二者，陰之始四，非退之極也，解在《釋數》。馬融曰：「物莫大於龍，故借龍以喻

❶「通」，清武英殿聚珍版叢書本《易緯乾鑿度》卷上作「動」。

天之陽氣也。初九建子之月，陽氣動於黃泉，既未萌芽，猶是潛伏，故曰潛龍。」案氣從下生，故下稱初。初，始也，不言一，別一也。潛，深也，藏也。《乾鑿度》云：「易氣從下生。」注云：「易本无形，自微及著，故氣從下生，以下爻爲始也。」此下稱初之義也。九者，陽之變、氣之究，初稱九者，氣動必究，初畫動成爻也。或說卦有三才，爰分六畫，故下亦稱九，今云氣從下生，則至上乃究，初而稱九者何？夫元之資始資生也，卦爻未兆而氣全具。形而爲初，體之先見；而其自二至上，未形之氣，即伏於初。息至二，則即全伏於初；二息至三，則上體三畫之氣即伏於下體；至六畫已全，氣悉成體，成而皆少。故六畫之象，初與上同。及其究也，則初畫究，是曰初九；上畫究，是曰上九。初究與上究同時，上究而初亦究；上生與初生亦同時，初生而上即伏於初。蓋氣无不全，著有早晏，或早著而晚究，或晚著而即究，推諸物類，莫不皆然。是以氣純者發而爲純，氣雜者發而成雜。陰陽交錯，无所滯隔，各隨其氣，而發爲陰陽，聖人見始知終，正以初體雖微，卦氣全具，卦各異氣，辭故不同。不然，初陽三十二，何以乾初獨繫潛龍？男子三十而娶，方其童蒙，知其有娶妻之禮；女子二十而嫁，當其幼孩，❶定其有適人之道也。發爲九六，唯其時物，木之華葉，人之云爲，所謂行典禮也。故每一畫一爻，必兼論全卦，或同時並發，或異位相成，❷或彼此互乖，或先後各異。氣至而行，時及而應，畫有變有不變，爻有化有不化，氣深者恒固，氣薄者易衰，氣之專者常存，氣之餘者先落。草木有萎茂之殊，生人有壽夭之異，一人一物，且自異同，氣實使之也。而朱震引陸績說，以爲陽在初，

❶「孩」，原作「咳」，今據皇清經解續編本改。
❷「成」，皇清經解續編本作「承」。

稱初九，去初之二，稱九二，則初復七。果如所説，是乃爻來之畫，非畫變成爻，爻畫隔絶，氣不相通，去初之二，葉茂根傾，枯楊生華，不獨大過矣。且使初爲陽而二爲陰，將二陰爲无根而來，初陽亦終止莫去邪？知此爲宋儒之僞，誤解周流六虚，不知而作者也。六畫一體，非有分離，六爻之效，各自畫來。七曜之不同行也，而共繫於天，六畫之不同位也，而共繫於元，是故其得位者，若列宿之順序，其失位者，類七政之亂行。六爻之動，則休咎之各應其順逆者也，是以剥復殊致，各有其時，九月而剥，夫何所異，九月而復，亦足爲災，夏令之不可行於冬，春令之不可行於秋，謂行非其時，非令之不可行也。故魏相云：東方之卦不可以治西方，南方之卦不可以治北方，春興兑治則飢，秋興震治則華，冬興離治則泄，夏興坎治則雹。以是例諸爻各有當，卦各有宜。其卦宜者，爻爲小節；其爻宜者，卦莫能消。貫魚寵利人事攸宜，不與剥床剥辨同占者，此也。觀兹諸義，可知元之於畫，畫之於爻，元貫始終，六畫共體，爻之變化，各自畫來，是以下但稱初，不得云一。《説文》云：「惟初太始，道立於一，造分天地，化成萬物。」自初至終謂之一，自下至上謂之一，一周謂之一，一者，數之原，萬之統，乃元之稱，非下之謂也。而荀爽「其用四十有九」注云「乾初九，潛龍勿用」者，蓋以潛龍爲元，全氣之伏，辭見於初，故連言初九。惠氏楝據以爲説，乃云「初九，元也，其一不用，謂此爻也」。遺去潛龍，專言爻數，亦語簡而失荀指矣。《漢志》云：「宫，中也，居中央，暢四方，唱始施生，爲四聲綱也。黄者，中之色，君之服也；鐘者，種也。天之中數五，五爲聲，聲上宫，五聲莫大焉。地之中數六，六爲律，律有形有色，色上黄，五色莫盛焉。故陽氣施種於黄泉，孳萌萬物，爲六氣元也。以黄色名元氣律者，著宫聲也。十一月乾之初九，陽氣伏於地下，始著爲一，萬物萌動，鍾於太陰，故黄鐘爲天統，律長九寸。九者，所以究極中和，爲萬物元也。天之中數五，地之中數六，二者爲合。六爲虚，五爲聲，周流於六虚。虚者，爻律夫陰陽，登降運行，列爲十二，而律吕和矣。太極元氣，函三爲一，極，中也，元，始也，行於十二辰，始動於子，氣鍾於子，化生萬物者也。」又云：「太極，中央元氣，故爲黃鐘。」觀《志》諸義，則元不得謂爻明矣。虛者爻律，元行十二辰，爻之於元，猶律之於氣，觀爻可以知元，故潛龍不妨於爻言之；觀律可以知氣，故中聲不難以管定之。氣資律顯，而氣非律，元以爻著，而元非爻。《周易》言象，故元究成爻，樂氣寫聲，故循聲制律，是故不知律者，不足與言元也。

九二，見龍在田，利見大人。 注 鄭康成曰：「二於三才爲地道，地上即田，故稱田也。」案，卦有六畫，三才各二，兼三才而兩之，天位乎上，地位乎下，人位乎中，故初二爲地，三四爲人，五上爲天。天地之道，非人不顯，二五近人，得其中正，故陽貴五，陰貴二。人陽近地，故人重三。初在地中，上位天上，四亦陰位，非人所居，皆非三才之正也。《文言傳》云：「下不在田。」田謂二也。案 二合初之稱。「見」，彰顯也；「在田」，謂見地上；「大人」，聖人在位之稱。《儀禮》《左傳》《孟子》等書稱大人，統指在尊位者，不必人君，與《易》異。《乾鑿度》云：「《易》有君人五號：帝者，天稱也；王者，美行也；天子者，爵號也；大君者，與上行異也；大人者，聖明德備也。」又云：「大君者，人君之盛者也；大人者，聖人之在位者也。言德化施行，天地之和，故曰大人。」二非王位，升坤五爲大人，坤五降乾二成離，向明而治，故利見大人。此蓋世子之爻也。凡言「居」者，居於畫象也，所謂居則觀其象；言「在」者，在於爻，所謂在天成象，在地成形，爻者變動不居，故曰「在」，暫在也；言「于」者，或由畫之爻，由爻而化，或自下之上，自上之下，彼此共焉，所謂形而上、形而下、化而裁之、推而行之者也。二陰臣位，乾陽君德，以君居臣位，九五有飛龍之大人，則二非湯武之爻，乃太甲、成王未即位之象也。

升居坤五，則繼飛龍爲大人，故《文言傳》重言君德，明二當升坤五而爲君，九五首出之君，二則繼體之君也。《乾鑿度》云：「初爲元士，二爲大夫，三爲三公，四爲諸侯，五爲天子，上爲宗廟。凡此六者，陰陽所以進退，君臣所以升降，萬人所以爲象則也。」荀、虞升降之例俱本之，兹依用焉。

九三，君子終日乾乾，夕惕若，厲，无咎。 注 鄭康成曰：「惕，懼也。見《釋文》。三於三才爲人道，有乾德而在人道，君子之象。」荀爽曰：「承乾行乾，故曰乾乾。」案 終日，猶盡日。夕，莫也，日之夕，陽之九也。剛柔者，晝夜之象，夕則夜來，九則陰接，三變之九，故夕惕若，懼其化也。乾乾，進不倦也，乾惕无已，莊敬日强，所謂自强不息也。陰莫能萌，故无咎。若，辭也。厲，危咎過也。此據「剛柔者晝夜之象也」爲義，不用虞「陽息至三，二變成離」之例。《淮南子·人間》云：「終日乾乾，以陽動也；夕惕若厲，以陰息也。」是亦以日夕喻陰陽，西漢經師之説也。又案夕惕若，絶句，厲，絶句，《淮南子》、班固、張衡等皆以夕惕若厲爲句，蓋厲本絶句，故得連夕惕若言之，如「頻復厲」傳云：「頻復之厲。」「遯尾厲」傳云：「遯尾之厲。」皆以厲一字爲句，故與某某之吉、某某之凶同。若與沱若、嗟若同，不得作如似解。

九四，或躍在淵，无咎。 注 荀爽曰：「乾者君卦，四者陰位，故上躍居五者，欲下居坤初，求陽之正，地下稱淵也。」案，四失位，故欲上躍居五，但五乃飛龍，四不得居，故又欲下居坤初，或上或下，欲求得陽位而居之，以陽居陽，得其正位，故云求陽之正也。必知乾四下之坤初者，乾二、四、上失位，坤初、三、五失位，故乾二之坤五，四之坤初，上之坤三，成一既濟；坤初之乾四，三之乾上，五之乾二，亦成一既濟。荀「雲行雨施，天下平也」注云「乾坤二卦成兩既濟」是也，所謂「各正性命」也。**案**陽息至四，體震，爲足，震，動起，故躍，躍，進也。或躍或在淵，皆得位无咎，所謂「上下无常，非爲邪也」。乾坤成既濟，四降坤初，坎水稱淵，淵，回水也。《管子》曰：「水出地而不流，命曰淵水。」《度地》文。既濟互坎，初在坎下，故在淵。

九五，飛龍在天，利見大人。 **注**鄭康成曰：「五於三才爲天道，天者清明无形，而龍在焉，飛之象也。」**案**陽息至五，四化則五互離，坤五之乾二亦成離，萬物皆相見。五以陽德居天位，爲大人，天下利見之也。大人首出，是爲乾元，乾五天位，乾元託焉，以治天下者也。

上九，亢龍有悔。 **注**鄭康成曰：「堯之末年，四凶在朝，是以有悔，未大凶也。」見孔疏。案，傳稱无位无民，而鄭以堯爲説者，尊位之居，有聖有非聖，《王莽傳・贊》：「炕龍絶氣。」服虔云：「易曰『亢龍有悔』，謂无德而居高位也。」此以非聖居之爲義也。虞《繫辭傳》注云：「文王居三，紂亢極上。」義同。鄭則依其唯聖人之言，以聖人爲説。干寶云：「乾體既備，上位既終。天之鼓物，寒暑相報。聖人之治世，威德相濟。武功既成，義在止戈。盈而不反，必陷於悔。」李鼎祚云：「若放桀於南巢，湯有慚德。」此以湯武爲説，義與鄭同。《淮南子・繆稱》云：「同言而民信，信在言前也。同令而民化，誠在令外也。動於上不應於下者，情與令殊也。易曰：『亢龍有悔。』」高誘注云：「仁君動極在上，故有悔也。」其意大旨與鄭同。若《五行志》引此爲極弱之證，陰興引以答貴人，阮籍《通易論》以爲繼守承貴有應，而德不充，則皆推言之，所謂廣大悉備，觸類引伸者也，書不盡言，言不盡意，易有簡易、變易、不易之義，舉一隅而三可反，仁者見仁，知者見知，非相妨，實相濟也。所謂既有典常，不可爲典要者也。《荀子·性惡》云：「多言則文而類，終日議其所以，言之千舉萬變，其統類一也，是聖人之知也。」卦爻之義，以是例諸。**案**居六爻之極，動而之九，故亢。《子夏傳》云：「亢，極也。」在上失位，故有悔，悔，恨也。第六爻稱上者，卦畫止於六，故稱上也，上，高也，對下之稱，與初一體者也。六畫一體，而位各分，乾元一以貫之，故稱初上，初終一也，上下一也，本末亦一也，六畫一體，非有分離，二三四五，假數言耳。《素問·陰陽離合論》及《靈樞·陰陽繫日月篇》云：「陰陽者，有名而無形，數之可十，推之可百，散之可千，推之可萬，萬之大不可勝數，然其要一也。」

用九，見羣龍无首，吉。 **注**鄭康成曰：「六爻皆體乾，羣龍之象也。舜既受禪，禹與稷、契、咎繇之屬，並在於朝。」見《班固傳》及《郎顗傳》注。案，班固《典引》云：「若夫上稽乾則，降承龍翼，而炳諸典謨，以冠德卓蹤者，莫崇乎陶唐，陶唐舍胤而禪有虞，有虞亦命夏后，稷契熙載，越成湯武，股肱既周，天迺歸功，元首受命。」漢劉固蓋謂堯稽用九之天德，不自用，降而用羣聖爲羽翼，故李賢注引「惟天爲大，惟堯則之」以證。又云：「龍翼謂禹、稷等，爲堯之羽翼。」蓋用九之辭，雖文王所作，而其義則自伏羲以來，故《虞書》以君爲元首也。郎顗薦黄瓊、李固云：「臣聞刳舟剡楫，將欲濟江海也；聘賢選佐，將以安天下也。昔帝堯在上，羣龍爲用，文武創德，周公作輔，❶是以能建天地之功，增日月之曜。」義與班同，蓋經師舊説也。鄭不云堯者，以堯之末年有四凶故也。**案**用九，乾元用九也。陽爻爲九，元則用之，故見羣龍无首，謂六爻

❶「公」，《後漢書》卷三十下作「召」。

爲乾元所用，不爲乾元之首，乾元亦不自用，而用六龍，所謂「乾元用九，乃見天則」。四時者，天之用，非即天；六龍者，乾元之用，非即乾元。聖人作易，託乾元之位於五，故曰與天地合德、日月合明、四時合序、鬼神合吉凶，先天後天，皆謂乾元，不專言五也。宁宸者，天子之位，非即天子；五者，乾元之位，非即乾元。羣龍不爲乾元之首，而乾元亦不以首自用，故曰「見羣龍无首」。羣龍奉元，元用羣龍也。《董子·保位權》云：「爲人君者，居無爲之位，行不言之教，寂而無聲，静而無形，執一無端，爲國原泉。因臣以爲心，以臣言爲聲，以臣事爲形。是以羣臣分職而治，各敬其事，争進其功，顯廣其名，而人君得載其中，此自然致力之術也。聖人由之，故功出於臣，名歸於君也。」此即乾元用九，羣龍无首之義。元者乾之神，故能用九。惠氏棟解「乾元用九，天下治也」引《元命苞》云：「天不深正其元，不能成其化，王者體元建極，一以貫三。」❶其説是也。至解此經則云：「陰无首，以陽爲首。」失之矣。陰固以陽爲首，非「羣龍无首」之義，羣龍无首，自謂六爻皆以元爲首，元用六爻耳。四時消息、陰陽往來何？莫非元之用乎。張氏惠言謂：「用九變成既濟，離爲見，坤爲羣，乾坤交離，乾象不見。」亦非。經明言見羣龍，何得云乾象不見？六爻爲羣，何取乎坤？惠氏棟又謂：「坤爲用。」經明言乾元用九，亦无取坤。此皆矯枉過直之論也。孔子曰：「大哉堯之爲君也，唯天爲大，唯堯則之，蕩蕩乎民無能名焉。無爲而治者，其舜也與？夫何爲哉？恭己正南面而已矣。」董子曰：「王者人之始。」「君者國

❶「三」，《四庫全書》本《周易述》卷十八作「之」。

之元，天積衆精以自剛，聖人積衆賢以自强。天所以剛者，非一精之力，聖人所以强者，非一賢之德也。爲人君者，其要貴神，是故視而不見其形，聽而不聞其聲，不見不聞，是謂神人。」《王道》及《立元神》文。然則用羣龍者，元也；用羣聖者，君也。雖有陽德，不敢爲首，以有元也；雖有聖德，不敢爲首，以有君也。羣龍者，各得乾元之一端；乾元者，乃合羣龍爲全體也。説者不達用九之旨，乃專以筮爲説，謂六陽皆變，剛而能柔。推其所由，蓋因亢龍有悔一語而云然，不知上九所以戒上之亢，用九則舉一卦而言元之用，與上九殊也。曾見聖王在上，陰柔爲用，不用羣賢，而用羣小者乎？易爻言變，故稱九六，九六者，七八之變，畫之動者耳，非九即爲陰，六即爲陽也。其占卦所以由陽推之陰，由陰推之陽者，所謂「極數知來之謂占」，乃占法也，豈用九用六之謂乎？《吕覽》曰：「民無道知天，民以四時寒暑日月星辰之行知天。」《當賞》文。卦无由知元，亦以其用九見羣龍而知乾元矣。吉，善也。昭二十九年《左傳》蔡墨云：「在乾之姤，曰：『潛龍勿用。』其同人曰：『見龍在田。』其大有曰：『飛龍在天。』其夬曰：『亢龍有悔。』其坤曰：『見羣龍无首，吉。』」疏引劉炫説云：「杜以『之』爲『適』」，炫謂易之爻變則成一卦，遂以彼卦名爻，乾之初九，姤卦，爻九二，同人，爻九五，大有，爻上九，夬卦，爻用九，全變則成坤，故謂用九爲坤。蔡墨此意取《易》文耳，非揲蓍求卦，安有之適之義？若以之爲適，則其非之適之意，何以言『其同人』『其大有』？此當言初九、九二，但以爻變成卦，即以彼卦名爻，其意不取於之適。所言

『其同人』『其大有』，猶引《詩》言其二章、其三章。先引初九，故言乾卦之姤，爻初九。言乾以下，不復須云乾。故言其同人、其大有，就乾卦而其之，其此同人爻，其此大有爻，以下文勢悉皆若是也。」莊二十二年疏引劉炫《規過》云：「觀之否者，爲觀卦之否爻；屯之比者，屯卦之比爻，皆不取後卦之義。」孔駁之云：「今删定以爲不然，何者？以閔元年畢萬筮仕，遇屯之比，云『屯固比入』。僖十五年，晉獻公筮嫁伯姬，得歸妹之睽，云『士刲羊，亦無衁』，歸妹上六爻辭；又云『歸妹睽孤，寇張之弧』，睽之上九爻辭；又云『歸妹之睽，猶無相也』。昭五年明夷之謙，云『明夷于飛，垂其翼』，又云『謙不足，飛不翔』，此之等類，皆前後二卦以占吉凶，今人之筮亦皆如此。劉炫苟異先儒，好爲別見以規杜過，非也。」案，劉義最當，孔疏不從，特私杜耳。劉蓋謂史墨秪取《易》文，非謂卦爻既化，乃有此象，以《易》之爻化，則別成一卦，即以彼卦名此爻，其實爻並未化，陽自陽，陰自陰也。故云：「則其非之適之意，何以言其同人、其大有。」此指説史墨並非揲蓍求卦，无之適之意，而亦云其同人、其大有，❶蓋以彼卦名爻，並无之適，以明其他皆然也。劉云「即以彼卦名爻」，以見爻並未化，不過以彼卦爲名耳。若謂乾初已化成姤，乃一陰初生之象，何「潛龍」之云邪？劉所云爻變則成一卦，指化而言，變化之義各殊，變者九六，化則陰陽。《易》注家以變爲化之幾，故總謂之變，後儒直以變爲化，不復知有變之義。《左傳》不明《易》，更以晦爻者言變，變自謂本卦之陰陽，所謂陽變七之九，陰變八之六，不過其幾已動耳。如俗所説，是九皆陰，六皆陽矣，不審乾六爻皆九，其稱龍者，象陰與，抑象陽也？若云象陽，則九爲陽明矣。史墨云「之姤」，斷不謂化之陰矣。聖人復起，不易斯言也。占法筮得六少陽是曰乾，乾者，舉卦不及爻。《左傳》昭七

❶「云」，皇清經解續編本作「言」。

年遇屯，十六年遇復，僖十五年遇蠱，此皆少陽少陰無變，統論一卦。昭三十二年史墨云：「在易卦，雷乘乾，曰大壯。」是亦秖論卦義。蓋七八者，陰陽之象畫是也，畫之義發於彖，彖者言乎象者也，故七八論卦。至若七變之九，八變之六，則占九六之爻，爻言乎變，所謂變者，變之九、變之六，由畫而變也。假如初得九，餘皆七，是餘皆未變，唯初九爲七之變。七變之九，是其現在，九而復化，乃其將來，既有現在之變，必有將來之化，由變推化，則九化爲陰，乾成姤矣。乾成姤，由初畫之變而之化，故即以姤名乾之初九，云「乾之姤」者，謂化則成姤之爻也，並非謂已化成姤。蓋初九乃乾初畫所變之老陽，非姤初之陰也。由變推化，極數知來，故占者既論本爻，復論其所化之卦。如「歸妹之睽」謂歸妹之睽爻，而論及睽上九之辭，此由變推化，論其將來，而歸妹本卦又无化成睽卦之占辭，故即借睽上爻辭，以説此歸妹所化之睽，乃假彼明此，非此即爲彼。蓋彼睽上九之辭自爲彼卦動爻之辭，非爲歸妹所化之睽設也。故《左傳》論卦，有借彼卦以爲説者，有不借彼卦以爲説者。其借彼卦以爲説者，彼卦之義，可以明此卦也；其不借彼卦以爲説者，彼卦之義，與此卦无預，名雖同而實異也。《左傳》説《易》，義皆如此。必云乾之姤者，猶云蠱之貞其悔云耳。之貞其悔，謂蠱之上下體，則之姤、其大有，爲乾之初九、九二明矣，其舉辭之例然也。且即以之爲適，論乾之姤，由乾而後之姤，先有乾而後有姤，乾其現在，❶姤其將來，亦由此而後之彼，並不得以九即爲陰、六即爲陽也。爻者言變，史墨欲取龍爲證，龍皆見於爻辭，故云之姤、其大有以别爻位也。《繫辭傳》云「占事知來」，又云「極數知來之謂占」，占將來之事，必推其極，陽極於九，陰極於六，故占用九六。陽極則陰來，陰極則陽來，而來事可知矣。若九即爲陰，六即爲陽，則占所

❶「現」，皇清經解續編本作「見」。

化之卦可已，何必論本卦？若謂本卦爻辭，實所化之辭，則「刲羊無衁」，爲歸妹成睽之辭，而「寇張之弧」，乃爲睽成歸妹之辭，出入顛倒，亦太无所適從矣。傳云「震之離」亦離之震，乃就卦象反復推究，豈謂卦爻之辭亦可倒行逆施邪？人知九六爲變，抑思九六變邪？乃七變之九、八變之六耳。是故以占法解《易》而《易》晦，不明占法而以之解《易》而《易》更晦。又案襄九年《左傳》：穆姜始往東宫，筮之，遇艮之八，史曰：「是謂艮之隨。」夫所謂艮之八者，以畫之未變者言，艮之隨，唯二未變，二少陰八也，❶故曰艮之八。其餘皆老陽、老陰，故曰艮之隨。蠱之貞不以之爲適，艮之八不以之爲適，獨艮之隨以之爲適與？以未變者言，則曰艮之八；以變者言，則曰艮之隨。艮之八、艮之隨，一也。六畫俱少，不曰之某，有老有少，則曰之某，俱少者占卦辭，无須别爻位也；有老有少者，則以所占者爲主，故曰之某。少陰不變謂之八，其老陰老陽，不謂某之六、某之九者，七八占象，義有所統，謂之七八，明其未變耳。若爻之動也，其有六爻俱動，而陰陽迭見者，不將曰某之初六、某之九二，至上而後已乎？筮而占其六爻之辭，將何所統也？故艮卦五爻俱變，不曰艮之初六九三云云，而統以艮之隨，明其五爻俱變，將來則化成隨，辭簡而義明，爻亂而有統，此老陽老陰雖一爻，而亦必借他卦以明者，此也，其例然也。杜預不明八之義，其於遇艮之八，則注云：「《連山》《歸藏》二易，皆以七八爲占，故言遇艮之八。」而於「是謂艮之隨」，則注云：「史疑占易，遇八爲不利，更以《周易》占變爻，得隨卦而論之。」其説謬也。二易既以七八爲占，則所占无非七八，何不利之可疑？穆姜引隨卦卦辭，則借隨以統艮五爻之變化，而借彼明此者也。據此則謂爻或亂動，則占其不動者，其説亦不盡然矣。

❶「二」，崇文書局本、皇清經解續編本作「之」。

彖曰：大哉乾元。注荀九家曰：「陽稱大。六爻純陽，故曰『大』。乾純陽，衆卦所生，天之象也。觀乾之始，以知天德，惟天爲大，惟乾則之，故曰『大哉』。元者，氣之始也。」案文王卦辭謂之彖，孔子爲傳以釋之，稱「彖曰」者，申彖意也。六畫純陽，伏羲本无乾名，文王名之爲乾，而六畫純陽，遂得乾名。卦辭本无彖名，孔子名之爲彖，而卦辭遂得彖名。象、爻類此。《史記・孔子世家》云：「孔子晚而喜《易》，序《彖》、《繫》、《象》、《説卦》、《文言》。」楊雄《解難》云：「宓犧氏之作《易》也，緜絡天地，經以八卦，文王附六爻，孔子錯其象而彖其辭。」蓋彖、象皆孔子所名，故司馬遷、楊雄俱以屬之孔子也。彖者，才也，言乎象者也。才，始也，象始著爲卦也。三才之道，亦謂天地人之始，道見乃謂之象。畫爲見之始也，畫動成爻，是爲三極。故曰「六爻之動，三極之道」，天地人之極也。未發爲卦，稱道不稱才，故曰立天地人之道；始發稱才，不稱極，故曰兼三才而兩之；六畫成卦，氣究則稱極不稱才，故曰三極；道貫本末，故終始稱焉。鄭《乾鑿度》注云：「彖者，斷也。」**萬物資始。**注荀爽曰：「謂分爲六十四卦，萬一千五百二十策，皆受始於乾也。案，謂乾元。策取始於乾，猶萬物之生稟於天。」鄭康成曰：「資，取也。」見《釋文》。**乃統天。**注鄭康成曰：「統，本也。」見《釋文》。案，元爲天地之始，乃所以立天之本。《大戴・曾子天圓》云：「陽之精氣曰神，陰之精氣曰靈。神靈者，品物之本也。」《太玄・玄攡》云：「玄者，幽攡萬類而不見形者也。❶資陶虛無而生乎規，攔神明而定摹，通同古今以開類，攡措陰陽而發氣。」即

❶「攡」，原漫漶不清，今據崇文書局本、皇清經解續編本補。

「統天」之義。**雲行雨施，品物流形。**注虞翻曰：「已成既濟，上坎爲雲，下坎爲雨。」案，下互坎，坎，水，在天爲雲，墜地稱雨。案雲行謂五，五在天，故雲行；雨施謂二，二在地，故雨施。所謂「德施普」。二爲五應，乾元託位於五，雲行雨施，皆元之用，萬物被其澤而化成矣，故品物流形。品，衆庶也；流，覃也；形，見也。**大明終始。**注荀爽曰：「乾起於坎，而終於離。坤起於離，而終於坎。坎離者，乾坤之家，而陰陽之府，故曰『大明終始』也。」案，一陽生，當坎位；夏至陽終於上，當離位，故起坎終離。一陰生，當離位；冬至陰終於上，當坎位，故起離終坎。此所以日月爲易，卦成既濟，經終坎離、既濟未濟也。陽明陰闇，陰陽不交，則其明不顯，交成既濟，其明乃彰，故坎離爲乾坤之家、陰陽之府也。坎離中宮，陰陽所出入者也。兼坤言者，陽息於子，至十月始盡，自午至亥，陰消陽，故以坤言之。其實十二消息，皆主陽言，消謂消陽，息謂陽息，虞翻坤卦注所謂「終於坤亥，出乾初子」是也。以陰陽合論之，則乾之成，乃坤之終，坤之成，乃乾之終耳。案終謂上，始謂初。謂乾元周流於六位之中，與坤交而成坎、離，坎、離互而成既濟、未濟。經之終始，莫非元也，日月爲易，亦元之用耳，故曰「大明終始」，謂周流於一卦之終始，而成一經之終始，所謂「周易」也。**六位時成，時乘六龍以御天。**注荀爽曰：「六爻隨時而成乾。」案，不云六畫云六爻者，先儒通謂畫爲爻，所謂「因而重之，爻在其中」，爻之義在畫中，畫動即成爻，故先儒多不別言畫。荀九家曰：「謂時之元氣以王而行，履涉六爻，是乘六龍也。」案六位，六畫。時，消息之時。時息至初則初畫成，至上則上畫成，六畫各主一月，故時成。六龍，六爻也。畫動成爻，氣以之行，故時乘六龍以御天。天，元也。元發於畫，畫究成爻，元氣行焉，故御天。元爲君，畫爲御者，龍爲馬。後世六馬之制本此，古則自天子至大夫同駕四。**乾道變化，各正性命，保合大和，乃利貞。**案變，九也。化，陽易陰也。乾道變化，謂乾與坤通成既濟也。性，謂陰陽之性。乾性陽，畫變爲爻，陽性之發，是之謂變。二、四、上失正，化之陰，成既濟，則性之不正者正，故曰正性，是之謂化。命，謂陰陽一定之位。正性則復命，六爻皆正，故各正性命。《大戴記》曰：「分於道謂之命，形於一謂之性，化於陰陽，象形而發，謂之生，化窮數盡謂之死，故命者，性之終也。」《本命》文。成既濟，定陰陽，和復太極之體，故曰「保合太和，乃利貞」。太極者，陰陽合德，合和之氣、生萬物者也。六爻變化，發而皆中謂之和，故「保合太和」也。《大宗伯》疏云：「凡變化者，變化相將，先變後化，故《中庸》云：『動則變，變則化。』《易》云『乾道變化』，亦是先變後化，變化相將之義也。」《月令》疏説「乾道變化」之義云：「謂先有舊形，漸漸改者謂之變；雖有舊形，忽改者謂之化；及本無舊形，非類而改，亦謂之化。」案，乾六爻皆九，九皆七之變，陽性之發者也。二、四、上失正，由變而化之陰，成既濟，而性之不正者正，是爲正性。正性即盡性，性盡則至於命矣。鄭《樂記》注云：「性之言生也。」《中庸》注引《孝經説》云：「性者，生之質。」乾，純陽之卦，其性陽，發爲九，陽性之動，性偏於陽，故須化其不正者以歸於正。命，天命，即道。道无所偏，故一陽一陰爲命。《法言》云：「命者，天之命也，非人爲也。」鄭《毛詩箋》云：「命，道也。」正性則合乎道。此以性推命，性正則得命之正矣。惠氏棟云：「乾爲性，巽爲命，乾坤變化，成既濟，剛柔位當，故正性命。」案，正性命，謂成既濟是也。但陰陽各有性，各有命，成既濟无預巽事，乾性巽命，似失之鑿。《説卦傳》云：「窮理盡性，以至於命。」理謂陰陽上下之分，窮理謂究陰陽之位，性則陰陽之性也。乾純陽，坤純陰，各有失位之三爻，其餘卦唯既濟六爻正，餘皆有失正之爻。性盡則不正者正，故「窮理盡性，以至於命」，謂復太極之體，成既濟也。又云：「昔者聖人之作易也，將以順性命之理，是以立天之道曰陰與陽，立地之道曰柔與剛，立人之道曰仁與義。兼三才而兩之，故易六畫而成卦。」據此，則命謂一陰一陽六畫一定之位可知。《繫辭傳》云：「兼三才而兩之，故六。」又云：「六爻之動，三極之道。」三極，天地人之極。分言之，言其終，曰三極；合言之，言其始，曰太極。太極函三爲一，則一陰一陽如既濟可知。順性命之理，既濟也，各正性命，失正者化之正，成既濟也。虞翻《既濟》注云：「六爻得位，各正性命，保合太和，故利貞矣。」又《恒·象傳》注云：「初二已正，四五復位，成既濟定。乾道變化，各正性命。」又《革卦》注云：「成既濟，乾道變化，各正性命，保合太和，乃利貞。」虞蓋以此經謂成既濟，故據以解諸卦也。**首出庶物，萬國咸寧。** **注**劉瓛曰：「陽氣爲萬物之所始，故曰首出庶物。立君而天下皆寧，而曰萬國咸寧也。」案，乾元爲萬物之始，故首出庶物。庶，衆也。萬國，衆卦爻也。元者，卦之君；爻者，元之用。乾元用九天下治，聖人在位之象也。咸，皆也。寧，安也。

象曰：天行健，君子以自强不息。 **注**干寶曰：「言君子通之於賢也，凡勉强以進德，不必須在位也。故堯舜一日萬幾，文王日昃不暇食，仲尼終夜不寢，顔子欲罷不能，自此以下，莫敢淫心舍力，故曰自强不息矣。」虞翻以君子謂三。案，《象傳》君子，謂觀象玩辭、觀變玩占之君子，故曰「以」，不專指一爻。夫子所謂「學易無大過」，「自天祐之，吉无不利」者也。虞每以一爻當之，疑非經旨也。案象者，像也，六畫所以象形容物宜也。孔子《象傳》先言畫，後釋爻，爻由象來，故通謂之象。六畫之變，象也。乾，健也，爲天，天行不息，日夜一周，故行健。周天三百六十五度四分度之一，一日一夜行一周，復其故處，日東行一度。《後漢志》云：「天之動也，一日一夜而運過周，星從天而西，日違天而東。日之所行與運周，在天成度，在曆成日。居以列宿，終以四七，受以甲乙，終於六旬。日月相推，日舒月速，當其同，謂之合朔。舒先速後，近一遠三，謂之弦。相與爲衡，分天之中，謂之望。以速及舒，光盡體伏，謂之晦。晦朔合離，斗建移辰，謂之月。」此其大略也。又云：「極建其中，道營於外。」極即元，道即爻也。所以乾卦獨云健者，舉一以例其餘也。天行健即天行乾，地勢坤即地勢順，依乾健、坤順、震動、艮止、坎陷、離麗、兑説、巽入及序卦之義推之，六十四卦可悉知也。宋衷謂「餘卦當名，不假於詳」，謂餘卦已以義名之，其義可推也。《白虎通》曰：「君舒臣疾，卑者宜勞，天所以反常行何？以爲陽不動，無以行其教，陰不静，無以成其化。雖終日乾乾，亦不離其處也。」《天地》文。强，勤也。息，猶休止也。《公羊傳》曰：「以者何？行其意也。」《詩》曰：「維天之命，於穆不已。」蓋曰天之所以爲天也。「於乎不顯，文王之德之純」，蓋曰文王之所以爲文也，純亦不已。

潛龍勿用，陽在下也。注荀爽曰：「氣微位卑，雖有陽德，潛藏在下，故曰『勿用』也。」**見龍在田，德施普也。**案二繼飛龍升坤五，施德於下，坤五降二，互坎爲雨施。施，舍也。普，博施也。德施普，故天下利見之也。**終日乾乾，反復道也。**注虞翻曰：「至三體復，故曰反復，謂否泰反其類也。」案，无平不陂，无往不復，故反復，三息泰。**或躍在淵，進无咎也。**注荀爽曰：「陽道樂進，故進无咎。」案進，進之九也，進之九，或升五，或降初，皆得位，无咎。變化者，進退之象。陽動而進，變七之九爲進，爻言變，四由畫變之爻，或升或降，以求得位，故无咎。若由變而化，陽化爲陰，是爲退。四失位，不之初升五，則當化之陰。故《文言傳》既言上下无常，又言進退无恒，進退非上下也，但乾純陽之卦，全體无陰，故進而不退，四進降坤初，坤初來之四，陰陽交而變化見矣。**飛龍在天，大人造也。**案造，作也。聖作物覩，飛龍在天之象也。《釋文》云：「造，劉歆父子作聚。」案，向本傳《上封事》云：「賢人在上位，則引其類而聚之於朝，《易》曰：『飛龍在天，大人聚也。』」據向說，則不以大人指君，蓋羣龍爲元所用，則飛龍亦元所用矣。元乃君也，在天猶在朝，其義與諸家異。本傳云「向子伋以《易》教授」、「少子歆」、「歆及向始皆治《易》」，❶則向本《易》家，其説必有師承，但不知於施、孟、梁丘三家爲誰氏之學耳，傳既不詳，无由知其授受，片義隻辭，未能推究。又案，《史記》蔡澤云：「國有道則仕，聖人曰：『飛龍在天，利見大人。』」其意以大人爲君。則以大人指君言，秦以前之舊説也。**亢龍有悔，盈不可久也。**案盈，滿也。久，長也。陽極則陰生，故盈不可久，以亢戒之，有以持盈，則位可長保矣。坎陽在五稱不盈，故乾陽在上稱盈，盈謂其動也。上不動，則悔不見，即能保其盈。今動而爲九，九則无所復之，

❶「少」，皇清經解續編本作「向」。

必當消退，故不可久。所謂「知進不知退，動而有悔」者也。若知極之必退，而不進之九，❶則陽終不化，知退而无退矣。乾純陽之卦，故四不妨進，進而不退，全卦无陰故也。至上則位已極，復動而進，直與陰接，而陽爲所化矣，故不可進，此元之所以不自用也。上既失位，化之陰乃得位，而以爲不可化者，上若不動，❷雖失位，悔不彰，若動而不化，亦僅有悔而已，然非聖人不能。純陽之卦不宜化爲陰，卦重則一爻輕也，又不可以一例求矣，所謂易也。**用九，天德不可爲首也。**案九者，陽也，用之者，元也。元者，羣陽之宗，故曰：天德六爻，爲元所用，誰敢爲首？誰能爲首？元不自用而用六爻，則又深正其元，不示人以可測，故曰不可爲首。《緇衣》云：「上人疑則百姓惑。」《荀子》云：「上周密則下疑玄。」云「不示人以可測」者，非疑惑百姓之謂，乃不使一念之私，使天下得窺其所好惡。其喜也，如風雨之時；其怒也，如雷電之當；巍巍乎，蕩蕩乎，如天之莫能名也，孰得而測之？是以百姓无疑惑，而上乃愈不可測。四時行焉，百物生焉，出作入息，不識不知，以爲固有之矣。而天下賢聖之徒，亦樂效其長而爲之用。故《董子》云：「君人者，國之證也，不可先唱，感而後應。故居唱之位，而不行唱之勢，❸不居和之職，而以和爲德。常盡其下，故能爲之上也。」又云：「天高其位而下其施，藏其形而見其光。❹高其位，所以爲尊也；下其施，所以爲仁

❶「九」，皇清經解續編本作「久」。
❷「若」，皇清經解續編本作「乃」。
❸「勢」，原漫漶不清，今據崇文書局本、皇清經解續編本補。
❹「形」，原誤作「神」，今據清武英殿聚珍版叢書本《春秋繁露》卷六及下文改。

也；藏其形，所以爲神；見其光，所以爲明。爲人主者，法天之行，是故内深藏，所以爲神；外博觀，所以爲明也；任羣賢，所以爲受成；乃不自勞於事，所以爲尊也；汎愛羣生，不以喜怒賞罰，所以爲仁也。故爲人主者，以無爲爲道，以不私爲寶，立無爲之位，而乘備具之官。足不自動，而相者導進；口不自言，而擯者贊辭；心不自慮，而羣臣效當，故莫見其爲之而功成矣。」《荀子》云：「人主者，以官人爲能者也；匹夫者，以自能爲能者也。」《吕覽・分職》云：「先王用非其有若己有之，通乎君道者也。」《勿躬》云：「聖王之所不能也，所以能之；所不知也，所以知之。養其神、脩其德而化矣。神合乎太一，精通乎鬼神，深微玄妙，而莫見其形。」此之謂深正其元不可測者也。若知能自用，則可測矣，豈故爲淵深以疑惑百姓之謂哉？《董子・王道通三》云：「人主之大守在於謹藏而禁内，使好惡喜怒，必當義乃出，如春秋冬夏之未嘗過也，可謂參天矣。深藏此四者而勿使妄發，可謂天矣。」

周易姚氏學卷第二

旌德姚配中撰

周易文言傳

案 文言，謂文王之言。《文言》曰元者，謂文王之所謂元者，乃善之長也。卦爻辭皆文王作，故又作《文言傳》以總釋之。劉瓛謂「依文而言其理」，非也。孫先生伯淵云：「伏羲八卦，有象无字。《禮運》：『觀殷道，得坤乾。』殷易以坤爲首，亦卦象，非卦名也。知卦名及卦辭是文王所名者，《易》元、亨、利、貞，孔子曰：《文言》曰元者、亨者、利者、貞者，又曰：《文言》曰坤，而釋其文則元、亨、利、貞四字，坤之一字，皆文王之言，以此推之，卦名、卦辭皆《文言》矣。」惠氏棟云：「《文言》者，指卦爻辭也，以卦爻辭爲文王制，故謂之文言。孔子爲之傳，故謂之文言傳，乃十翼之一也。」是也。《釋文》引梁武帝云：「《文言》是文王所制。」蓋以鄭謂爻卦辭是文王作，故云《文言》是文王所制，其曰《文言》，指卦爻辭，乃釋所以稱《文言》之故，非謂《文言傳》爲文王所作也。

文言曰：元者，善之長也。 **注** 荀九家曰：「乾者，君卦也。六爻皆當爲君，始而大通，君德會合，故元爲善之長也。」案，此即鄭「舜既受禪，禹與稷、契、咎繇之屬並在於朝」之義，所謂君德會合也。六龍皆有君德，而皆爲元用，是爲會合。元之初兆，具全卦之氣，六爻皆根於元，故元爲之長也。董子《考功名》云：「考積之法，考其所積也。天道積聚衆精以爲光，聖人積聚衆善以爲功。」元之始也，六爻根焉，及其既則歸功於元，故卦辭以元始，爻以用九終，非上九之後，又有一爻，元藏中宫不可見，楊子之所謂玄也，故但稱用九，不稱元，孔子特明之，故曰「乾元用九」。曰元者善之長，長之故用之，用之是以長之也。桓譚《新論》云：「伏羲氏謂之易，老子謂之道，孔子謂之元，而楊雄謂之玄。」案乾陽爲善。《白虎通·性情》云：「陽氣者仁，陰氣者貪。」故虞翻注《易》，統以乾爲善。蓋陽生陰殺，陽主德，陰主刑也。兹依用之。元用六爻，故爲之長，羣龍无首，元爲之首，首出庶物，是其長矣。善，吉也。**亨者，嘉之會也。**案嘉，善也，美也。會，合也。乾坤通成既濟，陰陽得位而相應，故曰「嘉之會」。乾父坤母，是生六子，天地絪緼，萬物化醇，六十四卦，皆自元來，乾元坤元交，則别成一卦，非乾坤而實乾坤之氣，故卦之稱元，皆曰乾坤。其實乾坤既交，即爲彼卦之元，一索再索三索，是生六子，氣亦由微及著。陰陽亦男女，男女亦陰陽，萬物化生，天人一也。《吕覽·精通》云：「父母之於子也，子之於父母也，一體而兩分，同氣而異息，若草莽之有華實也，若樹木之有根心也，雖異處而相通，隱志相及，痛疾相救，憂思相感，生則相歡，死則相哀，此之謂骨肉之親。神出於忠而應乎心，兩精相得，豈待言哉。」卦之相通，亦猶是也。**利者，義之和也。貞者，事之榦也。**注荀爽曰：「陰陽相和，各得其宜，然後利矣。陰陽正而位當，則可以榦舉萬事。」案，榦，本也，正也，本正則事舉。**君子體仁足以長人。**注鄭康成曰：「體，生也。」見《文選》注。案乾元，純陽之始，故生仁。乾爲君子，元者乾之始，立天之本；仁者君子之始，所以爲君子者也，故君子體仁。長，君也，元善之長，故足以長人。《禮運》曰：「仁者，義之本也，順之體也，得之者尊。」**嘉會足以合禮，**案禮，體也，履也。有本有文，忠信，禮之本也，義理，禮之文也。无本不立，无文不行。嘉會則本立，體也；合禮則文行，履也。乾坤通，陰陽合，故足以合禮。《喪服四制》曰：「凡禮之大體，體天地，法四時，則陰陽，順人情，故謂之禮。」**利物足以和義，貞固足以榦事。**案利不及物則不和，不和則失宜，故利物足以和義。貞，正也，定也，故固。固，堅也。《詩》曰：「亦孔之固。」正其本，萬事理，故足以榦事。**君子行此四德者，故曰「乾，元亨利貞」。**案德者，得也。四者非自外來，故曰德。云「故曰乾元亨利貞」者，謂君子自强不息，終日乾乾，以行四德。乾，健也，行也。

初九曰，潛龍勿用。何謂也？子曰：龍德而隱者也。案隱，伏也，微也，陽氣始動於黃泉，故隱坎爲隱伏，亦謂其時陽氣伏藏也。**不易乎世，不成乎名。**注鄭康成曰：「當隱之時，以從世俗，不自殊易，无所成名也。」案名，聲名，即爻畫之名也。陽伏初下，未成畫爻，變易未見，故不易世；君子以成德爲行，未成畫爻，故不成名。**遯世无悶，不見是而无悶。**案遯，隱也，謂十月陽氣隱遯。悶，懣也。是，善也。未見未成，故不見是，謂十一月氣微，功未著也，陽從剥伏坤出復，出入无疾，故无悶。畎畝之中，樂堯舜之道，人知之亦囂囂，人不知亦囂囂。**樂則行之，憂則違之。**注虞翻曰：「陽出初震爲樂，爲行，故樂則行之。」案陽生動行，故樂則行之。坎爲加憂，爲隱伏，故憂則違之。《太玄·中》次三曰：「龍出於中，首尾信，可以爲庸。」《玄・文》云：❶「龍出於中，何謂也？龍德始著也。陰不極則陽不生，亂不極則德不形，君子修德以俟時，不先時而起，不後時而縮，動止微章，不失其法者，其唯君子乎，故首尾可以爲庸也。」義本此。**確乎其不可拔，潛龍也。**注鄭康成曰：「確，堅高之貌。拔，移也。」見《釋文》。案震動起稱拔，初隱伏在下，乾其静也專，故確乎不可拔。孔子曰：「用之則行，舍之則藏。」**九二曰，見龍在田，利見大人。何謂也？子曰：龍德而正中者也。**案陽爲龍德，正中謂五，二非陽位，必升坤五，正位爲君，故利見大人也。**庸言之信，庸行之謹。**注荀九家曰：「以陽居陰位，故曰謹也。庸，常也。」案信，誠也。謹，慎也。氣從下生，根於元，故言信。晝動之爻稱行，二失位，動則化爲陰，故謹防陰也。二，世子之爻，當升坤五，不可化。**閑邪存其誠。**注宋衷曰：「閑，防也。閑其邪而存誠焉。二在非其位，故以閑邪言之。能處中和，故以存誠言之。」案閑邪防陰，存誠保陽也。此上皆謂爲世子時也。樂以脩內，禮以脩外，立太傅、少傅以養之，入則有保，出則有師。**善世而不伐，德博而化，《易》曰：「見龍在田，利見大人。」君德也。**注荀九家曰：「陽升居五，處中居上，始以美利利天下，不言所利，即是不伐。」荀爽曰：「處五居坤，故德博，羣陰順從，故能化。」案此謂升坤五爲大人

❶「文」，皇清經解續編本作「又」。

也。二升坤五，坤五降二，成既濟。二爲雨施，故善世；爲繼體，故不伐；德施普，故德博而化。化謂陰陽易成既濟，雲行雨施，品物流形也。二當升坤五爲君，故曰君德。稱「易曰」者，言易以所言「利見大人」者，以其有君德，當升坤五，故特出「易曰」以明之。**九三曰，君子終日乾乾，夕惕若，厲，无咎。何謂也？子曰：君子進德脩業，忠信所以進德也，脩辭立其誠，所以居業也。**案進德，謂息至三，脩業，謂居三之業。功業見乎變，畫變之九也。三由元來，乾乾未已，故忠信所以進德。變之九與陰接，故脩辭。言者心聲，爻由畫變也，變之九不化，故立其誠，所以居業。乾乾惕若，三之德業也。脩，飾也。禮不辭費，故脩辭所以通情者也。《表記》曰：「無辭不相接也，欲民之無相褻也，忠敬、誠信、業事也。」**知至至之，可與幾也，知終終之，可與存義也。**案至之謂息至三，終之謂終於九。息至三得位，故知至至之。幾者動之微，見幾而作，幾也；知至至之，亦幾也，故可與幾。謂陽自初至三成畫也，畫動成爻終於九，不化之陰，故知終。終之義者，事之宜。存，察也。得位爲宜，失位則失宜，三終於九，不化之陰，故可與察事宜。乾乾惕若，防患於未然也。**是故居上位而不驕，在下位而不憂，故乾乾因其時而惕，雖危无咎矣。**注虞翻曰：「天道三才，一乾而以至三乾成，故爲上。」案三與五互一卦，三在下，故爲下。亢則有悔，三在下體，因時而惕，故不驕。驕謂恃己陵物也。初在下，憂則違之，三雖在下，已居下體之上，故不憂。不謟不瀆，何憂何驕？時謂日夕，剛而不中，故危。**九四曰，或躍在淵，无咎。何謂也？子曰：上下无常，非爲邪也。**注荀爽曰：「乾者，君卦，四者，臣位也，故欲進躍。居五下者，當下居坤初，得陽正位，故曰：上下无常，非爲邪也。」案，得陽正位，謂或上或下，求得陽之正位。**進退无恒，非離羣也。**案進謂變之九，退謂化之陰，四不之坤初，則當化，故進退无恒。羣，同類也。陽與陽爲羣，陰與陰爲羣，所謂方以類聚，物以羣分者也。離，麗也。之坤，坤陰非陽羣，化爲陰，居本位；乾陽非陰羣，上下求陽位，故非爲邪，進退俱異類，故非離羣。乾道變化，氣自四始。四，乾道乃革，革，變化也。十一月、十二月、十三月之時，陽在下體，物始萌芽，氣未上升。至二月，震氣激而出地，氣始上升，震以出之，風以行之，陰陽氣交，物得之而枝葉生。上變而下亦變，所謂變之七也。至四月陽究，上究則下亦究，乾，動也，直於雷見之，春氣上行，可目驗者也。《唐志·一行卦候議》云：「陽七之静始於坎，陽九之動始於震，陰八之静始於離，陰六之動始於兑。」案，坎陽始生，七之始也，至震成七，九之始也，離陰始生，八之始也，至兑成八，六之始也。雷出地而陽行，風行地而陰出。**君子進德脩業，欲及時也，故无咎。**案進德，進至四。脩業，脩居四之業。謂畫動爲爻也。當其可之謂時，四不當位，故欲及時，所以上下進退也。三得位，不之他不化，故因時。四失位，上下進退，故欲及時也。晁説之謂鄭作「及時」，僞也。時，是也。四失位，故欲及是，所以上下進退，欲之故然也。或之者，疑之也，疑所以欲，欲字正解或之之故，失位而欲得位，故无咎。知鄭本斷不删去欲字。陸氏《釋文》異文俱載，何於鄭獨多遺漏，而説之得之獨多邪？與張弧僞《子夏傳》，同屬託大儒以欺人耳。其説有不悖於義者，乃依放别家注爲之。宋儒作僞，大類如此，今概不用。

九五曰，飛龍在天，利見大人。何謂也？子曰：同聲相應，同氣相求。案謂乾坤純陽純陰，陰陽各以類相應求，聲氣之感，莫不皆然。三百八十四爻，陰陽各半，而元用之，此言乾坤爲一經之宗也。**水流溼，火就燥。**案溼，幽溼也。水流溼，謂坎上下皆坎，故流溼。燥，乾也。火就燥，謂離上下皆離，故就燥。水潤下，故流；火炎上，故就。就，就高也。此又舉坎離言其得乾坤之中氣，所以爲陰陽之始終也。**雲從龍，風從虎。**案雲從龍，謂頤、小過。震爲龍，雲山氣，謂艮也。《論衡・藝增》云：「山氣爲雲。」《説文》云：「雲，山川氣也，艮爲山，氣升爲雲。」震反成艮，重卦爲頤，艮反成震，重卦爲小過，艮、震反復相從，故雲從龍也。風從虎，謂大過、中孚。巽爲風，兑爲虎，巽反成兑，重爲大過，兑反成巽，重爲中孚，兑、巽反復相從，故風從虎。四卦反復不衰，與乾坤坎離同。言此八卦者，以明卦之所以以旁通反復相受也。陽氣至大過而滅，養於頤，起於中孚，見於小過。龍所以象陽，故六爻稱六龍。乾元戰亥出震，震得乾初之氣，故震爲龍。龍以春分升也，陰氣成於秋。故陸績《革》五「大人虎變」注云：「兑之陽爻爲虎，陰爻稱豹。」宋衷云：「兑爲白虎。」《淮南子・天文》云：「物類相動，本標相應，虎嘯而谷風至，龍舉而景雲屬。」東方朔《七諫》云：「同音者相和兮，同類者相應。飛鳥號其羣兮，鹿鳴求其友。故叩宮而宮應兮，彈角而角動。虎嘯而谷風至兮，龍舉而景雲往。音聲之相和兮，言物類之相感也。」皆用此爲義。《管輅别傳》：「徐季龍與輅共論龍動則景雲起，虎嘯則谷風至，以爲火星者龍，參星者虎，火出則雲應，參出則風到，此乃陰陽之感化，非龍虎之所致也。輅言：『夫論難當先審其本，然後求其理，理失則機謬。若以參星爲虎，則谷風更爲寒霜之風，寒霜之風非東風之名。是以龍者陽精，以潛爲陰，幽靈上通，和氣感神，二物相扶，故能興雲。夫虎者，陰精而居於陽，依木長嘯，動於巽林，二氣相感，故能運風。若磁石之取鐵，不見其神而金自來，有徵應以相感也。況龍有潛飛之化，虎有文明之變，招雲召風，何足爲疑？』季龍言：『夫龍之在淵，不過一井之底，虎之悲嘯，不過百步之中，形氣淺弱，所通者近，何能瀏景雲而馳東風？』輅言：『君不見陰陽燧在掌握之中，形不出手，乃上引太陽之火，下引太陰之水，噓吸之間，煙景以集。苟精氣相感，懸象應乎二燧，苟不相感，則二女同居，志不相得。自然之道，無有遠近。』」此輅伸雲從龍、風從虎之義也。龍陽精，以潛爲陰，故震象焉；虎陰精而居於陽，故兑象焉。**聖人作而萬物覩。**注鄭康成曰：「作，起也。」見《釋文》。虞翻曰：「覩，見也。」案上舉反復不衰，八卦以明，皆元之用，聖作物覩，亦類從也。聖人作，所謂大人造。公孫宏曰：「氣同則從，聲比則應。今人主和德於上，百姓合和於下，故心和則氣和，氣和則形和，形和則聲和，聲和則天地之和應矣。」本傳《對策》。乾元爲聖人託位於五。**本乎天者親上，本乎地者親下，則各從其類也。**案此明陰陽各以類從，乃同類相召之所以然也。虞翻云：「雷風相薄，故相應也，山澤通氣，故相求也，離上而坎下，水火不相射。乾爲龍，雲生天，故雲從龍；坤爲虎，風生地，故風從虎。」義同。乾坤之氣，以風雷交，交則相薄而有聲，乾坤之氣，以山澤通，風雷山澤，相應相求，皆乾坤也。龍陽潛陰，虎陰居陽，合言震兑，專言其氣，則乾坤耳。

上九曰，亢龍有悔。何謂也？子曰：貴而无位，注荀爽曰：「在上故貴，失位故无位。」**高而无民。**注虞翻曰：「在上故高，无陰故无民也。」《繫辭傳》注。案：虞《繫辭傳》注云：「天尊故貴，以陽居陰，故无位。」義同。案陽君陰民，乾純陽之卦，然則五亦无民乎？非也。五陽得位，坤順從之，豈无民哉？上之所以无民者，以其失位，三又不化故也。桀紂之民，歸湯武矣，豈其民乎？❶**賢人在下位而无輔，是以動而有悔也。**注荀爽曰：「謂上應三。三陽德正，故曰賢人。別體在下，故曰在下位。兩陽无應，故无輔。」案動謂畫動之九，上失位，不動則悔不著，動之九，陽極則陰來，故有悔。无位无民无輔，烏得不動輒得悔與？非聖人孰能處此而无凶咎者乎？是以深戒之。

潛龍勿用，下也。案不言陽，但言下，明在下皆然也。《淮南子》曰：「潛龍勿用，言時之不可以行也。」《人間》文。案，《漢志》淮南王安聘明《易》者九人，號九師法，此蓋九師説遺與？❷**見龍在田，時舍也。**注虞翻曰：「二非王位，時暫舍也。」案舍，止也。乘時升五，乃爲大人，未升則舍

❶「乎」，皇清經解續編本作「哉」。
❷「説遺」，皇清經解續編本作「遺説」。

於二。得位而升，升之時也，非時而舍，舍之時也，故曰時舍，謂二。云見龍在田者，以其得時，方升未升，則尚在田也。惠氏士奇云：「舍讀爲田舍東郊之舍。時舍對時行、時乘，乘則行，舍則止，時止則止，時行則行，動静不失其時，其道光明，見龍之象也。初時潛，二時舍，三時行，四時躍，五時飛，至上而窮，故亢，亢者，不知時也。」**終日乾乾，行事也。或躍在淵，自試也。**案進德脩業，故行事，或上或下，故自試，所謂疑之也。試，驗也，嘗視也。惠氏棟云：「求陽正位而居之，故自試。」「四非居五，則當下居初，或之，故自試也。」**飛龍在天，上治也。**案五居尊位，居上治下，故上治。治，理也。**亢龍有悔，窮之災也。**案窮，極也。災，害也。亢上故窮，陽極則陰來，故窮之災。**乾元用九，天下治也。**案乾元用九，則爻之九，皆元之用矣。乾元不自用，合衆陽以爲用，聖人不自用，合羣聖以爲用，故天下治。治，整也。孔子曰：「昔者舜左禹而右皋陶，不下席而天下治。」《大戴·王言》文。

潛龍勿用，陽氣潛藏。案藏猶隱也，潛藏謂元。惠氏棟云：「陽息初震，下有伏巽，故曰潛藏。」案，初之潛藏，自謂陽在地中，若云伏巽，巽初陰爻耳，與乾陽无與，且伏巽是巽伏，非陽氣潛藏之義，初當坎位，坎爲隱伏，陽在地中，即是潛藏，所謂坤以藏之也，不必取伏巽。**見龍在田，天下文明。**案乾二之坤五，坤五降乾二，成離，爲文明。離爲日，得坤中氣，坤爲文，離南方朱鳥之象，故虞注《易》以離爲文明，兹依用之。謚法曰：慈惠愛民曰文，照臨四方曰明。德施普，故天下文明也。**終日乾乾，與時偕**

行。案乾乾不息，故與時偕行。偕，俱也。**或躍在淵，乾道乃革。**案革，去故也。下體終，上體繼，乾陽動而出地，萬物變，四或上或下，去其本位。《春秋傳》曰：「失則革之。」獨四言革者，乾道變化，氣自四始，否泰之交，乾坤革易，故三曰反復，四曰革。**飛龍在天，乃位乎天德。**案元爲天德，五，天德之位，乾元託位於五，故位乎天德，謂正位也。天德之位，聖人之大寶也。**亢龍有悔，與時偕極。**案在上故極，四月陽極之時，故與時偕極。晝者時也，爻者晝之動，時之極，所謂六爻之動，惟其時物，三極之道也。**乾元用九，乃見天則。**案則，法也，常也。尊无與二，天之則也，九爲元用，天則見矣。天何言哉？四時行焉，百物生焉，乾元用九，亦如是也。《呂覽》曰：「不出者，所以出之也，不爲者，所以爲之也，故曰天無形而萬物以成，至精無象而萬物以化，大聖無事而千官盡能。」《君守》文。

乾元者，始而亨者也。注虞翻曰：「乾始開通。以陽通陰，故始通。」案乾元陽之始，坤元陰之始。始通，謂陰陽以元氣交會也。而，詞也。《班彪傳》注引《禮統》云：「天地者，元氣之所生，萬物之祖。」《白虎通·天地》云：「地者元氣之所生，萬物之祖也。」《管子》云：「地者萬物之本原，諸生之根菀也。」案，太極函三爲一，是曰元，分爲二，乾得其陽，坤得其陰，故乾坤皆有元也。**利貞者，性情也。**案未發謂之性，發而无節謂之欲，發而皆中節謂之情，情者合乎禮樂、各得其正者也。乾性陽，坤性陰，九六者，畫之變，由性而發，偏於一，不能合乎情者也。乾二、四、上之坤，坤初、三、五之乾，成既濟，六爻得正，乃謂之情，故曰利貞者性情，致中和、天地位、萬物育者也。《荀子》曰：「人無師法，則隆性矣，有師法，則隆積矣。而師法者，所得乎情，非所受乎性，不足以獨立而治。性也者，吾所不能爲也，然而可化也；情也者，非吾所有也，然而可爲也。注錯習俗，所以化性也，并一而不二，所以成積也。習俗移志，安久移積，并一而不二，則通於神明，參於天地矣。」《儒效》文。《董子》曰：「性者，天質之樸也；善者，王教之化也。無其質，則王教不能化；無其王教，則質樸不能善。」《實性》文。又《深察名號》云：「性比於禾，善比於米。米出禾中，而禾未可全爲米也；善出性中，而性未可全爲善也。善與米，人之所繼天而成於外，非在天所爲之内也。天之所爲，有所至而止，止之内謂之天性，止之外謂之人事，事在性外，而性不得不成德。」觀二子之言，可以知利貞性情之義矣。象言性命，言一陰一陽，本太極之體，以性溯命也。此言性情，言乾坤通成既濟，一陰一陽，發皆中節，以性推情也。易之始，始於太極，一陰一陽之謂道也，終於既濟，亦一陰一陽復太極之體，以是始，以是終，終而復始，周流无竟者也。陰陽各有性，性各有偏，發皆中節謂之爲情，故云利貞者性情。《樂記》云：「人生而静，天之性也；感於物而動，性之欲也。」蓋隨性而發，失其正者爲欲，得其正者爲情。欲而得正，亦即是情，此性之本正而發於外者，乾之初、三、五是也；欲而不正，是之謂欲，化之正，然後爲情，此性之不正發於外，待教而後正者也，乾成既濟，二、四、上是也。故合而言之，欲雖失正，亦是感物而動，通謂之情。《樂記》云：「夫民有血氣心知之性，而無哀樂喜怒之常，應感起物而動，然後心術形焉。」此統其發於外者言之，不論其當否者也。若分而别之，則合於禮樂，乃得爲情，一人爲然，天下之人皆以爲然，放諸四海而準，乃是情也。《樂記》云：「先王本之性情，稽之度數，制之禮義，合生氣之和，道五常之行，使之陽而不散，陰而不密，剛氣不怒，柔氣不懾，四暢交於中，而發作於外，皆安其位，而不相奪也。」又云：「樂也者，情之不可變者也；禮也者，理之不可易者也。樂統同，禮别異，禮樂之説，管乎人情矣。」此乃所謂情也。故利貞者性情，言六爻皆正，則性之偏者亦化矣。《繫辭傳》云「設卦以盡情僞」，云「情僞相感，得位爲情，失正爲僞」。《吕覽·情欲》云：「耳之欲五聲，目之欲五色，口之欲五味，情也，雖神農黄帝，其與桀紂同，聖人之所以異者，得其情也。」**乾始能以美利利天下，不言所利，大矣哉。** 注 虞翻曰：「美利謂雲行雨施、品物流形，故利天下。天何言哉，四時行焉，百物生焉，故利者大也。」案 能，該也。《釋名·釋言語》云：「能，該也，無物不兼該也。」利而可言，所利僅矣，不言所利，不可言也。《吕覽》曰：「天地大矣，生而弗子，成而弗有，萬物皆被其澤，得其利，而莫能知其所由始，此三皇五帝之德也。」《貴公》文。陽稱美善也，大之之辭也。《孟子》曰：「充實之謂美。」**大哉乾乎，剛健中正，純粹精也。** 案 剛，堅强也。健，建也，亦强也。純，專也。粹，不雜也。精，静也。乾陽剛健，元託位於五，故中正，乾其静也專，六畫皆陽，專而不雜，故純粹，六者乾之静，故曰精。此贊乾元成畫，六畫純陽，乾之性，即上所謂性也，未發謂之性，畫未變成爻也。**六爻發揮，旁通情也。** 注陸績曰：「乾六爻發揮變動，旁通於坤，坤來入乾，以成六十四卦，故曰旁通情也。」案發揮猶發動。旁，溥也。往來不窮謂之通。六爻發揮，謂由六畫而發動爲六爻也，發爲六爻，仍偏於一，與坤通，成六十四卦，皆成既濟，則情也。不發動无由旁通，既變然後有化也。上言其静，六畫未變，性也，此言其情，成既濟也，所謂利貞性情也。**時乘六龍，以御天也。雲行雨施，天下平也。**注荀爽曰：「御者行也，陽升陰降，天道行也。乾升於坤曰雲行，坤降於乾曰雨施，乾坤二卦，成兩既濟，陰陽和均，而得其正，故曰天下平。」案《韓詩外傳》云：「夫霜雪雨露，殺生萬物者也，天無事焉，猶之貴天也；執法厭文，治官法民者，有司也，君無事焉，猶之尊君也。夫闢土殖穀者后稷，決江流河者禹也，聽獄執中者皋陶也，然而聖后者堯也，故有道以御之，雖無能也，必使能者爲己用也。無道以御之，彼雖多能，猶將無益於存亡矣。《詩》曰：『執轡如組，兩驂如舞。』貴能御也。」時乘六龍以御天，亦天有以御之也，四時十二消息，升降於六位，以行天之元氣，雲行雨施，莫非元之用，成既濟，六爻正，陰陽和，故天下平。

君子以成德爲行，日可見之行也。潛之爲言也，隱而未見，行而未成，是以君子弗用也。案初體復，復，德之本也，元動成畫爻，故以成德爲行。剛柔者，晝夜之象，動成畫爻，故日可見之行。乾元始動，未成畫爻，故隱而未見，行而未成，未見未成，是以弗用，言君子明其龍德也。**君子學以聚之，問以辯之，寬以居之，仁以行之。**《易》曰：「**見龍在田，利見大**

人。」君德也。 注虞翻曰：「陽在二，兑爲口，震爲言，爲講論，案，震雷爲聲，言者心聲。坤爲文，故學以聚之，問以辯之。兑象君子以朋友講習，震爲寬仁。」案，《五行傳》云：「東方謂之仁。」案初習謂之學，重習謂之脩。之，目君德也。《學記》曰：「師也者，所以學爲君。」聚之辯之，居之行之，皆謂君德也。聚，具也。問，論難也。辯，謂考問得其定也。寬，宏也，猶愛也。寬以居之者，學之博，愛之深，藏脩息游，无非學也。仁以行之，以仁天下也。此皆爲世子時事，故重言君德，言二當升五而爲君，而天下利見之也。文王爻辭，唯九三言人事，《傳》則言行學言進脩，无在非學也。象曰「君子以自强不息」，子蓋三致意焉。子曰：「加我數年，五十以學易。」而於每卦《象傳》，必曰「以」，以者，學之謂也，自天子至庶人，无人不當學；自春及冬，自朝及夕，无時不宜學；富貴貧賤，夷狄患難，无在不可學。子曰「我學不厭」，曰「發憤忘食」，曰「不如丘之好學」，聖人亦學而已。《學記》曰：「君子如欲化民成俗，其必由學乎。」故於世子之爻，發學之義焉。**九三，重剛而不中，上不在天，下不在田，故乾乾。因其時而惕，雖危无咎矣。** 注虞翻曰：「以乾接乾，故重剛。位非二五，故不中也。」案，上下體爲重，重巽重險，因而重之也。案五天全乎君，三居上而非五，故不在天；二田全乎臣，三在下而非二，故不在田。上臣於天子，下君其臣民，爲君難，爲臣不易，止仁止敬，文王其當之矣。**九四重剛而不中，上不在天，下不在田，中不在人，故或之。或之者，疑之也，故无咎。** 注虞翻曰：「非其位，故疑之。」案人謂三，人近地，故三爲人。**四失位非正，故中不在人。**三四兩爻各兼上中下。三居下體一卦之上，是之謂上；而非五，故不在天。三與四五互一卦，三在下，故曰下；而非二，故不在田也。四與二三共互一卦，四在上，故曰上；爲上卦之下，故曰下。三五互卦，四在其中，故曰中；而非三，故不在人。二四互卦，三亦在中，不言之者，以其在人也。上中下三者俱備，唯三四兩爻，初、上无兼稱，二下中，五上中，各得兩稱，互體五在上，二在下也。《魏志·鍾會傳》：「會嘗論易无互體。」亦不知《易》耳。上下未定，故疑之，疑之言擬也，四自擬也，自擬未定，審擇所處，故得无咎。**夫大人者，與天地合其德，與日月合其明，與四時合其序，與鬼神合其吉凶，先天而天弗違，後天而奉天時。天且弗違，而況於人乎？況於鬼神乎？**注荀爽曰：「與天合德，謂居五也；與地合德，謂居二也。坤五之乾二成離，離爲日；乾二之坤五爲坎，坎爲月。」虞翻曰：「奉，承行。」案乾元託位於五，故於九五發乾元之大用焉。五者，聖人之位；乾元者，聖人也。六爻變化，皆元主之。五天二地，二應五成既濟之正，故與天地合其德。二五相應，離日坎月，故與日月合其明。四時謂十二消息，消息以時，故與四時合其序。精氣爲神，游魂爲鬼，成變化，行鬼神，故與鬼神合其吉凶。既濟太極之象，先天地者也，故先天而天弗違。既濟居一經之終，故後天而奉天時。元所以統天也，此即元之爲元，无所不在，以明聖之所以爲聖，故曰夫大人者，所謂建諸天地而不悖，質諸鬼神而無疑，百世以俟聖人而不惑者也。與，偕也。化育萬物謂之德，照臨四方謂之明。序，次序。弗，不也。天且不違，故況於人乎。夫民，神之主也，人不違，況於鬼神乎？《禮運》曰：「故聖人作則，必以天地爲本，以陰陽爲端，以四時爲柄，以日星爲紀，月以爲量，鬼神以爲徒，五行以爲質，禮義以爲器，人情以爲田，四靈以爲畜。」**亢之爲言也，知進而不知退，知存而不知亡，知得而不知喪。**案進謂變，畫進之九也，退謂化，九化之陰也。陽爲存，化之陰爲亡，陽在五爲得，在上當化之陰，爲喪亡，喪其陽也。進必有退，存必有亡，得必有喪，上處非其位，動則必化之陰，所謂動而有悔也。不知物極之必反，三者不知，則三者隨之矣，是之謂亢。知有退則能保其進，知有亡則能保其存，知有喪則能保其得，知失位而不動，則三者免矣，非聖人其孰能之？乾，純陽之卦，六爻一體。陽氣之升，斷未有止於五不升上者。如物之生，體无不全也，而其體則不必上盡究而下盡不究，氣雖同根於元，而究各異。舜與桀，所處者皆天子之位，桀之不善，非位之罪，陽動有悔，又豈上位之咎與？使舜而處桀之位，不失爲舜；使桀而處舜之位，仍自爲桀耳。故進退之義，宜謂本畫之變化，不得以位拘。舜可以處初，亦可以處上；桀不能居上，又豈能居初？故論卦爻必知其全卦之氣，然後以位推明之。爻有貞吉，亦有貞凶，繫乎卦也。故乾上雖處非其位，不動亦可无悔，全體純陽故也。荀爽云：「陽位在五，今乃居上，故曰知進而不知退；在上當陰，今反爲陽，故曰知存而不知亡。」茲據變化者進退之象爲義，不用荀說。

其唯聖人乎？知進退存亡而不失其正者，其唯聖人乎？案其唯聖人，言高上之位，非聖人不能居也。聖人謂乾元，乾元用九，自初至上，一以貫之，故知進退存亡、爻之變化，莫非元也。託位於五，故不失其正。再言聖人，以見非聖不能也。

乾道變化，各正性命，成既濟，六爻皆正，元主之也。《繫辭傳》云：「危者安其位者也，亡者保其存者也，亂者有其治者也。是故君子安而不忘危，存而不忘亡，治而不忘亂，是以身安而國家可保也。《易》曰：『其亡其亡，繫于包桑。』」其亡其亡，以亡自惕也，以亡自惕，焉得亡乎？桀自比於日，紂責命於天，不知亡也，焉得不亡？所謂「危者，安其位者也」，言其所以危亡，乃安其位故也，即所謂「其亡其亡」，其所以亡也。君子以之自惕，安不忘危，所以安也，帝王君臣，交勉不諱，言亡而卒不亡，所謂知進退存亡而不失其正者也。治亂之機，不外乎是，百世可知，子豈虛語哉？

周易姚氏學卷第三

旌德姚配中撰

周易上經彖上傳象上傳文言傳

䷁坤下坤上 案 六畫純陰，與乾通，成六十四卦，所謂六爻發揮，旁通也。故凡陰陽相配之卦，均曰旁通，謂乾坤通也。

坤，元亨，利牝馬之貞。 注 虞翻曰：「陽極陰生，乾流坤形，坤含光大，凝乾之元，終於坤亥，出乾初子，品物咸亨，故元亨也。坤爲牝。」案，建亥之月，坤卦用事，十一月子，一陽生，體復乾初也。故終於坤亥，出乾初子，坤含光大，凝乾之元，凝乾元即坤元也。坤元凝乾元，故虞於元每稱乾，以乾元藏坤元中也，非謂坤无元。太極生兩儀，太極，元也。陰陽未分，非有陽而无陰。傳云：「一陰一陽之謂道。」太極分爲乾坤，則乾得其陽，坤得其陰，皆太極之元也，故坤元亦稱至，至，極也。或因虞義，以元專屬乾，非也。

案 坤，順；元，始也。乾元，陽之始；坤元，陰之始。乾坤交，故始通。陰爲牝，牝，雌也。乾爲馬，坤純陰，則牝馬也，故傳曰牝馬地類。利初三五之正，成既濟，故利牝馬之貞。正則陰陽和，故利之也。取牝馬者，地當承天，妻當從夫，臣當奉君，言其柔順利貞，爲所當爲也，若四牡項領，詩人刺之矣。《五行傳》注云：「馬屬皇極，皇極五，土數也。」《平準書》云：「天用莫如龍，地用莫如馬。」《馬援傳》云：「行天莫若龍，行地莫若馬。」《王莽傳》云：「乘乾文龍，❶駕坤六馬。」鄭氏云：「坤爲牝馬。」《京氏易傳》説坤於類爲馬，引「行地无疆」以證。諸説皆依牝馬地類爲義，蓋坤陰卦，故以牝馬象焉。傳云「牝馬地類」，云「柔順利貞」、「貞固足以幹事」。「牝馬之貞」，婦人之事而已矣。《喪服傳》云：「婦人有三從之義，無專用之道，故未嫁從父，既嫁從夫，夫死從子。」《公羊·襄十三年》傳云：「大夫無遂事，遂者何？生事也。」坤妻道、臣道，故取牝馬，言其柔順利貞也。《節南山》「四牡項領」箋云：「四牡者，人君所乘駕，今但養大其領，不肯爲用，喻大臣自恣，王不能使也。」**君子有攸往。** 案上以物喻，此據人言，坤初、三、五失位，往之乾得位。坤初之乾四，三之乾上，五之乾二，乾二、四、上來之坤，各成一既濟。故君子有攸往。攸，所也；往，之也。動而之他爲往。畫動之爻，爻往之他，皆是也。**先迷，後得主，** 案先迷謂初、三、五未之乾，純陰用事，无所適從，故迷惑也。後謂初、三、五已之乾，乾來入坤，陰從陽，故得主。主，君也。陰以陽爲主，陽唱陰和，无所迷矣。盧氏云：「坤，臣道也，後而不先，陰以陽爲主。」**利西南得朋，東北喪朋，安貞吉。** 注馬融曰：「喪，失也。」見《釋文》。「孟秋之月，陰氣始著，而坤之位，同類相得，故西南得朋。孟春之月，陽氣始著，陰始從陽，失其黨類，故東北喪朋。」荀爽曰：「陰起於午，至申三陰，得坤一體，故曰西南得朋。

❶「文」，崇文書局本、皇清經解續編本作「六」。「龍」，《漢書·王莽傳》作「車」。

陽起於子，至寅三陽，喪坤一體，故曰東北喪朋。」案，利字或誤連主字讀，據「後得主而有常」，則主字絶句。《通典·禮部》引魏高堂隆議引《易》曰：「坤，利西南得朋，東北喪朋。」以利字屬下是也。**案**坤西南，艮東北。陰消成否，當坤位；否反成泰，當艮位。故利西南得朋，東北喪朋。安貞吉，謂陰消否即反泰，泰二之五，以成既濟也。安，定也，六爻各安其居，所謂既濟定也。此即乾三反復之義，陰消陽不利，消成否即反成泰，以成既濟，故利。《蹇》「利西南，不利東北」，謂坤艮，《解》「利西南」，亦謂坤，義與此同。解在當卦，虞翻據納甲爲説云：「謂陽得其朋類，月朔至望，從震至乾，與時偕行，故乃與類行。陽喪滅坤，坤終復生，謂月三日，震象出庚，故乃終有慶。此指説易道陰陽消息之大要也，謂陽月三日，變而成震出庚，至月八日，成兑見丁，庚西丁南，故西南得朋，謂二陽爲朋，故『兑，君子以朋友講習』。《文言》曰：『敬義立而德不孤。』《象》曰：『乃與類行。』二十九日，消乙入坤，滅藏於癸，乙東癸北，故東北喪朋，謂之以坤滅乾，坤爲喪故也。馬君云云，失之甚矣，荀君云云，何異馬也。」案，虞義蓋以月滅藏於癸，全體皆暗，坤純陰象焉，故用《參同契》納甲之義爲説，然傳云「乃與類行」，坤陰卦，陰與陰爲類，若如虞説，成兑陽得朋，則云「類行」可耳，不得言「與」。喪朋謂消滅於癸，則陽氣全消，云「乃終」可耳，不得言「慶」，陰非慶也。有慶謂成既濟，六爻得正，故安貞吉也。虞又謂，如荀説，當云南西北東，此所謂欲加之罪耳，東北西南，乃語之轉，《爾雅》稱西南隅、東北隅，《詩》稱「南東其畝」，非獨《易》然也。若謂自北而東，必當言北東，則傳稱「艮，東北之卦」，豈艮之方位自東而北與？虞又謂經豈以乾爲喪，案喪朋自謂陰失其類，无與乾事。

彖曰：至哉坤元，萬物資生，乃順承天。 **注**荀九家曰：「坤者純陰，配乾生物，亦善之始，地之象也，故又歎言至美。」荀爽曰：「萬物資生，謂萬一千五百二十策皆受始於乾，由坤而生也。策生於坤，猶萬物成形，出乎地也。」案順猶從也。承，奉也，受也。元爲天地之始，乾元立天之本，而萬物資以始；坤元順承天，而萬物資以生。坤非元，亦不能生物也，故乾曰大哉，坤曰至哉。**坤厚載物，德合无疆，含宏光大，品物咸亨。**注荀爽曰：「天地交，萬物生，故咸亨。」案坤地故厚，地卑故載，天覆物无疆，地載物无疆，故德合无疆。疆，竟也。《白虎通》曰：「土者最大，包含物，將生者出，將歸者入。」《五行》文。故含宏，含，函也，容也。宏，寬大也。乾坤通，成既濟，故光大也。復小而辯於物，陽初息爲小，則陰極盛，亦得稱大，所謂「莫大乎天地」、「天地之大德曰生」也。虞以大專屬乾，兹不用。光通廣，《書》「光被四表」，光一作廣，一作橫。廣大者，乾坤合，大生廣生也。**牝馬地類，行地无疆。**案牝陰故地類，天行健，故六龍御天，坤與乾合德，故牝馬亦行地無疆。《説文》云：「馬者，怒也，武也。」坤柔順，故以牝馬象焉，引重致遠，以利天下，故行地无疆。**柔順利貞，君子攸行。**注荀九家曰：「謂坤本柔順陰位，則利貞之乾，則陽爻來據之，故曰君子攸行。」案此當云坤爻本柔順，在陽位，則利貞之乾。蓋在陽位者，失位不正，故利貞之乾。乾陽來據其位，坤往之乾，則乾來之坤，或往或來，皆得其正，故君子攸行也。此云坤爻本在柔順陰位者，傳寫之誤。案柔，弱也。初、三、五失正，利之正，故柔順利貞，所謂牝馬之貞也。**先迷失道，後順得常。**案失道，失柔順之道，以陰居陽，上六所以龍戰也，失道斯迷矣。常，謂陽尊陰卑，君尊臣卑，天先乎地，君先乎臣，夫先乎婦，道之常也。陰不爲物之始，而順從陽，以陽爲主，斯得常矣。董子曰：「陰道無所獨行，其始也不得專起，其終也不得分功，有所兼之義。是故臣兼功於君，子兼功於父，陰兼功於陽，地兼功於天。」《基義》文。**西南得朋，乃與類行。東北喪朋，乃終有慶。**案類，陰類也。陽稱慶，善也。成既濟，以陰從陽，故終有慶。虞《賁》六五注云：「凡言喜慶，皆陽爻。」兹依用之。坤，陰道，女子從人，若二女同居，則其志不相得，其志不同行，故必失其陰朋，從陽而後有慶也。**安貞之吉，應地无疆。**注虞翻曰：「地道至静，故安。」案，杜鄴云：「坤以法地，爲土爲母，以安静爲德。」案成既濟，六爻正，陰陽應，德合无疆。謂坤成既濟，六爻相應，乃坤之无疆，所謂坤元也。乾元統天，立天之本，坤元應地，地德所以无疆也。

象曰：地勢坤，君子以厚德載物。注宋衷曰：「地有上下九等之差，故以形勢言其性也。」案，惠氏棟云：「《漢書·叙贊》曰：❶『坤作地勢，高下九則。』高下者，地之勢也。《白虎通》曰：❶『地有三形，高下平。』卦有兩坤，故以勢言之。」案乾圜，故以行言之；坤布，故以勢言之。董子曰：「陰道尚形而露情，陽道无端而貴神。」《立元神》文。坤，順也，地位天中，其形勢順，天爲高下也。《素問·

---

❶ 「白」，原作「自」，今據崇文書局本、皇清經解續編本改。

五運行大論》：「帝曰：『地之爲下否乎？』岐伯曰：『地爲人之下，太虚之中者也。』帝曰：『馮乎？』岐伯曰：『大氣舉之也。』」坤厚載物，德合无疆，君子行其意，亦厚德載物，博厚配地也。

初六，履霜，堅冰至。 注干寶曰：「五月之時，陰氣始動乎三泉之下。案《秦本紀》：「始皇并天下，天下徒詣送七十餘萬人，穿三泉。」《後漢書》袁紹上書：「無令愚臣結恨三泉。」注云：「三者數之小終，言深也。」黄瓊疏「無恨三泉」注云：「三者數之極，一生二，二生三，三生萬物，天地人之極數，故以三爲名者，取其深之極也。」案二義俱通。言陰氣動矣，則必至於履霜，履霜則必至於堅冰，言有漸也。」案，干又云：「爻者言乎變，故《易·繫辭》皆稱九六也，陽數奇，陰數偶，是以乾用一也，坤用二也。」案，九六謂爻，一二謂畫，九六者，一二之變也，二即⚋，解在《贊元》及《繫辭傳》。案六，陰之變。履，踐也。霜，喪也。《白虎通》曰：「霜之言亡也，陽以喪亡。」《災變》文。一陰初生，消乾成姤。姤，五月卦。云履霜者，此言畫變之爻也。陽氣究於巳，初之九非十一月即究；陰氣盛於亥，初之六非五月也。上究而下亦究，初之變成六，與上六同時，蓋九月、十月霜降時也。初由變而化之陽，體復；十一月水澤腹堅，當坎位，坎爲水，爲堅多心，坤下有伏乾，乾爲冰，故堅冰至。堅，剛也，固也。履霜堅冰，幾始於姤，由來者漸矣。初在下，故曰履。五月陰始萌，不得有霜，霜亦由漸而然，九月霜始降，陰始變成六，坤全體畢著時也。由微陰之凝，漸而霜而冰，其起甚微，非遠見者烏睹冰霜之由由於盛夏之微陰哉！所謂積也。《董子·基義》云：「天之氣徐，乍寒乍暑，故寒不凍，暑不暍，以其有餘徐來，不暴卒也。」引此以證見有漸也。爻言履霜、堅冰，言變及化，傳曰「陰始凝」，則推本於畫，言其所由始，非一朝一夕之故也。履霜堅冰不繫於姤，而必繫坤初者，乾坤消息，十二月无所不在，其復、臨、泰、大壯、夬、姤、遯、否、觀、剥十卦，不過乾坤一月之氣耳。四月純陽，陽氣盡發，謂之爲究。其實乾上之陽，至戌始究，至亥乃伏，坤上之氣，至辰始究，至巳乃伏，非旋長旋消者。陰陽消息十二月，陰陽各六卦，卦各六爻，每爻之始、壯、究亦各六，消息十二卦，凡七十二爻，其實則乾坤十二爻之始、壯、究耳。復初乃乾初之初，乾初乃乾初之究，乾上乃乾上之始，剥上乃乾上之究，《董子・煖燠孰多》云「九月者，天之功大究於是月也」是也。故其始也，全卦之氣伏於初，其究也，全卦之氣極於上，所謂碩果者，乃全卦之氣所聚，剥而復生者也。是故據一卦言，則上究而下亦究，氣從下生也，以十二消息圖爲渾圜，三畫以下爲地，四畫以上爲天，以天行周流之道觀之，則陰陽往來，消息出入，分至寒暑，如指諸掌矣。《董子・陰陽出入》云：「天道大數，相反之物也，不得俱出，陰陽是也。春出陽而入陰，秋出陰而入陽，夏右陽而左陰，冬右陰而左陽，陰出則陽入，陽入則陰出，陰右則陽左，陰左則陽右，是故春俱南，秋俱北，而不同道，夏交於前，冬交於後，而不同理。」**象曰：履霜堅冰，陰始凝也，馴致其道，至堅冰也。**

注 鄭康成曰：「馴，從也。」見《釋文》。

案 凝猶結也，初稱始，始凝者，坤初凝乾初也。惠氏棟云：「坤凝乾自初始，至上六而與乾接，故初曰『始凝』，上曰『陰凝於陽必戰』。」天地嚴凝之氣，始於西南而盛於西北，陰始凝而幾動，不可不察也，故曰「履霜堅冰，陰始凝也」。言冰霜皆由於始，宜及其早而辯之，若不早辯，及履霜而始覺其萌，則即至於堅冰矣，故曰蓋言順也。履霜則必至於堅冰，履霜者，已爲積善積不善之象，而非早也，故曰「馴致其道，至堅冰也」。道坤道，從初至上，十月坤成，則初變，是爲履霜，變則化至堅冰矣。履霜堅冰皆由於始，所謂早也，故堅冰不言至，若已履霜，則堅冰即至，故「馴致其道，至堅冰也」，言已履霜，即至堅冰矣。《傳》稱陰始凝，本其始，患始萌芽猶可除滅，早之不辯，至於履霜，尚何挽哉？日趨於危亡之道，而欲亂之不生也，難矣。故爻言「履霜堅冰至」，言即至也。魏許芝引初六履霜，與聖人受命而王，黄龍以戊己日見，同稱爲《易傳》，則係緯書之言，非經本作初六履霜可知矣，不得據以解陰始凝爲履霜。《淮南子・説山》云：「紂爲象箸而箕子唏，魯以偶人葬而孔子歎，故聖人見霜而知冰。」其義本此。

六二，直方大，不習无不利。案直，正也，當也。二得位故直，所謂直其正也。直謂畫，二地道，地道方，方謂爻。圜者行健，方者勢坤，方即布也。《吕覽・圜道》云：「天道圜，地道方，聖王法之，所以立上下。精氣一上一下，圜周復雜，故曰天道圜。萬物殊類殊形，皆有分職，不能相爲，故曰地道方。主執圜，臣處方，方圜不易，其國乃昌。」成既濟，二應五，德不孤，故大。習，狎也。德不孤，必有鄰，正以行義，何往不宜，不獨習焉者利也。傳曰：則不疑其所行，直內方外，行何疑乎？《太玄・增》次二曰：「不增其方，而增其光。」《測》曰：「不增其方，徒飾外也。」徒飾外謂增其光，直內方外，非徒飾外矣，何不利之有？惠氏棟云：「乾爲直，坤爲方，陽動直而大焉，故直方大。」惠意蓋謂陽來之坤二，已化成陽也，但二成陽則失位，何地道之能光，且云不習无不利乎？傳云「直其正，方其義」，其皆指坤言。《詩》「爰得我直」，箋云：「直猶正也。」《詩》「實維我特」，《釋文》引《韓詩》云：「直相當值也。」蓋二以陰居陰位，故謂之直，言當位得正也。《傳》云「法象莫大乎天地」、「天地之大德曰生」，地亦得稱大。**象曰：六二**

之動，直以方也，不習无不利，地道光也。注鄭康成曰：「直也、方也，地之性。此爻得中氣而在地上，自然之性，廣生萬物，故生動直而且方。」見《深衣》疏。案，故生，生疑大之誤。案動謂畫變成爻也。以，用也，行也。直以方者，直謂畫，方謂爻，畫當位，動成爻，以行其義也。成既濟，廣生萬物，故曰地道光，所謂光大也。離火稱光，容光必照，照臨四方謂之明，亦言其廣也，光、廣義同。以正行義，地道之最美者，事君則忠，交友則信，攸往咸宜，何必狎也。

六三，含章可貞，或從王事，无成有終。注虞翻曰：「貞，正也。以陰包陽，故含章。三失位，發得正，故可貞也。乾爲王。」案，乾爲天爲君。天，王也。對坤言則稱君，坤爲臣也；對震言則稱王，震，百里諸侯之象也。案含，懷也；章，明也。伏陽可發之正，故含章可貞。三抱美道，發可正位，但坤陰臣道，故又擬之，自擬也。從王謂升乾上，不敢居本位，自化之正，故无成。升乾上，從陽以終，故有終也。分陰分陽，迭用柔剛，故易六位而成章。坤純陰，无文可見，三陽尚伏，故含章可貞者，可貞而未貞也。陸績《京氏易傳注》云：「陰臣陽君，臣不敢爲物之始，陽唱陰和，君命臣終其事也。」**象曰：含章可貞，以時發也，或從王事，知光大也。**案當其可之謂時。發，伏陽發也。乾坤成既濟，以陰從陽，陰陽俱正，故知光大，陽唱陰和，承天施廣生萬物也。《春秋》之義，大夫無遂事。

六四，括囊，无咎无譽。注虞翻曰：「括，結也。坤爲囊。」案，坤虛容物，故爲囊。案四不動，故括囊，坤静翕也。四得位，化則失位，不動故无咎。不動則亦不變，成爻得位之美不著，故无譽。純陰之卦，五異飛龍，爲之臣者，若動而不已，始雖有譽，終必有咎，故慎以遠害。亂之所生也，則言語以爲階。言行，君子之樞機，樞機之發，榮辱之主也。括囊則藏器於身，不出户庭矣，夫何咎何譽乎？譽，聲美也。《荀子·非相》引此以爲腐儒之謂。《漢書·車千秋傳贊》云：「括囊不言，彼哉彼哉。」《魏文紀》霍性上疏云：「文王與紂之事，是時天下括囊无咎。」蓋不可言而不言，則慎不害，當言而不言，則爲腐儒。班固謂車千秋彼哉彼哉，以其可言不言，是以譏之。若天地閉，賢人隱，夫豈可言以招禍乎？危行言孫，豈與腐儒共譏哉？干寶云：「此蓋甯戚、蘧瑗與時卷舒之爻也。不艱其身，則无咎，功業不建，故无譽也。」**象曰：括囊无咎，慎不害也。** 案 慎，静也。《國語》曰：「慎，德之守也。」四无應於下，上无所承，動則初害之，故慎不害。害，傷也。《表記》曰：「君子慎以辟禍，篤以不揜，恭以遠恥，此明哲保身者也。」

六五，黄裳元吉。 注 鄭康成曰：「如舜試天子，周公攝政。」見《隋書·李德林傳》。案 裳，下帬也。坤爲裳，地色黄，謂二也，坤元託位於二，氣發至五，含五伏陽，以坤元養乾元，以相臣輔幼主也。至尊之位，而臣攝之，非坤元其孰能无忝乎？《春秋傳》曰：「黄，中之色也；裳，下之飾也；元，善之長也。中美爲黄，上美爲元，下美則裳。」《説文》：「黄，从田从炗。炗，古文光。」《白虎通·三正》云：「十二月之時，萬物始芽而白，白者陰氣，故殷爲地正，色尚白也。」是則陰成體於秋，白其本色，與陽爲大赤同。若地色之黄，則兼火氣，《離》六二「黄離元吉」即坤元。鄭云：「離，南方之卦，離爲火，土色黄，火之子。」是則黄兼火色可知，故字从炗，坤伏離下之象也。坤伏離下爲黄，猶乾伏坤下爲玄，黄者坤元，玄則乾元，皆伏而未著之色也。坤乾交成震，震爲玄黄，玄黄者，蒼也。五色相因，以此類推，其餘可盡知也。干寶云：「陰登於五，柔居尊位，百官總己，專斷萬機，雖情體信順，而貌近僭疑。言必忠信，行必篤敬，然後可以取信於神明，无尤於四海也。」**象曰：黄裳元吉，文在中也。**注王肅曰：「坤爲文，五在中。」案坤元託位於二，所謂美在其中，發至五，所謂暢於四支，發於事業，身雖臣，而所行則王政也，位雖二，而所發則五事也。雖攝居五，不失黄裳之職，故曰：黄裳元吉，文在中也。

上六，龍戰于野，其血玄黄。注荀爽曰：「消息之位，坤位在亥，下有伏乾。」干寶曰：「乾體純剛，不堪陰盛，故曰龍戰。」案龍，陽，謂伏乾，戰言陰陽相薄也。陰極陽生，盛陰凝陽，陽出不遂，故戰，所謂戰乎乾也。《月令》：「仲夏，日長至，陰陽争。」注云：「争者，陽方盛，陰欲起也。」「仲冬，日短至，陰陽争。」注云：「争者，陰方盛，陽欲起也。」高誘《吕覽·仲夏紀》注云：「是月陰氣始起於下，盛陽覆在其上，故曰争也。」《仲冬紀》注云：「陰氣在上，微陽動升，故曰争也。」然則戰者，陽欲升而陰方盛，故與陰薄也。《説文》云：「壬位北方，陰極陽生，《易》曰：『龍戰于野。』戰者，接也。」《京氏易傳》云：「陰極則陽來，陰消則陽長，衰則退，盛則戰。」坤爲國邑，坤土地，故虞注以坤爲國邑，兹依用之。去國百里爲郊，郊外謂之野，戰乾出震，震雷百里，故戰于野。陰陽之接以風雷，故雷風相薄。十月陽方荄妊，伏養坤中，故稱血，此即元也。天地雜，故玄黄，坎爲血卦，震爲玄黄，戰乎乾，出乎震，於時爲坎，屯象成矣，此坤之後所以受以屯也。《太玄·中》次二：「神戰于玄，其陳陰陽。」義本此。**象曰：龍戰于野，其道窮也。** 案陰盛極故窮，乾伏西北，蟄龍也，屈而欲信，故戰。《後漢書》朱穆戒梁冀云：「龍戰于野，其道窮也，謂陽道將勝而陰道負也。」

用六，利永貞。 案乾元用九，坤元用六。用九君道，故物莫能先之；用六臣道，故利永貞。凝陽則龍戰，用六所以利永貞也。永，長。貞，正。謂成既濟，皆以陰從陽也。坤臣道，亦不自用，而用六者何？董子曰：「木，五行之始也；水，五行之終也；土，五行之中也。是故木主生而金主殺，火主暑而水主寒，天之數也。土居中央，爲之天閏。土者，天之股肱也，其德茂美，不可名以一時之事，故五行而四時者，土兼之也。金木水火雖各職，不因土，方不立。土者，五行之主也。人官之大者，不名所職，相其是矣；天官之大者，不名所主，土其是矣。」《五行之義》文。大宰之職，掌建邦之六典，則坤元之用六也，以佐王治邦國，則坤元之順承天也，周公其當之矣。若以妻道言，則后立六宫是也。《天官·冢宰》鄭目録云：「象天所立之官。冢，大也。宰者，官也。天者統萬物，天子立冢宰使掌邦治，亦所以總御羣官，使不失職。不言司者，大宰總御羣官，不主一官之事也。」其義與董子同，蓋王爲乾元，宰則坤元也。但乾元用九，則所用者皆陽，何冢宰獨爲坤元？且坤元用六，冢宰掌六典，五官實統焉，豈臣於乾則爲九，統於冢宰又爲六與？　蓋乾元用九，凡大臣皆是，坤元不在九之列，坤元順承天，則亦乾元所用矣。　冢宰所以獨爲坤元者，天子以下，天下亦一人而已，故非剛柔兼，而又體坤元之德者，不可以爲冢宰。　百官總之，權莫大焉，天子任之，寵莫加焉，无剛柔之用，不足御羣寮，无坤元之德，不能承天子，三叔流言，周公猶懼，況其下焉者乎？　故後世任非其人，或擅權而生禍亂，或亢戾以災厥躬者，比比也。　伊尹放君，周公攝政，非大聖孰克當此而无忝者乎？　臣之義比於地，地成天功，故五行而四時者，土兼之，坤元非寂滅无爲、不與天事者也。　五行皆生於土，陰陽俱成於土，百官之聽於冢宰亦猶是。　天之施生，地實成之，數之變化，陰實與之，何疑於五官之統於冢宰哉？　冢宰之或稱冢、或稱大，鄭以爲進退異名，百官總焉，則謂之冢，列職於王，則爲大。　竊謂百官總焉，謂之爲元；臣服於乾，則名曰坤；　六陰六陽，周流於外，總於坤元，而君以乾元，三百六十之官，總於冢宰而聽於天子者也。　坤元順承天，則陰陽九六之成於地者，莫非乾元之用，即坤元亦乾元所用者也。　乾曰用九，坤曰順承，其義互相備也。　乾所用之九，坤亦成之；君所立之官，宰亦統之；坤所用之六，乾亦君之；宰所立之官，王亦主之，孰非乾元之用乎？　夫陰陽之相使也，自然之氣，坤元與九六，必能順乾元，而不必相兼，若心志之使五官百骸也。　至於君臣，則以異體而爲同體。　雖有陽德而不脩柔順，則亢矣。　故聖人於坤著臣道，以明爲臣者莫不宜然，豈乾元所用之九，忽化爲六與？　五官各率其屬，亦地道成物之義，而不得謂之坤元者，坤元一而已矣，冢宰亦一而已矣。　五官者，四時分王之土，各有所司，冢宰則中宮之元，藏元神者也。　干寶云：「陰體其順，臣守其柔，周公始於負扆南面，以先王道，卒於復子明辟，以終臣節，故利永貞。」蓋本鄭「周公攝政」之義而推之者也。　**象曰：用六永貞，以大終也。**　案坤之用六，以從陽也，相之御衆，以從君也，故曰「以大終」，成既濟，從陽以終也。　太宰之職，歲終則令百官府各正其治，受其會，聽其致事，而詔王廢置，三歲則大計羣吏之治，而誅賞之。百官正，所謂永貞也，帥其屬，用六永貞也，帥其屬以佐王，以大終也，若此，則君可无爲而治矣。

文言曰：坤至柔而動也剛，至静而德方。注荀爽曰：「純陰至順，故柔也。坤性至静，得陽而動，布於四方。」案，陰不自動，陽動之乃動，陽唱而陰和也。天包乎外，地居其中，天體圜，地體順之，故地勢坤謂順天也，坤厚載物，故德方，周布於四方也。荀九家曰：「坤一變而成震，陰動生陽，故動也剛。」案坤，其静也翕，其動也闢，廣生萬物，德合无疆，故德方。動剛謂六化爲陽，德方謂八變爲六，所謂方其義也，此坤元用六爻，六爻成既濟者也。**後得主而有常。**案天生烝民，无主乃亂，君子三月无君，則皇皇如也，故得主有常。常，守也。**含萬物而化光。**案化光謂成既濟，廣生萬物也。《大戴記》曰：「天道曰圜，地道曰方，方曰幽而圜曰明。明者，吐氣者也，是故外景；幽者，含氣者也，是故内景。吐氣者施而含氣者化，是以陽施而陰化也。陽之精氣曰神，陰之精氣曰靈，神靈者品物之本也。」《曾子天圜》文。**坤道其順乎，承天而時行。**注荀爽曰：「承天之施，因四時而行之也。」

積善之家，必有餘慶；積不善之家，必有餘殃。注虞翻曰：「謂初。乾爲積善，以坤牝陽，滅出復震，爲餘慶。坤積不善，以乾通坤，極姤生巽，爲餘殃。」鄭康成曰：「殃，禍惡也。」見《釋文》。案《大戴記》曰：「爲人主計者，莫如安審取舍。取舍之極定於内，安危之萌應於外。安者非一日而安也，危者非一日而危也，皆以積然，不可不察也。善不積，不足以成名；惡不積，不足以滅身。人主之所積，各在其取舍：以禮義治之者積禮義，以刑罰治之者積刑罰。刑罰積而民怨倍，禮義積而民和親。故世主欲民之善同，而所以使民之善者異。或導之以德教，或敺之以法令。導之以德教者，德教行而民康樂；敺之以法令者，法令極而民哀戚。哀樂之感，禍福之應也。」《禮察》文。積，聚也。**臣弑其君，子弑其父，非一朝一夕之故，其所由來者漸矣，由辯之不早辯也。**注虞翻曰：「坤消至二，艮子弑父；至三成否，坤臣弑君。上下不交，天下无邦，故子弑父，臣弑君也。剛爻爲朝，柔爻爲夕。」案，剛柔者，晝夜之象。❶馬融曰：「辯，别也。」見《釋文》。案弑，試也，伺也，伺閒而後得施也。《釋名》文。故由來漸矣。早，謂辯之於初也，復初元吉，有不善未嘗不知，知之未嘗復行，不遠之復，辯之早也。若弗早辯，則惡積罪大，必至弑父弑君。《詩》曰「予其懲而毖後患」，辯於早也。「觱沸檻泉，維其深矣」，言由來漸也。孔子作《春秋》，亂臣賊子懼，不嘗藥曰弑父，不越境曰弑君，辯之不可不早也。董子曰：「觀物之動而先覺其萌，絶亂塞害於將然而未形之時，《春秋》之志也。」《仁義法》文。**《易》曰：「履霜，堅冰至。」蓋言順也。**案

❶「晝」，原作「畫」，今據《繫辭上》「聖人設卦觀象」章改。

順者，言履霜必至於堅冰，以明積善必有餘慶，積不善必有餘殃，故宜早辯者也。《春秋》之志，於此見之。董子曰：「孔子明得失，差貴賤，反王道之本，刺惡譏微，不遺大小，善無細而不舉，惡無細而不去，進善誅惡，絶諸本而已矣。」《王道》文。順，《董子·基義》引作遜。**直其正也，方其義也，君子敬以直内，義以方外，敬義立而德不孤。直方大，不習无不利，則不疑其所行也。**案二當位得正，故直其正。得位，變而不化，故方其義。内謂畫，畫本得位，故敬以直内。敬，身之基也。外謂畫變之爻，與五應，君臣義合，難進易退，所謂方外也。成既濟，二應五，故德不孤。敬義既立，直内方外，何疑之有？故則不疑其所行，此二之所以不習无不利也。内外謂畫動之爻，所謂六二之動直以方，不謂内外卦。**陰雖有美含之，以從王事，弗敢成也。地道也，妻道也，臣道也，地道无成而代有終也。**注荀爽曰：「六三陽位，下有伏陽。坤，陰卦也，雖有伏陽，含藏不顯，以從王事，要待乾命，不敢自成也。」宋衷曰：「臣子雖有美才，含藏以從其上，不敢有所成名也。地得終天功，臣得終君事，婦得終夫業，故曰『而代有終也』。」案董子曰：「天爲君而覆露之，地爲臣而持載之，陽爲夫而生之，陰爲婦而助之。」《基義》文。又《五行對》云：「地出雲爲雨，起氣爲風，風雨者地之爲，爲地不敢有其功名，必上之於天，命若從天氣者，故曰天風天雨，莫曰地風地雨。勤勞在地，名一歸於天，故下事上，如地事天。」又《竹林》云：「《春秋》之義，臣有惡，君名美，故忠臣不顯諫，欲其由君出也。《書》曰：『爾有嘉謀嘉猷，入告爾君於内，爾乃順之于外，曰：此謀此猷，惟我后之德。』此爲人臣之法也。」**天地變化，草木蕃。**案變化，謂成既濟。蕃，蕃息也。天地交，則草木被其澤；上下交，則人民沭其休。《詩》曰：「瞻彼旱麓，榛楛濟濟。」箋云：「旱山之足，林木茂盛者，得山雲雨之潤澤也。喻周邦之民獨豐樂者，被其君德教。」《吕覽》曰：「天地有始，天微以成，地塞以形，天地合和，生之大經也。」《有始覽》文。**天地閉，賢人隱。**案閉，塞也。天地閉塞，君臣不交，故賢人隱。草木蕃，謂四成爻；賢人隱，謂畫不動也。《詩》曰：「隰桑有阿，其葉有難。」言賢人野處也。箋云：「喻時賢人君子不用而野處。」故觀草木，則賢人之進退可知；觀賢人，則民物之枯榮可見。《易》爲五經之原，撥亂反正，《春秋》本之；以物爲喻，則《詩》之比興也。**《易》曰：「括囊，无咎无譽。」蓋言謹也。**案天地否閉，時不可爲，《詩》所謂「靡哲不愚」者也。卷而懷之，括囊故謹，慎以避害，言亦无從，周之衰也，變風息焉。知其不可而爲之，磨不磷，涅不緇者，其唯聖人乎？**君子黄中通理，正位居體。**案黄中謂坤元。從二至五，養五伏陽，大臣輔幼主之象也。理，分也。坤者陰卦，五者陽位。臣當退處，君當正位，此君臣上下之分也，君子通理，名分審矣，故正位居安也。位不正則體不安，周公其猶病諸；位正則君君臣臣，各安其居而不相疑也，故正位居體。《太玄·務》次八曰：「黄中免於禍，貞。」《測》曰：「黄中免禍，和以正也。」坤爲地，在地成形，故曰體。《禮器》曰：「天時有生也，地理有宜也，人官有能也。禮也者，猶體也，體不備，君子謂之不成人，設之不當，猶不備也。」正位居體，則設之俱當，心安而體舒矣。黄中者，心之主、人之元也。《樂緯動聲儀》云：「上元者，天氣也；下元者，地氣也；中元者，人氣也。氣以定萬物，通於四時者也。象天心，理禮樂，通上下四時之氣，和合人之情，以慎天地者也。」然則人必有元，乃能通理。五行五曰土，五事五曰思。思屬土，心主之。心，火藏，土託位焉；坤元之藏也，卦爲離，乾神栖焉，❶卦爲坎。坎離者，既濟也。以卦爻言，位分二五，其實二五氣通，二而一也。以天地言之，地在天中，以陽包陰，離也；天元藏地中，以陰包陽，則坎也。然則坎也者，離之中畫，因元神藏焉，❷而厥象著也。離爲目，其童子坎之精也，元也。既濟之象，如斯而已。《管子》云：「心之在體，君之位也；九竅之有職，官之分也。心也者，智之舍也。心以藏心，心之中又有心焉。」此即坤元養乾元，大臣輔幼主之象也。《白虎通・性情》云：「心，火之精也。」《説文》云：「心，土藏，博士説以爲火藏。」❸蓋心者火，火生土，土位中央，神託於火，是以五行以思配土。《素問・解精微論》云：「心者，五藏之專精也。」《六節藏象論》云：「心者，生之本，神之變也。」《靈蘭秘典論》云：❹「心者，君主之官也，神明出焉。」《白虎通・五行》云：「火，太陽之精，人君之象。象尊常藏，猶天子居九重之内，臣下衛之也。」此皆心爲神舍，土託位於火而元又藏

---

❶「神」，崇文書局本、皇清經解續編本作「坤」。
❷「神」，崇文書局本、皇清經解續編本作「氣」。
❸「士」，原作「工」，今據崇文書局本、皇清經解續編本改。
❹「靈」，原漫漶不清，今據崇文書局本、皇清經解續編本補。

於中之義也。《郊特牲》云：「黄者，中也。目者，氣之清明者也。」氣之清明，坎之精也，觀兹諸義，可以知黄中之謂矣。**美在其中而暢於四支，發於事業，美之至也。**注虞翻曰：「四支謂股肱。」案美謂坤元，中謂二，二坤元之位，故曰其中。發而至五，故暢於四支，發於事業。此周公攝政制禮作樂之象，臣之極也，故美之至，言不可過也，過則凝陽必戰矣。暢，充也，通也。氣由下生，乾坤皆然，五爲天位，飛龍居其本位，故據五言之，坤元則位於二，而發至五，是以臣輔君之象，而分不可紊也，故特以二明之。乾之潛龍、見龍，亦即飛龍，各據其時言耳。九二爲世子之爻者，謂乾已成卦，故當升坤五，往來升降，義實无殊，乾息至二未成卦，❶則上體坤也，世子繼體，所居之位即飛龍之位，非此外又有所謂坤五也。六畫成卦，三才共之，據乾坤各成一卦，故以升降往來言耳，夫豈世子別有君位，與飛龍同時爲君者乎？易家之説，有似相反而實相備者，此類是也。美在其中，心也；元神藏焉，坤元之養乾元也。暢四支，發事業，則體統於心，而心聽乎元也。元者君，心者宰，四支者羣臣也。《書》曰：「臣作朕股肱耳目。」大臣法則小臣廉，神安而心安，心安而百體俱安矣。《樂記》云：「四暢交於中而發作於外，皆安其位而不相奪也。」**陰疑於陽必戰，爲其嫌於无陽也，故稱龍焉，猶未離其類也，故稱血焉。夫玄黄者，天地之雜也，天玄而地黄。**案疑當作凝。陽謂伏乾也。坤十月卦，當乾位，故凝於陽。凝，結也，此乾之所以爲冰也。陰凝於陽，陰陽相薄，故必戰，陽與陰戰也。《釋文》云：「疑，荀、虞、

❶「未」，皇清經解續編本作「位」。

姚、蜀才作凝。」案，作凝是也。是時陽伏於下，陰盛於上，伏陽薄激而出，盛陰不退，故陽與之戰。陰凝陽，陽不得升故也。孟喜云：「陰乃上薄，疑似於陽，必與陽戰。」非是，如作疑字解，當云陰盛極，見疑於陽，陽必與戰。嫌，讀如別嫌疑之嫌。坤下實有伏陽，而自初至上，陽氣不見，有无陽之嫌，故特稱龍以表之，言其實有陽也，非實无陽，故嫌而稱龍之謂。陽尚未成，伏養坤中，亥荄壬妊之時也，故稱血，乃乾元坤元之交，此坎陽居中，所以爲血卦也。《太玄・沈》首云：「陰懷於陽，陽懷於陰，志在玄宫。」即凝陽之義。崔憬云：「乾爲大赤，伏陰柔之，故稱血焉。」陰凝陽，故天地雜。天者陽大赤，伏陰下位亥壬，故色玄，玄者，黑而有赤色也。地者陰生於火，故色黄。此震之剛柔始交，所以爲玄黄也。其血玄黄，屯之象也，故受之以屯。《爾雅》：「三染謂之纁。」三入赤汁也。《淮南子》云：「纁若入赤汁則爲朱，不入赤汁而入黑汁則爲紺矣。」紺，三入赤汁一入黑汁也。」《鍾人》云：「三入爲纁，五入爲緅，七入爲緇。」注云：「凡玄色者，在緅緇之閒，其六入者與？」玄蓋三入赤汁，三入黑汁，故黑而有赤色，緅兩入黑汁，故赤而微黑。《説文》云：「玄，幽遠也。黑而有赤色者爲玄。象幽而入覆之也。」蓋乾西北，伏坤下，乾爲大赤，坤爲黑，内赤外黑，是黑而有赤色，故曰玄。玄以狀乾元之伏也。《釋天》云：「九月爲玄。」太歲在壬曰玄黓。《封禪書》云：「年始冬十月，色外黑内赤。」服虔云：「十月陰氣在外，黑，陽氣尚伏在地，故内赤。」皆此義。坤五黄裳，爲美之至，過五凝陽，陽必與戰，周霍之輔幼主也，成王不遣，嫌吝於懷，宣帝若負芒刺於背，所謂凝陽必戰者也。羣叔流言，公將不利於孺子，所謂嫌於无陽者也。代主制命，自下裁物，能无嫌乎？金縢書啟，公德乃彰，所謂故稱龍焉。雖履无陽之嫌，實懷尊陽之心，居攝者爲主幼耳，所謂猶未離其類也，故稱血焉。黄裳元吉，凝陽必戰，用六之所以利永貞也。

周易姚氏學卷第四

旌德姚配中撰

周易上經彖上傳象上傳

䷂ 震下坎上

屯，元亨利貞，勿用有攸往，利建侯。 注 虞翻曰：「震爲侯。」案，「震驚百里，不喪匕鬯，出可以守宗廟社稷，以爲祭主」，言諸侯也。鄭云：「雷發聲，聞於百里，古者諸侯之象。」《白虎通·封公侯》云：「諸侯封不過百里，象雷震百里，所潤雲雨同也。雷者，陰中之陽，諸侯象也。」案 屯，難也。乾坤始交，故元亨。三失正，利化之正，成既濟，故利貞。當屯難之世，非四德不足以濟之，故彖曰「動乎險中，大亨貞」，險中能動，四德備也。勿用有攸往，謂三，屯難之卦，未能即化，動則失見，故勿用有攸往。三不化則震象不動，故利建侯，建侯以利民也。建，立也，坤爲土地，列土封侯。利貞謂三，利化之正。勿用有攸往，又謂三不化者。利貞者，舉其終，以一卦言。屯唯六三失位，三正則成既濟，六爻正，故利貞，三不可不化也。值屯難之卦，動不能即化，故勿用有攸往，三所謂「不如舍，往吝」者也。《白虎通・封公侯》云：「王者即位，先封賢者，憂民之急也。故列土爲疆，非爲諸侯，張官設府，非爲卿大夫，皆爲民也。《易》曰『利建侯』，此言因所利故立之。」

彖曰：屯，剛柔始交而難生，動乎險中，大亨貞。 注 虞翻曰：「乾剛坤柔。」荀爽曰：「物難在始生。」案 乾元交坤，出初成震，故始交。震起艮止，動乎險中，陰凝陽，故難生。動震險坎也。變元言大者，明乾元也。乾傳曰「大哉乾元」，凡卦稱元爲乾元者，傳皆以大贊之。屯、隨「大亨貞」，臨、无妄、革「大亨以正」，升「是以大亨」，皆言大以贊元，且以别坤元也。坤傳云「至哉坤元，乃順承天」，凡卦元謂坤元者，傳皆言其義。大有「應乎天而時行，是以元亨」，大有「柔得尊位」，則元謂坤元也，鼎「柔進而上行，得中而應乎剛，是以元亨」，亦謂坤元，二卦皆有順承天之義。蠱「元亨而天下治」，並謂乾坤之元。損「元吉，與時偕行」，亦並言乾坤。比「元永貞」，傳曰「以剛中」，則乾元也。爻辭稱元者十有二，坤五、訟五、履上、泰五、復初、大畜四、離二、損五、益初五、井上、渙四，稱「元永貞」者一，萃五，各隨其爻解之。**雷雨之動滿盈，天造草昧，** 注 荀爽曰：「雷震雨潤，則萬物滿盈而生也，陽動在下，造生萬物於冥昧之中也。」案，屯陰凝陽，而云動者，《月令》「雷始收聲」，鄭注云：「雷時收聲在地中，動内物也。」疏云：「雷是陽氣，主於動，不惟地中潛伏而已。」然則陰雖凝陽，陽亦恒動。虞《繫辭》注云：「十一月，陽動地中。」虞翻曰：「造，造生也。草，草創物也。坤冥爲昧，故天造草昧。」案，《太玄・玄攡》云：「瑩天功、明萬物之謂陽也，幽无形、深不測之謂陰也。」《玉篇》同。坤陰，故爲昧。案 震雷坎雨，動而未洩，故滿盈，氣无不充也。雲行雨施，則成既濟矣。屯繼坤之後，坤十月卦，乾西北伏坤下，九月雷始收聲，蟄蟲坏户，十月則天地不通，閉塞成冬。陰凝陽，非雷雨不足以啟其屯也，故仲春之月，雷乃發聲，蟄蟲咸動，啟户始出。雷雨者，天之所以造草昧也，雷雨作則屯解，萬物生，既濟成矣。**宜建侯而不寧。** 注 荀爽曰：「天地初開，世尚屯難，震位承乾，案，息復震承伏乾。故宜建侯。動而遇險，故不寧也。」案 雷雨者，天之所以造草昧也；建侯者，聖人之所以造草昧也。建侯所以安天下，云不安者，不敢安也。天下未安，立君以安之，天下既安，君長既立，制禮作樂以教之，一日萬幾，不敢安也。《墨子》曰：「非無安居也，我無安心也。」《親士》文。成既濟，六爻正，則胥安矣。

象曰：雲雷屯，君子以經綸。 案 坎水升則爲雲，降則爲雨，《春秋説題辭》云：「雲之言運也，含陽而起，以精運也，坎陰含陽在上，故稱雲。」三不化，五屯膏，坎雨不施，故屯。冬雷藏地中，至春乃激薄而出，《彖傳》言雨，雷雨作則屯解，《象傳》言雲，未爲雨也。雷雨者，天地之經綸；禮樂政教，君子之經綸也。《樂記》曰：「寒暑不時則疾，風雨不節則飢。教者，民之寒暑也，教不時則傷世。事者，民之風雨也，事不節則無功。」故時之屯也，天以雷雨動之；運之屯也，君子以經綸濟之。雷雨作而屯解，經綸定而難平。故雲雷爲屯，屯元亨利貞。若天地不交，則直謂之否，山附於地，則直謂之剥，並不得言屯也。

初九，磐桓，利居貞，利建侯。注馬融曰：「盤桓，旋也。」見《釋文》。案《釋文》云：「磐，本亦作盤，又作槃。」案，盤、槃本一字，盤亦通般，《書》「盤庚」，《釋文》及《古今人表》作「般庚」。虞翻曰：「震起艮止，動乎險中，初剛難拔，故利以建侯。」案初得位，動之爻，復旋之畫，故磐桓。利居貞，居於畫，不可化也。初當屯始，磐桓不進，疑艱之弗能濟矣。孔子曰：「暴虎馮河，死而無悔者，吾不與也，必也臨事而懼，好謀而成者也，是以君子慎始。」**象曰：雖磐桓，志行正也。以貴下賤，大得民也。**案四得正，初欲應之，志在四也。磐桓不進，旋居其所，動不失正亦正也，故志行正。陰爲民，初在陰下，羣陰順從，故以貴下賤，大得民。得民，故利建侯。《荀子》曰：「得百姓之力者富，得百姓之死者彊，得百姓之譽者榮，三得者具，而天下歸之。」《王霸》文。荀云：「此本坎卦，陽從二來，是以貴下賤。」虞亦云「坎二交初」。案，坎得乾中氣，坎之中畫即乾元，以卦言，二五爲中，以氣從下生，言元隱於初，初之始爲極中，故動乎險中。震在坎下，謂爲在中，及天在山中，雷在地中，澤中有雷之類，皆謂下卦在上卦之中，則最下者乃天地之極中者矣。故虞以復初爲乾元，又謂易隱初入微也。《後漢書·馬融傳論》、《种岱傳》、李燮上書，並以磐桓居貞爲隱居。

六二，屯如邅如，乘馬班如。注《子夏傳》曰：「如，辭也。」馬融曰：「邅如，難行不進之貌。班，班旋不進也。」并見《釋文》。案，班與般通，《釋文》云：「鄭作般。」《文選·西京賦注》云：「班與般，古字通。」屯如，謂畫二牽於初，初磐桓，二亦不能動，故屯如。邅，邅迴。謂二動成爻，初動而旋，二乘之，故亦班如也。《説文》引作「乘馬驙如」，云：「驙，駗驙也，駗，馬載重難行也。」虞翻曰：「震爲馬作足，二乘初，故乘馬。」**匪寇婚媾，女子貞不字，十年乃字。** 注 虞翻曰：「匪，非也。寇謂五，坎爲寇盗，應在坎，故匪寇。陰陽德正，故婚媾。」馬融曰：「重婚曰媾。」案 匪寇婚媾，言審慎而後往，量而後入也。二陰得位，故女子貞，二應五，震動艮止，險在前，求不以禮，故不字，不許嫁也。《士昏禮記》曰：「女子許嫁，笄而醴之，稱字。」三化成既濟，六爻應，故十年乃字。十者，一縱一横、一陰一陽也。成既濟，陰陽和，一陰一陽，故十年乃字。**象曰：六二之難，乘剛也，十年乃字，反常也。** 案 乘初故乘剛，三之正，二得應五，故反常。

六三，即鹿无虞，惟入于林中，君子幾，不如舍，往吝。 注 虞翻曰：「即，就也。虞，謂虞人，掌禽獸者。艮爲山，山足稱鹿，鹿，林也。案，鹿、麓通。坎爲叢木，山下故稱林中。舍，置。吝，疵也。」案 三失正，動則失見，有虞人，則知所向往。三以不正，動而遇險，故惟入于林中。田獵者，師象也，豫順以動，則利行師，説以犯難，則民忘死，此有虞者也。屯難之卦，動而遇險，内尚不安，烏能正人，是縱之叛也。故象曰「以縱禽」。不正興師，其不自取困辱者，鮮矣，故惟入于林中。君子見幾，度德量力，知往必吝窮，故不如舍。**象曰：即鹿无虞，以從禽也，君子舍之，往吝窮也。** 案 即鹿无虞，不唯无禽，適以縱禽耳。《釋文》縱，鄭子用反。《淮南子·繆稱》高誘注、《後漢書·何進傳》陳琳諫進，並以虞爲欺。《孟子》曰：「爲淵敺魚者，獺也，爲叢敺爵者，鸇也。」禽，鳥獸之總名。屯難之卦，其化難，故君子舍之。窮，極也，極於六，不能化。一説言即鹿无虞而即以之從禽乎，詰之也。

六四，乘馬班如，求婚媾，往吉，无不利。 案震爲馬，四在震上，故乘馬。《左傳》雷乘乾曰大壯，《杜鄴傳》坤卦乘離，明夷之象。是爻謂之乘，卦亦謂之乘。婚媾謂五，四求五也。二五相應，故直云婚媾；四非五應，知五可承，故求與爲婚媾。以陰承陽，故往吉无不利，謂動而承五也。

象曰：求而往，明也。 案知五可承而往，求之明故也。

九五，屯其膏，小貞吉，大貞凶。 注虞翻曰：「坎雨稱膏。《詩》云：陰雨膏之。」案陽爲陰凝，故稱膏。既濟雲行雨施，屯有雲而无雨，是以屯膏也。小謂二，大謂五。二臣不專施，故吉；五雖得正，膏澤不下於民，屯莫由解，故凶也。《谷永傳》孟康注云：「膏者所以潤人肌膚，爵禄亦所以養人者也。小貞，臣也；大貞，君也。遭屯難飢荒，君當開倉廩，振百姓，而反吝，則凶，臣吝嗇，則吉。《論語》曰：『出納之吝，謂之有司。』」**象曰：屯其膏，施未光也。** 注虞翻曰：「陽陷陰中，故未光也。」案，成既濟，雲行雨施，離爲光。光同廣。

上六，乘馬班如，泣血漣如。 注虞翻曰：「震爲行，艮爲止，馬行而止，故班如也。」荀九家曰：「體坎爲血卦，伏離爲目，互艮爲手，揜目流血，泣之象也。」案乘馬，亦謂乘震馬。虞云：乘五，坎爲馬。三不應上，故上泣，泣无聲，如血出，曰泣血。漣，泣貌。《詩》曰：「泣涕漣漣。」坎爲加憂，憂甚故泣血。上已出險，而有是象者，卦唯上六不得正應，故憂而泣血。象曰「何可長」，言憂之深，則屯難不長，如否終之必傾，既憂之則咎不長，三化而成既濟矣。**象曰：泣血漣如，何可長也。**案遇難而憂，故不長，謂三終化應上也。知何可長爲屯難不長者，以否上云「何可長」，彼謂否不長，則此亦謂屯不長矣。憂懼，乃克有濟也。《淮南子·繆稱》引此，以爲小人處非其位，不可長，亦斷章取義。

䷃ 坎下艮上

蒙，亨。匪我求童蒙，童蒙求我。初筮告，再三瀆，瀆則不告，利貞。注鄭康成曰：「蒙者蒙，蒙，物初生形，是其未開著之名也。人幼穉曰蒙，未冠之稱。亨者，陽也。筮，問也。瀆，褻也。互體震而得中，嘉會禮通，陽自動其中，德施地道之上，萬物應之，而萌芽生，教授之師取象焉。脩道蓺於其室，而童蒙者求爲之弟子，非已乎求之也。弟子初問，則告之以事義，不思其三隅相況以反解而筮者，此師勤而功寡，學者之災也。瀆筮則不復告，欲令思而得之，亦所以義利而斡事也。」見《公羊疏》及《釋文》。虞翻云：「童蒙謂五，艮爲童蒙，我謂二。」陸績云：「六五陰爻，在蒙暗，蒙又體艮少男，故曰童蒙。」崔憬云：「初筮，謂六五求決於九二，二則告之；三應於上，四隔於三，與二爲瀆，二則不告。」案，蒙，闇昧也。童與僮通。瀆通黷。二五易位，以陽通陰，蒙氣得除，嘉會禮通，君子所以發蒙也，故蒙亨。二坎習教事，故童蒙求之，五陰求二陽，故求我，明二不求五也。

《曲禮》曰：「禮聞來學，不聞往教。」二雖臣位，師道尊，《學記》所謂「當其爲師則弗臣」。大學之禮，雖詔於天子，無北面者也。卜筮不過三，故瀆則不告，語之而不知，雖舍之可也。蒙唯六四得位，四化則成未濟，此蒙之不可不教也。二五易位，初三上化之，正成既濟，故利貞。語之而知，則以語之者利之；不屑教誨，是亦教誨，以不利利之，君子引而不發。躍如也，中道而立，能者從之，故利貞，所謂蒙以養正也。蓍爲筮，陽之老也。

彖曰：蒙，山下有險，險而止，蒙。注侯果曰：「艮爲山，坎爲險，坎在艮下，故山下有險。險被山止，止則未通，蒙昧之象也。」案，動乎險中爲屯，山下有險爲蒙，屯未出險，蒙則險而止。天造草昧，人尚愚蒙；雷雨始動，物尚穉蒙也。

蒙亨，以亨行時中也。案嗜欲未啟，故蒙亨，可教以禮也。二五居中，以二通五易位，故以亨行時中，教於可教時也。《太玄·更》：「初一，冥化否貞，若性。」《測》曰：「冥化否貞，少更方也。」《大戴記》曰：❶「習與知長，故切而不攘；化與心成，故中道若性，是殷、周之所以長有道也。」《保傅》文。此時中之謂也。若發而後禁，則扞格而不勝；時過而後學，則勤苦而難成。

匪我求童蒙，童蒙求我，志應也。注荀爽曰：「二與五，志相應也。」案，虞注皆以坎爲志，蓋在心爲志，志者，心之所之也。坎陽在中，心之象，但《易》通以欲之而未動者爲志，欲之而動者爲志行，或曰行，志尚未動，行則已動耳，故不盡用虞例。

初筮告，以剛中也。

---

❶「記」，皇清經解續編本作「禮」。

案初筮謂五，五童蒙順二，故筮則告之。五降二，則二升五，故以剛中。陽剛，二五中，二升五，以剛易其陰柔，五降二得位，所以告之也。**再三瀆，瀆則不告，瀆蒙也。**注荀爽曰：「再三，謂三與四也，皆乘陽不敬，故曰瀆。瀆不能尊陽，蒙氣不除，故曰瀆蒙也。」案，《表記》云：「無辭不相接也，無禮不相見也，欲民之無相褻也。」引此以證瀆則不告爲其褻也。**蒙以養正，聖功也。**注虞翻曰：「體頤故養。五多功，聖謂二，二志應五，變得正而忘其蒙，故聖功也。」案，二志應五，故曰「以養」，二以之也。二升五降，得正，故以養正，教之乃所以養之。《大戴記·保傅》云：「夫習與正人居，不能不正也。孔子曰：少成若天性，習貫之爲常。」《文王世子》云：「凡三王教世子，必以禮樂。樂所以脩内也，禮所以脩外也，禮樂交錯於中，發形於外，是故其成也懌，恭敬而温文。」是所謂蒙以養正也。姑息爲養，是戕之耳。屯之後受以蒙，教爲急務也，教行蒙正，聖功大矣。功謂五，聖謂二，二五易位得正，蒙氣除，故曰聖功。五之得正，二實教之，二之功也。惠氏棟據《洪範》「聖時風若」、「蒙恒風若」爲説，謂蒙與聖反，陰反爲陽，猶蒙反爲聖。又引《吕覽》「學者師達而有材，吾未知其不爲聖人也」爲證，與經旨不合。如其説，當云反正，不當云以，當云聖，不當云聖功。以者，聖人以之，正者，聖人養之之功也。

象曰：山下出泉，蒙。君子以果行育德。注虞翻曰：「艮爲山，震爲出，坎象流出，故山下出泉。」案，《説文》：「泉，水原也。」山下水始出，故不曰水而曰泉。蒙者物之穉，泉者水之原，故山下出泉爲蒙。萬物出震，春主生，故爲出。案震爲行，其究爲健，爲決躁，故果。虞注以艮爲果，據《説卦》艮爲果蓏爲義。但果本木實，假作果決字，艮爲果，謂木實，剥上「碩果」是也。此果行自以震爲義，果行謂二互震，決躁故果。巽初陰柔，爲進退不果，則決躁爲果可知。育，養也，以陽養陰，故育德，所謂養正也。蒙者物之穉，德之基，果行育德，蒙乃可亨。孟子曰：「凡有四端於我者，知皆擴而充之矣，若火之始然，泉之始達。」

初六，發蒙，利用刑人，用説桎梏，以往吝。 注 鄭康成曰：「木在足曰桎，在手曰梏。」見《掌囚》疏。虞翻曰：「發蒙之正，坎爲穿木，震足艮手，互與坎連，故稱桎梏。初發成兑，兑爲説，坎象毁壞，故曰用説桎梏。」案，《月令》仲春「安萌芽，養幼少，存諸孤，令有司省囹圄，去桎梏，無肆掠，止獄訟」，亦發蒙、説桎梏之義。案 發，謂初伏陽發也，伏陽發則説，陰坎象毁，故説桎梏。蒙山下出泉，初陰非本，故可説。伏陽乃其本也，故發。刑，法也，坎爲法。利用刑人者，用發蒙之道以正法教人，故象曰「以正法」，用正法教人，則人皆化善而不離於刑，刑，刑法字。刑，刑戮字。桎梏可不用矣，故用説桎梏。正法者，禮而已，道之以德，齊之以禮，則民有格心。禮之教化也微，其止邪也於未形，使人日徙善遠罪而不自知也。始不教而即加之刑，先王不若是暴也，但教之而終不改，則須刑以弼之，此夏楚收威，樸作教刑，上之所以擊蒙也，故以往吝。寬猛相濟，一張一弛，文武之道也。往謂畫動之爻，失位，故往吝。「發」者由内達外之稱。坤三含章以時發，謂伏陽也，此「發」亦謂伏陽。《易》諸所云「發」，多以伏言，發亦即化。但發由内出，其機速，爻畫則由變乃化，有漸次，故發而化，有在變之先者，氣自内出故也。唯乾體純陽，内无伏陰，發揮專謂發爲畫爻，乾元之發也。正法教人，亦謂之刑，《詩》曰「刑于寡妻」，不謂刑戮也，經言「用說桎梏」，則非刑罰明矣。或謂發然後禁，則扞格而不勝，初即用刑，乃禁於未發，非也。道德齊禮，聖人所以禁民，庠序學校，聖人所以禁士，殘酷爲政，古所未聞也。吝，《說文》一引作吝，云恨惜也；一引作遴，云行難也。吝、遴古通，義同。

象曰：利用荆人，以正法也。 注虞翻曰：「坎爲法，初發之正，故以正法。」案，《說文》云：「法，荆也。平之如水。」《白虎通》云：「水之爲言准也。」養物平均，有准則也。《釋言》云：「坎，律銓也。」注云：「法所以銓量輕重也。」蓋水平均，法象焉，故坎爲法。以正法者，以法度教人，望其免於刑戮也。《孝經》云：「非先王之法言不敢言，非先王之法服不敢服。」凡事物之得正者皆法，失正者皆非法也。

九二，包蒙，吉。 案互坎爲血卦，坤爲母，震爲子。包蒙，謂胎教也。包，《說文》云：「象人裹妊，巳在中，象子未成形也。」《大戴記·保傅》云：「《易》曰『正其本，萬事理；失之毫釐，差之千里』。故君子慎始也。《春秋》之元，《詩》之《關雎》，《禮》之冠、昏，《易》之乾、坤，皆慎始敬終云爾。謹爲子孫，娶妻嫁女，必擇孝悌世世有行義者，如是則其子孫慈孝，故曰鳳皇生而有仁義之意，虎狼生而有貪戾之心，兩者不等，各以其母。烏呼，戒之哉！無養乳虎，將傷天下，故曰素成。胎教之道，書之玉板，藏之金匱，置之宗廟，以爲後世戒。」又云：「周后妃任成王於身，立而不跂，坐而不差，獨處而不倨，雖怒而不詈，胎教之謂也。」蓋胎教之善，由于母，故包蒙吉、納婦吉也。虞云「坤爲包」是也。若鄭注云「苞，當作彪。彪，文也」。文蒙則以冠禮言之，禮始於冠，本於昏。納婦，昏禮也，故知文蒙謂冠，冠將責成人禮，故文蒙。童子則无文也，《曲禮》「童子委摯而退」，注云：「不與成人爲禮也。」《少儀》「適有喪者曰比，童子曰聽事」，注云：「童子未成人，不敢當相見之禮也。」

又「小子走而不趨」，注云：「卑，不得與賓介俱備禮容也。」是童子无文也。二十而冠，始學禮。《冠義》云：「冠而後服備，服備而後容體正、顔色齊、辭令順。」「醮於客位，❶三加彌尊。」《士冠禮》：「始加，祝曰：『棄爾幼志，順爾成德。』再加曰：『敬爾威儀。』」《記》云：「冠而字之，敬其名也。」注云：「冠成人，益文，故敬之。」是冠禮所以文蒙也。虎變、豹變，皆以喻文，故知彪亦然，此鄭氏之義也。**納婦吉，子克家。** 案 婦謂五。陰，妻道，故稱婦。納，内也，謂納五居二也。五降二得位，故吉。二五震長子，二升五降，初三化成家人，故子克家。婦有姑之稱，子有父之稱。克，肩也。男子三十壯有室，理男事，男者，任也。禮七十老而傳，以家事傳之子，《昏禮》：「舅姑共饗婦以一獻之禮，舅姑先降自西階，婦降自阼階，所以授之室，以著代也。」故納婦而子克家也。虞注云：「震爲夫，伏巽爲婦。」案，蒙與革通，伏巽謂二互巽也。但納者自外之内之辭，《公羊傳》云：「納者何？入辭也。」《詩》「十月納禾稼」，傳云：「納，内也。」皆謂自外之内。巽本伏震下，不得云納。惠氏棟既用伏巽爲婦之説，又云「二五失位，變之正，則五剛二柔，故納婦吉」，是仍不謂伏巽，亦自矛盾矣。**象曰：子克家，剛柔接也。** 案 接，交也。陽剛陰柔，二升五降，剛柔交接，中正故吉。

六三，勿用取女，見金夫，不有躬，无攸利。 注 虞翻曰：「謂三誠金上也。夫謂二，初發成兑，故三稱女。震爲夫，三逆乘二陽，所行不順，故勿用取女。坤身稱躬。」案，三誠上，謂於三著

❶ 「客」，原作「容」，今據崇文書局本、皇清經解續編本改。

誡上之辭。案乾爲金，三化成乾，則坤壞，故見金夫，不有躬。三既失位之正，又不有躬，尚何所利乎？取，娶也。男女非有行媒，不相知名，所以養廉恥也，見金夫，不有躬，則自獻其身矣。《坊記》曰：「夫禮，坊民之淫，章民之别，使民無嫌，以爲民紀者也。故男女無媒不交，無幣不見，恐男女之無别也。以此坊民，民猶有自獻其身。」夫女之事夫，猶臣之事君，見金夫，不有躬，是懷利而忘其身也。《孟子》曰：「古之人未嘗不欲仕，又惡不由其道，不由其道而往者，與鑽穴隙之類也。」**象曰：勿用取女，行不順也。**案坤爲順，失位乘剛，動化則坤壞，故行不順。禮，女有五不取，《大戴記·本命》云：「女有五不取，逆家子不取，亂家子不取，世有刑人不取，世有惡疾不取，喪婦長子不取。」童蒙者教於既生之後，擇婦所以正其本也。《顔氏家訓》引俗諺云：「教婦初來，教兒嬰孩。」

六四，困蒙，吝。案四既无應，獨遠於二，爲艮所止，故困吝也。卦唯六四得正，而困吝者，蒙欲其通，失位則化，可以遷善。四既得位，化則失正，成未濟，不可化。不化則蒙氣不除，是以困吝也。**象曰：困蒙之吝，獨遠實也。**案遠二。《京氏傳》曰：「陽實陰虚。」

六五，童蒙，吉。注虞翻曰：「艮爲童蒙，處貴承上，有應於二，動而成巽，故吉也。」案六五獨云童蒙者，童而蒙，蒙可亨也。蒙而非童，何吉之有？**象曰：童蒙之吉，順以巽也。**注荀爽曰：「順於上，巽於二，有似成王任用周召也。」案坤爲順，謂畫變成爻也，化則成巽，故順以巽。巽，遜也。鄭云：「巽當作遜。」此二養之之功，童蒙所以吉者也。

上九，擊蒙。不利爲寇，利禦寇。 注 虞翻曰：「艮爲手，故擊，案，擊三。謂五已變。案，二升五也。虞例以之正爲變，爻互易亦爲變，故有一卦先言易位，後復云變，其實則一，皆謂化耳。上動成坎，而逆乘陽，故不利爲寇矣。禦，止也。此寇謂二。案，二當作三，字之誤。虞六三注云：「謂三誠上。」則此必謂禦三。惠氏棟云：「上應三，三行不順，是寇也，非昬冓也，故禦之。」坎爲寇，巽爲高，艮爲山。登高備下，順有師象，故利用禦寇也。」**象曰：利用禦寇，上下順也。** 注 虞翻曰：「自上禦下，故順也。」案，《孫子·行軍》云：「凡軍喜高而惡下。」

☰☵ 乾下坎上

需，有孚。光亨，貞吉。利涉大川。 案 需，須也。君子之於事也，必不失其信，煇光日新，合禮而正，非此則弗動也，故「需，有孚，光亨，貞吉」。需，飲食之道，飲食必以禮，自求口實，觀我朶頤，則孚窮名辱，失禮乖正，陷於險矣。坎雨在乾上，膏澤未降，故需。孚，謂二五，二之正應五，故有孚。光，謂成既濟也。六爻正，陰陽應，故亨貞吉。此以二化言。乾天當升，故利涉大川，謂涉坎居上，所謂「不速之客三人來」也。此以乾一體俱升言。

象曰：需，須也，險在前也，剛健而不陷，其義不困窮矣。需，有孚，光亨，貞吉，位乎天位，以

正中也。利涉大川，往有功也。 案須，待也，坎險在上，待時乃動，故曰需。剛健謂乾，乾在坎下，疑其陷，唯剛健乃不陷，故其義不困窮，謂乾終升上，不陷坎中也。天位謂五，二化之正應五，故以正中。乾上坎下，故往有功。

象曰：雲上於天，需。君子以飲食宴樂。 注宋衷曰：「雲上於天，須時而降也。」案，《京氏易傳》云：「雲上於天，凝於陰而待於陽，故曰需。需者，待也。」虞翻曰：「坎水兑口，水流入口，爲飲。」鄭康成曰：「宴，享宴也。」見《釋文》。案卦互既濟，水在火上，飲食之象。《詩》曰：「我有旨酒，以燕樂嘉賓之心。」飲食宴樂，五所以需于酒食，上所以有客來也。

初九，需于郊，利用恒，无咎。 注干寶曰：「郊，乾坎之際也。既已受命，進道北郊，未可以進，故曰需于郊。處不避污，出不辭難，臣之常節也，得位有應，故曰利用恒。」案需于郊，謂畫動之爻；利用恒，謂不化，故无咎。恒，德之固也。聘問之禮，其始受命，舍於郊，及所聘之國，至於近郊，君使人郊勞，既聘而歸，及郊請反命。**象曰：需于郊，不犯難行也，利用恒，无咎，未失常也。** 案坎險爲難，初遠於坎，需止不進，故不犯難行，危邦不入也。化則失位，不化，故未失常。

九二，需于沙，小有言，終吉。 注虞翻曰：「沙謂五，水中之陽，稱沙也。」案需于沙，謂畫動之爻，不化而升五也，乾升則二居五，未升故需。小有言，謂辯之早，《説文》云：「小，物之微也。」

从八丨，見而分之。」復小而辯於物，陰陽之物，辯之於早也。二失位當升，辯之早則斷之決矣，故終吉。小有言，謂辯於畫，終吉，謂升五也。或説當需之時，❶未可危言，《太玄・飾》次七：「不丁言時，微于辭。」義亦通。**象曰：需于沙，衍在中也，雖小有言，以吉終也。**注荀爽曰：「體乾處和，美德優衍，在中而不進也。」案雖小有言，謂雖小而知辯，故終升五，以吉終，辯之宜早也。

九三，需于泥，致寇至。注荀爽曰：「親與坎接，故稱泥。須止不進，不取於四，不致寇害。」案需于泥，謂不化，化之陰則入泥，泥以喻災也。四在坎下，三與之接，四陰坤爻爲土，在坎水下，故稱泥。虞「震遂泥」注云：「坤土得雨爲泥。」此在水下，義同。《左傳》：「吕錡夢射月，中之，退入於泥。占之曰：『退入於泥，亦必死矣。』」入於泥則必死，需于泥，故災在外。泥，喻災也。乾升則坎降，三四交險之閒，故致寇。致寇由我，不可不慎也。**象曰：需于泥，災在外也。自我致寇，敬慎不敗也。**案坎多眚爲災，在外卦，故在外。我謂三，乾升坎降，三，乾坎之交，故自我致寇。三化成兑，爲毁折，稱敗，得位不化，故敬慎不敗。

六四，需于血，出自穴。注荀九家曰：「雲從地出，上升於天，自地出者，莫不由穴。」案坎爲

---

❶ 「説」，崇文書局本、皇清經解續編本作「謂」。

血卦，陽爲陰凝，故需于血。兑口爲穴，山澤通氣，雲所自出。上卦之氣伏於下卦，由四而升也。坎爲血卦，在地爲水，在人爲血。《淮南子》云：「血氣者，風雨也。」在天則爲雲雨，氣行而血隨，雲興而雨至。需于血，出自穴者，雲方出穴，雨尚未至，陽爲陰凝，故以血狀之，若二化成既濟，則雲行雨施，不得云血矣。象曰「順以聽」，謂雲興而雨也。**象曰：需于血，順以聽也。**注荀九家曰：「雲欲升天，須時當降，順以聽五。」案，五降而四從，坎耳爲聽，四陰故順，順以聽，謂畫動之爻而從五也。

九五，需于酒食，貞吉。注荀爽曰：「五互離，坎水在火上，酒食之象。雲須時欲降，乾須時當升，五有剛德，處中居正，能率羣陰，舉坎以降，陽能正居其所則吉，故曰需于酒食也。」案需二酒食，所以交賓客之歡，故上曰有客。乾純陽，坎乾之中氣，故升降皆一體也。五本中正，乾二升五，亦中正，故象曰「以中正」，謂二得中升五，中且正也。象傳言以正中，則以成既濟言，二中而不正，五有以正之也。**象曰：酒食貞吉，以中正也。**注荀九家曰：「謂乾二當升五，正位者也。」

上六，入于穴，有不速之客三人來，敬之，終吉。注荀爽曰：「需道已終，雲當下入穴也。案上卦之氣仍從四入。雲上升極，則降而爲雨，故《詩》云：『朝隮于西，崇朝其雨。』則還入地，故曰入于穴。雲雨入地，則下三陽動而自至者也。三人，謂下三陽也。須時當升，非有召者，馬云：「速，召也。」故曰『不速之客』焉。乾升在上，君位以定，坎降在下，當循臣職，故『敬之終吉』也。」案，此天子適諸侯之象也。天子適諸侯，必舍其祖廟，故於上宗廟之爻著其象焉。《秋官・掌客》云：「王巡狩殷國，則國君膳以牲犢。」《郊特牲》云：「天子適諸侯，諸侯膳用犢。」五之酒食所以膳乾者，乾自下而上，非本位，故謂之客。天子無客禮，莫敢爲主焉，故敬之終吉。《郊特牲》云：「君適其臣，升自阼階，不敢有其室也。」此乾升而坎所以降，雖不當位，未大失者也。天子至尊，誰敢召者，故不速。天王狩于河陽，《春秋》諱之，仲尼曰：「以臣召君，不可以訓。」言三人者，天子及二公也，乾三爻，王居中，二公從之。《白虎通・巡狩》云：「王者出，一公以其屬守，二公以其屬從也。」二升五位，天子之象；初、三升居四、上，以陽德居陰位，二公之象也。若諸侯出，則二卿從之。《穀梁・隱二年》傳云：「知者慮，義者行，仁者守，有此三者，然後可以出會。」疏云：「人君之行，二卿從，一卿守。」據此，則諸侯出，二卿從，與天子同。《董子・王道》云：「古者諸侯出疆，必具左右，備一師。」左右，謂二卿也。又案《公羊・隱五年》傳云：「天子三公者何？天子之相也。天子之相則何以三？自陝而東者，周公主之，自陝而西者，召公主之，一相處乎内。」然則從王之二公，即分主東西者，所謂分天下以爲左右，曰二伯者也。**象曰：不速之客來，敬之終吉，雖不當位，未大失也。**注荀爽曰：「上降居三，雖不當位，承陽有實，故終吉，无大失矣。」案，乾升坎降，初二三四上皆失位，但乾君卦，君尊臣卑，故未大失，卦重則爻輕也。

䷅ 坎下乾上

訟，有孚，窒惕，中吉，終凶。注鄭康成曰：「辯財曰訟。」見《釋文》。虞翻曰：「孚謂二。窒，塞止也。惕，懼。二得中，故中吉。」案二化應五，故有孚。《書》曰：「獄成而孚，輸而孚。」不克訟，故窒；患至而憂，故惕；二雖失正，得中故吉也。訟已成，上化體困，故終凶，訟不可成也。訟不可成，上居一卦之終，化而體困，故凶。虞云：「二失位，終止不變，則入於淵，故終凶。」案，二剛來得中，不得言凶，入於淵謂乾，非謂二。**利見大人，不利涉大川。** 注荀爽曰：「二與四訟，案，二據初陰，初不得之四，四失其應，故訟。二四俱失位，故皆有不克訟之象。利見於五，五以中正之道解其訟也。」案坎爲大川，需乾在下當升，故利涉大川。訟乾已在上，涉大川則入於淵，故不利。

彖曰：訟，上剛下險，險而健，訟。訟，有孚，窒惕，中吉，剛來而得中也。 案坎固險內，乾剛健外，內不險則无訟，外不健則不能訟，故險而健，訟也。陽來息坤成坎，故剛來而得中。泰，小往大來；否，大往小來；復，朋來无咎，七日來復：來皆謂息也。荀、虞、蜀才諸家皆據十二消息言往來，凡一陽之卦，非自剥來，則自復來，二陽之卦，非自臨來，則自觀來，餘皆類此。蓋十二消息，實即乾坤之陰陽，據爻以消息言耳。陽息則剛來，陰息則柔來，窮於上者來之下，屈於彼者信於此，其義一也，陰息云消者，以其消陽也。**終凶，訟不可成也。利見大人，尚中正也。** 案尚，上也，謂五。五中正，爲卦主，故利見於五，五解其訟。《詩》曰「誕先登于岸」，又曰「虞芮質厥成」。箋云：「岸，訟也。天語文王曰：當先平獄訟，正曲直也。」**不利涉大川，入於淵也。** 注荀爽曰：「陽來居二，坎在下爲淵。」

象曰：天與水違行，訟。 注荀爽曰：「天自西轉，水自東流，上下違行，成訟之象也。」案天與水違行稱訟者，所謂上剛下險，咎非盡在民也。天者君象，化不行則訟日多，下不向化，上不足以化民也，故曰「天與水違」。孔子曰：「聽訟吾猶人也，必也使無訟乎！」謂上下皆有嘉德而无違心也，宜岸宜獄，豈民之咎乎？上剛則心不平，剛愎自用，不度民情，而民得行其險矣。《詩》曰：「君子如届，俾民心闋。君子如夷，惡怒是違。」箋云：「君子如行至誠之道，則民鞠凶之心息；如行平易之政，民則乖争之情去。言民之失，由於上可反復也。」**君子以作事謀始。** 注 虞翻曰：「坎爲謀，乾知大始。」案 行之相違，其始並起，毫氂千里，在審其端，天一生水，亦是蒙泉，若決江河，則莫之能禦矣。天水流行不息，故曰「作事」。

初六，不永所事，小有言，終吉。 注 虞翻曰：「永，長也。初失位而爲訟始，故不永所事。初變得正，故終吉。」案 所事，訟事也。初失位而動，故不永，謂終當化也。小有言，謂辯之早，所謂謀始也。辯之於晝，化而之正，故終吉。**象曰：不永所事，訟不可長也，雖小有言，其辯明也。** 案 失位當化，故不長，初化兑，爲口舌，故辯。坎水内明，離火外明，雖小而必辯之，故不永而終得吉也。

九二，不克訟，歸而逋，其邑人三百户，无眚。 注 虞翻曰：「謂與四訟。坎爲隱伏，故逋。乾位剛在上，坎濡失正，故不克也。」荀爽曰：「坤稱邑。逋，逃也。坤有三爻，故云『三百户』。无眚，二者下體之君，君不争則百姓无害也。」鄭康成曰：「小國之下大夫采地方一成，其定税三百家，故三百户也。不易之田歲種之，一易之田休一歲乃種，再易之田休二歲乃種，言至薄也。」見孔疏及《坊記》疏。案，《小司徒》：「經土地而井牧其田野，九夫爲井，四井爲邑，四邑爲丘，四丘爲甸，四甸爲縣。」注云：「此謂造都鄙也。采地制井田，異於鄉遂。造都鄙，制民田，有不易、一易、再易，通率二而當一，是之謂井牧。此制《小司徒》經之匠人爲之溝洫，相包乃成耳。甸方八里，旁加一里，則成十里，爲一成。積百井，九百夫，其中六十四井、五百七十六夫出田税，三十六井、三百二十四夫治洫。縣方二十里，都方四十里，四都方八十里，旁加十里，乃得百里，爲一同。井田之法，備於一同，今止於都者，采地食者皆四之一。其制三等：百里之國凡四都，一都之田税入於王；五十里之國凡四縣，一縣之田税入於王；二十五里之國凡四甸，一甸之田税入於王。」《載師》：「以家地之田任稍地，以小都之田任縣地，以大都之田任畺地。」家地，大夫之采地；小都，卿之采地；大都，公之采地，王子弟所食邑。」案，大都，四都也，小都即都，家地即縣。鄭云「家地大夫之采地」，是天子大夫食縣也，天子之大夫視子男，則小國之君食縣矣。《大司徒》「諸男之國，封疆方百里，其食者四之一」，四之一適五十里，鄭所謂五十里之國是也。五十里凡四縣，一縣之税入於王，自食一縣。一縣凡四甸，采地食者皆四之一，則男國卿食甸，其大夫食邑，其士食井。《王制》「諸侯之下士，視上農夫」。以此推之，則男國之上士，纔視農夫耳。鄭云「小國之下大夫，以子國言」。《大司徒》：「諸子之地，封疆方二百里，其食者四之一。」適百里。一同之地，凡四都，一都入於王，自食一都。以食者四之一推之，則卿食縣，大夫食甸，甸旁加一里，是爲一成，故云：小國之下大夫，采地方一成。《攷工》「十里爲成」注云：「方十里爲成，成中容一甸，方八里，出田税一里治洫。」據鄭説，一甸五百七十六夫，出田税二而當一，則定稅二百八十八家，舉成數，故云三百。又案，《論語》「奪伯氏駢邑三百」，孔云：「伯氏食邑三百家。」《坊記》疏引鄭注云：「伯氏駢邑三百家，齊下大夫之制。」《左傳》「惟卿備百邑」，四井爲邑，百邑四百井，當一縣之地。《左傳》言衛，衛侯國，據此則春秋時，雖侯國之卿，亦秪食一縣，其下大夫食一成，不獨小國然矣。不克訟，謂畫動之爻。歸而逋，謂變則化。虞云：「眚，災也。坎爲眚，坎化爲坤，故无眚。」**象曰：不克訟，歸逋竄也。自下訟上，患至掇也。** 注 鄭康成曰：「惙，憂也。」見《釋文》。《釋文》云：「掇，鄭作惙。」案，坎爲加憂，爲心病，故惙，所謂惕也。坎爲災，故稱患。患至惙者，以下訟上，慮患至而憂，故不克訟而逋，得免於眚矣。坎隱伏，故竄。竄，匿也。二與四訟，故自下訟上，二互體之下，四互體之上也。

六三，食舊德，貞厲，終吉。 注 虞翻曰：「乾爲舊德。」案 初已之正，三在兑口，故食，食先人之德也。《禮運》曰：「天子有田，以處其子孫；諸侯有國，以處其子孫；大夫有采，以處其子孫。」古者世禄，故《詩》曰：「凡周之士，不顯亦世。」三承乾，下有伏陽，故食舊德。伏陽發之正，體乾三重剛，故貞厲。得位從乾，故終吉。《詩·文王》疏引異義。謹案，《易》爻位，三爲三公，二爲卿大夫，曰食舊德，謂食父故禄也。《韓詩外傳》云：「古者天子爲諸侯受封，謂之采地。百里諸侯以三十里，七十里諸侯以二十里，五十里諸侯以十里。其後子孫雖有罪而絀，使子孫賢者守其地，世世以祠其始受封之君。」**或從王事，无成。** 注 虞翻曰：「乾爲王。」案，上言伏陽，發而成乾；此言不化，以陰從陽，故或從王事，坤三同義。謂不化與上易位，所謂弗敢成也。**象曰：食舊德，從上吉也。** 案 從上，謂從王代有終。三之上得位，故吉。

九四，不克訟，復即命渝，安貞吉。注虞翻曰：「失位，故不克訟。渝，變也。動而得位，故安貞吉。」案不克訟，謂晝動之爻；復即命，謂化而之正。《詩》曰：「彼其之子，舍命不渝。」傳云：「渝，變也。」箋云：「舍猶處也。是子處命不變，謂守死善道，見危受命之等。」舍命不渝者，守而不變；復即命渝者，變而之命也。陰陽得正謂之命。**象曰：復即命渝，安貞，不失也。**案化之正，故不失。

九五，訟，元吉。案元，乾元也。乾元託位於五，所謂「利見大人」也。**象曰：訟元吉，以中正也。**案以中正解二四之訟，故吉。

上九，或錫之鞶帶。注虞翻曰：「錫，王之錫命。」鄭康成曰：「鞶帶，佩鞶之帶。」見《巾車》疏。案《内則》「男鞶革，女鞶絲」，注云：「鞶，小囊，盛帨巾者。男用韋，女用繒，有飾緣之，則是鞶裂與？《詩》云『垂帶如厲』，紀子帛名裂繻，字雖異，意實同也。」《士昏禮》「庶母及門内，施鞶」，注云：「鞶，鞶囊也。男鞶革，女鞶絲，所以盛帨巾之屬。」《詩》「垂帶而厲」，箋云：「而亦如也。而厲，如鞶厲也。鞶必垂厲以爲飾，厲字當作裂。」據鄭諸注，則佩鞶之帶，謂佩鞶所飾之帶，即厲也。馬、虞以爲大帶，《左傳》「鞶厲游纓」，服虔亦以鞶爲大帶。《説文》亦訓鞶爲大帶，並與鄭異，鄭説是也。鞶爲大帶之名，則既云鞶，不須復云帶。鞶爲大之稱，則《内則》豈男大革、女大絲與？且鞶爲大帶，《士昏禮》不宜於門内始施大帶也。二化時坤爲囊，巽爲繩，與坤連體，故曰鞶帶。上應三，故五以三錫之，失位，故或之。**終朝三褫之。**案剛爻爲朝。終朝，謂晝動之爻。褫，奪也，五奪上與三也。奪上與三，三之上得位。《説文》云：「褫，奪衣也。讀若沱。」沱、拕音同，故鄭作拕，其音直離切者，非古音。

象曰：以訟受服，亦不足敬也。

注 虞翻曰：「服謂鞶帶，終朝見褫，乾象毁壞，故不足敬。」案，鞶帶謂之服者，佩之亦云服。《説文》云：「服，用也。」《月令》「服倉玉」，《荀子·勸學》云：「蘭槐之根是爲芷，其漸之滫，君子不近，庶人不服。」《離騷》「户服艾以盈要」，服皆謂佩也，受服，受所服之物。

周易姚氏學卷第五

旌德姚配中撰

周易上經彖上傳象上傳

䷆ 坎下坤上

師，貞，丈人吉，无咎。 注 鄭康成曰：「軍二千五百人爲師，多以軍爲名，次以師爲名，少以旅爲名。丈之言長，能御衆，有榦正人之德，以法度爲人之長，吉而无咎，謂天子諸侯主軍者。」見《棫樸》疏及《天府》疏。案，丈人，崔憬云：「《子夏傳》作大人。」鄭云「天子諸侯主軍」，則意與大人不異，以困卦「貞大人」推之，此亦當從《子夏傳》作「大人」，鄭不破字者，以其義可通，故仍其舊，慎也。《周禮·天府》《太卜》注並以貞爲問。

彖曰：師，衆也。貞，正也。能以衆正，可以王矣。 注 荀爽曰：「謂二有中和之德，而據羣陰，上居五位，可以王矣。」**剛中而應，行險而順。** 案 剛中，謂二。應，五應之也。坎險坤順，二行而上，五順應之，此其可王者也。**以此毒天下，而民從之，吉，又何咎矣。** 注 馬融曰：「毒，治也。」見《釋文》。干寶曰：「坎爲險，坤爲順，兵革刑獄，所以險民也。毒民於險中，而得順道者，聖王之所難也。荼毒苦也，五刑之用，斬刺肌體，六軍之鋒，殘破城邑，皆所以荼毒姦宄之人，使服王法者也。故曰『以此毒天下而民從之』。毒以治民，明不獲已而用之，故於彖象六爻皆著戒懼之辭也。」案《説文》云：「毒，害人之草。」坎爲叢棘，故象毒。人有疾，則以藥石之毒治之；殘暴爲國之疾，則以兵刑之毒治之。羣陰順從故民從，從二也。《吕覽・蕩兵》云：「夫兵之不可偃也，若用藥然，得良藥則活人，得惡藥則殺人，義兵之爲天下良藥也，亦大矣。」案用之而當，毒皆良也。

象曰：地中有水，師。君子以容民畜衆。 注 陸績曰：「坎在坤内，故曰『地中有水』。師，衆也。坤中衆者，莫過於水。」虞翻曰：「容，寬也。坤爲民衆，又畜養也。」案 孫子曰：「夫兵形象水，水之形避高而趨下，兵之形避實而擊虛。水因地而制流，兵因敵而制勝，故兵無常勢，水無常形。」《虚實》文。坤含宏，故容民，萬物致養。水在地中，故畜衆。於師言容民畜衆者，所以絶寇害於用兵之先，養兵於不用之日，止戈爲武，兵寓於農也。《白虎通》曰：「司徒典民，司空主地，司馬順天，天者施生，所以主兵何？兵者爲謀除害也，所以全其生、衛其養也，故兵稱天。」《封公侯》文。

初六，師出以律，否臧，凶。 注 荀九家曰：「坎爲法律也。」案 師出以律，謂晝動之爻。臧，善也。否臧凶，謂化。初化爲兑，毁折，坎律壞，故凶。二者，軍中之將，初當奉二而行，自化之正，是不從二也，故凶。二升居五，初乃可化，《春秋傳》曰：「執事順成爲臧，逆爲否。」宣十二年《左傳》知莊子曰：「執事順成爲臧，逆爲否，衆散爲弱，川壅爲澤，有律則如己也。否臧且律竭矣。盈而竭，夭且不整，所以凶也。不行之謂臨，有帥而不從，臨孰甚焉。果遇必敗，彘子尸之，雖免而歸，必有大咎。」杜注云：「坎爲衆，今變爲兑，兑柔弱；坎爲川，今變爲兑，兑爲澤。如，從也。法行則人從法，法敗則法從人。竭，敗也。坎變爲兑，是法敗。彘子尸之，主此禍。」案，彘子不從桓子，以中軍佐濟，如初不從二，而自之正，自爲主，壞坎律也，故莊子引以擬先縠，亦以坎化兑言。據此則爻之之正，亦有其時。二者卦主，二未升五，君位未定，臣不可先自正也。大君有命，開國承家，時乃可正耳。**象曰：師出以律，失律凶也。**

案坎壞，故失律。

九二，在師中，吉，无咎。 **案**二非王位，以陽居之，羣陰順從，天子主軍之象也。雖非君位，在師中即君位，故吉，无咎。《周書》曰：「天道尚右，日月西移；地道尚左，水道東流；人道尚中，耳目役心。吉禮左還，順地以利本；武禮右還，順天以利兵；將居中軍，順人以利陳。」《武順》文。**王三錫命。** **注**荀爽曰：「王謂二也。」**案**坎升則坤降，故三錫命，開國承家之命也。**象曰：在師中吉，承天寵也。王三錫命，懷萬邦也。** **注**鄭康成曰：「寵，光燿也。」見《釋文》。**案**承，受也。寵，尊居謂五也。二當升五，受天命爲天子，五天位，故曰天寵。懷，懷之也。容民畜衆，開國承家，所以安天下，師亦所以安天下也。坎升坤降，坤爲萬邦，乾物致養於坤，歸於坎，故曰懷。

六三，師或輿尸，凶。注虞翻曰：「坎爲車，多眚。」案坤陰爲死，喪在坎上，故輿尸。三失位，敗而輿尸，故凶。**象曰：師或輿尸，大无功也。**案三多凶，乘陽无應，失位，故大无功，謂動成爻也。

六四，師左次，无咎。注荀爽曰：「左謂二也，陽稱左。次，舍也。二與四同功，四承五，五无陽，故呼二舍於五，四得承之，故无咎。」案《左傳》凡師一宿爲舍，再宿爲信，過信爲次。左次者，謂四從二也。**象曰：左次无咎，未失常也。**案得位從陽，故未失常。

六五，田有禽，利執言，无咎。注荀爽曰：「田，獵也。謂二帥師禽五。」案田謂二，禽謂五。田有禽者，有可禽之道。利執言者，有伐之之辭。《書》曰：「予惟聞汝衆言，夏氏有罪，予畏上帝，不敢不正。」此所執之言也，故利執言无咎。若无辭而以下伐上，是叛臣也。五失位，二之五得位，互艮爲手。李鼎祚云：「六五居尊失位，在師之時，蓋由殷紂而被武王禽於鹿臺之類是也。」**長子帥師，弟子輿尸，貞凶。**注虞翻曰：「長子謂二，震爲長子，在師中，故帥師也。弟子謂三，三體坎，坎，震之弟，而乾之子。」案《公羊傳》曰：「曷爲或言率師，或不言率師？將尊師衆，稱某率師；將尊師少，稱將；將卑師衆，稱師；將卑師少，稱人。」然則九二長子尊，故稱帥師，其餘皆從二之師也。二帥師代五，以中行執言者也。三失位而以伐人，故輿尸。貞凶者，三自正不從二，故凶。二若漢高光武，初三若自立爲王，不從高祖光武者，坤虚无君，故覬覦者羣起。**象曰：長子帥師，以中行也。**案自二升五，故以中行也。**弟子輿尸，使不當也。**注宋衷曰：「弟子謂六三也。失位乘陽，處非所據，衆不聽從，師人分北，或敗績死亡，輿尸而還，故曰『弟子輿尸』。謂使不當其職也。」

上六，大君有命，注鄭康成曰：「命，所受天命也。」見《文選》注。❶案二升五，居尊位，故曰「大君」。所謂能以衆正，可以王者也。陰陽得正爲命，五本陽位，二來居之得正，故曰「有命」。象曰「以正功」，二有定天下之功，故承天寵，受天命也。**開國承家，小人勿用。**注荀爽曰：「大君謂二，師旅已息，既上居五，當封賞有功，立國命家也。開國，封諸侯；承家，立大夫也。」虞翻曰：「承，受也。坤爲國，二稱家。」案，大夫受采邑，賜氏族，立宗廟，世不絶祀，故稱家。《書》曰：「日宣三德，夙夜浚明有家。」《乾鑿度》云：「初爲元士，二爲大夫，三爲三公，四爲諸侯，五爲天子，上爲宗廟。」陰動闢故開，二承五故承，三失位輿尸，故曰小人。**象曰：大君有命，以正功也。小人勿用，必亂邦也。**注虞翻曰：「謂五多功，五動正位，故正功也。」案，二有定亂之功，升五

❶「見文」，原倒，今據崇文書局本、皇清經解續編本改。

正位。案荀子曰：「治生乎君子，亂生乎小人。」《致文》。

䷇ 坤下坎上

比，吉。原筮，元永貞，无咎。注《子夏傳》曰：「地得水而柔，水得地而流，比之象也。夫凶者生乎乖争，今既親比，故云比吉也。」案九五，乾之元，萬物之始，故曰原。九，陽之老爲蓍，故曰筮。坎爲水，乾元得位，初三化成既濟，故原筮、元永貞无咎。正其本，萬事理，君正於上，民從於下，龜筮卿士庶民无不從也，《書》曰：「惟茲惟德稱，用乂厥辟，❶故一人有事於四方，若卜筮，罔不是孚。」此亦有孚惠心，勿問元吉者也。比以羣陰輔一陽，九五乾元得位，則本正矣。筮，問也。謀及乃心，而後謀及卿士庶民卜筮，此之謂原筮，《後漢志》云：「元以原之。」《董子·重政》云：「元猶原也。」此原即原始及終、原始要終之原。正而後問，何咎之有？惠氏棟以原爲再，云「二爲原筮」，「初九爲元」，非是。經云「原」云「元」，則无再筮之意，傳云「以剛中」，則不謂二明甚。若謂師二升五得正，則仍是本原，无所謂原，比初陰爻，不得云九也。

不寧方來，後夫凶。注虞翻曰：「水性流動，故不寧。後謂上，夫謂五也。艮爲背，上位在背後，无應乘陽，故後夫凶也。」案不

❶ 「乂」，原作「又」，今據崇文書局本、皇清經解續編本改。

寧，不寧侯也。方來，猶將來。不寧之侯亦將來，故彖曰「上下應也」。❶《攷工》梓人祭侯之禮，其辭曰：「惟若寧侯，毋或若女不寧侯，不屬于王所。故抗而射女。」是不朝王者爲不寧也。《困》九二「朱紱方來」，鄭云「文王將王，天子制用朱紱」，是鄭訓方爲將，此方來亦然。《東京賦》薛注云：「方，將也。」方來獨謂上者，以彖曰「下順從」，則下非不寧。傳云「上下應」者，以先云下順從，疑下應而上不應，故明言上下應。言不寧者亦來，則上下皆應，不獨下順從而已。上終不順五，故比之无首。雖比五而不順五，故凶。《詩》曰：「王猷允塞，徐方既來。」《荀子》曰：「仁人用國，日明諸侯，先順者安，後順者危，慮敵之者削，反之者亡。」《議兵》文。

象曰：比，吉也。比，輔也。下順從也。案 比故吉也，相比故相輔，下謂下四陰，坤爲順，四陰順從五而比輔之，所以吉也。四陰體坤，順在五。下，自初至四皆有下稱，四爲上體之下，二三各爲互體之下，故統謂之下。惠氏棟以爲下謂五陰，一在上，四在下，引孟康《漢書注》「陽爲上陰爲下」以證，案陽上陰下，猶君尊臣卑之義，非謂上爻有下稱，經云「後夫凶」，則上不在順從之列可知。**原筮，元永貞，无咎，以剛中也。不寧方來，上下應也。後夫凶，其道窮也。**注 荀爽曰：「後夫謂上六，逆禮乘陽，不比聖王，其義當誅，故其道窮，凶也。」

❶「彖」，原作「象」，今據文義改。

象曰：地上有水，比。先王以建萬國，親諸侯。 注鄭康成曰：「親諸侯，使諸侯相親，遞相朝聘。」見《周禮疏》。案，《大司馬》「比小事大，以和邦國」注：「比猶親。」《形方氏》注同。並引此經以證，是鄭訓比爲親，同《子夏傳》。虞翻曰：「初陽已復，震爲建，爲諸侯。坤爲萬國，爲腹。坎爲心。腹心親比，故以建萬國，親諸侯。」案，封建之制，由來者遠，故曰先王。《漢書·地理志》云：「昔在黄帝，作舟車以濟不通，旁行天下，方制萬里，畫壄分州，得百里之國萬區。」

初六，有孚比之，无咎。 注荀爽曰：「初在應外，以喻殊俗，聖王之信，光被四表，絶域殊俗，皆來親比，故无咎也。」案，初孚五，比五也，此謂畫動之爻。**有孚盈缶，終來有它，吉。** 注荀爽曰：「缶者應内，以喻中國，孚既滿盈中國，終來及初，非應，故曰它也。」案，五孚及初，盎謂之缶，中虚容物，坤象焉。終來者，變則化，反其本也。虞翻曰：「坤器爲缶，坎水流，坤初動成屯，屯者，盈也，故盈缶。終變得正，故終來有它吉。」**象曰：比之初六，有它吉也。** 注荀爽曰：「謂信及非應，然後吉也。」案初六失位，故特言初六，以明有它乃吉，謂化之正，五孚及之也。

六二，比之自内，貞吉。 案二得正應五，中誠親比，故曰内，内謂畫也。爻由畫來，動而應五，故自内。不可化，故貞吉。**象曰：比之自内，不自失也。** 案不化，故不自失。

六三，比之匪人。 注虞翻曰：「匪，非也。失位无應，三又多凶，故曰匪人。」案，比六爻，唯五不曰比之，其餘皆曰比之，比五也。比五而屬匪人，故象曰「不亦傷乎」。恐其傷王政也。若五比匪人，豈僅傷而已哉？《呂覽・驕恣》云：「仲虺有言曰：諸侯之德，能自取師者王，能自取友者存，其所擇而莫如己者亡。」干寶云：「爻失其位，管蔡之象也。」**象曰：比之匪人，不亦傷乎。**注虞翻曰：「體剥，傷象。」案，此管蔡之於周，四凶之於堯也。終必以刑法正之，亦足傷盛德也，故小人勿用，慎在於初。

六四，外比之，貞吉。案外謂爻。四承五，故動而應初，與初共比五，初已之正，爲賢，此舉賢事君之象也。比當以正，不可化，故貞吉。知與四共比五者，以象曰「外比於賢，以從上也」，則賢非謂五可知。比賢從上，從五也，則爲薦賢之象可知。君德遠被，臣爲之施，五孚及初，四實施之，四爲初應，爲五施德也。**象曰：外比於賢，以從上也。**案四以初從五。

九五，顯比，注虞翻曰：「五貴多功，得位正中，初三已變體重明，故顯比。」案，《董子・楚莊王》篇云：「受命之君，天之所大顯也。事父者承志，事君者儀志，事天亦然。今天大顯已，物襲所代而率與同，則不顯不明，非天志，故必徙居處，更稱號，改正朔，易服色者，无它焉，不敢不順天志，而明自顯也。」**王用三驅，失前禽。**注鄭康成曰：「王者習兵於蒐狩，驅禽而射之，三則已，法軍禮也。失前禽者，在前者不逆而射之，旁去又不射，唯背走者順而射之，不中則已，是皆所以失之。用兵之法亦如之，降者不殺，奔者不禦，皆爲敵不敵己，加以仁恩養威之道。」見《士師》疏及桓四年《左傳》疏。案，《大司馬》「中冬教大閱，鼓戒三闋，車三發，徒三刺」，鄭注云：「鼓戒，戒攻敵，鼓一闋，車一轉，徒一刺，三而止，象敵服，此所謂三則已也。」張衡《東京賦》云：「馬足未極，輿徒不勞，禮成三驅，解罘放麟。」其意亦以三驅爲三度驅禽，與鄭同。昭八年《穀梁傳》云：「秋，蒐於紅，正也。因蒐狩以習武事，禮之大者也。艾蘭以爲防，置旃以爲轅門，以葛覆質，以爲槷，流旁握，御轚者不得入。車軌塵，馬候蹶，揜禽旅，御者不失其馳，然後射者能中。過防弗逐，不從奔之道也。」不從奔，即鄭所云「奔者不禦」也，馬以爲乾豆賓客君庖，蓋謂因是三者而驅禽，與邑人不誡之義不合，乾豆等乃三品，非三驅。**邑人不誡，吉。**案邑人謂二，誡，驚也。坤二應五，下順從。王者之師，止戈爲武，无所驚恐，故不誡。二五皆正，故吉。**象曰：顯比之吉，位正中也。舍逆取順，失前禽也。**注虞翻曰：「謂離象明，正上中也。」案，三之正，互體離。案逆，迎也。自下而上曰逆，謂下四陰也。下陰逆五而來臣服於五，故舍之。順謂上六，背五而去也。背故取之，上稱後，則前謂下矣。舍逆，故失前禽。《詩》「抑縱送忌」，傳云：「從禽曰送。」則迎來者爲逆可知。鄭所云「順而射之」，即送也。上近五，取之易，背五，有可取之道，是之謂順，陰順陽，艮爲手。**邑人不誡，上使中也。**案上謂五，中謂二，二應五，得位不化，故邑人不誡，謂不失常也。上使中，謂二之不誡，五有以使之。《詩》曰：「整我六師，以脩我戎，既敬既戒，惠此南國。不留不處，三事就緒。」箋云：「敬之言警也，謂敕以無暴虐爲之害也。不留不處，不久處於是也。女三農之事，皆就其業，爲其驚怖，先以言安之。」

上六，比之无首，凶。注荀爽曰：「陽欲无首，陰以大終，陰而无首，不以大終，故凶也。」案，陽欲无首者，此指説乾元用九也。陽奉元爲首，元不自用，以成其尊。陰則當從陽，奉陽爲首，上六陰爻，比既五，則當奉五爲首，乃反欲用人，不爲人用，動而失位，凶也宜哉。虞云：「首，始也，陰道无成而代有終，无首凶。」義與荀同。**象曰：比之无首，无所終也。** 注 虞翻曰：「迷失道，故无所終也。」案，陰道无成而代有終，坤三之乾上是也。比上六得位，若從五不化，即是有終，乃反欲用人，是臣思竊君權者，臣而不臣，尚何終之有？ 誅戮加之矣。此以上自化而失位言也。

䷈ 乾下巽上

小畜，亨，密雲不雨，自我西郊。 注 鄭康成曰：「畜，養也。」見《釋文》。案 小謂四，《京氏傳》云：「小畜之義，在於六四。」謂四陰小也。虞云「復小陽潛，所畜者少，故曰小畜」，非經旨。五剛中正，四承之，上化坎，雨施，故志行，乃亨。二上之正成既濟，上坎爲雲，下坎爲雨，故上云既雨，謂既濟也。未化，故密雲不雨。雲，山澤氣也，兑爲澤，在乾上，未成坎，故不雨。巽爲風，在乾上，澤氣之上升者也。散則爲風，和則皆雨，爲雲也。我謂四，兑爲西，乾爲郊，雲興於澤，故自西郊。

象曰：小畜，柔得位而上下應之，曰小畜，健而巽，剛中而志行，乃亨。 注 虞翻曰：「二失位，五剛中正，二變應之，故志行乃亨也。」❶ 案 柔得位，謂四，成既濟，雲行施雨，嘉會合禮，君子之所以自養也。**密雲不雨，尚往也。** 案 尚，上也。雲始上升，故不雨。**自我西郊，施未**

❶ 「行乃」，原倒，今據皇清經解續編本改。

行也。注虞翻曰：「兑爲西，乾爲郊，雨生於西，故自我西郊。九二未變，故施未行也。」

象曰：風行天上，小畜。君子以懿文德。注荀九家曰：「風者，天之命令也。今行天上，則是令未下行，畜而未下，小畜之象也。」虞翻曰：「懿，美也。豫坤爲文，乾爲德，離爲明，初至四體夬，爲書契，乾離照坤，故懿文德。」

初九，復自道，何其咎，吉。案復，反也。初本得位，動失位而還反，故復自道。疑始失位有咎，復未必吉，故明言何其咎，吉。《荀子·大略》云：「《易》曰：『復自道，何其咎？』《春秋》賢穆公，以其能變也。」董子《玉英》云：「魯桓忘其憂而禍逮其身，齊桓憂其憂而立功名，推而散之，凡人有憂而不知憂者，凶。有憂而深憂之者，吉。《易》曰：『復自道，何其咎？』此之謂也。匹夫之反道以除咎尚難，人主之反道以除咎甚易。《詩》云：『德輶如毛。』言其易也。」**象曰：復自道，其義吉也。**案得正，故其義吉。

九二，牽復，吉。案牽，引也。巽爲繩，二應五，五正於上，故引二使復，謂化之正也。故吉。

象曰：牽復在中，亦不自失也。注虞翻曰：「變應五，故不自失。」案初復自道，則不自失，二爲五所牽而復，故亦不自失。孟子曰：「仁、義、禮、智，非由外鑠我也，我固有之也。」

九三，輿説輹。注鄭康成曰：「輹，伏菟也。案，菟兔通。謂輿下縛木，與軸相連，鉤心之木是也。」見《釋文》及孔疏。案二化，三在坎中，坎於輿爲多眚，兑爲毁折，巽爲繩，繩毁折故説輹。虞云：「坤爲車，爲輹，至三成乾，坤象不見，故車説輹。」案，坤象不見，則无車，非但説輹而已。輹舊誤作輻。《釋文》云：「輻本亦作輹。」案，馬融謂「車下縛」，鄭謂「伏菟」，❶則皆作輹，不作輻，可知。《大畜》「輿説輹」，《釋文》云：「輹或作輻，一云車旁作复，音服，車下縛也。作畐者，音福。《老子》所云『三十輻共一轂』是也。」《大壯》「壯于大輿之輹」，《釋文》云：「輹本又作輻。」僖十五年《左傳》：「車説其輹。」《釋文》云：「案，車旁著畐，音福。《老子》所云『三十輻共一轂』是也。車旁著复，音服，是車下伏菟。」彼疏云：「《子夏易傳》云：『輹，車下伏兔也。今人謂之車屐，形如伏兔，以繩縛於軸，因名縛也。』」《説文》云：「輹，車軸縛也。从車，复聲。《易》曰：『輿説輹。』」據此諸説，則輻爲誤字審矣，徑改正。《攷工記》「加軫與轐焉，四尺也」注，鄭司農云：「轐謂伏兔也。」是則輹即轐。蓋轐其本名，以其縛於軸，謂之縛，其形如伏兔，謂之輹，謂之伏兔。輹上加輿，輿下四面材，謂之軫，故云「加軫與轐」，謂加於軸上也。

夫妻反目。 注虞翻曰：「豫震爲夫，巽爲妻，離爲目，今夫妻共在四，離火動上，目象不正，巽多白眼，夫妻反目。妻當在内，夫當在外，今妻乘夫而出在外，象曰：『不能正室。』」案，《説文》：「眅，多白眼也。」「睦，目順也。」目順爲睦，反目則不順矣。《詩》云：「閒關車之舝兮，思孌季女逝兮。」舝與輹皆車輿所必須，故《詩》、《易》以喻夫婦也。

象曰：夫妻反目，不能正室也。 注荀九家曰：「四互體離，離爲目也。離既不正，五引而上，三引而下，故反目也。輿以輪成車，夫以妻成室，今以妻乘夫，其道逆，故不能正室。」

六四，有孚，血去惕出，无咎。 注虞翻曰：「孚謂五。惕，憂也。得位承五，故无咎。」案成既

---

❶ 「菟」，原作「莬」，今據崇文書局本、皇清經解續編本及上文改，下「菟」字同。

濟，六爻得位，坎雨降，陰陽和，故血去惕出。坎爲血，爲加憂。**象曰：有孚惕出，上合志也。**案上謂五，成既濟，陽陰應，故合志。

九五，有孚攣如，富以其鄰。注虞翻曰：「孚五謂二也。攣，引也。巽爲繩，艮爲手，二失位，五欲其變，故曰『攣如』。以，及也。五貴稱富，鄰謂三，二變承三，故富以其鄰。象曰：『不獨富。』」案，富及其鄰，及臣鄰也。爵以馭貴，禄以馭富，加地進律，皆所以富之。案成既濟，日東月西，爲鄰。鄭《既濟》九五注云：「日出東方，東鄰象也。月出西方，西鄰象也。」**象曰：有孚攣如，不獨富也。**案以其鄰，故不獨富。

上九，既雨既處，尚德載。注虞翻曰：「既，已也。應在三。坎零爲雨，謂二已變，三體坎雨，故既雨既處。」案成既濟定，故既雨既處，上下俱安也。尚，上也。上積德則民載之。**婦貞厲，月幾望，君子征凶。**注虞翻曰：「幾，近也。坎月離日，上已正，需時成坎，與離相望，故月幾望。」案「婦貞厲」，謂上伏陰發之正，婦人无外事，上在外，故貞厲。「月幾望」，謂畫變之爻，將化而未化時也，故幾望。君子謂陽，在上失位而動，故凶。婦人謂夫爲君子。象曰：「有所疑。」疑則不決，未能即化之正，以失而征，是以凶矣，疑使之然也。**象曰：既雨既處，德積載也。君子征凶，有所疑也。**案畜至上，故積。膏澤下於民，民載之，謂成既濟，上下相應也。「所疑」，謂坎疑正而不即正，故凶。事有以緩敗者，疑害之也。

☰☱ 兑下乾上

履虎尾，不咥人，亨。注荀爽曰：「謂三履二也。」案，《傳》云「柔履剛」，故知三履二。虞以爲與謙旁通，以坤履乾，謙坤爲虎，乾爲人，乾兑乘謙，震足蹈艮，故履虎尾。案，既云坤履乾，又云坤爲虎，乾爲人，則是虎履人矣；云乾兑乘謙，謙坤爲虎，則爲剛履柔。或以「坤履乾」爲「以乾履坤」之誤，與經亦不合。又案，荀云：「六三履二，非和正，故云利貞。」是荀本「亨」下有「利貞」字。馬融曰：「咥，齕也。」見《釋文》。❶案兑爲虎，爲口。二之正，互艮止，兑口不見，故不咥人。亨，二化應五也。二化震爲足，兑澤動下，三在兑後，故履尾。

彖曰：履，柔履剛也。說而應乎乾，是以履虎尾，不咥人，亨。剛中正，履帝位而不疚，光明也。注虞翻曰：「剛中正，謂五。五帝位，坎爲疾病，五履帝位，坎象不見，故履帝位而不疚，❷光明也。案兑二化應五，故應乎乾。疚，病也。孔子曰：「天無私覆，地無私載，日月無私照，奉斯三者，以勞天下。」無私故不疚，成既濟，離日坎月，六爻正，故光明也。《荀子》曰：「公生明，偏生闇。」《不苟》文。

---

❶「見釋」，原倒，今據崇文書局本、皇清經解續編本改。

❷「故履」，原倒，今據崇文書局本、皇清經解續編本改。

象曰：上天下澤，履。君子以辯上下，定民志。 注 虞翻曰：「辯，別也。乾天爲上，兑澤爲下。」案 履，禮也。禮辯上下，故上下特分言之。董子曰：「凡百亂之原，皆出嫌疑纖微，以漸寖稍長至於大。聖人章其疑者，別其微者，不得嫌以早防之。」《制度》文。成既濟，陰爲民，六爻正，故定民志。履者，禮也。亨者，嘉之會也。嘉會足以合禮，故履虎尾，不咥人，亨。禮者，聖人所以藏身之固和而至德之基也。六三不足有明，不足與行，故咥人，凶。「武人爲于大君」，乖其和也。《荀子》曰：「人賢而不敬，則是禽獸也。人不肖而不敬，則是狎虎也。禽獸則亂，狎虎則危，災及其身矣。」《臣道》文。三之咥人，失其禮也。愬愬終吉，有禮者敬人，敬人者，人恒敬之，故志行。素履者，素位之禮，履道坦坦，以禮爲出處也。夬履決柔以禮，❶視履考祥，考諸禮也。所以辯上下，定民志者，禮而已。《禮運》曰：「禮者，君之大柄也，禮達而分定。」

初九，素履往，无咎。 案 素履謂畫，往謂動之爻。初本得位，故素履往无咎。窮不失義，達不離道，「國有道不變塞焉，國无道至死不變」，所守者禮而已。**象曰：素履之往，獨行願也。** 注 荀爽曰：「初九者，潛位，隱而未見，行而未成。素履者，謂布衣之士，未得居位，獨

❶「夬」，崇文書局本、皇清經解續編本作「夫」。

行禮義，不失其正，故无咎也。」案，行謂畫動之爻，君子素位而行，不願乎外。

九二，履道坦坦，幽人貞吉。注虞翻曰：「二失位，變成震，爲道，爲大塗，故履道坦坦。」案二化得正，有禮則安，故履道坦坦。孔子曰：「君子坦蕩蕩。」幽人謂二，伏陰之正，故幽人貞吉。幽，隱也。既云二化，又云二伏陰者，一陰一陽，六畫定位，凡卦之生，莫非乾坤之交，乾坤交即既濟也。但乾坤交，氣不能無多少之偏，少則伏於内，不能盡發於外，故須爻化，所伏之氣乃發，譬若性然，有假於習，所謂窮理盡性。《左傳》所謂「人之能自曲直以赴禮者也」。孟子曰「性善」，以其伏之得正者言。荀子曰「性惡」，以其偏多失正者言。善惡皆性也，或伏或見，皆畫所本具之氣也。伏氣之發，猶平旦之氣，仁義之自中動者也，此无待於外者也。畫動而變而化，則猶習焉不察。外有所觸，始動其内，此伏氣之待爻動而後發者也。童子將入井，惻隱生焉，非外鑠，實外感也。伏氣自發，待感而發，其實一耳。所伏之氣，有多寡之殊，故有待感者，有不待感者，唯乾元純陽，中无伏陰。坤元雖純陰而包養乾元，中有伏陽，此卦所以皆成既濟，非氣自外至者也。以人事言，故或説一事，或兼數事，非謂爻之化於伏氣无預，伏氣之發於畫无預也。幽人謂隱士。《魏志·管寧傳》明帝詔青州刺史曰：「寧抱道懷貞，比下徵書，違命不至，盤桓利居，高尚其事，雖有素履幽人之貞，而失考父兹恭之義。」《後漢書·荀爽傳》論云：「出處君子之大致也，平運則宏道以求志，陵夷則濡跡以匡時。荀公之急急自厲，其濡跡乎？不然，何爲違貞吉而履虎尾焉。」據此則幽人爲隱，亦經師舊説。惠氏棟依虞訟二幽坎獄中之義，而譏以高士爲幽人爲非，似失之。**象曰：幽人貞吉，中不自亂也。**案由中發，故中不自亂。

六三，眇能視，跛能履，履虎尾，咥人，凶。注虞翻曰：「離目不正，兑爲小，位在虎口中，故咥人凶。」案，李鼎祚云：「六三爲履之主，體説應乾，下柔上剛，尊卑合道，是以『履虎尾，不咥人，通』。今於當爻，以陰處陽，履非其位，互體離兑，水火相刑，故唯三被咥，凶矣。」案眇，一目小也。跛，行不正也。履三小畜四皆互體離，小畜離象在上，故「反目」；履離象在下，故「眇」。四化震，足不正，故跛。能者，自謂能也。歸妹，跛履眇視，婦人之道，幽人之貞也。以履虎尾，宜其咥矣。**武人爲于大君。**案互離，爲戈兵甲胄，故曰武人。乾爲大君，三與乾接，而失其位，武人所爲而爲于大君，謂君剛愎自用也。眇自謂能視，跛自謂能履，皆剛愎自用之意。《詩》曰：「童子佩觿，能不我知。」《傳》云：「不自謂無知，以驕慢人也。」**象曰：眇能視，不足以有明也。跛能履，不足以與行也。咥人之凶，位不當也。武人爲于大君，**❶**志剛也。**案三雖互離目，然失正不足以有明。四化，離象不見，震行艮止，故不足以與行，視履惡能哉？剛謂伏陽，陽伏故志剛。

九四，履虎尾，愬愬，終吉。注《子夏傳》曰：「愬愬，恐懼之貌也。」虞翻曰：「體與下絶，四多懼，故愬愬。變體坎得位，故終吉。」案，高誘《慎大覽》注云：「愬愬，懼也。居之以禮，行之以恭，畏懼戒慎，如履虎尾，終必吉也。」**象曰：愬愬終吉，志行也。**案之正，承五應初，故志行。有禮則

❶「武人」，原倒，今據崇文書局本、皇清經解續編本改。

安，无體則危。

九五，夬履，貞厲。 案 夬，決也，剛決柔也。三失正，故五決之。之正成乾體，乾三重剛，故貞厲。象曰：「位正當。」五位正，決三，決之當，但厲而已。履帝位而不疚，謂此爻也。**象曰：夬履貞厲，位正當也。**

上九，視履考祥，其旋元吉。 注 虞翻曰：「應在三。考，稽。祥，善也。」案 視履，鑒三也。鑒於三，故考祥擇善也。旋，還也。失位鑒三，動而旋反，終止不化，則成乾，故元吉。三已之正，上化則體夬，亦必爲五所決，故不化，所謂和行也。**象曰：元吉在上，大有慶也。** 案 成乾，故大有慶。言在上，明非反三也。

☷☰ 乾下坤上

泰，小往大來，吉亨。 注 鄭康成曰：「泰，通也。」見《釋文》。虞翻曰：「坤陰詘外爲小往，乾陽信内爲大來，天地交，萬物通，故吉亨。」

象曰：泰，小往大來，吉亨，則是天地交而萬物通也，上下交而其志同也。 案 通，達也。天地絪緼，萬物化醇，二五交，成既濟，萬物出震，同合也。二上爲君，五下爲臣，二五易位，六爻正，故志同也。**内陽而外陰，内健而外順。** 案 内陽者，生物之原。内健者，榦事之本。

外陰所以成物，外順所以接物。**内君子而外小人，君子道長，小人道消也。**注荀九家曰：「謂陽息而升，陰消而降也。陽稱息者，長也。起復成巽，萬物盛長也。陰言消者，起姤終乾，萬物成熟，成熟則給用，給用則分散，故陰特言消也。」案，陰息則消陽，故謂之消。起復成巽，謂成於巳，東南巽位。起姤終乾，謂終於亥，西北乾位。十月純陰。

象曰：天地交，泰。后以財成天地之道，輔相天地之宜，以左右民。注荀爽曰：「坤氣上升，以成天道。乾氣下降，以成地道。天地二氣，若時不交則爲閉塞，今既相交，乃通泰。」鄭康成曰：「財，節也。輔相，左右，助也。以者，取其順陰陽之節，爲出内之政。春崇寬仁，夏以長養，秋教收斂，冬敕蓋藏，皆所以成物助民也。」案，《説文》云：「后，繼體君也。」互震爲長子繼世，乾君在下，故稱后。財與裁同。泰二五失位，財成天地之道，謂乾二升五，坤五降二，成既濟也。二五易位，各得其宜，故輔相天地之宜，二五易位，陰陽應，故左右民。《周禮·月令》備之矣。虞云：「陰升乾位，坤女主。」非。

初九，拔茅茹，以其彙，征吉。注鄭康成曰：「彙，類也。茹，牽引也。茅喻君，有絜白之德。臣下引其類而仕之。」見《劉向傳》注。虞云：「否泰反其類，巽爲茅。」案拔，擢也，盡也。茅，管也。茅叢生，故否、泰初皆取象焉。否、泰反類，三陽俱升，故拔茅茹以其彙。初三得位，不當升，以二升五爲君，初三以類相從，故三陽俱升，此泰之極，所以反成否也。二升五爲君，初志在從五，故征。終止不升，得位，故吉。或説茹，茹藘，蒨草也。**象曰：拔茅征吉，志在外**

也。 案志在從五。

九二，包荒，用馮河，不遐遺，朋亡，得尚于中行。 注虞翻曰：「巟，大川也。案，《釋文》：「荒本亦作巟。」《説文》云：「巟，水廣也。」引此以證。虞訓大川，義與《説文》同。荒，假借字。馮河，涉河。遐，遠。遺，亡也。失位變得正，體坎，坎爲大川、爲河，震爲足，故用馮河。」荀爽曰：「中謂五。」案陰包陽，故曰包。包巟喻三陽之盛也。《詩》曰：「王旅嘽嘽，如飛如翰，如江如漢，如山之苞，如川之流。」包巟者，言賢人衆多，可以濟險也，故用馮河。二之五，涉坎濟難也。《書》曰：「在今予小子旦，若游大川，予往暨汝奭其濟。」用馮河者，濟艱難，定君位也。君位之定，臣實輔之，故不遐遺，謂不棄功臣也，初、三是也。《詩》曰：「於萬斯年，不遐有佐。」言輔佐之臣，亦蒙其餘福也。君位定，則君臣之分嚴，故朋亡。陽與陽爲朋，二未升時，初三朋也。升五爲君，則初三臣也。二上升五，履中處正，出令惟行，故得尚于中行。君不棄其臣，臣不敢逼君，此天下之所以長泰也，既濟是也。若三陽俱升，則泰反成否，臣有逼君之嫌，君遂有棄臣之事矣。聖人之處泰也，慎哉。**象曰：包荒，得尚于中行，以光大也。** 案成既濟，故光大。

九三，无平不陂，无往不復，艱貞无咎，勿恤其孚，于食有福。 注虞翻曰：「陂，傾，謂否上也。平謂三。天地分，故平。天成地平，謂危者使平，易者使傾。往謂消外，復謂息内，從三至上，體復象，終日乾乾，反復道，故无平不陂，无往不復也。艱，險。貞，正。恤，憂。孚，信也。」案二五易位，三在坎中，故艱貞，謂不與二俱升也。得位故无咎，坎爲恤，得位故勿恤。其孚，言五信任之也。信則不疑，故于食有福，食君禄也。互兑爲口，坤爲土，稼穡作甘，二五易位，水在火上。**象曰：无往不復，天地際也。**注宋衷曰：「位在乾極，應在坤極，天地之際也。地平極則險陂，天行極則還復，故曰无平不陂，无往不復也。」

六四，翩翩不富以其鄰。注虞翻曰：「四互體震，翩翩之象也。」案四在震爲樂，故翩翩自得之貌。處泰之時，當恐懼修省，則二升五成既濟，日東月西，富以其鄰，不自惕而自喜，則泰反否矣。包氏世榮云：《詩》毛傳：『翩翩，往來貌。』翩翩者，往來求富，求富則貪，故不富。」《表記》：「子曰：『后稷之祀，易富也。其辭恭，其欲儉，其禄及子孫。』」**不戒以孚。**注虞翻曰：「謂坤，邑人不戒。案，戒、誡通。故使二升五，信來孚邑，故不戒以孚。二上體坎中正，象曰：『中心願也。』與《比》『邑人不戒』同義也。」案，二升五，四得承之。**象曰：翩翩不富，皆失實也。不戒以孚，中心願也。**注宋衷曰：「陰虛陽實，坤今居上，故言失實。」荀九家曰：❶「乾升坤降，案，乾二坤五。各得其正，陰得承陽，皆陰心之所願也。」案，四

---

❶「九家」，原倒，今據崇文書局本、皇清經解續編本改。

得承五，故中心願。

六五，帝乙歸妹，以祉，元吉。 注荀九家曰：「五者，帝位。震象稱乙，六五以陰處尊位，帝者之姊妹。五在震後，明其爲妹也。五應於二，當下嫁二。婦人謂嫁曰歸，謂下居二，以中和相承，故元吉也。」案，《左傳》以此帝乙爲紂父。《乾鑿度》以《易》之帝乙爲成湯，《書》之帝乙，六世王。「帝乙歸妹」，經无可考，未能詳也。虞翻曰：「祉，福也。」案元謂坤元。六五陰，故知謂坤元。蓋坤元藏乾元，陽至三尚未出地，乾元日息於内，則坤元退而上出於地，外至三陽之末，震雷出地，陽氣上升，而坤元反乎下，仍託位於二，乾元之氣亦即升至五，但氣未盛，尚未著成爻象耳。然則乾元之氣，至剥猶存，碩果是也。剥極則反復，生於下。坤元之氣，至泰已還，此歸妹是也。夬上所決，陰之餘耳。碩果雖剥，剥而仍生者，元在也。枯楊之華，枯而遂萎，不能復生者，氣先盡也。泰下三陽，中陰伏滅。否下雖有伏陽，然非陽生之時，故其成既濟，皆以易位言之。**象曰：以祉元吉，中以行願也。** 注荀九家曰：「五下於二而得中正，故言中以行願也。」

上六，城復于隍，勿用師，自邑告命，貞吝。 注鄭康成曰：「隍，壑也。」見《詩》疏。《子夏傳》云：「城下池。」案，城下池即壑。《説文》云：「隍，城池也。有水曰池，無水曰隍。」是也。案坤土在上，爲城。泰反成否，上反於下，故城復于隍。《詩》曰：「維申及甫，維周之翰。」城復于隍，言无賢臣也。城復于隍，泰反成否，湯武所由興也。前途倒戈，師可勿用，桀紂之君，天下叛之，欲湯武之伐桀紂者，皆桀紂之民也。《書》曰：「我不爾動，自乃邑。」所謂「自邑告命」也。處泰之終，可不懼與？ 坤爲衆、爲邑，兑爲口，反成否，則天命去矣，故自邑告命。謂乾上坤下，告以命之當盡也。泰將反否，上處卦終，雖得其正，莫挽其隤，故吝。殷之微子，其當此矣。若武庚者，凶如何也。**象曰：城復于隍，其命亂也。** 案 泰反成否，故命亂，言天命去之也。《吕覽》曰：「凡國之亡也，有道者必先去。地從於城，城從於民，民從於賢，故賢主得賢者而民得，民得而城得，城得而地得。」《先識》文。是故拔茅征吉，得賢而泰成，城復于隍，失賢而泰反。《詩》「山冢崒崩」疏引《推度災》云：「百川沸騰，衆陰進。山冢崒崩，人無仰。高岸爲谷，賢者退。深谷爲陵，小臨大。」義與此同。

䷋ 坤下乾上

否之匪人，不利君子貞，大往小來。 注 虞翻曰：「陰來滅陽，君子道消，故不利君子貞，陰信陽詘，故大往小來。」 案「否之匪人」，所以否者，任匪人也。得賢者昌，失賢而任匪人者亡，是以否泰之初，俱象拔茅。劉向《上封事》云：「讒邪進則衆賢退，羣枉盛則正士消，小人道長，君子道消，則政日亂，故爲否。否者，閉而亂也。」此言其所以否也。匪人謂陰。《大戴·保傅》云：「昔者禹以夏王，桀以夏亡。湯以殷王，紂以殷亡。其所以君王同，而功迹不等者，所任異也。是以國不務大，而務得民心。佐不務多，而務得賢臣。得民心者，民從之。有賢佐者，士歸之。故同聲則異而相應，意合則未見而相親。賢者立於本朝而天下之豪相率而趨之也。故無常安之國，無宜治之民，得賢者安存，失賢者危亡，自古及今，未有不然者也。」是國之否泰，由於賢匪，故初皆象以拔茅，而卦辭發端，即曰「否之匪人」，以言用人不可不慎也。

象曰：否之匪人，不利君子貞，大往小來，則是天地不交而萬物不興也，上下不交而天下无邦也。內陰而外陽，內柔而外剛，內小人而外君子，小人道長，君子道消也。 案 坤爲邦，不能保其有，故无邦。

象曰：天地不交，否。君子以儉德辟難，不可榮以禄。 注 宋衷曰：「天地不交，猶君臣不接。天氣上升而不下降，地氣沈下又不上升，二氣特隔，故云否也。」虞翻曰：「坤爲營，乾爲禄，難謂坤，爲弑君。故以儉德辟難。巽爲入伏，乾爲遠，艮爲山，體遯象謂辟難，遠遯入山，故不可營以禄。營或作榮，儉或作險。」案，《漢書・叙傳》「不營不拔，嚴平、鄭真」，應劭曰：「爵禄不能營其志。」引此以證，是舊本作營，不獨虞然也。坤爲吝嗇，下體乾消而伏，故儉德辟難，營惑也。《淮南子》云：「精神亂營。」坤爲迷，故曰營。不可營以禄，言不爲禄所惑，人亦不能以禄惑之，若惑於禄，則不能辟難矣。

初六，拔茅茹以其彙，貞吉亨。 案 否三陰俱升成泰，初之四得正，陰陽交故貞吉亨。**象曰：拔茅貞吉，志在君也。** 案 君謂五，初欲之四承五，故志在君。

六二，包承，小人吉，大人否，亨。 案 以陽包陰，二欲以下三陰俱承五，故包承。二得位，初三與四上易位，亦得正，故小人吉。陰爲小人，謂民，對大人之稱。小人吉，故大人否。亨謂成既濟，則否得亨。大人謂乾五，從之成羣，斯爲君矣。天下歸往，是爲王矣，故否亨也。**象曰：大人否，亨。不亂羣也。**注虞翻曰：「物三稱羣。」案三陰皆欲上承五，五得位不降，二得位不升，故不亂羣，謂成既濟也。

六三，包羞。案以陽包陰，三失位不升則終否，下二陰爲三所隔，故包羞。**象曰：包羞，**❶**位不當也。**

九四，有命无咎，疇離祉。注荀九家曰：「疇者，類也。離，附。祉，福也。」案四失位，之初得正，故有命无咎，五命之也。四之初，則下三陰皆得麗五，受五之福。初曰拔茅，四曰志行，否成泰也。三四交際之閒，氣之升降，必由於是，故三不升則包羞。**象曰：有命无咎，志行也。**案四志在降初，五命之，故志行。

九五，休否，大人吉。案休，止也。已成既濟，故休否。五得中正，故大人吉。**其亡其亡，繫于包桑。**注荀爽曰：「陰欲消陽，由四及五，故曰『其亡其亡』。桑者，上元下黄，以象乾坤也。乾職在上，坤體在下，雖欲消乾，繫其本體，不能亡也。」京房曰：「桑有衣食人之功，

❶「羞」，原作「差」，今據崇文書局本、皇清經解續編本改。

聖人亦有天覆地載之德，故以喻。」陸績曰：「言其堅固不亡，如巽以繩繫也。」案陰消由四及五，故曰其亡。大人其之言彼之所以亡也，不可不監于有夏，不可不監于有殷，其亡其亡，監其所以亡而因以自惕也。大人以亡自惕，故存不忘亡，身安而國家可保，是以休否而成既濟也。繫于包桑，言恩澤之在民者固也。《太玄・差》次三：❶「其亡其亡，將至于煇光。」《測》曰：「其亡其亡，震自衛也。」次七：「累卵業業，懼貞安。」《測》曰：「累卵業業，自危作安也。」是《太玄》以「其亡其亡」爲自震懼，義本此。《詩》曰：「不戢不難，受福不那。」箋云：「王者至尊，天所子也。然而不自斂以先王之法，不自難以亡國之戒，則其受福亦不多也。」戢之難之，固可知矣。否泰之初，皆以拔茅喻者，由於始也。若至否象，已成泰，不可保，雖有善者，亦无如之何。此泰上所以城復于隍，雖貞亦吝也。聖人於此，有慄慄危懼者焉。孟子曰：「生于憂患，死于安樂。」故否卦六爻較泰爲吉。**象曰：大人之吉，位正當也。**

上九，傾否，先否後喜。案否反成泰，聖人以亡自惕，否焉有不傾者乎？**象曰：否終則傾，何可長也？**案能自惕則轉否爲泰，不能自惕則傾在此，而泰在彼。《孟子》曰：「天下之生久矣，一治一亂。」

---

❶「差」，原作「羡」，今據《太玄》改。

周易姚氏學卷第六

旌德姚配中撰

周易上經象上傳象上傳

䷌ 離下乾上

同人于野，亨。利涉大川，利君子貞。注鄭康成曰：「乾爲天，離爲火，卦體有巽，巽爲風，天在上，火炎上而從之，是其性同於天也。火得風，然後炎上益熾。是猶人君在上施政教，使天下之人和同而事之，故謂之同人。風行无所不遍，遍則會通之德大行，故曰『同人于野，亨』。」案，《淮南子·繆稱》云：「芒芒昧昧，與元同氣。故至德者，言同略，事同指，上下一心，無歧道旁見者遏障之於邪，開道之於善，而民向方矣。《易》曰：『同人于野，利涉大川。』」虞翻曰：「乾爲野。」案二五相應，陰陽通，故亨。成既濟，坎爲大川，君子謂五，成既濟，由五得正，所謂通天下之志也。

彖曰：同人，柔得位得中，而應乎乾，曰同人。注虞翻曰：「二得中應乾。」案，服虔《左傳》注云：「天在上，火炎上，同於天，天不可同，故曰同人。」荀九家云：「謂乾舍於離，同而爲日，天日同明，以照於下。君子則之，上下同心，故曰同人。」案，柔得中應乾，是火同於天。天與火同人，是乾舍於離，上下和同也。**同人曰：「同人于野，亨。利涉大川。」乾行也。**注虞翻曰：「乾四上失位，變而體坎。故曰『利涉大川』、『乾行也』。」案，上既釋所以稱同人之義，此復言同人之卦所以稱「同人于野」之義。君子之道，或出或處，或默或語。恐人疑「于野」以喻外，則義不周，故特申之，言同人之卦而曰「同人于野」者，乾行故也。天行健，无所不周。日之麗天，无所不照。君子終日乾乾，自强不息。出處語默，皆有同人也。**文明以健，中正而應，君子正也。**案離爲文明。內文明而外健，故文明以健。中正謂二五。**唯君子爲能通天下之志。**注虞翻曰：「唯，獨也。四變成坎，坎爲通，爲志。」案出處語默，各不同志。通則不同者同，唯君子能耳。諸卦於乾或言剛，或言健，唯同人彖傳兩言乾，自强之君子也。

象曰：天與火，同人。君子以類族辯物。注荀爽曰：「乾舍於離，相與同居，故曰同人也。」案，陽者，揚也。行而不止，與陰麗光，乃有定，故陽精爲日，而離中陰，舍於離也。天繞地而周，亦離象。象傳於坎曰水，曰雲，曰雨。於離曰明，曰火，曰電。例不言日月。蓋日月終始一經，所謂易也，无所不在，故不於一卦偏舉之。虞翻曰：「乾爲族。案，乾者，羣陽之宗，族，親同姓也。辯，別也。乾，陽物。坤，陰物。」案，族者，凑也，聚也。卦五陽一陰，故類族別物。

初九，同人于門，无咎。案于門，謂化之陰。艮爲門，同人謂同於四。初化失位，出門同人，失位由己，故象曰：「出門同人，又誰咎也？」言不能咎人，无所歸咎。**象曰：出門同人，又誰咎也？**案不咎人，而還自咎，則亦能无咎。亦反身之義也。《解》：「自我致戎，又誰咎？」《節》：「不節之嗟，又誰咎？」彼皆以无所歸咎，當自咎爲義。故知此亦然。解以小人乘君子之器，雖貞，不免於吝。不節而自咎，亦即能節，故无咎。與此同。

六二，同人于宗，吝。案初九于門，或出者也。六二于宗，或處者也。二五正應，爲三四所隔，不得動而應五，故處其位而不之應，周旋宗黨之象也。不得之應，故吝。九五，「同人先號咷而後笑」。謂二始不得應五，故號咷。象曰「以中直」，則二不妄，有所同可知，故得後笑。二人同心，其利斷金，二始雖不得之五，而心實同五。以三伏戎，四乘墉，與五爲難。二爲所隔，不得應五，唯周旋宗黨間耳。二陰位，故曰宗。初化時，艮爲門。二門以内也。象曰：「吝道也。」當此之時，有不得不吝者，若求免於吝，而急於求應，恐見得於三四矣。此抱道窮居，得主而後事之象也。許氏以爲同姓相娶，鄭則云：「天子諸侯后夫人，無子不出。」窺尋其義，似以二爲歸宗被出之婦。皆所未詳也。**象曰：同人于宗，吝道也。**

九三，伏戎于莽，升其高陵，三歲不興。注虞翻曰：「巽爲伏，離爲戎。巽爲高。爻在三，乾爲歲。興，起也。動不失位，故三歲不興也。乾陽起於冬至，故爲歲。李鼎祚曰：「巽爲草木。」案初化時艮爲山，三在山上，故升其高陵。陵，大阜也。三動之爻，欲據二而敵五，故伏戎。升高不化，故不興。莊十六年《公羊傳》云：「同盟者何？同欲也。」案，三四不言同人者，不同五也。**象曰：伏戎于莽，敵剛也。三歲不興，安行也。** 案安行，謂成既濟，乃順五也。

九四，乘其墉，弗克攻，吉。 案初化艮爲墉，墉，城也。乘艮，故乘其城，謂畫動之爻，欲攻五而取二也。失位故弗克攻，之正故吉。**象曰：乘其墉，義弗克也。其吉，則困而反則也。**

案失位故義弗克。爲五所困，反之正，故反則。

九五，同人先號咷而後笑。大師克相遇。 注虞翻曰：「應在二，巽爲號咷。師，震。在下，故後笑，震爲後笑也。乾爲大，同人反師，故大師。二至五，體姤，遇也，故相遇。」案二隔於三四，故先號咷。成既濟，二得應五，故後笑。陸《京氏易傳》注云：「隔於陽位，不能決勝，故曰先號咷；後獲合方喜，故曰後笑。」案，獲合方喜，亦謂成既濟。大師，五討三四之師也。同人通師，故爻多師象。成既濟，二五相遇，故克遇，克，能也。**象曰：同人之先，以中直也。大師相遇，言相克也。** 案二得中正，故以中直，直其正也。二專志應五，不爲三四所移，故特變正言直，中直不移，先是以號咷也。言相克者，謂二五本欲相遇，今皆能也。相者，合二五之辭。

上九，同人于郊，无悔。 注虞翻曰：「乾爲郊，失位无應，與乾上九同義，當有悔，同心之家，故无悔。」案，上居五後，雖失位，不動。故于郊无悔。**象曰：同人于郊，志未得也。** 案未成既濟，志故未得。卦言「同人于野，亨」，上「同人于郊」云「志未得」者，郊外謂之野；同人于野，則乾行四上化之正，據全卦言也。上同人于郊，雖不動无悔，而未能得位，故志未得，據爻言也。六爻之辭，有言其變者，有言其化者，有言其畫者，有兼言之者，引伸觸類，此吉則彼凶可知。所謂既有典常，不可爲典要者也。「黄裳元吉」，不爲吉占者，險故也。豈必繫以非黄裳不吉乎？

䷍ 乾下離上

大有，元亨。注鄭康成曰：「六五體離，處乾之上，猶大臣有聖明之德，代君爲政，處其位，有其事，而理之也。元亨者，又能長羣臣以善，使嘉會禮通，若周公攝政，朝諸侯於明堂是也。」案元，坤元。坤元至五，養伏陽，故元亨。

象曰：大有，柔得尊位，大中而上下應之，曰大有。案此大臣輔幼主之象，亦即體坤元而爲君，若成王以周、召爲臣之象也。羣陽而應一陰，主雖弱而羣聖輔之，天下亦未有不治者也。五本陽位，故曰大中。五有伏陽，故發志。上下應之，羣陽爲陰所有，故曰大有。《大戴記·保傅》云：「《明堂之位》曰：『篤仁而好學，多聞而道慎，天子疑則問，應而不窮者，謂之道。道者，導天子以道者也。常立於前，是周公也。誠立而敢斷，輔善而相義者，謂之充。充者，充天子之志也。常立於左，是太公也。絜廉而切直，匡過而諫邪者，謂之弼。弼者，拂天子之過者也。常立於右，是召公也。博聞强記，接給而善對者，謂之承。承者，承天子之遺忘者也。常立於後，是史佚也。故成王中立而聽朝，則四聖維之，是以慮無失計，而舉無過事。殷周之所以長久者，其輔翼天子有此具也。』」此即柔得尊位，而上下應之之象。

其德剛健而文明，應乎天而時行，是以元亨。 注 虞翻曰：「謂五以日應乾而行於天也。時謂四時。」案，六十四卦，唯大有、大畜言「其德」。乾「元亨利貞」，《傳》云：「君子行此四德者。」然則，大有元亨，大畜利貞，各得乾之半以爲其德者矣。大有，五有伏陽，全體剛健，而坤元居五成離，故剛健而文明。六五，厥孚交如，信以發志，謂五陽孚於伏陽，而伏陽發也。是則大有之元，乃乾坤相交之元矣。同人言應乎乾，大有言應乎天，天謂五伏陽發則成乾，此乾之舍于離也。乾五之聖人，得乾元之氣，崛起爲君，先天者也。大有六五則天地先有是氣，而生聖賢之君以應之，後天者也。

象曰：火在天上，大有。君子以遏惡揚善，順天休命。 注 荀爽曰：「謂夏正火王在天，萬物並生，故曰大有也。」案，姚規云：「互體有兑，兑爲澤，位在秋。乾則施生，澤則流潤，離則長茂，秋則收成，大富有也。」虞翻曰：「遏，絶。揚，舉也。乾爲揚善，坤爲遏惡，爲順。以乾滅坤，體夬『揚于王庭』，故遏惡揚善。乾爲天休，二變時巽爲命，故順天休命。」案，五伏陽發，故遏惡揚善。陰順陽而下居二，故順天休命。休，美也。

初九，无交害，匪咎，艱則无咎。 注 虞翻曰：「害謂四。匪，非也。艱，難。」案 初四皆陽，不相應，初化應四，則俱失位，以僞感僞而害生，故无交害。初宜應四，不應，疑有咎，故明言匪咎。成既濟，四在坎中，初四相應，乃无咎，故艱則无咎。**象曰：大有初九，无交害也。** 案 明言初九，以言得位，不可化而失位以交害，故曰无交害也。

九二，大車以載，有攸往，无咎。注虞翻曰：「比坤爲大車。乾來積上，故大車以載。二失位，變得正應五，故有攸往，无咎矣。」**象曰：大車以載，積中不敗也。**案敗，毁也。應在五，兑爲毁折，二五俱中，故積中不敗，謂五發成乾也。

九三，公用亨于天子，小人弗克。注京房曰：「亨，獻也。」見《釋文》。虞翻曰：「天子謂五。」案，虞注又云：「二變得位，體鼎象。」是虞以亨爲饗宴。惠氏棟伸虞義，引「大亨以養聖賢」云：「三，賢人。」又引《左傳》「天子降心以逆公」爲證。但以《易》稱亨之例推之，如「王用亨于岐山」、「王用亨于西山」，不得謂岐山、西山亨王，則此公用亨于天子，即不得謂天子亨公。虞雖取鼎象，未明言亨之者爲誰。虞又云：「四折鼎足，覆公餗。」公餗者，三公之職。亦不得謂此即天子所以亨公者。《鼎·象》云：「聖人亨以享上帝。」則鼎亦有下亨上之義。《左傳》卜偃云：「戰克而王饗，吉孰大焉。」王饗謂王來受晉侯之饗。故即云：「且是卦也，天爲澤以當日，天子降心以逆公，不亦可乎？」時晉侯欲勤王，卜偃云云，則言王必來受晉侯之饗，此天王狩于河陽之所由書也，亦非謂天王來饗晉侯。杜云：「爲王所宴饗。」非是。《大行人》職，諸侯朝天子，廟中將幣；《覲禮》，三亨皆束帛加璧，庭實唯國所有。此所謂亨也。朝覲之禮，禮之大者。小人不能行，故弗克。象曰：「小人害也。」害禮也。九三，乾惕之爻。著諸侯朝王之義，敬之至也。故曰：「公用。」用禮也。四之正，三互震爲諸侯，故曰公，公侯也。**象曰：公用亨于天子，小人害也。**案害，害禮。孔子曰：「不能詩，於禮繆。不能樂，於禮素。薄於德，於禮虛。」小人焉有不害禮者？

九四，匪其彭，无咎。注虞翻曰：「匪，非也。變而得正，故无咎。」干寶曰：「彭亨，驕盛貌。」

案，彭亨，訓彭爲彭亨，非訓彭爲亨。劉氏文淇云：「據鄭義，謂此卦周公攝政，朝諸侯，四著戒慎之辭，恐離偪上之悔也。故匪其彭，言不敢驕。」案乾爲盈，四化成兑，澤虚以受人，故匪其彭。**象曰：匪其彭，无咎，明辯晳也。**案晳，明也。辯，别也。離明兑口，四失正，體乾盈，自知其非，化之正，故明辯晳也。

六五，厥孚交如，威如，吉。注虞翻曰：「孚，信也。發而孚二，故交如。乾稱威，發得位，故威如吉。」**象曰：厥孚交如，信以發志也。威如之吉，易而无備也。**案上下交孚，故信以發志，成既濟，相應也。體元，故易。相應，故无備。君子不動而敬，不言而信。《詩》曰：「奏格無言，時靡有争。」

上九，自天祐之，吉无不利。注虞翻曰：「祐，助也。乾爲天。」案五陽本伏，發而成乾，上化順之，爲五所祐，故吉无不利。❶ **象曰：大有上吉，自天祐也。**案言上不言九，明其化也。

䷎ 艮下坤上

謙，亨，君子有終。注鄭康成曰：「艮爲山，坤爲地，山體高，今在地下，其於人道，高能下下，謙之象。亨者，嘉會之禮，以謙爲主。謙者，自貶損以下人，唯艮之堅固，坤之厚順，乃能

❶「利象」，原倒，今據崇文書局本、皇清經解續編本改。

終之。故君子之人有終也。」虞翻曰：「天道下濟，故亨。君子謂三。」案，三得位不化，故君子有終。鄭據一卦，虞言一爻，義互備。

彖曰：謙，亨，天道下濟而光明，地道卑而上行。 注 虞翻曰：「乾上九來之坤。彭城蔡景君說：剥上來之三。」案，剥上，即乾上。乾上之氣，極於剥，極乃反。荀爽曰：「乾來之坤，故下濟。陰去爲離，陽來成坎，日月之道，故光明也。」案，履互離，謙互坎。案 坎水，故濟。❶ 地氣之升，遇陽恒退。山澤通氣，出入所由，故卑而上行，謂由三升上也。**天道虧盈而益謙，地道變盈而流謙，鬼神害盈而福謙，人道惡盈而好謙。** 案 分陰分陽，迭用柔剛，一爻兼有天地人之道。以陰陽言天道也，陰極則陽生。以剛柔言地道也，柔極而剛長。以仁義言人道也，仁人而義我。鬼神則又據數之老少言之。坤三本有伏陽，陰極則陽自發。伏於坤三者，即極於乾上者也。天地鬼神之道，非人不顯，而其義一也。**謙尊而光，卑而不可踰，君子之終也。** 注 虞翻曰：「天道遠，故尊光。三位賤，故卑。坎水就下，險弱難勝，故不可踰。」案 踰，越也。「勞謙君子，萬民服。」《表記》曰：「先王謚以尊名，節以壹惠，恥名之浮於行也。是故君子不自大其事，不自尚其功，以求處情。過行弗率，以求處厚。彰

❶「故」下，皇清經解續編本有「下」字。

人之善而美人之功，以求下賢。是故君子雖自卑，而民敬尊之。」

象曰：地中有山，謙。君子以裒多益寡，稱物平施。 注 劉表曰：「地中有山，以高下下，故曰謙。謙之爲道，降己升人。山本地上，今居地中，亦降體之義，故爲謙象也。」虞翻曰：「捊，取也。案，《釋文》云：「鄭、荀、董、蜀才作捊。」案，裒，假借字。艮爲多，坤爲寡，乾爲物，爲施，坎爲平，謙盈乾益謙。故以捊多益寡，稱物平施。」案，虧盈、變盈、害盈、惡盈，故捊多。益謙、流謙、福謙、好謙，故益寡。一捊一益，而物平矣。盈者以損之者益之，謙者以益之者益之。故稱物平施，所謂謙以制禮也。

初六，謙謙君子，用涉大川，吉。 案 上謙謂三，下謙謂初。陽來之三，由三反初，故謙謙君子。涉坎下之初，得位故吉，謂成復也。虞《復·彖傳》注云：「剛從艮入坤，從反震，陽不從上來反初。」案，從艮入坤，從謙艮也。陽由上反三，由三反初。**象曰：謙謙君子，卑以自牧也。** 注 鄭康成曰：「牧，養也。」案，陽來伏初，故卑以自養。《荀子·禮論》云：「孰知夫恭敬辭讓之所以養安也！孰知夫禮義文理之所以養情也！」

六二，鳴謙，貞吉。 注 姚信曰：「三體震，爲善鳴。二親承之，故曰鳴謙。得正處中，故貞吉。」**象曰：鳴謙，貞吉，中心得也。** 案 中心謂畫。爻正由畫，所謂隆禮由禮也。

九三，勞謙君子，有終吉。 注 荀爽曰：「體坎爲勞。」案 得位不化，故有終吉。三本得位，故特云

「有終吉」。本得位，則初吉可知。若化而失位，則終不吉，故特云「有終吉」。終於九，不化之陰，乾三所謂知終終之也。畫者，爻之初。爻者，畫之終。故有无初有終者，有終无功者，有終无尤者，終皆謂爻也。**象曰：勞謙君子，萬民服也。** 注 荀爽曰：「陽當居五，自卑下衆，降居下體，君有下國之意也。衆陰皆欲撝陽上居五位，羣陰順陽，故萬民服也。」 案 勞，功勞。勞而不伐，有功而不德，故勞謙。《韓詩外傳》曰：「君子有主善之心，而無勝人之色。德足以君天下，而無驕肆之容。行足以及後世，而不以一言非人之不善。故曰：君子盛德而卑，虛己以受人，旁行不流，應物而不窮，雖在下位，民願戴之，雖欲無尊，得乎哉？」

六四，无不利，撝謙。 注 荀爽曰：「四得位處正，家性爲謙，故无不利。陰欲撝三，使上居五，故曰撝謙。撝猶舉也。」案，惠氏棟云：「《太玄》八十一家，各有剛柔之性，故稱家性。易六十四卦亦然。」**象曰：无不利，撝謙，不違則也。** 注 荀九家曰：「陰撝上陽，不違法則。」案，三之正，亦得正，艮爲手。

六五，不富以其鄰，利用侵伐，无不利。 注 荀爽曰：「鄰謂四與上也。自四以上乘陽，乘陽失實，故皆不當。五居中有體，故總言之，陽利侵伐，來上，无敢不利之者。」案，成既濟，則富以其鄰，此以其未化言也。三體師長子，故利用侵伐。有鐘鼓曰伐，無曰侵。三之五，震象不見，水行潛伏，故曰侵。**象曰：利用侵伐，征不服也。** 注 荀爽曰：「不服謂五也。」案，五失位。

上六，鳴謙，利用行師，征邑國。 注 虞翻曰：「應在震，爲鳴謙。體師象，震爲行，坤爲邑國。五之正，案，三之五。已得從征，故利用行師，征邑國。」**象曰：鳴謙，志未得也。可用行師，征邑國也。** 注 荀九家曰：「陰陽相應，雖應不承，故志未得。案，三未之五。謂下九三可行師，來上，坤爲邑國也。三應上，上呼三征，來居五位。故曰利用行師，征邑國也。」案，變利言可者，三以下伐上，疑不可。坤虛无君，故可用行師。謂所以可用行師者，邑國而已。此亦虛邑无疑之義。

䷏ 坤下震上

豫，利建侯，行師。 注 鄭康成曰：「坤，順也。震，動也。順其性而動者，莫不得其所，故謂之豫也。豫，喜豫，説樂之貌也。震又爲雷，諸侯之象；坤又爲衆，師役之象。故利建侯行師矣。」案，荀九家云：「震爲建侯，坤爲行師。建侯所以興利，行師所以除害。興利除害，民所豫樂也。」

象曰：豫，剛應而志行。順以動，豫。豫順以動， 案 剛謂四，羣陰應之。四升居五，故志行。「順以動，豫。」言所以豫。「豫順以動」，既豫猶然也。**故天地如之，而況建侯行師乎？** 注 虞翻曰：「如之者，謂天地亦動，以成四時，而況建侯行師，言其皆應而豫也。」案，震雷出地，陰陽氣交，亦順以動，故天地如之。**天地以順動，故日月不過，而四時不忒。** 注 鄭康成曰：「忒，差也。」見《釋文》。案 雷出地奮，天地而交成既濟。離日坎月，往來成歲，一陰一陽，各得其位，故不過忒也。**聖人以順動，則刑罰清而民服。** 案《緇衣》曰：「爲上易事也，爲下易知也，則刑不煩矣。」坎爲法律，爲水，故刑罰清。陰順陽，故民服。**豫之時義大矣哉！**

注虞翻曰：「順動天地，使日月四時皆不過差，刑罰清而民服，故義大也。」

象曰：雷出地奮，豫。先王以作樂崇德，殷薦之上帝，以配祖考。 注鄭康成曰：「奮，動也。雷動於地上，萬物乃豫也。以者，取其喜佚動摇，猶人至樂則手欲鼓之，足欲舞之也。崇，充也。殷，盛也。薦，進也。上帝，天帝也。王者功成，作樂。以文得之者，作籥舞；以武得之者，作萬舞。各充其德，而爲制。祀天帝以配祖考者，使與天同饗其功也。故《孝經》云『郊祀后稷，以配天。宗祀文王於明堂，以配上帝』是也。」案，雷震出地，故奮。充德，充其德之量也。董子《楚莊王》篇云：「王者不虚作樂。樂者，盈於内而動發於外者也。是故作樂者，必反天下之所始樂於己以爲本。舜之時，民樂其昭堯之業也，故韶。韶者，昭也。禹之時，民樂其三聖相繼，故夏。夏者，大也。湯之時，民樂其救之於患害也，故護。護者，救也。文王之時，民樂其興師征伐也，故武。武者，伐也。四者，天下同樂之，一也。其所同樂之端，不可一也。作樂之法，必反本之所樂。所樂不同事，樂安得不世異？是以舜、禹、湯、文，四樂殊名，則各順其民始樂於己也。」董子之義本此。「作樂反本之所樂，故法豫，以樂充德。」《元命苞》所説，與董子同。「配」，《漢書·藝文志》引作「享」。「以配祖考」者，言以配上帝者祖考也，猶《儀禮》以某妃配某氏，先言以某妃配，而後言某氏耳。又案，大司樂掌六代之樂，祀天神，舞《雲門》。祀先祖，乃舞《大武》。大武，周充德之樂。雲門，先代之樂也。以此推之，則充德之樂，實爲享祖考之樂。或當從《藝文志》作「享」。則薦上帝、享祖考，乃對言之也。《郊特牲》云：「萬物本乎天，人本乎祖，此所以配上帝也。」宣二年《公羊傳》云：「自内出者，無匹不行。自外至者，無主不至。」《大傳》云：「王者禘其祖之所自出，以其祖配之。」原制禮之始，因祖考推及祖之所自出。自内出者，無匹不行，則祖考爲祭之主。以配祖考，言其質也。禮制既定，別其尊卑以配上帝，言其文也。震爲帝在上，故曰上帝。小畜，乾爲祖考。二卦通，故配。鄭《大傳》注云：「王者之先祖，皆感太微五帝之精以生。蒼則靈威仰，赤則赤熛怒，黄則含樞紐，白則白招拒，黑則汁光紀。」案，五帝之稱，見《春秋緯》，其稱名亦皆依《易》爲之。「帝出乎震。」帝者，乾元也。震爲反生，爲雷，故曰「靈威仰」。「相見乎離。」故曰「赤熛怒」，象盛陽之氣也。土位中央，坤元藏乾元，故曰「含樞紐」。西方陽退而陰盛，故曰「白招拒」。北方坎位，乾元伏於下，爲陰所凝，所謂「陰凝於陽」。坎爲血卦者也，故曰「汁光紀」。鄭《駁異義》云：「五精之神，實在太微。於辰爲巳，乾消息在巳，則五精之神，皆元可知。因時易名，遂別爲稱號耳。」王肅之徒，未之詳審，宜其不達也。

初六，鳴豫，凶。注虞翻曰：「應震，善鳴。失位，故『鳴豫，❶凶』也。」**象曰：初六鳴豫，志窮凶也。**案明言初六，言失位故志窮。

六二，介于石，不終日，貞吉。注虞翻曰：「與四爲艮，艮爲石，離爲日。」案介，操也。孟子曰：「不以三公易其介。」「介如石焉，寧用終日。」石堅以喻君子于微彰剛柔，知之明，斷之決也。荀子曰：「善在身，介然必以自好也。」《脩身》文。《呂覽》曰：「石可破也，而不可奪

❶ 「鳴豫」，原倒，今據經文改。

堅。丹可磨也，而不可奪赤。」《誠廉》文。二得正不化，故不終日，貞吉。剛柔者，晝夜之象。二不化之陽，故不終日。二若化之陽，陽復動之九，則爲終日。化之陽、之九而始知，則用終日。二知幾，不但不之九，並亦不化，故寧用終日。所謂「知微知彰，知柔知剛」者，❶知其不可化，不待化而始知也。虞云：「離爲日。」亦以二不化言，義同，但不以剛爻爲終日耳。**象曰：不終日，貞吉，以中正也。**案二得中正，故不化。

六三，盱豫悔，遲有悔。注鄭康成曰：「盱，誇也。」見《釋文》。案，《説文》云：「盱，張目也。」案小畜，離爲目，化成豫，故盱豫。悔，言化而失位也。孟子曰：「今國家閒暇，及是時，般樂怠敖，是自求禍也。」失位宜急之正，不化則悔即至，故遲有悔。如知其非義，斯速已矣。盱豫悔，謂成豫晝也。遲有悔，謂爻不化。**象曰：盱豫有悔，位不當也。**案失位，故有悔。

九四，由豫，大有得，勿疑，朋盍簪。案四以一陽爲卦主，故由豫。羣陰順從，故大有得。簪當作宗。宗，尊也。《釋文》云：「簪，荀作宗。」侯果云：「爲豫之主，衆陰所宗，莫不由之，以得其豫。」羣陰皆欲尊四居五，故勿疑，朋盍宗。孟子曰：「得天下有道，得其民斯得天下矣。」民之歸仁也，猶水之就下，獸之走壙也。」虞云：「由，自從也。據有五陰，坤以衆順，故大有得，得羣陰也。盍，

---

❶ 上「知」字，原作「如」，今據崇文書局本、皇清經解續編本改。

合也。」**象曰：由豫，大有得，志大行也。**案升五故志大行。

六五，貞疾，恒不死。注虞翻曰：「恒，常也。坎爲疾。」案五乘四，四欲之五，爲五之疾，五不自正則四來之五，五之正則疾不能害，謂陽由内發，不見息滅也。疾尚可藥，貞則不死。若凶害已及而始正，則所謂正乎凶者，莫如之何矣。**象曰：六五貞疾，乘剛也。恒不死，中未亡也。**案明言六五，言其失位乘剛。坎爲之疾，正則无坎，斯无疾矣。中未亡，謂五伏陽。伏陽發則疾瘳。

上六，冥豫，成有渝，无咎。注馬融曰：「冥，昧，耽於樂也。」虞翻曰：「渝，變也。」案陰在上，故冥。樂極則反，故成有渝。不化則无咎。**象曰：冥豫在上，何可長也？**注荀爽曰：「陰性冥昧，居尊在上，而猶豫説，故不可長。」

䷐震下兑上

隨，元亨利貞，无咎。注鄭康成曰：「震，動也。兑，説也。内動之以德，外説之以言，則天下之民，咸慕其行而隨從之，故謂之隨也。既見隨從，能長之以善，通其嘉禮，和之以義，榦之以正，則功成而有福。若无此四德，則有凶咎焉。」焦贑曰：「漢高帝與項籍，其明徵也。」案元，乾元，謂初。初從否上來，乾元之反自隨始，乾元反而交初，故元亨。三四之正，成既濟，則乾陽復息，故利貞无咎。傳云：「大亨貞。」則元爲乾元。又云：「剛來而下柔。」虞云：「否上之初。」案，否閉不通，陰消陽，陽反於初，否得通，故元亨。屯，剛柔始交，亦謂初爲元也。但屯初，始交之元。隨初，始反之元。澤中有雷，不必即在地之正中耳。是知歸妹元吉，坤元自泰五而還。隨自否來，乾元由否上而復。天地以一體相交，唯泰陽氣充滿地中時也。震雷出地，則地中即有伏陰，天地不交，唯否陰氣充滿地中時也。風行地上，則地中即有伏陽，但不必在地之極中耳。陰消内斂，故歸妹即於泰見之；陽消上升，故元之復不見於否。陰散則无所繫，故夬上決而揚；陽雖散而仍專，故剥上存碩果。陽可剥，而不可決也。

彖曰：隨，剛來而下柔，動而説，隨。大亨貞，无咎，而天下隨時，隨時之義大矣哉！ 注 虞翻曰：「否乾上來之坤初，故剛來而下柔，動震，説兑也。」案，來謂息，消上息下也。案 萬物隨陽以出，隨陽以入。陽出爲春夏，入爲秋冬，萬物隨之消長，故大亨貞，无咎，而天下隨時。堯舜帥天下以仁而民從之，桀紂率天下以暴而民從之，君之所爲，百性之所從也。❶故隨時之義大矣哉！「君子以嚮晦入宴息」是「隨時」。王肅本作「隨之」，非是。

象曰：澤中有雷，隨。君子以嚮晦入宴息。 注 荀九家曰：「兑澤，震雷。八月之時，雷藏於澤，則天下隨時之義也。」鄭康成曰：「晦，冥也。猶人君既夕之後，入於宴寢而止息。」見孔疏。案，侯果云：「坤爲昧。乾之上九來入坤初，嚮晦者也。」惠氏棟云：「巽爲入，艮爲止。案上反入初，陽息

❶「性」，依文義當作「姓」。

於陰也。互艮爲宮室。」

初九，官有渝，貞吉，出門交有功。注荀九家曰：「渝，變也。」案官有渝，謂四化應初，故貞吉。象曰：「從正吉也。」太宰之職，以八法治官府。四曰官常，官有渝，則非常也。國有大事，一官不能獨任，故四化應初，初亦出門交四而有功，此《周禮》官聯之所由立也。艮爲官，謂官府之事也。虞「百官以治」注云：「艮爲官。」案，艮爲門闕，官府之象，百官所居以治理政事者也。荀九家云：「震爲子，得土之位，故曰官。」惠氏棟伸之云：「官，官鬼也。震初庚子水，得否坤乙未土之位，水以土爲官。」案，《易》以爻象爲主，不當雜以官鬼之説。艮爲門，初應四，故出門交，謂在官在府也。初得正，四從之亦正，故交有功。同人，出門同人，又誰咎？言當自咎。同人初化乃有門象，同人者，舍己從人。動失位，故自咎。隨四本互艮，初出交四，四從初之正，四化初不化，故出門交有功。同人出門自化而往，隨初出門以己正人也。**象曰：官有渝，從正吉也。出門交有功，不失也。**案初得正，四化從初，故從正吉。初得正交四，故不失，謂不化也。

六二，係小子，失丈夫。注虞翻曰：「應在巽，巽爲繩，故稱係。」案二應五，五爲丈夫，四互艮，爲小子，二欲之五，爲四所係，不得之五，故係小子，失丈夫。**象曰：係小子，弗兼與也。**案二已係於四，則不得兼與五，故失丈夫。孔子曰：「無欲速，無見小利。欲速則不達，見小利則大事不成。」《呂覽·勸勲》云：「利不可兩，忠不可兼。不去小利，則大利不得。不去小忠，則大忠不至。故小利，大利之殘也；❶小忠，大忠之賊也。」

六三，係丈夫，失小子，隨有求得，利居貞。 案 三之四，係五，故係丈夫。三之四，則艮象不見，故失小子。三四易位，成既濟，故隨有求得。居謂居三，居三失正，故利居貞。三不之四，則當化。**象曰：係丈夫，志舍下也。** 案 舍，捨也。下謂三。三志在升四，係五丈夫，故志舍下。

九四，隨有獲，貞凶。 案 獲，二。二之五，爲四所獲，非所宜得，故曰獲。不順五，而獲五之應，自正其位，故貞凶。薛氏傳均云：「初貞吉。」傳云：「從正吉。」此貞凶亦得是違正凶，謂違五也。**有孚在道以明，何咎。** 注 虞翻曰：「孚謂五。三已之正，四變應初，得位在離。」案 在，察也。孚，五察應，而後之正，成離明，故有孚在道以明，所謂從正吉也。自正則凶，孚五從初而後之正，故何咎。**象曰：隨有獲，其義凶也。有孚在道，明功也。** 案 當隨人而反獲其不當獲，故其義凶。四之正順五應初，故明功，謂成既濟也。

九五，孚于嘉，吉。 案 嘉會足以合禮，二五正中，故孚于嘉吉。**象曰：孚于嘉，吉，位正中也。**

上六，拘係之，乃從維之，王用亨于西山。 注 虞翻曰：「應在艮，艮手爲拘，巽爲繩，兩係稱

---

❶「也」，原作「之」，今據崇文書局本、皇清經解續編本改。

維。否乾爲王，謂五也。有觀象，故亨。兑爲西，艮爲山。」**案**此謂否上也，无位无民，衆陰不順，故拘維之。否互艮巽。九兩繫民，繫之有道，拘而係之，乃從而維之，非所以係之正，以迫之使去耳，故王者得用之以亨于西山，言人歸則神享也。此言否上窮而反下，成隨。天下歸，興王之象也。否上窮，民不係，故拘而係之，否上反下，成兑艮，故亨于西山。《乾鑿度》以爲「譬猶文王拘民以禮，係民以義，仁恩所加，靡不隨從」。亦通。蓋據本卦言也。**象曰：拘係之，上窮也。****案**上，否上。

☶☴ 巽下艮上

蠱，元亨，利涉大川。**案**蠱，惑也。惑乃有事。元謂二五也。二五易位，蠱乃治。象曰：「蠱，元亨，而天下治也。」體仁合禮，蠱所由治。《隨・象傳》云：「大亨貞，无咎。而天下隨時。」故知彼謂元來成隨，此《象傳》云：「蠱元亨，而天下治也。」是元亨在蠱之後。二五通，蠱乃治，故知元謂二五。二升五降，成坎。**先甲三日，後甲三日。****注**鄭康成曰：「甲者，造作新令之日。甲前三日，取改過自新，故用辛也。甲後三日，取丁寧之義，故用丁也。」見孔疏。案，《禮記》「郊之用辛」。《書》「丁巳，用牲于郊」。漢郊用丁辛，放古爲之。《白虎通》云：「祭日用丁與辛者，何？先甲三日，辛也。後甲三日，丁也。皆可以接事昊天之日。」案：日用丁辛，取先甲後甲之義。《易》之本旨，不必謂祭祀也。**案**乾三爻爲甲。先甲三日，謂泰初之上，上之初，成蠱。初既上升，則二三亦以次升，成否。三爻故三日。後甲三日，謂否上之初，初之上，成隨。上降則五四亦以次降，成泰。終則又始，天行也。

彖曰：蠱，剛上而柔下，巽而止，蠱。注虞翻曰：「泰初之上，故剛上。坤上之初，故柔下。上艮下巽，故巽而止，蠱也。」案巽爲風，風爲山止，氣鬱不行，故蠱。《吕覽》曰：「病之留，惡之生也，精氣鬱也。故水鬱則爲污，樹鬱則爲蠹，草鬱則爲蕢。國亦有鬱，主德不通，民欲不達，此國之鬱也。國鬱處久，則百惡並起，而萬災叢至矣。」《達鬱》文。《春秋傳》曰：「淫則生内熱惑蠱之疾。」内熱惑蠱，鬱使之也。**「蠱元亨」，而天下治也。「利涉大川」，往有事也。**案風爲山止，氣鬱不行。二五易位，鬱氣乃通，故元亨而天下治。二五易位，初上化，成既濟。往謂二動之爻而升居五。蠱則不知所事。二升居五，居上治下，蠱使之通，故往有事。**「先甲三日，後甲三日。」終則有始，天行也。**案有，又也。天行不息，故終則又始，謂乾陽升降不已也。先三、後三，皆謂乾。故曰天行。三爻故三日，與「七日來復」同。卦主六日七分，舉成數言，一爻主一日。

象曰：山下有風，蠱。君子以振民育德。注虞翻曰：「坤爲民。初上撫坤，故振民。」案振，奮也，止故振之；育，養也，鬱故養之。橈萬物者，莫疾乎風也。放勳曰：「勞之來之，匡之直之，輔之翼之，又從而振德之。」巽而止，所以成蠱。山下有風，所以振蠱。巽而止者，風在山中，不得行也。山下有風，則風行還至山上矣。象言其所以蠱，象言蠱之所以亨。艮爲手，雷出地奮，故振。山中生木，亦積小高大者也，故育。

初六，榦父之蠱，有子考无咎，厲終吉。 注虞翻曰：「榦，正；蠱，事也。泰乾爲父，坤爲事，故榦父之蠱。父死大過稱考，故『有子考』。變而得正，故无咎，厲終吉也。」案「有子」謂初伏陽。經云「有子」，則不與「其子其妻」同例，與諸稱有者同例矣。蠱與隨通，震爲長子，長子繼世。凡旁通卦互相伏，合之，則一乾一坤，易位，又各成既濟。注家或言伏，或言旁通。言伏者，據位，位本有伏陰伏陽也；言旁通者，據卦六爻通也。卦象已明者，不取旁通，據已發者言也；卦象隱者，多及旁通，據未發者言也。卦成既濟，禮之一定，事之終也。爻不必盡以既濟言，或言其事之端，或言其事之中，不必盡言其終。其有明言終者，得位則成既濟之爻，失位則窮而成未濟之爻也。得位者，不必盡吉。失位者，不必盡凶。以一卦之大義爲吉凶之主焉。泰乾初之上，陰來之初失正，初伏陽仍發而成乾，故有子考无咎。象曰：「意承考也。」以子繼父，亦以乾承乾之象也，故厲。終發得正，故終吉。張氏惠言云：「復成乾。」**象曰：榦父之蠱，意承考也。** 案泰乾初本得位，今初發仍成乾，故意承考，承泰初也。伏故曰意。

九二，榦母之蠱，不可貞。 注虞翻曰：「應在五，泰坤爲母，故榦母之蠱。」案五失位，二以陽正之，故不可貞，言不可自化之正，二不化則升五，而五降二，所謂利涉大川者也。張氏惠言云：「謂當與五易位，不可自正。」**象曰：幹母之蠱，得中道也。**案以陽正陰，二升五降，皆得中正，得中道。

九三，幹父之蠱，小有悔，无大咎。案陽在上失位，三幹之，震起艮止，不能即正，故小有悔。震无咎者，存乎悔，故无大咎。上終化應三也。小謂畫，大謂爻。**象曰：幹父之蠱，**❶**終无咎也。**案上終化應三，故終无咎。无大咎謂爲終无咎，則小有悔謂始矣，始故小，畫者，爻之始也。

六四，裕父之蠱，往見吝。注虞翻曰：「裕，不能争也。孔子曰：『父有争子，則身不陷於不義。』❷四陰體大過，本末弱，故裕父之蠱。變而失正，變謂之初。故往見吝。」案往謂動而正。初動則失見，故見吝。謂初失位，四不能正也。二陽失位，幹母之蠱，云不可貞，謂不可化之正，當以陽正陰，二五易位也。若四化爲陽，則亦能正初，與初易位，若二五之比矣。今四以陰裕陰，故往未得，未得正初也。二能正五，故得中道。易之通例，畫動之爻，乃相應，或易位，故《繫辭傳》云：「因而重之，爻在其中。」三畫之卦无應，故不動。重而爲六，則上下相應，動則成爻，故爻在中也。**象曰：裕父之蠱，**❸**往未得也。**注虞翻曰：「往失位，故未得。」

❶ 「蠹」，《周易》諸本作「蠱」。
❷ 「陷於」，原倒，今據崇文書局本、皇清經解續編本改。
❸ 「蠱往」，原倒，今據崇文書局本、皇清經解續編本改。

六五，榦父之蠱，用譽。 注 虞翻曰：「譽謂二也。二五失位，變而得正。❶ 案，謂二五易位。故用譽。」**象曰：榦父用譽，承以德也。** 案 二五相通，所謂元亨而天下治者也。二升五降，以坤元承乾元，故承以德。虞例以乾爲道德，或以震爲道。但「一陰一陽之謂道」，坤，地道，厚德載物，亦有道德之稱。「和順於道德」謂一陰一陽也。此《易》之通例也，故不盡用虞説。

上九，不事王侯， 注 荀爽曰：「年老事終，不當其位，體艮爲止，故不事王侯。」虞翻曰：「泰乾爲王，應在三，震爲侯。」案，上止不動，不應三。**高尚其事。** 注 虞翻曰：「謂五已變，巽爲高，❷ 艮陽升在坤上，故高尚其事也。」案 五已正位，上以陽居上，五高尚之也。堯稱則天，不屈潁陽之高；武盡美矣，終全孤竹之絜。鄭《表記》注云：「言臣致仕而去，不復事君也。君猶高尚其所爲之事，言尊大其功也。」案，尊致仕之臣，與尊隱逸之臣，其義一也。**象曰：不事王侯，志可則也。** 案 志謂上。伏陰未發，故志可則。王者尊賢，不屈其身，亦所以振民育德也。

---

❶「得正」，原倒，今據《周易集解》改。

❷「爲高」，原倒，今據《周易集解》改。

周易姚氏學卷第七

旌德姚配中撰

周易上經彖上傳象上傳

䷒ 兑下坤上

臨，元亨利貞，至于八月有凶。 注 虞翻曰：「剛浸而長，乾來交坤，動則成乾，故元亨利貞。」案，元，乾元。以陽通陰，故元亨。息至三成泰，二五易位，六爻正，故利貞。鄭康成曰：「臨，大也。陽氣自此浸而長，而有四德，齊功於乾，盛之極也。人之情盛則奢淫，奢淫將亡，故戒以凶也。臨卦，斗建丑而用事，殷之正月也。當文王之時，紂爲无道，故於是卦爲殷家著興衰之戒，以見周改殷正之數云。臨自周二月用事，訖其七月，至八月而遯卦受之，此終而復始，王命然矣。」案，荀爽以兑爲八月。蓋八月消卦，受觀，臨反觀。八月卦兑位。又以文王之時，殷命未改，不當言周月也。但正朔三而改，自伏羲以來已然。《周易》首乾，故依天統，以遯爲八月，文王未嘗以爲周家之月也。注家推言周耳。且兑爲八月，亦夏正，非殷正。孔子周人，得云行夏之時，則文王殷人，亦得言天統之八月也。象曰：「消不久。」則爲臨消成遯，明矣。且此八月猶十年三歲七日之類，當謂相去八月，不必定指秋八月。自臨至遯，七月。至八月而成否，所謂有凶。消不久者，謂成否也。

象曰：臨，剛浸而長，説而順，剛中而應，大亨以正，天之道也。至于八月有凶，消不久也。注虞翻曰：「剛謂二也。自下浸上，故浸而長也。説，兑也。順，坤。剛中，謂二也。四陰皆應之，故曰而應。大亨以正，謂三動成乾，天得正爲泰，天地交通，故亨以正，天之道也。」案，「乾道變化，各正性命」。謂成既濟也。消對長言。八月，臨消成遯，遯消成否，長則成泰，消則成否，其幾甚速，故不久也。

象曰：澤上有地，臨。君子以教思无窮，容保民无疆。注荀爽曰：「澤卑地高，高下相臨之象也。」案澤上有地，地畜澤，澤不妄行，生而不已，故教思无窮。坤含宏光大，德合无疆，澤虚以受，故容保民无疆。

初九，咸臨，貞吉。注虞翻曰：「咸，感也。得正應四，故貞吉也。」**象曰：咸臨貞吉，志行正也。**案志在應四，動不失正，故志行正。屯初同義。臨者，大也，陽息故感。

九二，咸臨，吉，无不利。注虞翻曰：「得中多譽，兼有四陰，體復初元，吉，故无不利。」案陽息之卦，二雖失位，息而未已，終升至五，故吉无不利。**象曰：咸臨，吉，无不利，未順命也。**注荀爽曰：「陽當居五，陰當順從，今尚在二，故曰『未順命也』。」案，陰陽各得，謂之命。

六三，甘臨，无攸利，既憂之，无咎。 注 虞翻曰：「兑爲口，坤爲土，土爰稼穡，作甘，兑口銜坤，故曰甘臨。失位乘陽，故无攸利。言三失位无應，故憂之。」案 臨，大也。失位而以爲甘，故无所利。憂之則不甘，化之正矣，故无咎。管仲曰：「夫厚於味者，薄於德。沈於樂者，反於憂。壯而怠則失時，老而解則無名。」《吕覽·達鬱》文。**象曰：甘臨，位不當也。既憂之，咎不長也。** 注 虞翻曰：「動而成泰，故咎不長也。」案，爻云「无咎」，傳云「咎不長」，則是始有咎矣。始失位，甘之之咎也。憂而之正，故咎不長。「宣十五年冬蝝生」，《公羊傳》云：「蝝生不書，此何以書？幸之也。幸之者何？猶曰受之云爾。受之云爾者何？上變古易常，應是而有天災，則宜於此焉變矣。」注云：「言宣公於此天災饑後，能受過變寤，明年復古行中，冬大有年，其功美過於無災，故君子深爲喜而僥倖之。」此「既憂之，咎不長」之謂也。《小畜》初九：「復自道，何其咎，吉。」則所謂功美過於無災矣。

六四，至臨，无咎。 案 陽息之卦，陽息則陰上升，下退而上，故至臨至四也。陰至四，雖非下中，亦得位，故无咎。**象曰：至臨，无咎，位當也。**

六五，知臨，大君之宜，吉。 注 荀爽曰：「五者，帝位。大君，謂二也。宜升上五位，吉，故大君之宜，吉。」案，宜者，宜升而未升也。《乾鑿度》云：「陽氣在内，中和之盛，應於盛位，浸大之化，❶行於萬

❶ 「化行」，原倒，今據崇文書局本、皇清經解續編本改。

民，故言宜處王位，施大化，爲大君矣，臣民欲被化之辭也。」鄭彼注云：「臨之九二，有中和美異之行，應於五位，故百姓欲其與上爲大君也。」義與荀同。又案，《乾鑿度》云：「初爲元士，二爲大夫，三爲三公，四爲諸侯，五爲天子，上爲宗廟。凡此六者，陰陽所以進退，君臣所以升降。」虞升降之例多出於此，今依用之。**象曰：大君之宜，行中之謂也。**注荀爽曰：「二者處中，行升居五，五亦處中，故曰行中之謂。」

案，實未升五，故曰宜，曰之。謂三息則二升五。

上六，敦臨，吉，无咎。注荀爽曰：「上應於三，欲因三升二，過應於陽，敦厚之意。」案志在升二，本得位，故吉无咎。坤厚載物，故敦。**象曰：敦臨之吉，志在内也。**注荀九家曰：「志在升二也。陰以陽爲主，故志在内也。」

䷓ 坤下巽上

觀，盥而不薦，有孚顒若。注虞翻曰：「觀，反臨也。以五陽觀示坤民，故稱觀。盥，沃盥。薦，羞牲也。孚，信，謂五。顒顒，君德有威儀貌。」案，宗廟之祭，初獻灌；二獻殺牲，薦脯醢，薦醒；❶三獻薦朝事之豆籩；四獻薦熟；五獻薦饋食之豆籩；七獻薦加事之豆籩。案天地之道，貞觀者也。陽在五，利見大人。坤爲牛，互艮爲手，成既濟，體坎水離目，坤象不見，故觀盥而不

❶ 「醒」，崇文書局本、皇清經解續編本作「腥」。

薦。陰陽應，故有孚。禮有五經，莫重於祭，祭莫重於灌，故特言之。將灌先盥。《禮運》曰：「人藏其心，不可測度也。美惡皆在其中，不見其色也。欲一以窮之，舍禮何以哉？」是故，治人者舍禮，无以爲人法。觀人者舍禮，无以知人。故《禮器》曰：「觀其禮樂，而治亂可知。君子欲觀仁義之道，禮其本也。」鄭云：「坤爲地，爲衆。巽爲木，爲風。九五，天子之爻。互體有艮，艮爲鬼門，又爲宫闕，地上有木，而爲鬼門宫闕者，天子宫廟之象。」鄭蓋推明卦所以有盥薦之義，非指説宗廟爲觀。鄭又云：「諸侯貢士於天子，鄉大夫貢士於其君，必以禮賓之。唯主人盥而獻賓，賓盥而酢主人，設薦俎則弟子也。」此又因祭事之盥，推及反禮，皆以盥爲重。因爻有用賓于王，故以貢士説也。馬融云：「盥，進爵灌地以降神也。」謂盥而後灌，非訓盥爲灌。❶

彖曰：大觀在上，順而巽，中正以觀天下。注虞翻曰：「順，五也。中正謂五。」案五在上，君德足以爲民觀，故大觀在上。**觀，盥而不薦，有孚顒若，下觀而化也。**注虞翻曰：「巽爲進退，容止可觀，進退可度，則下觀其德而順其化。」**觀天之神道，而四時不忒，聖人以神道設教，而天下服矣。**注虞翻曰：「忒，差也。聖人謂乾，退藏於密，而齊於巽，以神明其德教，坤民順從而天下服矣。」案，《後漢書》方望説隗囂曰：「宜急立高廟，稱臣奉祠，所謂『神道設教』，求

---

❶「灌」，原脱，今據崇文書局本、皇清經解續編本補。

助人神者也。」彼以「神道設教」謂祭祀，義亦通。疑亦西漢經師之説。惠氏棟云：「《祭義》曰：『合鬼於神，教之至也。』明命鬼神以爲黔首，則百衆以畏，萬民以服。」案陰陽消息，天之神道也。一消一息，而四時行，故四時不忒。通其變，使民不倦。神而化之，使民宜之。窮變通久，亦一消一息，聖人之神道也。

象曰：風行地上，觀。先王以省方、觀民、設教。注鄭衆曰：「從俗所爲，順民之教，故君子治人，不求變俗。」見史徵《口訣義》。案風行地上，无所不周。聖人之教，无所不被。省，視也。設，施陳也。方，方俗。民，民風。修其教，不易其俗。齊其政，不易其宜。此巡狩之禮所由取法也。

初六，童觀，小人无咎，君子吝。案鄭康成曰：「童，稚也。」見《釋文》。虞翻曰：「艮爲童。陰，小人。陽，君子。陽伏陰下，故君子吝矣。」案陰消之卦，初不及五，上來之三，下體成艮，初止不動，故无咎。時當陰長，伏陽不能即發，故吝。**象曰：初六童觀，小人道也。**案明言初六，言其失位。得无咎者，消卦也。陰消陽，初不及五。

六二，闚觀，利女貞。注虞翻曰：「竊觀稱闚，艮爲宫室，坤爲闔户，小人而應五，故利女貞，利不淫視也。」案二在坤中，初三未正，離象伏，故闚。利初三之正，成離中女，故利女貞。知謂初三之正，不謂二得正爲「利女貞」者，以《易》之通例。言「利貞」者，皆謂不正者化之正。爻亦然，如明夷六五「利貞」，艮初六「利永貞」，鼎六五、損九二「利貞」是也。升上六「利于不息之貞」，則謂利五之正，不息之上，上六本得正也。故知此「利女貞」亦非謂本爻，合一卦而言，初三之正，離女正位乎内，則不闚觀。所謂家人「利女貞」者也。家人離女在内，三爻已正，而復云利貞女者，❶重戒之。**象曰：闚觀，女貞，亦可醜也。**案二爲五應，不能大有所爲，故亦可醜。孟子曰：「以順爲正者，妾婦之道也。」不云利者，在君子則无所利也。始而闚觀，即正亦如女，是以可醜。侯果云：「得位居中，上應於五，闚視朝美，不能大觀。處大觀之時，而爲闚觀，女正則利，君子則醜也。」

六三，觀我生，進退。案我，我三也。生，伏陽也。陽伏於三，動而欲出，故觀我生。時陰消未極，伏陽不能發，動而還止，故進退。**象曰：觀我生，進退，未失道也。**案三有伏陽，故未失道。

六四，觀國之光，利用賓于王。注虞翻曰：「坤爲國，王謂五陽。」案初三之正，離爲光，國之光謂賢也。《詩》曰：「彼其之子，邦家之光。」四爲諸侯，得正應初，乘三，故觀之，使伏陽發而成既濟，以奉五，故利用賓于王。此諸侯貢士於天子之象也。《儀禮・鄉飲酒禮》疏引鄭《易》注云：「諸侯貢士於天子，鄉大夫貢士於其君。」云云。貢士於天子，即謂此。《漢書・五行志》引京房《易傳》云：「經稱觀其生，言大臣之義，當觀賢人，知其性行，推而貢之。」京於「觀其生」云然，義實本此。又《易

❶「貞女」，疑倒。

傳》云：「諸侯臨世，反應元士，而奉九五。」是京謂四以初奉五也。天子之鄉大夫貢士于王，則《鄉大夫》職所云「三年大比」是也。諸侯之鄉大夫貢士于其君，鄭於《鄉飲酒禮》注引《鄉大夫》職以例，則與天子之鄉大夫同。《鄉飲酒禮》，其可考者也。諸侯貢士於天子亦三歲，《射義》云：「古者天子之制，諸侯貢士於天子，天子試之於射宮。」注云：「三歲而貢士。」舊説云：「大國三人，次國二人，小國一人。」《尚書大傳》云：「古者諸侯之於天子也，三年一貢士。大國舉三人，次國舉二人，小國舉一人。」是諸侯貢士，亦三歲。諸侯貢士，其賓賢之禮，雖不可考，以《鄉飲酒禮》推，當略如燕羣臣之禮，亦試之以射。**象曰：觀國之光，尚賓也。** 注 崔憬曰：「得位比尊，承於王者，職在搜揚國俊，賓薦王庭，故以進賢爲尚賓也。」案，尚，上也。謂賓于五。

九五，觀我生，君子无咎。 案 我，我五也。生謂陰已消至四，氣伏五下，其幾將萌，五能正其位，不使陰長，故君子无咎。謂既自正其位，使三初亦發之正，任四所貢賢能也。**象曰：觀我生，觀民也。** 注 虞翻曰：「坤爲民。」案，民爲邦本，觀我生，所以觀民也。古之欲明明德於天下者，先正其心，先誠其意。

上九，觀其生，君子无咎。 案 其，三，謂三伏陽。上本欲之三，三伏陽自發之正，上不得之三，故觀之。三發則上亦自化之正，故君子无咎。**象曰：觀其生，志未平也。** 注 虞翻曰：「坎爲志。」案，未成既濟，故志未平。

䷔ 震下離上

噬嗑，亨，利用獄。 注虞翻曰：「坎爲獄，艮爲手，離爲明，四以不正而係於獄，上當之三，蔽四成豐，折獄致刑，故利用獄。」案亨謂三上易位。象曰：「噬嗑而亨。」亨則成豐，故利用獄。象曰：「雷電，噬嗑。」謂成豐也。

彖曰：頤中有物，曰噬嗑。噬嗑而亨，剛柔分。 注虞翻曰：「物謂四，頤中无物，則口不噬。故先舉頤中有物，曰噬嗑也。」案上三易位，故噬嗑而亨。三升上降，故剛柔分。噬嗑合禮，迭用柔剛，知剛柔而曲直可得矣。**動而明，雷電合而章。** 案震動離明。動而明，則雷電交。震上離下成豐。故雷電合而章。章，明也。《說文》云：「雷，陰陽薄動也。」「電，陰陽激燿也。」《淮南子·墬形》云：「陰陽相薄爲雷，激揚爲電。」案，陰陽必動而激揚相薄，乃成電雷。故動而明，電雷並起，故合明无不照。聲有遠近，故先電而後雷，其實並起者也。**柔得中而上行，雖不當位，利用獄也。** 案柔謂二。上三易位，下卦一體俱升。噬嗑成豐，唯三上兩爻不同，故成豐，但據三上言，其實雷電之合，一體升降也。二上行至五，失位，故雖不當位，利用獄，柔中勝剛愎也。

象曰：雷電，噬嗑。先王以明罰敕法。 注宋衷曰：「雷動而威，電動而明。二者合而其道章也。用刑之道，威明相兼。若威而不明，恐致淫濫。明而无威，不能伏物。故須雷電合而噬嗑備。」鄭康成曰：「敕猶理也。」見《釋文》。案，雷動而上，電明而下，故曰雷電。互坎，爲罰，爲法。

初九，屨校滅趾，无咎。注虞翻曰：「屨，貫。趾，足也。震爲足，坎爲校，初位得正，故无咎。」案初應在四，化而應四，則失位，震象不見，故屨校滅趾。屨校者，已蹈之愆，震應坎也。滅趾者，未至之災，初未化也，懲於法，則不化，故无咎。知「滅趾」非已麗之刑者，初本得位，化則滅趾，此法也。誡於法而不化，則不滅趾。《繫辭傳》所謂「小懲大誡」。小懲謂屨校，震遇坎也。大誡謂滅趾，初遇險而止不化，以滅趾爲誡，故得无咎。屨校非滅趾之刑，何校非滅耳之罪，皆所謂小也，可説之桎梏也。刖乃滅趾，刵乃滅耳，皆所謂大，一虧而不復全者也。一誡一不誡，故有凶、无咎之殊耳。**象曰：屨校滅趾，不行也。**案震起艮止，故不行，謂不化，故咎无也。

六二，噬膚滅鼻，无咎。注馬融曰：「柔脆肥美曰膚。」見《釋文》。案，五陰爲膚。虞翻曰：「噬，食也。艮爲鼻。」案，鄭《乾鑿度》注云：「艮爲山，山澤通氣，其於人體則鼻也。」《魏志·管輅傳》輅云：「艮爲鼻，此天中之山。」注二應在五，故噬膚，謂貪其禄位也。欲動應五，化而失位，艮象不見，故滅鼻。不化，❶故无咎。《太玄·闞》次五：「齧骨折齒，滿缶。」《測》曰：「齧骨折齒，大貪利也。」義本此。《漢書·董賢傳》哀帝册免丁明云：「朕惟噬膚之思未忍。」孟康曰：「《易》曰：『噬膚滅鼻。』噬，食也。膚，膏

❶ 「化故」，原倒，今據文義改。

也。喻爵禄恩澤加之，不忍誅也。」是也。顔師古以孟爲非，謂自齧其肌膚，非是，「厥宗噬膚，往有慶」，豈亦自齧之謂乎？ **象曰：噬膚滅鼻，乘剛也。** 案 乘初。初至五，體屯象，初止不行，二牽於初，亦不化，故得无咎。

六三，噬腊肉，遇毒，小吝，无咎。 注 馬融曰：「晞於陽，而煬於火，曰腊肉。」見《釋文》。虞翻曰：「離日熯之爲腊，坎爲毒，與上易位，利用獄，成豐，故无咎也。」案 上來之三，遇坎易位得正，故小吝，无咎。《周語》曰：「位高實疾僨，厚味實腊毒。」《韓詩外傳》云：「齊崔杼弒莊公。荆蒯芮使晉而反，其僕曰：『君之無道也，以夫子而死之，不亦難乎？』荆蒯芮曰：『吾聞之，食其食，死其事。吾既食亂君之食，又安得治君而死之。』遂驅車而入死其事。」此其噬肉遇毒者與？ **象曰：遇毒，位不當也。** 案 上三俱失位，遇非其正，故三爲上之毒。

九四，噬乾胏，得金矢，利艱貞，吉。 注 馬融曰：「有骨謂之胏。」見《釋文》。陸績曰：「離爲矢，金矢，取其剛直也。」案 四噬初也。四應初承五，五之正，離成乾，故得金矢。利之正，與二互坎，故利艱貞，吉。 **象曰：利艱貞，吉，未光也。** 案 未成既濟，故未光。

六五，噬乾肉，得黄金，貞厲，无咎。 注 虞翻曰：「陰稱肉。位當離中，日烈，故乾肉也。乾，黄金，故得黄金。貞，正；厲，危也。變而得正，故无咎。」案 噬，二也。五應在二，自動之正，成乾，故噬乾肉，得黄金。 **象曰：貞厲，无咎，得當也。** 案 化之正，成乾，故得當。

上九，何校滅耳，凶。 注 鄭康成曰：❶「坎爲耳。」王肅曰：「何，擔也。」見《釋文》。案 謂三。三在坎，故何校。三失位，不化之正，則上之三以正之，上之三，滅坎耳，故何校滅耳。始何於校，終於滅耳，故凶。初二本得位，化乃有滅趾、滅鼻之象，故能誡而不化，俱得无咎。三上失位，勢在必化，故一則遇毒，一則滅耳，與初二殊也。《大畜》：「何天之衢。」鄭云：「艮爲手，手上肩也。」此何校亦取象艮何坎。**象曰：何校滅耳，聰不明也。** 案 坎爲聰，離爲明，坎與離連體，故聰明。上之三，滅坎耳，離象在下，坎聰不見，故聰不明。

䷕ 離下艮上

賁，亨，小利有攸往。 案 鄭康成曰：「賁，文飾也。離爲日，天文也。艮爲石，地文也。天文在下，地文在上，天地二文相飾，成賁者也。猶人君以剛柔仁義之道，飾成其德也。剛柔雜，仁義合，然後嘉會禮通。」虞翻曰：「泰上之乾二，乾二之坤上，柔來文剛，陰陽交，故亨也。小謂五。五失正，動得位，體離，以剛文柔，故小利有攸往。」

象曰：賁，亨。柔來而文剛，故亨。分剛上而文柔，故小利有攸往。 案 純陰純陽，无文可見，物相雜，則文著。來謂息內。泰上无陽，五伏陽不能發，二之上，剛上文柔，氣以類感，五

❶「康成」，原倒，今據崇文書局本、皇清經解續編本改。

亦發而之正，故曰分剛上而文柔。故小利有攸往。物得氣而生，外必有以養之而生乃遂。此五之所以必剛上文柔而始發。**天文也。**注虞翻曰：「艮爲星，離日坎月。」案，艮少陽，故爲星。《春秋説題辭》：「陽精爲日，日分爲星。」案天道陰陽，地道柔剛，以剛柔言地文也，以陰陽言則天文也。分陰分陽，迭用柔剛，故易六位而成章。**文明以止，人文也。**注虞翻曰：「文明，離。止，艮也。」案人道仁義，自初至上，尊卑各異，各有其文也。君子思不出其位，爲人君止於仁，爲人臣止於敬，爲人子止於孝，爲人父止於慈，與國人交止於信。**觀乎天文，以察時變。**注虞翻曰：「日月星辰，爲天文也。」案六爻相雜，唯其時物。六畫，時也。六爻，時之變也。物相雜，故曰文。文不當而吉凶生焉。故觀天文以察時變。**觀乎人文，以化成天下。**注虞翻曰：「五上動，成既濟。」案，文有不當，則化而財之，使成既濟，故化成天下也。

象曰：山下有火，賁。君子以明庶政，无敢折獄。注虞翻曰：「離爲明，坤爲庶政，故明庶政。坎爲獄，三在獄得正，故无敢折獄。噬嗑四不正，故利用獄。」鄭康成曰：「折，斷也。」見《釋文》。案，《康誥》曰：「克明德，慎罰。」曾子曰：「如得其情，則哀矜而勿喜。」所謂无敢折獄也。

初九，賁其趾，舍車而徒。注虞翻曰：「應在震，震爲足。坎爲車。徒，步行也。位在下，故舍車而徒。」案初欲進之四，故賁其趾。賁趾者，足容在下之禮也。初之四，乘坎車，則失位，故舍車而徒。謂不之四，火動而上，故始欲之四。**象曰：舍車而徒，義弗乘也。**案坎車，非初所宜乘。惠氏棟云：「禮，唯大夫不徒行。初爲士。《尚書大傳》曰：『古之命民能敬長憐孤，取舍好讓，舉事力者，命於其君，得命然後得乘飾車駢馬，未有命者，不得乘，乘者有罰。』」

六二，賁其須。案須，須五。五正乃應，故象曰：「與上興。」《春秋傳》曰：「寡君須矣。」張氏惠言云：「須，待也。五待之正。」姚氏鼐云：「須者，所俟也。趙宣子盛服將朝。《禮》曰：『揖私朝，煇如也，登車則有光矣。』此人臣之賁其須。至於賓容、會盟、祭祀，皆豫飭而須焉。」案，禮「先戒宿」即所謂須。二欲應五，五未正位，坎險在前，故須成既濟，則陰陽俱有應，三不據二，故與上興。**象曰：賁其須，與上興也。**

案上謂五。興，起也。五之正，二乃應之，故與上興。應稱與也。

九三，賁如濡如，永貞吉。案三自賁也。在坎中，故濡如。濡如，賁貌。三得位，德潤身也。化則失位，上來陵之，故永貞吉，不可化也。惠氏棟云：「坎水自潤，故濡如。」案，《詩》「六轡如濡」，箋云：「如濡，言鮮澤也。」三得位，故濡如。**象曰：永貞之吉，終莫之陵也。**案上失位，艮爲陵，上陵下也。三得位，下始不得陵，三終不化，上終莫之陵，進禮退禮，誰得而陵之？

六四，賁如皤如，白馬翰如，匪寇婚媾。案四自賁也。皤如，賁貌。李鼎祚云：「皤亦白素之貌。」謂自飾以應初也。震爲馬，五動成巽，爲白，故白馬。翰如，白貌。《檀弓》：「殷人尚白，戎事乘翰。」鄭彼注云：「翰，白色馬也。」引此以證，蓋《禮》家説也。其注《易》訓翰爲榦者，用《易》家説也。坎爲寇，初疑四也。四得位，初疑爲寇，故舍車而徒，不應四，陰陽德正，終相應，故匪寇婚媾。

象曰：六四當位，疑也。匪寇婚媾，終无尤也。案六四雖當位，而體坎，勢在可疑，故當位疑。皤如飾外，所以動初之疑也。《太玄·視》次六：「素車翠蓋，維視之害。」《測》曰：「素車翠蓋，徒好外也。」案，維視之害，亦謂視之可疑，《太玄》準賁以疑，即此意。初四終相應，故終无尤。

六五，賁于丘園，束帛戔戔，吝，終吉。注虞翻曰：「艮爲山，五半山，故稱丘。木果曰園。」案，山下有火，賁于丘園之象。《子夏傳》曰：五匹爲束，三玄二纁，象陰陽。見《釋文》。案，五匹十端，《周禮》謂之五兩。泰，天玄地黄。二之上，上之二，成賁。故賁于丘園，束帛戔戔也。馬融曰：「戔戔，委積貌。」見《釋文》。案，失位故吝，化之正，故終吉。**象曰：六五之吉，有喜也。**注虞翻曰：「五變之陽，故有喜。」案，觀乎人文，以化成天下。賢人者，國之文，化之本也。

上九，白賁，无咎。注虞翻曰：「五動成巽，在巽上，故曰白賁。變而得位，故无咎矣。」案白，素也。在賁之終，故曰白賁。《論語》曰：「禮後乎？」鄭《攷工》注云：「素，白采也。後布之，爲其易污也。」惠氏棟云：「上者賁之成。《攷工記》曰：『畫繪之事，後素功。』《論語》曰：『繪事後素。』」**象曰：白賁无咎，上得志也。**注虞翻曰：「上之正得位，體既濟，故曰得志。」

䷖ 坤下 艮上

剥，不利有攸往。注虞翻曰：「陰消乾也。」案不利有攸往，謂上。上失位而動，則陰從而之成坤。

彖曰：剥，剥也，柔變剛也。不利有攸往，小人長也。案陽道不絶，故陰消陽，每一爻皆有剥義，剥落於此，復生於彼也。柔變剛，謂陰長消陽。陽極於上，此乾陽之九也。上剥盡爲坤，是爲化，七日來復，復生於下，是曰化生。剥上者，乾上之極，變之終也。故特曰：「柔變剛。」柔來則使剛變，變則化上，剥成坤。藏養坤中，七日來復，是爲化生，故終盡謂之化，始息謂之化。**順而止之，觀象也。君子尚消息盈虚，天行也。**注虞翻曰：「坤順艮止，謂五消觀成剥，故觀象也。案，五止之，不使消，則猶是觀。乾息爲盈，坤消爲虚，故君子尚消息盈虚，天行也。案，一消一息，十二卦而周一歲，故天行。則出入无疾，反復其道，易虧巽消艮，出震息兑，盈乾虚坤。」案，此《參同契》納甲之義。張氏惠言云：「易謂乾元。」

象曰：山附於地，剥。注陸績曰：「艮爲山，坤爲地。」案附，《説文》曰：「附婁，小山也。」陰長剥陽，上餘碩果，一陽僅存，坤地至五，艮不足稱山也，故附於地，剥使之然。六十四卦，唯此稱附，山不成山，所謂剥爛也。消息之義，卦難悉知，經傳明文，可言其略。消息出入，合而論之，消而未盡，謂之附，此是也。消盡從上反下，謂之入。「明入地中」是也。《明夷》上六云：「初登于天，後入于地。」則其入在上下之交，所謂天地際也。上體盡入，則下體畢升，而三在上矣。其實入者伏焉，六爻實即三爻也，入而未散，謂之有，尚有也，「地中有山」、「澤中有雷」、「澤中有火」是也。散則謂之滅，謂之无，「澤滅木」、「澤无水」是也。❶散而復聚謂之在,「雷在地中」、「天在山中」是也。此皆據其氣之聚者而言,非已成體,故曰在中。下卦者,上卦之中,初又其最中者也。故全卦之氣,聚於一爻,氣聚而復息,謂之生,「地中生木」是也。生而成體,謂之有,有於中也,「地中有水」是也。此有於中,❷則彼有於外,「澤上有地」是也。有於中而達諸外,謂之出,「明出地上」、「雷出地奮」是也。而其義之最顯著者,莫如家人。家人,「風自火出」,則當其未出,伏於下卦之下可知,其出必由下卦,亦可知矣。出者,對入之稱,非一出而即全卦俱出者也。其出有漸,以次而升,「澤上於地」、「澤上於天」、「雷上於天」是也。上於者,方上之稱,非驟上之謂。故《需》四曰:「需于血,出自穴。」方出也。上曰入于穴,則極而反矣。上於者,對入于之稱也。既升而上,則亦曰在,「火在天上」、「雷在天上」是也。在上者,對在中之稱也。在上則氣動者行,「風行天上」、「風行地上」、「風行水上」是也。天下雷行,則行而下者也。氣静者亦謂之有,「山上有木」是也。動者動而静亦曰有,「澤上有雷」、「澤上有風」,此既動而息,將退而未入之氣也。是故,陰陽消息,一出一入,天地交則泰,不交則否,三四者,天地之際,出入所由也。至若「雲雷屯」、「雷電噬嗑」、「雷風恒」、「風雷益」、「雷雨作解」、「雷電皆至,豐」,則舉兼並之氣而言。「天與水違行,訟」、「天與火,同人」、「上火下澤,睽」,則以其氣之同異言。「上天下澤,履」,則以其分之尊卑言。不以中外異,不以上下殊也。若「山下出泉」,則下卦乃由上卦而出。下卦成象,而上卦升。「坎水就下」也。水流出,則似上爲中,而下爲外矣。要知「山下出泉」,山之體非在泉上,泉之出,實由山中,則仍下爲中也。若八卦則

❶「也散」,原倒,今據皇清經解續編本改。
❷「於中」,原倒,今據皇清經解續編本改。

自取其本義，不以消息言。其餘稱在上者，二。上有者，九。下有者，四。其義不出此數端。數有始、壯、究。卦有出入、上下、始中終。或本或末，或偏或全，據辭明義，大略可知。爲消爲息，未能細爲區別也。「天下有山」、「天下有風」皆消卦，不言中，言下有者，在天中者例不言中，以地中乃天之極中也。且天下无非天中，言下以見天氣之上升。**上以厚下安宅。****案**陽極於上，故特言上。六十四卦，唯此耳。坤爲厚，爲安，艮爲宅，坤體在下，故厚下。上九剥廬，其宅不安，窮上反下，艮宅居坤位，故安宅。魏文侯曰：「下不安者，上不可居也。」《新序·雜事篇》文。《吕覽·務大》云：「細之安，必待大。大之安，必待小。細大貴賤交相爲贊，然後皆得其所樂。」惠氏棟云：「君子德輿，民所載也。民安則君安。」

初六，剥牀以足，蔑貞，凶。**注**虞翻曰：「此卦坤變乾也。動初成巽，巽木爲牀，復震在下，爲足。案，姤、復通。故剥牀以足。蔑，无；貞，正也。失位无應，故蔑貞凶。震在陰下，象曰：『以滅下也。』」案，陰消之卦，不得之正，故无貞凶。所謂「履霜，堅冰至」也。陰消陽，陽上窮於剥，乃反復生於下。**象曰：剥牀以足，以滅下也。****案**滅初陽，故以滅下。

六二，牀剥以辨，蔑貞凶。**注**鄭康成曰：「足上稱辨，❶謂近膝之下，屈則相近，申則相遠，故謂之辨。辨，分也。」案，《説文》：「釆，辨別也。象獸指爪分別也。」辨，疑釆之假借。**案**陰在二得正，

---

❶「辨」，原作「辯」，今據經文及鄭注下文改。

陰消之卦，陰上長，消陽不正，居二，故无貞凶。剥牀，謂始消未成剥時。剥其當爻之陽耳，以足、以辨、以膚，則當爻之陽既剥，陰變成爻，氣上消不已矣。凡言剥牀，皆无德不能厚下者也。下不安則上危，故以足、以辨、以膚，終至剥廬，君子則厚下安宅。**象曰：剥牀以辯，未有與也。**案應稱與。陰消五，五陽未得之正，故未有與。《艮傳》云：「上下敵應，不相與也。」則相應爲與矣。《恒傳》云：「雷風相與。」謂陰陽應也。

六三，剥之无咎。案三應上，剥上也。上剥反三得位，由三之初，息而成復，故无咎。**象曰：剥之无咎，失上下也。**案剥上反三，故失上下也。張氏惠言云：「剥窮於上，乾魂先反三，失之於上，即反於下。」

六四，剥牀以膚，凶。注虞翻曰：「辨上稱膚，以陰變陽，至四乾毁，故剥牀以膚。」案三四，交際之間。四由内達外，終必至上，故凶。傳曰：「剥，爛也。」潰爛者，自内達外。**象曰：剥牀以膚，切近災也。**注鄭康成曰：「切近，切急也。」見《釋文》。案，上反三，坎爲災。

六五，❶**貫魚，以宮人寵，无不利。**案魚，陰類。貫魚，象陰之以次升也。《淮南子》曰：「天之且風也，草木未動而鳥已翔矣。❷其且雨也，陰曀未集而魚已噞矣。以陰陽之氣相動

---

❶「五」，原作「四」，今據崇文書局本、皇清經解續編本改。

❷「未動」，原倒，今據皇清經解續編本改。

也。」《泰族》文。剥，陽剥而下，陰進而上，象魚感雨澤之氣而升也。以者，法貫魚之象。以爲宫人承事君子之道，則寵无不利也。鄭《乾鑿度》注云：「陽衰之時，若能執柔順以奉承君子，若魚之序，然後能寵无不利也。」**象曰：以宫人寵，終无尤也。** 案 陰陽之道，亦男女戰。乾出震，故无尤。消息之道然也。

上九，碩果不食，君子得輿，小人剥廬。 案 碩，大也。艮爲果，乾陽聚於上，故碩果。食讀爲「日有食之」之食，陰食陽也。艮以之止，故不食。下五陽爲陰所消，唯上碩果，陰不能食，是以剥而復生。君子謂陽，得當作德。《釋文》云：「京、董作德。」案，虞云：「乾爲德。」則虞亦作德。坤爲輿，上以厚下安宅，故德輿。謂反之三，坤民載之也。上之三，則上體純陰，艮宅不見，故小人剥廬。《太玄·夷》次六：「夷于廬，其宅丘虚。」《測》曰：「夷于廬，厥德亡也。」小人无德，故剥廬也。**象曰：君子得輿，民所載也。小人剥廬，終不可用也。** 案 坤爲民，厚載物，故民所載，謂上之三，坤載之也。上降則陰長而終，陽剥而伏，故終不可用，此乾上之所以不可動也。

䷗ 震下坤上

復，亨。 注 鄭康成曰：「復，反也，還也。陰氣侵陽，陽失其位，至此始還，反起於初，故謂之復。」見《左傳》疏。虞翻曰：「剛反交初，故亨。」**出入无疾，朋來无咎。** 注 虞翻曰：「謂出震成乾。案，復震。入巽成坤。案，姤巽。坎爲疾。十二消息，不見坎象，故出入无疾。」案，十二消息，无坎離。坎離者，乾坤之中氣，伏藏於中者也。案朋謂陽。陽息，故朋來无咎。息爲來也。

反復其道，七日來復。注康成曰：❶「建戌之月，以陽氣既盡。建亥之月，純陰用事。至建子之月，陽氣始生。隔此純陰一卦，卦主六日七分，舉其成數言之，而云七日來復。」見《正義·序》。案，孔疏云：「《易緯稽覽圖》云：『卦氣起中孚。』故坎、離、震、兑，各主其一方，其餘六十卦，卦有六爻，爻別主一日，凡主三百六十日。餘有五日四分日之一者，每日分爲八十分，六十卦，卦別各得七分，是每卦得六日七分也。」疏蓋用鄭義，易通以一爻當一日，皆舉成數言也。陽自剥反復，起於初，其道謂陽道，所謂德之本也。卦氣之説，詳於《唐志》一行議，然於卦爻配合，究屬難明，兹故闕焉，以俟知者。**利有攸往。**注虞翻曰：「陽息臨成乾，小人道消，君子道長，故利有攸往矣。」

彖曰：復，亨。剛反動而以順行，是以出入无疾，朋來无咎。反復其道，七日來復，天行也。利有攸往，剛長也。案陽反於初，故剛反。所謂反復其道也。動震順坤，陽息推陰而上，故動而以順行，一消一息，天道周。陽復息初，故天行也。陽息成乾，初動之九，故剛長。

復其見天地之心乎！注荀爽曰：「復者，冬至之卦，陽起初九，爲天地心，萬物所始，吉凶

---

❶「康」上，崇文書局本、皇清經解續編本有「鄭」字。又「成」，原重，今據崇文書局本、皇清經解續編本删一「成」字。

之先，故曰見天地之心矣。」案，元伏初下，天地之極中也。故見天地之心，陽始起未成爻畫者也，解在《贊元》。

象曰：雷在地中，復。先王以至日閉關，商旅不行，后不省方。 注 宋衷曰：「自天子至公侯，不省四方之事，將以輔遂陽體，成致君道也。制之者，王者之事。奉之者，爲君之業也。故上言先王，而下言后。」案，先王以者，法此爲制。后不省方，所制典禮也。鄭康成曰：「資貨而行，曰商。旅，客也。」見《釋文》。虞翻曰：「至日，冬至之日。坤闔户，爲閉關。巽爲商旅，爲近利市三倍，姤巽伏初，故商旅不行，《姤·象》曰：『后以施命，誥四方。』今隱復下，故后不省方。」案，《白虎通·誅伐》云：「冬至所以休兵不舉事，閉關，商旅不行，何？此日陽氣微弱，王者承天理物，故率天下静，不復行役，扶助微氣，成萬物也。」

初九，❶**不遠復，无祇悔，元吉。** 注 鄭康成曰：❷「祇，病也。」見《釋文》。案，鄭蓋以祇爲疷之假借。

案 元已伏初，故不遠復。出入无疾，故无病悔。乾元伏初，發而成乾，故元吉。《太玄·周》次三：「出我入我，吉凶之魁。」《測》曰：「出我入我，不可不懼也。」義本此，所謂復小而辯於物。**象曰：不**

---

❶「初九」，原倒，今據崇文書局本、皇清經解續編本改。

❷「康成」，原倒，今據崇文書局本、皇清經解續編本改。

遠之復，以修身也。 案欲修其身者，先正其心。伏陽發，故修身。孟子曰：「所以考其善不善者，豈有他哉？於己取之而已矣。」

六二，休復，吉。 案休，止也。陽發至二，則陰伏故休。陰休而陽復，故吉。二得正，伏二本位，不消陽。**象曰：休復之吉，以下仁也。** 案下仁謂初。初元伏，故曰：「仁，善之長也。」二陰以初元息乾，故休。

六三，頻復，厲，无咎。 注虞翻曰：「頻，蹙也。三失位，故頻復，厲。動而之正，故无咎。」案頻謂陰。三，陽位。陽復至三，陰不能伏，故頻蹙而退，體乾三故厲。陽至三得正，故无咎。復陽之生，與乾不同。乾則六畫既已成體，或言先，或言後，所謂息至二，息至三者，據位言耳。所謂陰者，虛位也。復則元始伏於初陰，氣尚盛，故多兼陰言，此其異也。**象曰：頻復之厲，義无咎也。** 案陽至三，得位，故義无咎。

六四，中行，獨復。 案中行謂四降二。從二而伏。二四互卦。陽獨上升，故獨復。**象曰：中行獨復，以從道也。** 案從二地道，從地道，所以奉天道也。

六五，敦復，无悔。 案坤厚故敦。五，坤中，故敦復。陽息至四，與五接，五有伏陽，感而遂通，得位故无悔。**象曰：敦復无悔，中以自考也。** 案考，稽也。伏陽在外，故中以自考。仁義禮知，非由外鑠。孔子曰：「君子之道四，丘未能一焉。」此聖人之自考也，所謂復以自知也。

上六，迷復，凶，有災眚。 注虞翻曰：「坤冥爲迷。」鄭康成曰：「異自內生曰眚。自外曰祥。害物曰災。」見《釋文》。案元伏於中，陰周其外，此坤上凝陽之象也。陰迷而陽復，則戰矣，故凶。龍戰于野，其道窮也。此亦窮之災也。**用行師，終有大敗，以其國君凶。** 注荀爽曰：「坤爲衆，故用行師，謂上行師，而距於初。陽息上升，必消羣陰，故終有大敗。國君謂初也，受命復道，當從下升。今上六行師，王誅必加，故以其國君凶。」案，坤爲國。元者，國之君也。陰當順陽，不順陽而欲以其國君，是不用君命者也，以君者叛君者也。**至于十年，不克征。** 注虞翻曰：「坤爲十年。」案陰不能距陽，故至于十年不克征。十者，陰陽之合也。雖陰陽已合，陰終不能距陽，況在陽息之時乎？**象曰：迷復之凶，反君道也。** 案陽爲君道，迷則背君，故凶。後順得常，何凶之有？

周易姚氏學卷第八

旌德姚配中撰

周易上經彖上傳象上傳

䷘ 震下乾上

无妄，元亨利貞，其匪正有眚，[1]**不利有攸往。** 注 虞翻曰：「遯上之初，剛來交初，體乾，故元亨。三四失位，故利貞也。案，利成既濟。匪正，謂上也。四已之正，上動成坎，故有眚。變而逆乘，天命不祐，故不利有攸往矣。」案，上窮失位，動則見滅於陰。

彖曰：无妄，剛自外來，而爲主於內， 案 外謂遯上，內謂初。陽爲陰主。**動而健，剛中而應，**

[1] 「眚」，原作「省」，今據崇文書局本、皇清經解續編本改。

大亨以正，天之命也。 注虞翻曰：「動，震也。建、大亨，❶謂乾。剛中謂五，而應二。大亨以正，變四承五，乾爲天，故曰大亨以正，天之命也。」案成既濟，乾道變化，各正性命，故天之命，所謂至於命也。**其匪正有眚，不利有攸往，无妄之往，何之矣？天命不祐，行矣哉！** 注虞翻曰：「祐，助也。行矣哉，言不可行也。」案无妄則不宜妄行。上匪正而動，是處无妄之時而妄者也，故曰无妄之往。之，之匪正者也。匪正而往，何所之也？此謂上不之三，而自妄動也。一陰一陽者，天之命。上失位妄行，故天命不祐。大有上化順乾，故自天祐之。

象曰：天下雷行，物與无妄。 注虞翻曰：「與謂舉。妄，亡也。謂雷以動之，震爲反生，萬物出震，无妄者也。」荀九家曰：「天下雷行，陽氣普遍，无物不與，故曰物與也。物受之以生，无有災妄，故曰物與无妄也。」❷**先王以茂對時育萬物。** 注虞翻曰：「乾盈爲茂，艮爲對時，體頤養象，萬物出震，故以茂對時育萬物。」案時，天下雷行時也。《月令》：「季春布德行惠，孟夏命司徒循行縣鄙，命農勉作，毋休于都。」

---

❶「建」，據經文彖辭當作「健」。

❷「也」，原作「曰」，今據崇文書局本、皇清經解續編本改。

初九，无妄，往吉。案初得正，故往吉，謂動之爻也。**象曰：无妄之往，得志也。**案初得正，四化應初，故得志。

六二，不耕穫，不菑畬，則利有攸往。注虞翻曰：「有益耕象，无坤田，故不耕。震爲禾稼，艮爲手，禾在手中，故稱穫。」鄭康成曰：「一歲曰菑，二歲曰新田，三歲曰畬。」見《詩・采芑》疏。案耕乃有穫，菑而後畬者，常也。六二中正有應，所謂不習无不利者，故不耕穫，不菑畬。謀道不謀食，禄在其中，故則利有攸往。所謂則，不疑其所行者也。往謂往應五。《吕覽》曰：「武王以甲子至殷郊，殷已先陳矣。人爲人之所欲，已爲人之所惡，先陳何益？適令武王不耕而穫。」《貴因》文。案，《坊記》云：「禮之先幣帛也，欲民之先事而後禄也。」引此以證。注云：「言必先種之，乃得穫。若先菑，乃得畬也。安有無事而取利者乎？」彼蓋謂必耕必菑，乃可往，然後有穫畬也。若不耕不菑，安有穫畬？是則凶矣。故彼畬下多一「凶」字。此云「則利有攸往」者，言果不耕而穫，不菑而畬，是乃不習无不利者。❶故則利有攸往，言不疑其所行也。若非是，則不利矣。《坊記》義與此可互明。不耕不菑，非不菑耕。所謂直內方外，自立有素也。豈待欲穫始耕乎？孔子曰：「丘之禱久矣。」學而優則仕，未聞以仕學。又案，《盤庚》云：「若農服田，力穡乃亦有秋。惰農自安，不昬作勞，不服田畝，越其罔有黍稷。」《吕覽・貴當》云：「有不先耕而成霸王者，古今無有。」《淮南・説林》云：「不能耕而欲黍梁，不能織而喜

❶「无」，原作「元」，今據皇清經解續編本改。

采裳，無事而求其功，難矣。」《太玄·毅》次五：「不田而穀，穀於揀禄。」《測》曰：「田不田，而禄食不當也。」義皆與《坊記》同。**象曰：不耕穫，未富也。**案不耕可穫，必不急於求穫，道在己也。利有攸往，實未往，故未富。言得之有道，不自妄求也。《太玄·失》次六：「滿其倉，蕪其田，食其實，不養其根。」《測》曰：「滿倉蕪田，不能脩本也。」義反此。

六三，无妄之災，或繫之牛，行人之得，邑人之災。注虞翻曰：「四動之正，坤爲牛，巽爲繩。」案四之正，成坤。上來之三，得坤牛，坤爲邑，邑人謂三伏陽，上之三，互坎，伏陽不能發，故邑人之災。《詩》曰：「中原有菽，庶民采之。螟蛉有子，蜾蠃負之。」有民而不能治，則能治者得之，此其所以災也。四化，三在坤中，則牛乃三自有之牛也。三伏陽未發，不能自有其有，故或繫之。司市凡得貨賄六畜者，各於其地，三日而舉之，或繫之牛，蓋邑人失之，而或繫之者矣。阮籍《通易論》云：「有國而不收其民，有衆而不脩其器，行人得之，不亦災乎？」**象曰：行人得牛，邑人災也。**案邑人失牛，故災。

九四，可貞，无咎。注虞翻曰：「動則正，故可貞。承五應初，故无咎也。」**象曰：可貞无咎，固有之也。**案伏陰可發之正，故固有之。

九五，无妄之疾，勿藥，有喜。注虞翻曰：「謂四已之正，上動體坎，坎爲疾病，故曰无妄之疾也。巽爲木，艮爲石，故稱藥矣。坎爲多眚，藥不可試，故勿藥，有喜。」**象曰：无妄之藥，**

不可試也。案動則失位，故不可。

上九，无妄，行有眚，无攸利。案上當之三，不之三而妄行，則伏陰發，陽窮不能反。**象曰：无妄之行，窮之災也。**案陽窮於上，動則爲陰所消。

䷙ 乾下艮上

大畜，利貞，不家食，吉。利涉大川。注虞翻曰：「二五失位，故利貞。二五易位，成家人。今體頤養象，故不家食吉，養賢也。」案天在山中，天氣下降，故大畜。《小畜》：「密雲不雨。」風行天上，故小畜。不家食，不但家食也。二五易位，成成坎，❶故利涉大川。利物榦事，君子畜德以及人也。故大畜，利貞，不家食，吉。利涉大川。畜之小，但懿文德而已，故密雲不雨也。惠氏棟云：「以艮畜乾，謂之大畜。」

象曰：大畜，剛健篤實，煇光日新。注虞翻曰：「剛健謂乾。篤實謂艮。二已之五，利涉大川，互體離坎，離爲日，故煇光日新也。」《釋文》云：「鄭以日新絶句。」案，虞注亦以日新絶句，《大有》「其德」連下讀，與此同。**其德剛上而尚賢。**案大壯初之上，故剛上。在上，故尚賢。《蠱》上「不事王侯，高尚其事」，致仕之賢也。「賁于丘園，束帛戔戔」，方聘之賢也。大畜，艮在

---

❶ 下「成」字，疑衍，皇清經解續編本作「一」。

乾上，傳曰：「養賢則已。」致之於朝者也。蜀才云：「此本大壯卦。」李鼎祚云：「剛自初升，爲主於外。剛陽居上，尊上賢也。」**能止健，大正也。不家食，吉，養賢也。**注虞翻曰：「健，乾；止，艮也。二五易位，故大正。」案，虞又云：「舊讀言能止健，誤也。」是虞作「健止」。惠氏棟云：「易氣從下生，故象傳之例，先下而上。」鄭康成曰：「自九三至上九，有頤象居外，是『不家食，吉而養賢』。」見《表記》疏。案，《表記》云：「事君，大言入則望大利，小言入則望小利。」引「不家食，吉」以證。注云：「言君有大畜積，不與家食之而已。必有禄賢者。賢有大小，禄有多寡。」是鄭以不家食爲不但家食，指養賢者言，非指賢者之家食。象曰：「養賢也。」則不家食指養賢者明矣。**利涉大川，應乎天也。**注京房曰：「謂二變五，體坎，案，二之五，化五陰爲陽。故利涉大川。五，天位，故應乎天。」

象曰：天在山中，大畜。君子以多識前言往行，以畜其德。案天在山中，艮以畜乾，故多識。天降時雨，山川出雲，地秉陰竅於山川，山中之天，乃山所畜之德，興雲雨者也。是故山以天氣畜其德，而天在山中；君子以前言往行畜其德，而清明在躬，氣志如神。氣所由來，非始本卦，故曰前往。

初九，有厲，利已。案初應四，之四則失位乘剛，故有厲。已，止也。謂不之四。**象曰：有厲，利已，不犯災也。**注虞翻曰：「謂二變正，四體坎，故稱災也。」案，不之四，故不犯災。

九二，輿説輹。案二之五，坎爲車，多眚。巽爲繩，兑爲毁折，故輿説輹。**象曰：輿説輹，中

无尤也。案小畜，離目不正，故反目。大畜，二五之正，皆得位得中，故中无尤。

九三，良馬逐，利艱貞，曰閑輿衛，利有攸往。注虞翻曰：「乾爲良馬，震爲驚走，故稱逐也。謂二已變，三在坎中，故利艱貞。」案曰讀爲日。《釋文》云：「鄭人實反。」閑，闌也，防也。日閑輿衛，申誓禁也。兵易擾民，故閑之，乃利有攸往，謂得位，動之爻，防其化也。二之五時，離爲日，爲戈兵甲冑，❶故曰輿衛。《白虎通·封公侯》云：「司馬主兵，不言兵言馬者，馬陽物，乾之所爲，行兵用焉。不以傷害爲文，❷故言馬也。」良馬者，兵之善者也。古者師過境，必申戒令，故《聘禮》：「遇邦假道，誓于其竟。」注云：「勑告衆士，爲其犯禮暴掠也。」《禮》：「君行師從，卿行旅從。」輿衛者，從君卿之師。非有所征伐，故不曰行師。**象曰：利有攸往，上合志也。**案上化應三。

六四，童牛之牿，元吉。案牿，牛馬牢也。艮爲童，上陰未發成坤，故曰童牛。震爲木，艮爲木多節，牛止其中，故曰牿，閑之也。震爲動，防其動而失位，故止之。《禮》：祀天之牛，角繭栗繫於牢芻之三月。故童牛之牿，馨聞於天，天祐之，故元吉。天在山中，乾元之氣也。鄭云：「巽爲木，互體震，震爲牛之足，在艮體之中，艮爲手，持木以就足，是施梏。」又《答泠剛問》云：「牛

---

❶ 「戈」，原作「弋」，今據皇清經解續編本改。

❷ 「文」，《白虎通》作「度」。

无手，前足施牿。」鄭蓋以牿爲梏義，亦通。《吕覽・士容》云：「齊有善相狗者，其鄰狗不取鼠，以告相者，相者曰：『此良狗也，其志在獐麋豕鹿，不在鼠。欲其取鼠也，則桎之。』其鄰桎其後足，狗乃取鼠。」據此是古有桎狗之法，亦應有桎牛之法。桎後足謂之桎，則前足爲梏審矣。晁説之云：「鄭作角。」其亦未見《周禮》疏所引鄭注也。虞注謂以木楅其角，《説文》引作「僮牛之告」，義與虞同，皆畜養之義。陸云：「牿當爲角。」劉氏云：「牿之言角，其即解且角之意與？」**象曰：六四元吉，有喜也。** 案 天祐之，故有喜。

六五，豶豕之牙，吉。 注 鄭康成曰：「牙讀爲互。」見《釋文》。案，牙，互形之誤。《劉向傳》「宗族磐互」，注云：「互字或作牙。」亦形似之譌。案 《周禮・牛人》：「凡祭祀，共其牛牲之互。」豶豕之互，亦謂祭也。二五易位，上之正，坎爲豕，易位得正，故吉。豶，幼豕也。牛用童牛，故豕用幼豕。畜之大，莫過於祭，所謂博碩肥腯者也。《牛人》注：司農云：「互謂楅衡之屬。」鄭云：「若今屠家縣肉格。」據先鄭義，則豶豕之互亦謂閑之；據鄭義，則謂祭時陳設也。義皆可通。惠氏士奇云：「童牛豶豕，幼小之名。❶《爾雅》：『豕子，豬。豧，豶。幺，幼。』注云：『俗呼小豶豬爲豧子。』」**象曰：六五之吉，❷有慶也。** 注 虞翻曰：「五變得正，案，二之五。故有慶也。」

上九，何天之衢，亨。 注 鄭康成曰：「艮爲手，手上肩也。乾爲首，首肩之閒，荷物處。乾爲

❶「名」，原作「亻」，今據崇文書局本、皇清經解續編本改。
❷「五」，原作「四」，今據崇文書局本、皇清經解續編本改。

天，艮爲徑路，天衢象也。人君在上，負荷天之大道。」見《崔駰傳》注及《文選》注。馬融曰：「四達謂之衢。」見《釋文》。**象曰：何天之衢，道大行也。**案在五上，五何之也。二之五，上化之正，陰陽通，故亨。賢者，道所在。養賢則道行矣。故道大行，謂成既濟也。賢得而民得，民得而天與之矣。

䷚ 震下艮上

頤，貞吉。注姚信曰：「以陽養陰。」案，《鄉射禮》記「亨于堂西北」，注云：「祖陽氣之所始也。陽氣主養，《易》曰：『天地養萬物，聖人養賢以及萬民。』」是鄭亦以此爲陽養陰也。上下二陽，包養四陰，互體坤，萬物致養，陽以陰養物也。所謂地道无成，❶而代有終。案三上易位，五之正，故貞吉。頤上下二陽，四陰在中。二五，上下之中。三四，互體之中。所謂中爻也。中爻皆陰象，天包地，陽極於外，盛陰在中之象。象曰「山下有雷」，則不取下爲上中之義，山下有雷，艮之下，震之上，三四之交，乃其最中，而陽所伏也。是故六畫之卦，以下爲中者，據其自地中至天上，以一方言之；六畫引爲渾圜，則初在中。《太玄·周》次二所謂「植中樞，周無隅」，元立於中爻，周其外也。頤以三四之交爲中，則據渾圜之體言之，反復不衰。三四之交，即元之所伏，天地之極中也。王肅《中孚》注云：「中孚之卦，外實內虛。」虞《小過》注云：「或說以卦象二陽在內，四

---

❶「无」，原作「元」，今據皇清經解續編本改。

陰在外。」宋衷云：「二陽在内，上下各陰，有似飛鳥舒翮之象。」據此是反復不衰之卦，漢魏諸儒亦以爲渾圜之象。故謂三四爲内也。頤上止下動，亦皆外，所噬之物，在三四之交，乃爲中耳。**觀頤，自求口實。**注鄭康成曰：「頤，口車輔之名也。震動於下，艮止於上，口車動而上，因輔嚼物以養人，故謂之頤。頤，養也。觀頤，觀其養賢與不肖也。頤中有物，曰口實。自二至五，有二坤，坤載養物，而人所食之物皆存焉。觀其求可食之物，而貪廉之情可別也。」

彖曰：頤，貞吉，養正則吉也。注宋衷曰：「頤者，所由飲食自養也。君子割不正不食，況非其食乎？是故所養必得賢明，自求口實必得體宜，是謂養正也。」案，養正謂成既濟。**觀頤，觀其所養也。自求口實，觀其自養也。天地養萬物，聖人養賢以及萬民。頤之時大矣哉！**案天謂陽，地謂陰。天資始，地資生，天包乎地，物无不養。聖人則天因地，亦无所不養也。《素問·五運行大論》：「帝曰：『地之爲下，否乎？』岐伯曰：『地爲人之下，太虚之中者也。』帝曰：『馮乎？』岐伯曰：『大氣舉之也。』」

象曰：山下有雷，頤。君子以慎言語，節飲食。注劉表曰：「山止於上，雷動於下，頤之象也。」荀爽曰：「雷爲號令，今在山下閉藏，故慎言語。雷動於下，以陽食陰，艮以止之，故節飲食也。言出乎身，加乎民，故慎言語，所以養人也。飲食不節，殘賊羣生，故節飲食以養物。」案，《口訣義》引荀注云：「飲食失宜，患之所起。」

初九，舍爾靈龜，觀我朶頤，凶。注鄭康成曰：「朶，動也。」見《釋文》。案，李鼎祚云：「朶頤，動下垂之貌。」案舍，止也。龜，陰之老也，千歲而靈。《爾雅》：「一曰神龜，二曰靈龜。」初應四，四體艮止，互坤，故舍爾靈龜。我謂初，初體震動，故觀我朶頤。動化失位，故凶。謀及乃心，謀及卜筮，靈龜不用，朶頤是觀，貪求失正，无所稽疑，謂不欲四正應，而貪望其它也。

象曰：觀我朶頤，亦不足貴也。案屯初以貴下賤，大得民，陽貴陰賤也。觀我朶頤，陽動而化，故亦不足貴。本足貴者也，動而失位，斯亦不足貴也矣。

六二，顛頤，拂經于丘頤，征凶。注王肅曰：「拂，違也。經，常也。」案顛，頂也，謂上，喻高也。二當應五，不應五而養於上，故拂經。高以下始，二之之上，由五失位，五艮中，故曰丘。于丘頤，言由五養之失正，故二之上，言有漸也。上非二應，二征之上，故征凶。柳氏興宗云：「《書》稱『不有康食』，顛頤之謂。『拂其耇長』，拂經于丘頤之謂。」**象曰：六二征凶，行失類也。**

案陰與陰爲類，言二當應五，不應五而之上，故行失類。

六三，拂頤，貞凶，十年勿用，无攸利。注虞翻曰：「坤爲十年。」案三失位，故拂頤。拂頤則凶至，凶至乃貞，故貞凶。所謂正乎凶也。方欲之正，而凶已至，尚何益乎？故十年勿用，无攸利，悖之甚，則挽之難也。十者，陰陽之合，既濟是也。十年勿用，言終勿用也。《吕覽》曰：「德義之緩，邪利之急，身以困窮，雖後悔之，尚將奚及？」《情欲》文。**象曰：十年勿用，**

道大悖也。 案 道謂三，陽位養道也。拂頤大悖，故十年勿用。「小人之使爲國家，菑害並至，雖有善者，亦无如之何。」是以貞凶，由辯之不早辯也。

六四，顛頤，吉。 案 顛謂上，上之三，四得乘之，有應於初，故吉。**虎視眈眈，其欲逐逐，无咎。** 注 虞翻曰：「坤爲虎，離爲目。逐逐，心煩貌。」案，《説文》云：「視近而志遠。」案 謂初也。初欲四「舍爾靈龜，觀我朶頤」，❶故眈眈、逐逐，喻貪暴也。上之三，成離，則初應四，故无咎。**象曰：顛頤之吉，上施光也。** 注 虞翻曰：「謂上已反三，成離，故上施光也。」案，上之三，五化之正，成既濟。

六五，拂經，居貞，吉。 注 虞翻曰：「失位，故拂經。」案 二之拂經，實由於五，故五亦曰拂經。五與二爲應，五不應二而承上，是五先違常也。二以五違常，故亦應上。五之正，則二應之，故居貞吉。**不可涉大川。** 注 虞翻曰：「涉上成坎，乘陽无應，故不可涉大川矣。」案，五若之上，則上來之五，二終爲所有，故宜自正也。**象曰：居貞之吉，順以從上也。** 案 二違常由五，五正則二仍順五，故順以從上，五是以吉也。

上九，由頤，厲吉，利涉大川。 注 虞翻曰：「由，自從也。體剥居上，衆陰順承，故由頤。失位

---

❶ 「頤」，原作「顛」，今據初九爻辭改。

故厲。之五，得正成坎，坎爲大川，故利涉大川。」案，此與由豫同。由豫謂四之五，由頤謂上之五。五之上，則自失其尊位，各有宜也。五之爻於五言不利涉大川，不可之上，而上可之五者，上之五，得尊位。五之上，則自失其尊位，各有宜也。五之正，則上降三。上之五，則三化。**象曰：由頤，厲吉，大有慶也。**注虞翻曰：「變陽得位，案，謂之五。故大有慶。」

䷛ 巽下兑上

大過，棟橈。注虞翻曰：「巽爲長木，稱棟。初上陰柔，本末弱，故棟橈也。」案《魯語》曰：「不厚，棟其不能任重。❶重莫如國，棟莫如德。」**利有攸往，亨。**注虞翻曰：「謂二也。失位无應，利變應五。」案二化，初四易位，成既濟，故亨。

象曰：大過，大者過也。注虞翻曰：「陽稱大。」案，四陽之卦，不但大過。四陰之卦，不但小過。獨此二卦稱過者，反復不衰之卦，皆渾圜之象。頤盛陰充滿，陽將從中生，故《太玄》準以養，養伏陽也。大過象陽極而陰伏，陽在中四爻，故以過言之。小過陰在外，據二五，故亦稱過。中孚則陰漸以斂，陽從中生矣。雖五陰五陽之卦，非渾圜不言過。**棟橈，本末弱也。剛過而中，巽而説行，利有攸往，乃亨。大過之時大矣哉！**案上下陰柔，故弱。中，中四爻也。反復不衰，以渾圜言，巽亦兑也，故巽而

❶「棟其」，《國語》倒。

說行。二之正，初四易位，乃成既濟，陰陽通，故乃亨也。

象曰：澤滅木，大過。案滅，盡也。反復不衰，兑亦爲巽，故象棟。渾圜視之，上下皆兑，故澤滅木。**君子以獨立不懼，遯世无悶。**案獨立象棟，遯世象巽，盡伏也。《荀子》曰：「天下有中，敢直其身。先王有道，敢行其意。上不循於亂世之君，下不俗於亂世之民。仁之所在无貧窮，仁之所亡无富貴。天下知之，則欲與天下同苦之。天下不知之，則傀然獨立天地之閒而不畏，是上勇也。」《性惡》文。

初六，藉用白茅，无咎。注虞翻曰：「位在下稱藉。巽柔白爲茅。」案藉於下不動，則失不見，故无咎。禮祭有茅藉，取其絜也。《漢書·淮陽憲王欽傳》，元帝諭憲王曰：「《易》『藉用白茅，无咎』。言臣子之道，改過自新，絜己以承上，然後免於咎也。」**象曰：藉用白茅，柔在下也。**

九二，枯楊生稊，老夫得其女妻，❶**无不利。**注虞翻曰：「稊，稺也。楊葉未舒稱稊，巽爲楊，乾爲老，老楊故枯。兑爲雨澤，枯楊得澤復生稊。二體乾老，故稱老夫。女妻謂上兑，兑爲少女，故曰女妻。大過之家，過以相與，老夫得其女妻，故无不利。」**象曰：老夫女妻，過以相與也。**注虞翻曰：「謂二過初與五，五過上與二，獨大過之爻，得過其應，故過以相與

❶「女妻」，原倒，今據崇文書局本、皇清經解續編本改。

也。」案，張氏惠言云：「初比二，而二使之過與五。上比五，而五使之過與二。」

九三，棟橈，凶。案巽爲木，爲直，應在兑，爲毁折，其木曲，故橈。兑上陰柔，不能輔陽，三化失位體困，輔之益橈，故凶。《漢書·叙傳》云：「大過之困，實橈實凶。」**象曰：棟橈之凶，不可以有輔也。**注虞翻曰：「本末弱，故橈。輔之益橈，故不可以有輔。陽以陰爲輔也。」案，《太玄·上》次七：「升于顛臺，或柱之材。」《測》曰：「升臺柱，輔弗堅也。」其義本此。

九四，棟隆，吉，有它吝。案惠氏棟曰：「初四易位，故吉。過應上則橈，故有它吝。」非應，稱它。**象曰：棟隆之吉，不橈乎下也。**案四之初，則初不弱，故不橈乎下。《太玄·毅》次六：「毅于棟柱，利安大主。」《測》曰：「毅于棟柱，國任疆也。」

九五，枯楊生華，老婦得其士夫，无咎无譽。案兑象反巽，故枯楊。震爲旉，五動失位，成震，故生華。兑爲女，乾爲老，故老婦謂五也。初爲元士，二之正，艮爲少男，故曰士夫。《詩》曰：「桃之夭夭，灼灼其華，之子于歸，宜其室家。」言婦人以年盛時行也。枯而生華，是狂生也。荀子曰：「危削滅亡之情，舉積此矣，而求安樂，是狂生者也。狂生者，不胥時而落。」《君道》文。五動失位，仍反其本，故无咎。无應於二，故无譽也。老夫老婦，重昏嫁者。士夫女妻，初昏嫁者。虞以老婦謂初，兹不用二。老夫得女妻，謂二得上，則此老婦得士夫，宜謂五得初。《禮》：「宗子雖七十，無無主婦。」是老夫，得再娶。《白虎通·諫諍》云：「棄妻令可嫁。」是婦出得再嫁。**象**

曰：枯楊生華，何可久也？老婦士夫，亦可醜也。 注 虞翻曰：「枯而生華，故不可久。」案，《太玄·上》次四「即上不貞，无根繁榮」本此。 案 五動失位，求非其偶，故亦可醜。

上六，過涉滅頂，❶凶，无咎。 注 虞翻曰：「兑爲水澤。頂，❷首也。乾爲頂，頂没兑水中，故滅頂，凶。得位，故无咎。」案，澤深至上，陽過於中，陰上窮不能反，❸莫如之何，尚何咎哉？惠氏士奇云：「《後漢書》趙温曰：『一爲過，再爲涉，三而弗改，滅其頂，凶。』當不得不涉之時，有不容復反之勢，又有不可復反之心，君子濡迹以救時，誰得而咎焉？步長六尺，以長爲深，則涉深六尺。過涉則水益深，故有滅頂之象。」案，《太玄·積》次八：「積義辰禍，維先之害。」《測》曰：「積善辰禍，非己辜也。」義本此。過涉滅頂，凶，非己過也。**象曰：過涉之凶，不可咎也。** 案 震无咎者，存乎悔。頂已滅矣，不可追咎，此亦不可如何者也。

䷜ 坎下坎上

習坎，有孚維心，亨，行有尚。 注 虞翻曰：「習，常也。孚，信，謂二五。水行往來，朝宗於海，

---

❶「過」下，原衍「頂」字，今據崇文書局本、皇清經解續編本删。

❷「頂」，原脱，今據皇清經解續編本補。

❸「上」，皇清經解續編本無此字。

不失其時，如月行天，故習坎，有孚也。坎爲心，乾二五旁行流坤，陰陽會合，故亨也。」案坎險之世，禮或不行，素位而行，心知禮意，則亦无於禮者之禮也。動也中矣，故維心亨。下坎失正，行之離上，成既濟，故行有尚。

彖曰：習坎，重險也。注虞翻曰：「兩象也。天險地險，故曰重險也。」**水流而不盈，行險而不失其信。**注荀爽曰：「陽動陰中，故流。陽陷陰中，故不盈也。」案，陽動陰靜。坎中陽，陽爲之主，故流。升則降而爲兩，❶陽使之也。離中陰，陰爲之主，故火雖動必有所麗，動而不離其處，陰制之也。若无所麗，則陽動而爲烟矣。坎者，陷也。陷則不流，精凝而成月。離者，麗也。麗則其動有常，精聚而爲日。月光向日而明，動於内也，雖陷而不終止，故坎獨稱習。陸績曰：「水性趨下，不盈溢崖岸也。月者，水精。月在天，滿則虧，不盈溢之義也。」虞翻曰：「水性有常，消息與月相應，故不失其信矣。」**維心亨，乃以剛中也。行有尚，往有功也。**案剛中謂二五。坎中陽，離中陰，皆伏焉者。行之離，成既濟，故有功。**天險，不可升也。地險，山川丘陵也。王公設險以守其國，險之時用大矣哉！**注虞翻曰：「謂五在位。五天從乾來，體屯難，故天險不可升也。坤爲地，乾二之坤，故地險。艮爲山，坎爲川，半山稱丘，丘下稱陵，故曰地險，山川丘陵

❶「兩」，據文義當作「雨」。

也。王公大人，謂乾五。案，乾爲王，互震爲公。坤爲邦，乾二之坤，成坎險，震爲守，有屯難象，故王公設險以守其邦。」案，「守」，《掌固》注引作「固」，云：「國曰固，野曰險。」義同。

象曰：水洊至，習坎。君子以常德行習教事。 注 陸績曰：「洊，再也。水再至而益通流，不舍晝夜，重重習相隨以爲常，有似於習，故君子象之，以常習教事，如水不息也。」陸績《京氏易傳》注云：「坎水能深陷於物，處坎之險，不可不習，故曰習坎。」案，坎爲水。坎，陷也。習坎兼二義，水洊至，流行不息也。水陷於坎則止，洊至則雖陷而恒流動，是之謂水洊至。《習坎·象》曰：「習坎，重險也。水流而不盈，行險而不失其信。」亦以水險並言。水不陷則横行，有坎而水歸焉。自下生者，出於坎，井是也；自上下者，歸於坎，河海是也。故六十四卦，坎上獨加以習。

初六，習坎，入于坎窞，凶。 注 虞翻曰：「習，積也。位下故習。坎爲入，坎中小穴稱窞。上无其應，初二失正，故曰失道凶也。」案，入于坎窞，不得之正。**象曰：習坎入坎，失道凶也。** 案 入于坎窞，則不能行，故失道凶，不得之正也。君子常德行，習教事，習坎以濟坎者也。習坎入坎，則非所以濟坎，乃愈以入坎，以非賢爲賢，以非法爲法，入之愈深，出之益難矣。或説此講刑名，以法陷人者也。卒自離焉，故入坎。曾子曰：「出乎爾者，反乎爾者也。」

九二，坎有險，求小得。 注 虞翻曰：「據陰有實，故求小得。」案 地險山川丘陵，二在艮山下，坎中有險，疑坎可出。陷於中，雖據陽，終不能出。二有伏陰，故求小得，謂不能升離五，得自化之正也。**象曰：求小得，未出中也。**案未能出坎，故但小得而已。

六三，來之坎坎，險且枕，入于坎窞，勿用。案枕當作沈。《釋文》云：「古文作沈。」水性就下。三，上下之交，上卦之入由三，故來之坎坎。上坎來之下，與三並入坎窞，故來之坎坎，險且沈入于坎窞也。三當升離上，今入於初，故勿用。乾陽上出，故終日乾乾。坎水下降，故來之坎坎。所謂洊至也。離火炎上，故兩作。坎水就下，故洊至。作，起也；至，下也。三雖在艮山下，不既出坎，故亦曰險。**象曰：來之坎坎，終无功也。**案上來之三，三之初，俱失位，如水益深，如火益熱，亦運而已矣。

六四，樽酒簋貳，用缶。注虞翻曰：「震主祭器，故有樽簋。坎爲酒。簋，黍稷器。三至五有頤口象。案，三當作二。震獻在中，故爲簋。巽爲木，震爲足，坎酒在上，樽酒之象。貳，副也。坤爲缶，禮有副樽，故貳用缶耳。」鄭康成曰：「六四上承九五，又互體在震上，天子大臣，以王命出會諸侯，主國尊於簋副，設玄酒而用缶也。」見《禮器》疏。案，《舍人》注云：「方曰簠，圓曰簋，盛黍稷稻粱器。」疏云：「外神用瓦簋，宗廟當用木。」《詩·權輿》疏云：「《考工記》：『瓬人爲簋。』則簋，瓦器。」《易·損卦》注云：「離爲日，曰體圓。巽爲木，木器圓，簋象。」案：簋有瓦，有木。虞取震象，則亦以爲木器。唯虞據祭言，鄭以饗禮言。云「尊於簋」，則簋乃用以承尊者，如舟豐棜禁之類。爲承尊之器，非黍稷器矣。《禮器》：「五獻之尊，門外缶，門內壺。君尊瓦甒。」鄭彼注云：「五獻，子男之饗禮也。」引此以證。

此注云「天子大臣」者，天子使於諸侯，皆使大夫，大夫視子男，禮亦宜五獻。又案，《燕禮》：「公尊瓦大，兩有豐。」注以瓦大爲「有虞氏之尊」。引《禮器》「君尊瓦甒」以證，則此樽，鄭當以爲泰尊，泰用瓦，或説尊酒即禮之側尊。簋貳即禮之兩敦。敦簋同類。故《特牲》兩敦後又變言簋，一樽二簋，故象曰：「剛柔際。」要之，易者，象也，觀象繫辭，不必以一時一代之禮拘也。**納約自牖，終无咎。** 注 虞翻曰：「坎爲内也。四陰小，故約。艮爲牖，坤爲户。艮，小光照户牖之象。得位承五，故无咎。」案，祭於室中，奠於牖下，四得位，神享之，故无咎，謂不之初也。**象曰：樽酒簋貳，剛柔際也。** 案 際，交際也。四上承五，薦鬼神，羞王公，故剛柔際。《釋文》本無貳字。

九五，坎不盈，祇既平，无咎。 注 虞翻曰：「盈，溢也。艮爲止，謂水流而不盈。坎爲平，得位正中，故无咎。」鄭康成曰：「祇當作坻，小丘也。」見《釋文》。案，《爾雅》：「小址曰坻，謂水中小丘可居者。」坎水艮山，陽陷陰中，故不言山，而言坻。五在艮上，故既平，謂不險也。**象曰：坎不盈，中未光大也。** 注 虞翻曰：「體屯五中，故未光大也。」案，坎雖不盈，終未出坎。

上六，係用徽纆，寘于叢棘，三歲不得，凶。 注 劉表曰：「三股爲徽，兩股爲纆，皆索名。」虞翻曰：「坎多心，故叢棘。」案，棘，赤心木。坎陽在中，堅多心，故爲棘。《元命苞》云：「人君槐棘樹，聽訟於其下，棘赤心有刺，言治人情者，原其心，不失赤實。」案 此三所謂來之坎坎者也。上本得位，水性就下，降而之三，失位，故象曰：「上六失道。」三互艮手，之正成巽繩，故三係上，入于坎窞，重坎之下，故稱叢棘。上應在三，爲三所係，入于坎窞，不得復至上，故三歲不得，凶。**象曰：上六失道，凶三歲也。** 注 鄭康成曰：「上六乘陽，有邪惡之罪，故縛以徽纆，置於叢棘，而使公卿以下議之。其害人者，置之圜土。能復者，上罪三年而赦，中罪二年而赦，下罪一年而赦。不得者，不自思以得正道，終不能自改而出諸圜土者殺，故曰凶。」案，本得位，故言上六。降失位，故失道。

䷝ 離下離上

離，利貞，亨。 案 上卦失正，利貞之坎，與坎下易位，故利貞，亨。亨在利貞之後，故知與坎下易位，言利貞在亨也。**畜牝牛，吉。** 注 荀爽曰：「牛者，土也。生土於火。離者陰卦，牝者陰性，故曰畜牝牛吉矣。」案，離二五，坤之中氣。虞翻曰：「畜，養也。坤爲牝牛。」

象曰：離，麗也。 注 荀爽曰：「陰麗於陽，相附麗也。亦爲別離，以陰隔陽也。離者，火也，託於木，是其附麗也。煙燄飛升，炭灰降滯，是其別離也。」**日月麗乎天，百穀草木麗乎土。重明以麗乎正，乃化成天下。** 注 虞翻曰：「兩象，故重明。正謂五陽。」案，五伏陽。案 離爲日，坎爲月。月不自明，受日之明，上體離，有伏坎。坎伏於內，離明於外，此日光之被月者也。離既自明，又以明坎，是謂重明。坎下卦離明伏，則月合朔光盡向日象也。終與坎易位，成既濟，故乃化成天下。謂日月往來，一寒一暑。**柔麗乎中正，故亨。是以**

畜牝牛吉也。案上體離，與坎下易位，五降二得中正，成既濟，故亨。二，坤元之位，是以畜牝牛，吉也。

象曰：明兩作，離。大人以繼明照于四方。注鄭康成曰：「作，起也。」見《釋文》。虞翻曰：「兩謂日與月也。乾五之坤，成坎。坤二之乾，成離。離坎，日月之象。」案，上有伏坎，月得日而明者也。日往則月來，月往則日來，故兩作。離稱兩作，坎不云兩至者，水流不絶，故習坎。日月異體，故重明麗正。明於此者，麗於彼也。《藝文類聚》以「黄離元吉」及此列於儲宫，蓋以爲世子之象。案上伏坎，月受光日，月繼日之象。繼，續也。謂反復不衰。

初九，履錯然，敬之，无咎。案坎三「來之坎坎」，謂上來之三，水就下也。離四「突如其來如」，謂初之四，火炎上也。故履錯然。之四失位，仍退居初，故敬之无咎。荀子曰：「仁者，必敬人。凡人非賢，則案不肖也。人賢而不敬，則是禽獸也。人不肖而不敬，則是狎虎也。禽獸則亂，狎虎則危，災及其身矣。」《臣道》文。履者，禮也。《曲禮》曰：「毋不敬。」《董子·玉英》云：「春秋有經禮，❶有變禮。爲而安性平心者，經禮也。至有於性雖不安，於心雖不平，於道無以易之，此變禮也。」**象曰：履錯之敬，以辟咎也。**案反之初，故辟咎，不之四也。

---

❶「禮有」，原倒，今據清武英殿聚珍版叢書本《春秋繁露·玉英》改。

六二，黄離，元吉。 注鄭康成曰：「離，南方之卦。離爲火，土託位焉，土色黄，火之子，喻子有明德，能附麗於父之道。文王之子，發、旦是也。」見《文選》注。案元，坤元。坤元託位於二，中央土也。離，坤之中氣，故黄離元吉。**象曰：黄離元吉，得中道也。** 案二得中正，故得中道也。

九三，日昃之離， 案昃，日在西方時側也。三應在上，上失位，化則成豐，所謂日中則昃，月盈則食者也。火性炎上，九三之故，日昃之離，麗上也。**不鼓缶而歌，則大耋之嗟，凶。** 注鄭康成曰：❶「《詩》：『坎其擊缶。』則樂器亦有缶。大耋，謂年踰七十也。」見《詩·宛丘》疏及《車鄰》疏。案，《説文》云：「缶，瓦器，秦人鼓之，以節謌。」案四化，三互震，爲鼓。坤土爲缶，震爲樂。成賁，文明以止。三不之上，則鼓缶而歌；四未化成震艮，故不鼓缶而歌。「今者不樂，逝者其耋」，故大耋之嗟。兑口故嗟，畫動之爻，陽老於九，故稱大耋。極則化而失位，故凶。曾子曰：「往而不可還者，親也。至而不可加者，年也。」《韓詩外傳》云。**象曰：日昃之離，何可久也？** 案日昃，故何可久。

九四，突如其來如，焚如，死如，棄如。 案突，突出也。其，其初。火性炎上，故突如其來如。

❶「成」，原脱，今依書例補。

初之四失位，爲四所焚，故焚如。四互兑澤，滅離火，故死如。初已去其本位，不能復反，故棄如。此初之所以不可不敬，必慎所履也。《白虎通》云：「子養父母何法？法夏養長木。」荀爽《對策》云：「離在地爲火，在天爲日。在天者，用其精。在地者，用其形。夏則火王，其精在天，温暖之氣，養生百木，是其孝也。冬時則廢，其形在地，酷烈之氣，焚燒山林，是其不孝也。」案，火有養長之義，故鄭以焚如爲殺其親之罪。《掌戮》注又引此以證。《匈奴傳》如淳注與鄭同。鄭《易》注唯以死如爲殺人之刑；棄如，流宥之刑。與《周禮》注及如淳説稍異。　**象曰：突如其來如，无所容也。**案初既去其本位，來之四，又无所附，爲四所棄，故无所容。

六五，出涕沱若，戚嗟若，吉。注虞翻曰：「坎爲心，兑爲口，故戚嗟若。動而得正，尊麗陽，故吉也。」案離爲目，伏坎出，故出涕，謂成既濟也。　**象曰：六五之吉，離王公也。**案王謂伏陽，四之正，震爲侯，位尊寵盛，故戚嗟而吉，所謂如臨深淵，如履薄冰者與。

上九，王用出征，有嘉折首，獲匪其醜，无咎。案王謂乾五，乾五出征坤，成離戈兵，故王用出征。互兑，折乾首，故有嘉折首。功成而反化，成既濟，故獲匪其醜，无咎也。　**象曰：王用出征，以正邦也。**注虞翻曰：「乾五出征坤，故正邦也。」案，乾二五之坤，坤之乾，成坎離，坎離上下交，各成既濟，以陽正陰，故以正邦也。劉向疏云：「言美誅首惡之人，而諸不順者，皆來從也。」

周易姚氏學卷第九

旌德姚配中撰

周易下經彖下傳象下傳

䷞艮下兑上

咸，亨，利貞，取女吉。注鄭康成曰：「咸，感也。艮爲山，兑爲澤，山氣下，澤氣上，二氣通而相應，以生萬物，故曰咸也。其於人也，嘉會禮通，和順於義，幹事能正。三十之男，有此三德，以下二十之女，正而相親説，娶之則吉也。」案山澤通氣，氣通則初四易位，成既濟，故亨利貞。六爻正，故取女吉。上經首乾坤，天地也。天地之氣，以山澤通，以雷風薄，故下經首咸恒。《郊特牲》曰：「天地合，而後萬物興焉。夫昏禮，萬世之始也。」《荀子·大略》云：「《易》之咸，見夫婦，夫婦之道不可不正也，君臣父子之本也。咸，感也。以高下下，以男下女，柔上而剛下。聘士之義，親迎之道，重始也。」案，士之仕，猶女之嫁，故《易》多以昏冓爲喻。一與之齊，終身不改，始不可不慎也。漸之進也，女歸吉也。言進有漸，如女歸，待禮備而後行也。

彖曰：咸，感也。柔上而剛下，二氣感應以相與。注虞翻曰：「坤三之上，成女。乾上之三，成男。乾坤氣交以相與。」案，否，乾坤。鄭康成曰：「與，猶親也。」見《釋文》。**止而説，男下女，是以亨，利貞，取女吉也。**注王肅曰：「山澤以氣通，男女以禮感。男而下女，初昏之所以爲禮也。」案男女有別，然後父子親，父子親然後義生，義生然後禮作，禮作然後萬物安，故止而説。男子親迎，男先於女，剛柔之義也。天先乎地，君先乎臣，其義一也。**天地感而萬物化生，聖人感人心而天下和平，觀其所感，而天地萬物之情可見矣。**注荀爽曰：「乾下感坤，故萬物化生於山澤。」陸績曰：「天地因山澤孔竅以通其氣，化生萬物也。」虞翻曰：「初四易位，成既濟，坎爲平，故聖人感人心而天下和平。此『保合太和，品物流形』也。」案，「利貞者，性情」，故情可見。

象曰：山上有澤，咸。君子以虚受人。案山澤通氣，互相感應，皆以虚受者也。荀子曰：「何以知道？曰心。心何以知？曰虚壹而静。」《解蔽》文。《太玄·增》次五：「澤庳其容，衆潤攸同。」《測》曰：「澤庳其容，謙虚大也。」本此。

初六，咸其拇。注鄭康成曰：「拇，足大指也。」見《釋文》。案，艮爲指，在下，故足指。案四感初，初動應四，故咸其拇。此所謂近取諸身者也。《吕覽》曰：「人之有形體四枝，其能使之也，爲其感而必知者也。感而不知，則形體四枝不使矣。人臣亦然，號令不感，則不得而使矣。」《圜道》文。又曰：「形不動則精不流，精不流則氣鬱。」《盡數》文。又曰：「國亦有鬱，主德不通，民欲不達，此國之鬱也。」《達鬱》文。**象曰：咸其拇，志在外也。**注虞翻曰：「失位遠應，之四得正，故志在外。」

六二，咸其腓，凶，居吉。注鄭康成曰：❶「腓，膞腸也。」案，虞《艮》六二注云：「巽長爲股，艮小爲腓。」《説文》云：「腓，脛腨也。」「腨，腓腸也。」「脛，胻也。」膝以下謂之胻。胻，小股也。案二與五，感動而失位，故凶。居二順五，故居吉，謂不化也。**象曰：雖凶，居吉，順不害也。**案二化失位，仍反之正，故雖凶，居吉。失位則害，之正順五，故順不害。咸，二氣相與，六爻皆動之卦也。

九三，咸其股，執其隨，往吝。注虞翻曰：「巽爲股，爲隨。艮爲手，故稱執。」案與上相感也。隨謂初二，陰從陽，故稱隨。此男下女之爻也，男已下女，女當正内，男當正外，三居陽位，而執柔順之道以從上，是亦從婦者也。往而失位，故吝。**象曰：咸其股，亦不處也。志在隨人，所執下也。**案處，處於晝不動也。亦，亦初二。初志在之四，二動而失位，皆動而不處者也。三上相感，股動則行，故亦不處，執初二陰柔之道，故所執下。

九四，貞吉，悔亡。憧憧往來，朋從爾思。注虞翻曰：「憧憧，懷思慮也。」案貞吉悔亡，謂自

❶「成」，原脱，今據崇文書局本、皇清經解續編本補。

化之正。憧憧謂不化。欲與初易位，易位則成既濟。六爻應，故朋從爾思。言皆欲之也。**象曰：貞吉悔亡，未感害也。憧憧往來，未光大也。**注虞翻曰：「未動之離，故未光大也。」案初四俱失位，相感爲感害，四化不與初感，故未感害，言自正也。初四易位，則成既濟，尚未易位，故未光大，言不自正，欲與初易位也。「情僞相感，而利害生。」未與初感，故未感害。自之正，正也；與初易位，亦正也：所謂同歸。或易位，或自正，是謂殊塗。欲自化，爲失正也。欲易位，亦爲失正也，所謂一致。一則欲化，一則欲易位，是謂百慮。

九五，咸其脢，无悔。注虞翻曰：「脢，夾脊肉也。謂四已變，坎爲脊，故咸其脢。」案，五在坎中，脊也。四之正，與上夾五，脢也。咸其脢，謂感上。象曰：「志末。」上爲末也。得正故无悔。**象曰：咸其脢，志末也。**案上爲末。《繫辭傳》云：「其初難知，其上易知，本末也。」《大過傳》云：「本末弱也。」本皆謂初，末皆謂上。

上六，咸其輔頰舌。注虞翻曰：「耳目之閒，稱輔頰。四變離爲目，坎爲耳，兑爲口舌，故咸其輔頰舌。」案，《説文》云：「輔，頰車也。❶頰，面旁也。」**象曰：咸其輔頰舌，媵口説也。**注虞翻曰：「媵，送也。」案，《釋文》云：「媵，虞作媵。」孔疏云：「鄭作媵，送也。咸道極薄，徒送口舌言語相感而

❶「頰」上，《説文解字》卷十四有「人」字。

已，不復有志於其閒。」是鄭、虞並作縢，作滕字之誤。《表記》云：「口惠而實不至，怨菑及其身。是故，君子與其有諾責也，寧有已怨。」不得之三，山澤通氣，故縢口説矣。」

䷟ 巽下震上

恒，亨，无咎，利貞，利有攸往。 **注**鄭康成曰：「恒，久也。巽爲風，震爲雷，雷風相須而養物，猶長女承長男，夫婦同心而成家，久長之道也。夫婦以嘉會禮通，故无咎。其能和順幹事，所行而善矣。」案，窮則變，變則通，通則久，恒亨。以亨濟恒，謂二五易位，通在恒後也。二五失正易位，故亨无咎。利化成既濟，故利貞。窮變通久，終則又始，故利有攸往。

彖曰：恒，久也。剛上而柔下，雷風相與，巽而動，❶剛柔皆應，恒。 **注**蜀才曰：「此本泰卦。」案，虞云：「乾初之四，謂泰初也。」李鼎祚云：「六四降初，初九升四，是剛上而柔下也。」**案**雷動風行，六爻皆應，故相與，言並起也。**恒，亨，无咎，利貞，久於其道也。** **案**重言恒者，恒以亨，乃无咎，利之正也。得位爲道，恒亨利貞，故久於其道，通則久也。**天地之道，恒久而不已也。** **案**一陰一陽之謂道，陰陽往來，故恒久不已。**利有攸往，終則有始也。** **注**荀爽曰：「謂乾

❶「動剛」，原倒，今據崇文書局本、皇清經解續編本改。

氣下終，❶始復升上居四也。坤氣上終，始復降下居初者也。」案，虞云：「泰乾坤爲天地，謂終則復始。」義與荀同。此與《蠱》「終則有始」同義。有，又也。謂否泰陰陽升降不已也。**日月得天而能久照，四時變化而能久成，**案二五易位，初四之正，成既濟，離日坎月，故日月得天而能久照。陰陽往來，一寒一暑，故四時變化而能久成也。**聖人久於其道，而天下化成。觀其所恒，而天地萬物之情可見矣！**注虞翻曰：「成既濟定，乾道變化，各正性命。」案一陰一陽之謂道，變則通，通則久，恒之所以貴亨利貞也。

象曰：雷風恒，君子以立不易方。案宋衷曰：「雷以動之，風以散之，二者常相薄而爲萬物用，故君子象之，以立身守節，而不易道也。」案，方，道也。久於其道，故立不易方，所謂德之固、一德者也。

初六，浚恒，貞凶，无攸利。注虞翻曰：「浚，深也。初下稱浚，故曰浚恒。」案初失位，爲恒始，始失而求深，差以毫氂，謬以千里，一失而不可復挽，故貞凶，此亦正乎凶者也。尚何所利乎？荀子曰：「『涓涓泉水，不雝不塞。轂已破碎，乃大其輻。』事已敗矣，乃重太息。其云益乎？」《法行》文。**象曰：浚恒之凶，始求深也。**案始失而求深，故凶。是以君子

❶「終」，崇文書局本、皇清經解續編本作「降」。

慎始。

九二，悔亡。注虞翻曰：「失位，悔也。動而得正，處中多譽，案，二五易位。故悔亡。」**象曰：九二悔亡，能久中也。**案二中，升之五亦中，故能久中。

九三，不恒其德，或承之羞，貞吝。注鄭康成曰：「巽爲進退，不恒其德之象。」見《後漢書・馬廖傳》注。荀爽曰：「與初同象，欲據初隔二。與五爲兑，欲説之隔四。故不恒其德。」案三應在上，應上而不妄動，則恒其德。以陽居三，故曰其德。動而失位，求非其應，故不恒其德。承謂二。在下爲承。三動之他，則二陽據來其位，三不能反，故或承之羞，貞吝。**象曰：不恒其德，无所容也。**案動求非應，人不應之，退而自反，位又爲二所據，故无所容。

九四，田无禽。案四應在初，初浚深，四不能獲，故田无禽。四失位，不能禽初也。**象曰：久非其位，安得禽也。**案浚恒求深，初本不應四，四處非其位，當降之初，不之初而欲獲初，初亦不應，故曰久非其位，安得禽。此恒之所以貴通也。

六五，恒其德，注虞翻曰：「動正成乾。」案，謂自正。**貞，婦人吉，夫子凶。**注虞翻曰：「巽爲婦。震，乾之子，而爲巽夫，故曰夫子。」案五應二，以陰從陽，婦人從人，以順爲正，故「貞，婦人吉」。謂降二得正也。夫子，丈夫之稱，男位乎外，專行者也。今六五以陰從陽，震夫而從巽婦，无剛德而婦是從，故夫子凶。此謂不自正、不之二，居五而應二也，失位故凶。貞，《緇衣》引作「偵」。注云：「問正爲偵。」與《周禮》注以「貞丈人」爲「問於丈人」皆禮家説也。**象曰：婦人貞吉，從一而終也。夫子制義，從婦凶也。**案降二從五，故從一而終。《郊特牲》曰：「壹與之齊，終身不改。」不降二則當之正，是爲制義。五宜陽也，不之正而應二，故從婦凶。

上六，振恒，凶。注馬融曰：「振，動也。」見《釋文》。案恒，惟三上得位，不可化者，化則成未濟，六爻皆失正，故象曰：「大无功。」言其動而成未濟也。《公羊傳》：「葵丘之會，桓公震而矜之，叛者九國。震之者何？猶曰振振然。矜之者何？猶曰莫我若也。」**象曰：振恒在上，大无功也。**案初浚恒，四久非其位，皆不化。五夫子凶，則亦不化，五不之正，則二亦不化。此宜化者皆不化也。三不恒其德，則三化。上振恒，則亦化，成未濟，故大无功。基於始求深，終於振在上，以非爲是，終必以是爲非，是以君子慎始。《説文》引作「榰恒」，云：「柱砥。」案，柱砥當在下，今反在上，是倒寘也。亦未濟反既濟之象。

䷠ 艮下乾上

遯，亨，小利貞。注虞翻曰：「陰消姤二也。艮爲山，巽爲入，乾爲遠，遠山入藏，故遯。以陰消陽，避之乃通，故遯而通。案，陰消陽，陽退以避陰害。小，陰，謂二。得位浸長，以柔變剛，故小利貞。」案，小浸長，故利貞。利正居，二不消陽。

象曰：遯亨，遯而亨也。❶ **剛當位而應，與時行也。** 注虞翻曰：「剛謂五，而應二。」案陽遯待時乃發，故遯而亨。一消一息，四時成歲。君子或出或處，與時偕行也。**小利貞，浸而長也。遯之時義大矣哉！** 注荀爽曰：「陰稱小，浸而長，則將消陽，故利正居。二與五相應也。」案，自下浸上，故浸而長。臨剛浸長，故大亨以正。遯陰浸長，故小利貞。言浸長則消陽，正而後利者也。

象曰：天下有山，遯。君子以遠小人，不惡而嚴。 案陰方浸長，惡則必被其害，故不惡而嚴。人而不仁，疾之已甚，亂也，不使不仁者加乎其身。

初六，遯尾，厲，勿用有攸往。 注陸績曰：「陰氣已至二，而初在其後，故曰遯尾。避難當在前，而在後，故厲。往則與災難會，故勿用有攸往。」案，當當遯之時，處失正之位，失正而往之四，成坎災，故勿用有攸往。**象曰：遯尾之厲，不往何災也？** 注虞翻曰：「之應成坎，爲災，在艮宜靜，若不往於四，則无災也。」

六二，執之用黃牛之革，莫之勝說。 注虞翻曰：「艮爲手，稱執。莫，无也。勝，能。說，解也。」案六爻唯二不言遯，則二乃不遯者，二不遯，固守其志，志在濟時，不使陰得消陽，所

---

❶「也剛」，原倒，今據崇文書局本、皇清經解續編本改。

謂小利貞者也。執之，執不遯之志也。坤陰爲牛，二得中正，故執之用黃牛之革。止於二，不消陽，故莫之勝説。侯果云：「六二體艮履正，上應貴主，志在輔時，不隨物遯，獨守中直，堅如革束，執此之志，莫之勝説，則殷之父師，當此爻矣。」**象曰：執用黃牛，固志也。**案貞故固志，謂晝不動也。

九三，係遯，有疾厲，畜臣妾，吉。注虞翻曰：「厲，危也。巽繩爲係。四變，三體坎，坎爲疾，故有疾厲。遯，陰剥陽，三消成坤，與上易位，坤爲臣，兑爲妾，上來之三，據坤應兑，故畜臣妾吉也。」案，三與陰接，係不能遯，以不遯爲遯者也。宣十七年「十有一月壬午，公弟叔肸卒」，《穀梁傳》云：「其曰公弟叔肸，賢之也。其賢之何也？宣刺而非之也。❶非之則胡爲不去也？曰兄弟也，何去而之？與之財，則曰我足矣。織屨而食，終身不食宣公之食，君子以是爲通恩也。以取貴乎《春秋》。」此所謂係遯也。《異義》「謹案」引此以證諸侯無去國之異，亦謂不能遯也。**象曰：係遯之厲，有疾憊也。畜臣妾，吉，不可大事也。**注鄭康成曰：「憊，困也。」見《釋文》。案，上遠於二，故肥。三係於二，故憊，不肥也。荀爽曰：「大事謂與五同任天下之政。潛遯之世，但可家居，畜養臣妾，不可治國之大事。」

---

❶「刺」，《穀梁傳》作「弑」。

九四，好遯，君子吉，小人否。案君子好遯，辟陰害陽，不爲陰消，遯之初得位，故吉。貪於禄位，則陽爲陰消，故否。言不能遯也。**象曰：君子好遯，小人否也。**案陰消至三，成否。則將及四，不遯故否也。

九五，嘉遯，貞吉。注虞翻曰：「乾爲嘉，剛當位應二，故貞吉。」案，惠氏棟云：「亨者，嘉之會。」然則此遯而亨者與？案子夏曰：「《詩》之於事也，昭昭乎若日月之光明，燎燎乎如星辰之錯行，上有堯舜之道，下有三王之義，雖居蓬户之中，彈琴以詠先王之風，有人亦樂之，無人亦樂之，亦可以發憤忘食矣。《詩》曰：『衡門之下，可以棲遲。泌之洋洋，可以樂飢。』」《韓詩外傳》文。此所謂嘉遯也。**象曰：嘉遯貞吉，以正志也。**案五得正不動，故正志。

上九，肥遯，无不利。注虞翻曰：「乾盈爲肥，二不及上，故肥遯，无不利。」案二不及上，上失位，遯而之正，故无不利。肥遯者，樂其道，无疾憊者也。《禮運》曰：「安之以樂，而不達於順，猶食而弗肥也。」肥遯則達於順。四體既正，膚革充盈，所謂大順者矣。《淮南子》曰：「子夏心戰而臞，得道而肥。」《原道》文。《精神篇》云：「子夏見曾子，一臞一肥。曾子問其故，曰：『出見富貴之樂，而欲之。入見先王之道，又説之。兩者心戰，故臞。先王之道勝，故肥。』」亦見《韓非子·喻老篇》。《韓詩外傳》説：「閔子騫内明於去就之義，是以有芻豢之色。」義並同肥。張衡《思玄賦》作「飛」，注引《淮南九師道訓》云：「遁而能飛，吉孰大焉。」案，飛喻无所拘係也。**象曰：肥遯无不利，无所**

疑也。案失位當化，故无所疑。《荀子》曰：「志意脩則驕富貴矣，道義重則輕王公矣。」《脩身》文。

䷡ 乾下震上

大壯，利貞。注鄭康成曰：「壯，氣力浸强之名。」見《釋文》。案利貞謂五。陽息五則大者正，故利貞。

象曰：大壯，大者壯也。剛以動，故壯。大壯利貞，大者正也。正大而天地之情可見矣！注荀爽曰：「乾剛震動，陽從下升，陽氣大動，故壯也。」案，一消一息，陰陽往來，故天地之情可見。

象曰：雷在天上，大壯，君子以非禮弗履。注陸績曰：「天尊雷卑，君子見卑乘尊，終必消除，故象以爲戒。」案非禮弗履，君子之壯也。《聘義》曰：「有行之謂有義，有義之謂勇敢，故所貴於勇敢者，貴其能以立義也。所貴於立義者，貴其有行也。所貴於有行者，貴其行禮也。故所貴於勇敢者，貴其敢行禮義也。」非禮弗履，則敢於行禮。《晏子・諫篇》云：「輕死以行禮，謂之勇。誅暴不避强，謂之力。故勇力之立也，以行其禮義也。」

初九，壯于趾，征凶，有孚。案初應四，震爲足在下，故壯于趾。征之四，則失位，故凶。陽息之卦，四雖失位，不能即化應初，故其孚窮。四之正而後有孚也。**象曰：壯于趾，其孚窮也。**

九二，貞吉。注虞翻曰：「變得正，故貞吉。」**象曰：九二貞吉，以中也。**案二陰由中發，故以中，謂二伏陰也。

九三，小人用壯，君子用罔，貞厲。注馬融曰：「罔，无也。」見《釋文》。案，《京氏傳》云：「壯不可極，極則敗。物不可極，極則反。」案壯不可極，三動而上，則失位，故君子用罔，以不進爲進也。體乾三，故貞厲。《太玄·積》次二：「積不用而至于大用。」積不用即用罔之義。非禮弗履，君子之罔，君子之壯也。《太玄·務》次一：「始務無方，小人亦用罔。」《測》曰：「始務無方，非小人所理也。」言小人不能創始，故亦用罔，君子則用壯也。**羝羊觸藩，羸其角。**注荀爽曰：「三與五同功，爲兑，故曰羊。終始陽位，故曰羝。案，《説文》：「羝，牡羊。」藩謂四也。三欲觸四而危之，四反羸其角，角謂五也。」案，侯果云：「九四體震，爲竹葦，故稱藩也。」案觸，抵也。藩，籬落也。羸，纍也。《釋文》云：「鄭、虞作纍。」羝以言壯，羊以喻美。僖四年《左傳》「專之渝，攘公之羭」，杜注：「羭，美也。」疏云：「美善之字，皆從羊，故羭爲美。」藩非出入之所，觸藩以喻急於進，失其正路，而用壯者也。震爲大塗，不取象道路而云藩，故知失其正路。雖有美道，進不以禮，徒被拘纍耳。纍其角，傷於壯也。故君子用罔。《太玄·夷》次八：「夷其角，厲。」《測》曰：「夷其角，以威傷也。」義本此。**象曰：小人用壯，君子罔也。**

九四，貞吉，悔亡，藩決不羸，壯于大輿之輹。 案❶貞吉悔亡，謂自之正，初應之。藩決不羸，謂陽息也。陽由四息至五，體夬，兑爲毁折，震象不見，故藩決不羸。四之正，坤爲大輿，五陽正則體坎，坎坤同體，故壯於大輿之輹，言安固也。藩決不羸，可以往矣，君子處之安，審之固，進以漸也。**象曰：藩決不羸，尚往也。** 注虞翻曰：「謂上之五。」案，陽由四息至五。

六五，喪羊于易，无悔。 案兑爲羊，陰在五失位，陽息五成乾，陰喪其羊，而陽得之，故喪羊于易。陽息得位，故无悔。**象曰：喪羊于易，位不當也。** 案陰失位，故陽來據之。

上六，羝羊觸藩，不能退，不能遂，无攸利，艱則吉。 注虞翻曰：「應在三，故羝羊觸藩。遂，進也。坎爲艱。」案三欲之上，爲四所羸，陽息之卦，三本得位，不能化之陰，故不能退。陽方至四，未息至上，氣未究，三不能進之九，故不能遂。是以无所利也。三四交際之閒，出入所由，故有是象。若雷已出地，四陽成畫，則氣通成既濟矣，故艱則吉。**象曰：不能退，不能遂，不詳也。艱則吉，咎不長也。** 案詳，審也。不審時之可否，是以見拘，而進退不能也。陽息之時，終當升上成既濟，故咎不長。《詩》曰：「狼疐其尾，載跋其胡。」公

---

❶ 「案」，原作「注」，今據全書文例改。

孫碩膚，德音不瑕。」

䷢ 坤下離上

晉，康侯用錫馬蕃庶，晝日三接。 注 鄭康成曰：「康，尊也，廣也。」見《釋文》。荀爽曰：「陰性安静，故曰康侯。虞云：「坤爲康。康，安也。」案，尊廣之，即所以安之。坤爲衆，故曰蕃庶矣。」虞翻曰：「離日在上，故晝日。三陰在下，故三接矣。」案 陰進尊位，諸侯朝王之象也。諸侯朝王，王康之，故晉康侯。錫，賜也。錫馬，賜之車馬。蕃庶，重賜无數。《覲禮》，侯氏一日凡三接見天子，故晝日三接。《覲禮》：「天子賜侯氏以車服。路先設，西上，路下四，亞之。重賜無數，在車南。」所謂錫馬蕃庶也。天子負斧依，❶侯氏入奠圭，及取圭致命，王受之玉，降拜，擯者延之，升成拜，乃出。此一接也。三享侯氏，升致命，王撫玉。二接也。事畢，右肉袒，告聽事，王勞之。三接也。侯果以「三接」爲「三饗」、「三問」、「三勞」等，但問勞不必一日有三。惠氏棟讀「錫」爲「納錫」、「錫貢」之「錫」。但經云：「康侯用錫馬。」與「康周公，故以賜魯也」同義。彼謂賜魯，則此宜謂賜諸侯，賜之所以康之，不得謂諸侯錫王也。

象曰：晉，進也。明出地上，順而麗乎大明。 案 離日麗天，乾爲大明，天之明以日月著，五陽

---

❶「負」，皇清經解續編本作「設」，崇文書局本爲墨丁。

伏陰中，故特言大明，謂離中有伏陽也。日之升没，非出入地中，入地中出地上者，謂在地之明，非謂日也。日出則在地之明亦出，是謂明出地上；日入則在地之明亦入，是謂明入地中。在地之陽恒向日，故順而麗乎大明。日麗天，地上之明麗日。《傳》云：「日月麗乎天。」云：「日往月來，月往日來。」云：「日月貞明。」云：「懸象著明，莫大乎日月。」《易》於日月，不言出入，日亦斷无入地中之事。日月在天，據人言之，實往來，非出入。或謂爲出入者，不過以見則爲出，不見則爲入耳。非從地中出入也。明入地中，若非實入地中，《傳》斷不以假象疑人，謂月藏於坤；《傳》亦斷不指言入地，謂月食闇虚。闇虚者，地影，亦非地中。且明夷下體離，非坎也，謂爲日月食之象則可，謂明入地中之義盡於此，則未也。蓋氣之相感也，各以類應。地道剛柔，陰陽亦備，日之方升，則在地之陽亦隨日而出於地上，日之既没，則在地之陽還返入地。地氣卑，根於地，行不能遠，是以還入也。日之夕矣，氣歸於山，可得之目驗者，激燿爲雹，此又明在地之最著顯者也。精不能聚，不能自明，必待日而後明，此之謂「明出地上，順而麗乎大明」。日者，天之明。地之明麗天之明，是以日一出而天下曉。日之烈氣恒錟。錟者，地氣也。地氣之出入，不可知，近取諸身，一呼一吸，非往而不還者。《淮南・覽冥》云：「夫陽燧取火於日，方諸取露於月，掌握之中，引類於太極之上，而水火可立致者，陰陽同氣相動也。」據此以言，陽燧尚能取火，日之氣反不能引地氣乎？則在地之陽，其應日也昭然矣。以取火之術驗之，在地之陽，聚於日光之内，天地二陽交相感，復以陽燧假日光而斂之，氣聚則火生矣。離者，麗也。氣有所麗，則火出。地之陽，所謂陰中之陽也。日南至而寒，日北至而暑。日有高下，地氣向日。日下則氣平而下陰薄於上，故寒。日高則氣直而上，故暑。寒暑不同，實由地氣，非日光異也。驗諸極南極北之地，氣候不同，多由此耳。蓋天地之間，无非水火。所謂陰陽者，即水火也。故十二消息不見坎離，伏於陰陽内也。《淮南・天文》云：「積陽之熱氣生火，火氣之精者爲日。積陰之寒氣爲水，水氣之精者爲月。」於《易》，坎者陷也，寒氣陷則聚而成水；離者麗也，熱氣麗則聚而成火。陽感陽，恒多旱。陰感陰，恒多水。陰陽相感，則四時和。日以動陽，月以動陰，日月往來，陰陽既濟而萬物生成矣。此既濟所以爲一經之終也。**柔進而上行，是以康侯用錫馬蕃庶，晝日三接也。** 注虞翻曰：「觀四之五。」

案，李鼎祚云：「九五降四，六四進五，是柔進而上行也。」

象曰：明出地上，晉。君子以自昭明德。 案地上之明，隨日進，故曰晉。《説文》云：「晉，進也。日出萬物進。」引此以證。案，萬物進在地者也，日出萬物進，地氣隨天氣也。明由地出，故自昭明。《荀子》曰：「在天者，莫明於日月。在地者，莫明於水火。在人者，莫明於禮義。故日月不高則光暉不赫，水火不積則暉潤不博，禮義不加於國家則功名不白。故人之命在天，國之命在禮。」《天論》文。

初六，晉如摧如，貞吉，罔孚，裕无咎。 注虞翻曰：「動得位，故貞吉。坤弱爲裕。」案初應在四，四互艮手，故摧。摧，排擠也。初欲之四，爲四所排，反而自正，故貞吉。自正无應，故罔孚。寬以容四，故裕无咎。此小人摧君子之象。象曰：「獨行正。」謂初獨之四，求正位，四不欲之初，故摧之。初反而自正，四亦不應，獨則无偶，故罔孚。一君子不足以勝小人也，故裕无咎，謂容之。若疾之甚，則受小人之害。象曰：「未受命。」命，君命。君子未爲君所任用，故小人得摧之，君子亦唯寬以容之耳。

若三之衆允，則志得行矣。**象曰：晉如摧如，獨行正也。裕无咎，未受命也。** 案初獨之四，四不之初，故獨行正，四是以摧之也。五之正，則命初四易位，五未之正，故未受命。陰陽得位，謂之命。

六二，晉如愁如，貞吉，受茲介福于其王母。 注鄭康成曰：「愁，變色貌。」見《釋文》。案，愁，鄭子小反，蓋讀作愀。《説文》无愀字，愀从心秋，與愁正同，當即愁字。《説文》云：「愁，憂也。」蓋憂在心而形於貌，後遂用以爲凡變色之字耳，愀愁本一字。 虞翻曰：「得位處中，故貞吉。介，大也。五已正。乾爲王，坤爲母。」案進如愀如，進而自斂其容，敬也。《玉藻》曰：「君子之容舒遲，見所尊者齊遬。」禮有五經，莫重於祭。賢者之祭也，必受其福，故受福于王母。《祭統》曰：「夫祭者，非物自外至者也，自中出，生於心者也。心怵而奉之以禮，是故唯賢者能盡祭之義。」此祭之愀如也。福，嘏福也。《少牢禮》曰：「皇尸命工祝，承致多福無疆于女孝孫。」二應五，五正位，二應之，故受福。王，所祭之主；母，所配也。《少牢禮》曰：「以其妃配。」**象曰：受茲介福，以中正也。** 案二得位，敬由中發，故中正。《祭統》曰：「唯賢者能備，能備然後能祭。致其誠信與其忠敬，奉之以物，道之以禮，安之以樂，參之以時，明薦之而已矣，不求其爲。」此以中正之謂也。

六三，衆允，悔亡。 注虞翻曰：「坤爲衆。允，信也。三失正，與上易位，則悔亡。故象曰：

『上行也。』」案三欲之上，衆允謂无有攉之者。**象曰：衆允之，志上行也。**

九四，晉如鼫鼠，貞厲。 注荀九家曰：「鼫鼠喻貪，謂四也。體離欲升，體坎欲降，五伎皆劣，四爻當之。」案，《説文》云：「能飛不能過屋，能緣不能窮木，能游不能渡谷，能穴不能掩身，能走不能先人。」案四互艮爲鼠，之正亦體艮成剥，故貞厲。《荀子》曰：「目不兩視而明，耳不兩聽而聰，螣蛇無足而飛，梧鼠五伎而窮。」《勸學》文。**象曰：鼫鼠貞厲，位不當也。**

六五，悔亡，失得勿恤，往吉，无不利。 注馬融曰：「離爲矢。」見《釋文》。案《釋文》云：「失，孟、馬、鄭、虞本作矢。」虞翻曰：「勿，无。恤，憂也。」案悔亡，謂伏陽之正。矢喻直也。正直則得位，无憂恤，故往吉，无不利。謂可動之爻，化之正也。**象曰：失得勿恤，往有慶也。** 注虞翻曰：「動之乾，乾爲慶也。」

上九，晉其角，維用伐邑，厲吉，无咎，貞吝。 注虞翻曰：「五已變，之乾，爲首。位在首上，故稱角。坤爲邑。」案在晉之終，无所復進，故維用伐邑，言但可之三也。之三得位，故厲吉，无咎。自化之正，體冥豫，則明晦，故貞吝。離，戈兵，故稱伐。**象曰：維用伐邑，道未光也。** 注荀爽曰：「陽雖在上，動入冥豫，故道未光也。」案，道未光，故未可自正，但用之三伐邑而已。

䷣ 離下坤上

明夷，利艱貞。 注虞翻曰：「夷，傷也。五失位，變出成坎，爲艱，故利艱貞矣。」案，在地之明，春出在地上，其出入恒在上，不在地中，至冬入地中，火被水制，陽爲陰凝，故明傷也。

象曰：明入地中，明夷。内文明而外柔順，以蒙大難，文王以之。 注荀爽曰：「明在地下，爲坤所蔽，大難之象。」虞翻曰：「以，用也。大難謂坤。」**利艱貞，晦其明也。内難而能正其志，箕子以之。** 注虞翻曰：「箕子，紂諸父，故稱内難。五乾天位，今化爲坤，箕子之象。坤爲晦，箕子正之，出五成坎，體離重明麗正，故正其志。」

象曰：明入地中，明夷。君子以莅衆，用晦而明。 注虞翻曰：「坤爲衆，爲晦。離爲明。」案明入地中，晦也。明出地上，明也。一入一出，故用晦而明也。

初九，明夷于飛，垂其翼。君子于行，三日不食。有攸往，主人有言。 注荀爽曰：「火性炎上，離爲飛鳥，故曰于飛。爲坤所抑，故曰垂其翼。❶陽爲君子，不食者，不得食君禄也。陽未居五，陰暗在上，陽爲明德，恥食其禄，故君子于行，三日不食也。」荀九家曰：「四者初應，衆陰在上，爲主人也。」案明傷而飛，故垂其翼，不能飛也。翼以喻賢。翼垂，則賢

---

❶「垂其」，原誤倒，今據經文及《周易集解》卷七改。

人退。離三爻，故三日不食，言不應四也。于飛謂坤應在離，于行謂晝動。鳥之飛也以翼，賢臣者，君之翼也。《書》曰：「庶明厲翼。」又曰：「予欲左右有民，汝翼。」以臣爲羽翼也。明傷則賢人在下，故君子于行，三日不食。《説苑・尊賢》云：「夫朝無賢人，猶鴻鵠之無羽翼也。」《太玄・彊》次二：「鳳鳥于飛，修其羽。君子于辰，終莫之圉。」《測》曰：「鳳鳥于飛，君子得時也。」其義本此而反之。《衛風》：「考槃在澗，碩人之寬。」箋云：「有窮處成樂在於此澗者，形貌大人，而寬然有虚乏之色。」亦「于行」「不食」者也。攸，所也。有所往，去不善也。觀近臣以其所爲主，觀遠臣以其所主。去不善而之善，所主不可不辯也。故主人有言，謂初不可動而失位也。《詩》曰：「生芻一束，其人如玉。」箋云：「女行所舍，主人之餼雖薄，要就賢人，其德如玉然。」**象曰：君子于行，義不食也。**注荀爽曰：「暗昧在上，有明德者，義不食禄也。」

六二，明夷，夷于左股，用拯馬壯，吉。案初之四，巽爲股，二應五，爲五股也。明傷二不得應五，故傷于左股。在震下，故稱左。股傷則不良於行，故用拯馬。拯，舉也。馬以代勞，亦可行也。馬謂三，拯三之五，二得應之，故吉。壯以言亟也。《吕覽》曰：「夫士亦有千里。」《知士》文。《太玄・割》次五：「割其股肱，喪其服馬。」《測》曰：「割其股肱，亡大臣也。」彼以股肱喻大臣，馬蓋喻任重强力之臣，義本此。**象曰：六二之吉，順以則也。**案三之五，二得位有應，故順以則。三之五，則二之四，明復出地矣。

九三，明夷于南狩，得其大首，不可疾貞。 注 李鼎祚曰：「冬獵曰狩。三互體離坎，離南坎北，北主於冬，故曰南狩。」案，離，田漁，故南狩。荀九家曰：「自暗復明，當以漸次，不可卒正。」案 明夷于南狩，明傷而嚮明者也。三本得位，升之五，故得其大首，謂五乾位也。三升由四，故不可疾貞。**象曰：南狩之志，乃大得也。** 案 三之五得尊位。

六四，入于左腹，獲明夷之心，于出門庭。 案 震爲左，坤爲腹，坎爲心，艮爲門庭。晉離入坤，出成明夷，互震坎，三四交際之間，出入所由，故入于左腹，獲明夷之心，于出門庭。明夷之心，明傷之本也。國本于家，家本于身，身之脩本於心。不能正心，則身不脩，而家國天下從之矣。君子不出家而成教於國，一家仁，一國興仁；一人貪戾，一國作亂。左腹者，尊信臣也。觀其所尊信之臣，而君心可知。《吕覽》曰：「觀人主也，其朝多賢，左右多忠，此所謂吉主也。」《貴當》文。《詩》曰：「維此惠君，民人所瞻。秉心宣猶，考慎其相。維彼不順，自獨俾臧，自有肺腸，俾民卒狂。」**象曰：入于左腹，獲心意也。**

六五，箕子之明夷，利貞。 注 馬融曰：「箕子，紂之諸父。」案 箕子之明，謂其欲立微子，帝乙不從，而立紂，故明傷。五發之正，故利貞。《左傳》昭二年疏云：「《易·繫辭》云『易之興也，其當殷之末世』云云，鄭注云：『據此言，以《易》是文王所作，斷可知矣。且史傳讖緯，皆言文王演《易》，謂爲其辭以演説之，《易經》必是文王作也。』但《易》之爻辭，有『箕子之明夷，利貞』。箕子明傷，乃在武王之世，文王不得言之。又云：『王用亨于岐山。』又云：『東鄰殺牛，不如西鄰之禴祭實受其福。』二者之意，皆斥文王。若是文王作經，無容自伐其德，故先代大儒鄭衆、賈逵等或以爲卦下之彖辭，文王所作；爻下之象辭，周公所作。」又《左傳序》疏云：「《易・下繫》云：『易之興，其當殷之末世，周之盛德，當文王與紂之事。』則謂《易》象爻象之辭也。鄭氏據此文以爲《易》是文王所作，鄭衆、賈逵、虞翻、陸績之徒，以《易》有『箕子之明夷』、『東鄰殺牛』，皆以爲《易》之爻辭周公所作。」案，以爻辭爲周公作，其説絶無依據。孔穎達以爲不言周公，父統子業，如其説，又焉知非文王作爻辭未竟，而周公補之者？此皆肊測不足辯。鄭據傳文，至當不易，「王用亨于岐山」等文，不足難鄭，解在當爻。至若「箕子明夷」，當文王時，紂爲不道，箕子仁人，不見聽用，即是明傷，安在其武王時邪？明夷一卦，著殷所以必失天下之故，爲後世戒。登天入地，不覺言之切耳。文王當紂之世，不敢斥言紂之非，云「箕子之明夷，利貞」者，非但謂箕子之道不行於紂，謂箕子欲帝乙立微子爲明，帝乙不從而立紂，爲明傷也。所謂利貞者，即孟子「貴戚之卿」「易位」之義也。不得以傳有内難之言，遂以爻辭指武王時事也。《小畜》云「自我西郊」，其辭與岐山東西鄰相類，將因此而疑卦辭亦非文王作乎？《上繫》云：「聖人有以見天下之動。」虞注云：「重言聖人，謂文王。動謂六爻。」又：「作易者，其知盜乎？」注云：「謂文王。」又「易之興也」，注云：「謂文王書易。」六爻之辭，據虞諸注，亦以爻辭爲文王作，與鄭同。《左傳・序》疏謂虞翻同賈逵等者，誤也。蓋彖爻辭，皆文王作，故孔子作《文言傳》以總釋之。文言者，文王之言也。《左傳》所謂「周公之德」謂《魯春秋》，「周之所以王」謂《周易》。周之興，本於文王也。《左傳・序》疏云：「見《春秋》知周公之德，見《易》象知周之所以王。文王制此典，即是身有聖德，聖不空生，必有天下。周室之王，文王之功，故觀其書，知周之所以得天下之由也。」**象曰：箕子之貞，明不可息也。**案五能自正，即成既濟。不自正，則三來據之矣。天下安危由於一人，殷之明傷，傷於帝乙不從箕子之言，五位之所關者重也。故一爻失位，卦曰明夷。若易位立微子，則箕子之明不傷，故曰箕子之貞。文王不忍殷之亡，故曰明不可息，言文不得已之思也。

上六，不明晦，初登于天，後入于地。 注 虞翻曰：「應在三，離滅坤下，故不明晦。晉時在上，麗乾，故登于天，照四國。今反在下，故後入于地，失其則。」案，應劭《杜鄴傳》注云：❶「初登于天者，初爲天子以善聞于天也。後入于地者，傷害賢仁，佞惡在朝，必以惡終入于地也。」杜鄴云：「日食，明陽爲陰所臨，坤卦乘離，明夷之象也。」是明夷爲日食之象。**象曰：初登于天，照四國也。後入于地，失則也。** 案 孟子曰：「三代之得天下也，以仁。其失天下也，以不仁。」

❶ 「鄴傳」，原倒，今據皇清經解續編本改。

周易姚氏學卷第十

旌德姚配中撰[1]

周易下經彖下傳象下傳

䷤ 離下巽上

家人，利女貞。 注 馬融曰：「家人以女爲奧主。」案 家人唯上失位，之正成坎，所謂男正位乎外。離女在内，爻俱得正，云利女貞者，家人繼明夷之後，所謂傷於外者，必反其家。外所以傷，實自家始。國之本在家，家之本在身，不出家而成教於國，君子先有以自反也。故傳於上獨云：「反身之謂。」殷之亡，非天下亡之，所謂亂，非降自天，生自婦人者。周之興也，歷世有賢妃之助，殷夏之亡，皆以婦人。故特曰：「利女貞。」監夏殷以爲後世戒者也。《魏志·后妃傳》中郎棧潛上疏云：「在昔帝王之治天下，不惟外輔，亦由内助。治亂所由，盛衰從之，故

[1] 「配」，原脱，今補。

西陵配黄，英娥降嬀，並以賢明，流芳上世。桀奔南巢，禍階末喜。紂以炮烙，怡悦妲己。是以聖哲慎立元妃，以統六宫。虔奉宗廟，陰教聿修。《易》曰：『家道正而天下定。』由内及外，先王之令典也。」

彖曰：家人，女正位乎内，男正位乎外；男女正，天地之大義也。案上化成既濟，中男中女，六爻俱正。**家人有嚴君焉，父母之謂也。**注荀爽曰：「離巽之中，有乾坤，故曰父母之謂也。」案，「乾坤相見乎離」。陰長成巽，與屯同義。案家人有嚴君，則家正矣。《孝經》曰：「孝莫大於嚴父。故親生之膝下，以養父母日嚴。聖人因嚴以教敬，因親以教愛。」**父父，子子，兄兄，弟弟，夫夫，婦婦，而家道正，正家而天下定矣。**注陸績曰：「聖人教先從家始，家正則天下化之，修己以安百姓者也。」案成既濟，六爻正，故正家而天下定。夫婦，人倫之始，王化之端也。

象曰：風自火出，家人。注馬融曰：「木生火，火以木爲家，故曰家人。火生於木，得風而盛，猶夫婦之道，相須而成。」案木生火者，父子也。風自火出，母子也。火性炎上，附於木，而風出焉。《春秋傳》曰：「晉文公，姬出也。」《大戴記》曰：「鳳皇生而有仁義之意，虎狼生而有貪戾之心，兩者不等，各以其母。」《保傅》文。此家人所以利女貞也。**君子以言有物，而行有恒。**案風者，木之氣。木得火而風出，風出由内，故言有物。火有所附，明乃有常，故行有恒。《詩》曰：「天生烝民，有物有則。」

初九，閑有家，悔亡。注馬融曰：「閑，闌也，防也。」見《釋文》。案火炎上，化則失位，故閑之，防其變也。閑則家齊，故有家悔亡。**象曰：閑有家，志未變也。**注志謂畫未變之爻，故防之，而有家。若已動之爻，則氣已究，火性炎上，必至於化，不可閑矣。家人有嚴君，乃能防於始，若有所辟，則志變。志變，則家不可齊。

六二，无攸遂，在中饋，貞吉。注鄭康成曰：「二爲陰爻，得正於內。五陽爻也，得正於外。猶婦人自修正於內，丈夫修正於外。无攸遂，言婦人无敢自遂也。爻體離，又互體坎，火位在下，水在上，飪之象也。饋，酒食也。」見《後漢》楊震及王符傳注。案，《詩》：「無非無儀，唯酒食是議。」《大戴・本命》云：「婦人者，伏於人也。是故無專制之義，有三從之道，無所敢自遂也。故令不出閨門，事在饋食之間而已。」谷永云：「臣聞三代所以隕社稷、喪宗廟者，皆由婦人與羣惡。《易》曰：『在中餽，無攸遂。』言婦人不得與事也。」**象曰：六二之吉，順以巽也。**注荀九家曰：「謂二居貞，巽順於五，則吉矣。」案，此合全卦言。二陰故順，巽在外故以巽，內順外巽也。

九三，家人嗃嗃，悔厲吉；婦子嘻嘻，終吝。注鄭康成曰：「嗃嗃，苦熱之意。嘻嘻，驕佚喜笑之意。」見《釋文》。案家人嗃嗃，謂不化。離火應上，上威如，故三嗃嗃，喻嚴甚也。无應故悔厲，得位故吉。婦子嘻嘻，謂化也，巽爲婦，三化震爲子，相應，震笑言，故婦子嘻嘻。三上俱失位，故終吝。**象曰：家人嗃嗃，未失也。婦子嘻嘻，失家節也。**案惠氏棟曰：

「得位故未失。動失正，故失家節。」

六四，富家，大吉。 注 虞翻曰：「得位應初，順五乘三，比據三陽，故曰富家，大吉。」**象曰：富家大吉，順在位也。** 注 虞翻曰：「謂順於五也。」案，順五得位。

九五，王假有家，勿恤，吉。 注 陸績曰：「假，大也。五得尊位，據四應二，以天下爲家，故曰王大有家。」案 成既濟，六爻相應，故勿恤吉也。**象曰：王假有家，交相愛也。** 案 相應故交相愛，相愛故大有家。孟子曰：「樂民之樂者，民亦樂其樂。憂民之憂者，民亦憂其憂。」賈子曰：「禮，天子愛天下，諸侯愛境内，大夫愛官屬，士庶各愛其家。失愛不仁，過愛不義。故禮者，所以守尊卑之經、强弱之稱者也。」《禮篇》文。交相愛，亦愛之以禮而已。

上九，有孚，威如，終吉。 案 不孚而威，非也。故有孚威如，終吉。化之正，相應，故有孚。正則敬心生，故威如。居一卦之終，正則六爻俱正，故終吉也。**象曰：威如之吉，反身之謂也。** 案 化之正，以陰居陰，故反身之謂。《詩》曰：「弗躬弗親，庶民弗信。」《月令》曰：「以道教民，必躬親之。」孔子曰：「得之於身者，得之人。失之於身者，失之人。不出於門户而天下治者，其唯知反於己身者乎？」《吕覽・先己》文。

䷥ 兑下離上

睽，小事吉。 注 鄭康成曰："睽，乖也。火欲上，澤欲下，猶人同居而異志也，故謂之睽。"虞翻曰："小謂五陰，稱小得中應剛，故吉。"

象曰：睽，火動而上，澤動而下，二女同居，其志不同行。 注 虞翻曰："離火炎上，澤水潤下也。二女，離兑也，離上兑下。"**説而麗乎明，柔進而上行，得中而應乎剛，是以小事吉。** 注 虞翻曰："説，兑；麗，離。明謂乾，柔謂五。應乾。❶五伏陽，非應二也，與鼎五同義也。"荀爽曰："小事，臣事也。百官異體，四民殊業，故睽而不同。剛者，君也。柔得其中而應於君，故言小事吉也。"案 山澤通氣，天在山中，天氣通於下，説而麗明。地氣出於澤，得日而麗，以上升於天，天之氣自升降，地之氣必麗乃得升，陰不專行，從陽乃行也。**天地睽而其事同也，男女睽而其志通也，萬物睽而其事類也，睽之時用大矣哉！** 案 初化成未濟，陰陽錯居，陰下有伏陽，陽下有伏陰，異而同者也。

象曰：上火下澤，睽。君子以同而異。 注 荀爽曰："火性炎上，澤性潤下，故曰睽也。"案 共成一卦，故同。火上澤下，故異。

---

❶ "應"上，《周易集解》卷八有"剛謂"二字。

初九，悔亡，喪馬勿逐，自復。注虞翻曰：「无應，悔也。四動得位，故悔亡。應在於坎，坎爲馬，四失位，之正入坤，坎象不見，故喪馬。四動震馬來，故勿逐自復也。」案，初之四，失位，故勿逐。四伏陰自發，之正應初，故自復。見惡人，无咎。案惡人謂四，初應在四，不得不見，故見惡人，无咎，離爲見。象曰：見惡人，以辟咎也。案禮在當見，不見則失禮，致惡人之害，故見惡人以辟咎。後漢陳實獨弔張讓父喪，黨人之誅，多所全宥，明於見惡人之義也。人而不仁，疾之已甚，亂也。

九二，遇主于巷，无咎。注虞翻曰：「二動，案，二五易位。體震，爲大塗，艮爲徑路，大塗而有徑路，故稱巷。」案二升五降，二五相遇，巷喻道也，得位故无咎。象曰：遇主于巷，未失道也。案升降各當，故未失道。

六三，❶見輿曳，其牛掣，其人天且劓，无初有終。注虞翻曰：「離爲見，坎爲車，爲曳，故見輿曳。四動坤爲牛，牛角一低一仰，故稱掣。離上而坎下，其牛掣也。案，「掣」《説文》引作「觢」，掣蓋假借字。黥額爲天，割鼻爲劓。兑，刑人。故其人天且劓。」案，柳氏興宗云：「天謂天疾。」昭二十年《穀梁傳》云：「有天疾者，不得入乎宗廟。」《大戴・本命》云：「女有五不取。世有刑人不取，爲

❶ 「三」，原作「二」，今據《周易》改。

其棄於人世；有惡疾不取，爲其棄於天。」天且劓，則既棄於天，復棄於人者。《巧言》云：「既微且尰，爾勇伊何。」亦言天棄之也。案見，三見之也。其，其四也。輿，大器，重任也。輿曳必其牛不善，乃其牛則掣也。角以正爲善，掣則不善矣。任器者，不勝也。牛不善，必其人不善，乃其人則天且劓也。人如此而牛又掣，輿鮮有不曳者，失其所以御也。《詩》曰：「無棄爾輔，員于爾輻。屢顧爾僕，不輸爾載。終踰絶險。」見之而以爲戒，故无初有終。《周書》曰：「前車覆，後車戒。」《説苑·善説篇》文。《荀子》曰：「知不用愚者謀，前車已覆，後未知，更覺何時？」《成相》文。此蓋文王見紂所信任者，小大之臣，咸非吉士，欲其知所監而善厥終。所謂「殷監不遠，在夏后之世」者與？《太玄·更》次八：「駟馬跙跙，而更其御。」《測》曰：「駟馬跙跙，更御乃良也。」義本此。又《闔》次八：「輔其折，廅其缺，其人暉且偈。」其人暉偈，故能輔折廅缺。亦本此，而反之也。《韓非子·外儲説》云：「國者，君之車也。勢者，君之馬也。無術以御之，身雖勞，猶不免亂。有術以御之，身處佚樂之地，又致帝王之功也。」又《難勢》云：「以國位爲車，以勢爲馬，爲號令，爲轡，以刑罰爲鞭筴，使堯舜御之，則天下治。桀紂御之，則天下亂。則賢不肖相去遠矣。夫欲追速致遠，不知任王良；欲進利除害，不知任賢能：此則不知類之患也。夫堯舜，亦治民之王良也。」**象曰：見輿曳，位不當也。无初有終，遇剛也。**案三失位，與四互坎，見輿曳，恐其從四危之也。上來之三，三遇之，得以自正，故无初有終。

九四，睽孤，遇元夫，交孚，厲无咎。 注虞翻曰：「震爲元夫，謂二已變動而應震，故遇元夫也。」案火上澤下，不相應，故睽孤。四之正相應，故交孚，厲无咎。四剛而不中，本有厲者。**象曰：交孚无咎，志行也。** 案相應，故志行。

六五，悔亡，厥宗噬膚，往何咎？ 注虞翻曰：「二動體噬嗑，故曰噬。」案悔亡，謂二五之正；厥宗噬膚，謂五之二。渙者，散也。散則廟以聚之。睽者，乖也。乖則宗以聯之。此睽而復合者也。噬膚謂二宜陰，五之二也。《坊記》曰：「因其酒肉，聚其宗族，以教民睦也。」在睽之卦，疑往而不合，故明言往何咎。厥宗噬膚，則疏者親，散者聚矣。此宗法之所由立也。《太玄·親》次八：「肺附乾餱，其榦已良，君子攸行。」義本此。《特牲禮》疏引《書傳》：「天子有事，諸侯皆侍。」宗室有事，族人皆侍終日。大宗已侍於賓奠，然後燕私。蓋自天子及士，祭畢皆有噬膚之事，所以親親也。睽言宗渙立廟，皆使之聚也。**象曰：厥宗噬膚，往有慶也。** 案五往之二，則二來慶五。《詩》曰：「爾殽既將，莫遠具慶。」❶

上九，睽孤，見豕負塗，載鬼一車。 注虞翻曰：「離爲見，坎爲豕，爲雨。四變時，坤爲土，土得雨爲泥塗。四動艮，爲背，豕背有泥，故見豕負塗矣。」案見，上見四也。共在上體，故

---

❶ 「遠」，《毛詩》卷十三作「怨」。

上見之。豕喻躁，塗喻不絜。《詩》曰：「維此良人，作爲式穀。維彼不順，征以中垢。」躁動污穢，是匪人也，故載鬼一車。七八謂之神，九六謂之鬼。鬼，遊魂也。《荀子》曰：「惡之如鬼。」《王霸篇》文。三之上，爲四所隔，故三欲之上，先見四，幾從四而不之上，故无初。上欲之三，亦先見四，三四互坎，四爲惡人，疑三類四，故先亦張弧待三，因四疑三也。《太玄・疑》次七：「鬼魂疑。」《測》曰：「鬼魂之疑，誠不可信也。」載鬼一車，疑使之然，《太玄》義本此。**先張之弧，後説之弧，匪寇婚媾，往遇雨則吉。**注虞翻曰：「坎爲弧，離爲矢，張弓之象也。匪，非。坎爲寇。之三歷坎，故匪寇。陰陽相應，故婚媾。三在坎下，故遇雨。與上易位，坎象不見，各得其正，故則吉也。」案疑三故先張之弧，以爲寇也。三上相應，故後説之弧。三上易位，坎離不見，故説弧。乖離之卦，彼此不孚，故每動疑生也。往與三遇，故遇雨。乖離之卦，應不相應，乖戾氣消，卒然而合，故皆言遇，如不期而遇者焉。**象曰：遇雨之吉，羣疑亡也。**案疑，上下相疑也。火亢於上，澤涸於下，上降遇雨，坎離復交，陰陽和，睽者合矣，故羣疑亡。

䷦ 艮下坎上

蹇，利西南，不利東北，案西兑，南離，西南坤也。水蹇於山，還反地上，之坤五成比，得地而流，故利西南。東震，北坎，東北艮也。之艮則仍是蹇，故不利東北。六十四卦相受，或以旁通，反復不衰之卦是也；或反復而又旁通，否泰是也；其餘皆反復相受，各以兩卦爲一偶。唯蹇既與解反，復又與睽旁通，《易》例至此一變，著殷周革易之由也。故六爻多往來迭見，與他卦不同。蹇六爻唯初失正，餘皆得位，其所以蹇，實於本卦无與，皆睽使之然也。西南即謂睽，睽離兑之卦也，殷紂乖離，周得有之，五據坤成比，建萬邦，親諸侯，周所以王也。東北即謂蹇，蹇卦全化則成睽，此紂所以失天下之由也。故爻多往來並稱，此失彼得，卦象交呈，故與他卦不同，他卦亦有旁通，不如此之著也。**利見大人，貞吉。** 注 虞翻曰：「離爲見，大人謂五，二得位應五，故利見大人。五當位正邦，故貞吉也。」案，初之正，成既濟。

彖曰：蹇，難也，險在前也。見險而能止，知矣哉！蹇利西南，往得中也。不利東北，其道窮也。 注 虞翻曰：「離見，坎險，艮爲止。」荀爽曰：「西南謂坤，乾動往居坤五，故得中也。」案，坎五即乾居坤五成比者也。險在前，見險而止，止而往西南，故云利西南。利西南，在蹇後。惠氏棟云：「升二之五。」張氏惠言云：「乾五當使三之復二成睽。」非是。東北，艮也。艮在坎下，見險而止，故其道窮也。」**利見大人，往有功也。當位貞吉，以正邦也。蹇之時用大矣哉！** 注 虞翻曰：「大人謂五，五多功，故往有功也。」荀爽曰：「謂五當尊位，羣陰順從，故能正邦。」案，正邦謂成既濟。

象曰：山上有水，蹇。君子以反身修德。 注 陸績曰：「水在山上，失流通之性，水本應山下，今在山上，終應反下，故曰反身。」見孔疏。案 坎水反下，則在地上，山之下，地之上，則蹇之初也。蹇初失正，故反身，謂成既濟也。睽六爻唯初得正，初化則成未濟。蹇唯初失正，初化即成既濟。此睽蹇之殊也。然睽初得正，其本正也。聖人處此，本正事舉，睽化成既濟。蹇初失正，本先撥也，本不正而順以往，斯成未濟矣。反身修德，慎在始也。商之天下，流風善政猶有存者，紂一失而莫挽。本於身，及於家，睽於天下，此爻所云「往蹇」者也。乖必有難。難者，乖爲之，於蹇得位之爻實无與。爻所云往蹇，皆謂睽，紂由蹇而成睽也。所云來，謂睽化，來之蹇初。終化成既濟，象周定殷亂也。

初六，往蹇，來譽。 案睽化成蹇，蹇化成睽，一往一來，互相因也。往蹇謂成乖難，言睽也。來譽，自睽化來也。睽而復合，非失之過，即失之不及，然不害其爲合也。故雖失正，而來譽。

象曰：往蹇來譽，宜待也。 案待，時也。《釋文》作「宜待時也」。時至則初自化，既濟成矣。

六二，王臣蹇蹇，匪躬之故。 案王謂五，臣謂二，文之君臣，皆王臣也。文王蒙大難，蹇也；四臣從之，亦蹇；故王臣蹇蹇，二得正應五，文王蒙難，非文君臣之故，乃紂之乖睽也，故匪躬之故。**象曰：王臣蹇蹇，終无尤也。** 案二五皆正，終能濟難，成既濟，故終无尤。

九三，往蹇，來反。 案往，失位成睽難，故往蹇喻紂囚文王也。來反，由睽來反之正，喻文王反國也。**象曰：往蹇來反，内喜之也。** 案反，來得位。陰得承陽，故内喜之，喻文王臣民也。

六四，往蹇，來連。 案連，連及初也。四應在初，初亦之正，故來連。喻文王蒙難而歸，天下叛紂歸周也。**象曰：往蹇來連，當位實也。** 案陽稱實，四當位，初化應之，故當位實。

九五，大蹇，朋來。 案大蹇謂睽五，喻紂失道日甚也。朋來謂三分天下有其二。**象曰：大蹇**

朋來，以中節也。 案 五居中處正，上下應之，故朋來以服事殷，不敢失臣節也。故曰以中節。諸侯歸周，臣於周也，謂之爲朋，不敢臣也，以服事殷，是爲中節。

上六，往蹇，來碩，吉，利見大人。 注 虞翻曰：「離爲見，大人謂五。」案 碩，大也。往而遇難，來復自修，大其德也。反身修德，不敢尤人，故吉，利見大人。喻文之小心翼翼，事君終臣節也。**象曰：往蹇來碩，志在内也。利見大人，以從貴也。** 案 反身修德，初化之正，故志在内。紂雖不道，以服事殷，文王視之，猶聖主也。故利見大人，以從貴從君也。孟子曰：「王庶幾改之，予日望之。」文王之心亦猶是也。《詩序》：「采薇，遣戍役也。文王之時，西有昆夷之患，北有玁狁之難。以天子之命，命將率遣戍役，以守衛中國。」箋云：「天子，殷王也。西伯以殷王之命，命其屬爲將率。」《出車》「我出我車」箋云：「西伯以天子之命，出我戎車於牧之地。」《詩》諸所稱「天子」及「王」，與《易》「利見大人」皆尊王也。故孔子曰：「周之德，其可謂至德也已矣！」

䷧ 坎下震上

解，利西南， 案 西南謂坤，震動雨施，水流就下，流入坤中，水行地中，故利西南。**无所往，其來復，吉。** 案 謂五。震從下起，❶五先本居二，初動，二隨之升五，雷雨已作，无所復往，當

❶ 「震」，皇清經解續編本作「正」。

仍反於下，故无所往，其來復，吉。謂來復之二，得中正也。此蓋喻紂政荆失所，當反之正，若猶是暴虐，將何往哉？**有攸往，夙吉。** 注虞翻曰：「謂二也。夙，早也。」案坎降爲雨，二本自五來，今還升五，復其本位，故夙吉。此喻殷先澤猶存，反正，難斯解也。陰陽升降，往復不留，故雷雨稱作，不分上下體者也。山上有水，即坎雲從山出入之象。不言雲者，繼睽之後，義取蹇難也。彼言水，以見當下。此言雨，已降者也。

彖曰：解，險以動，動而免乎險，解。解利西南，往得衆也。其來復吉，乃得中也。 注虞翻曰：「險坎，動震。解二月，雷以動之，雨以潤之，物咸孚甲，萬物生震。震出險上，故免乎險也。」荀爽曰：「乾動之坤，而得衆。」案五非陰位，來之二，乃爲得中，故其來復吉，乃得中也。**有攸往，夙吉，往有功也。** 注荀爽曰：「五位无陽，❶二陽又卑，往居之者則吉。據五解難，故有功也。」**天地解而雷雨作，雷雨作而百果草木皆甲坼，解之時大矣哉！** 注荀爽曰：「乾坤交通，動而成解，坎下震上，故雷雨作也。案，冬陰凝閉，則雲雷屯。仲春之月，草木萌芽，雷以動之，雨以潤之，日以烜之，故甲坼也。」案，震爲反生，戴甲出土，是爲甲坼。鄭康成曰：「木實曰果。」見《文選注》。

---

❶「陽」，《周易集解》卷八作「君」。

象曰：雷雨作，解。君子以赦過宥罪。 案《月令》：「仲春之月，始雨水，雷乃發聲。是月也，安萌芽，養幼少，存諸孤，命有司，省囹圄，去桎梏，無肆掠，止獄訟。」

初六，无咎。 案失位，咎也。雷雨交作之卦，初非極下，上非極上，雷上雨下，同時同位者也。**象曰：剛柔之際，義无咎也。** 案雷雨交作，初非定象，非失位者也。《泰》三：「无往不復，天地際也。」謂交際。否泰，反復也。此剛柔之際，亦謂雷雨一上一下，故義无咎。先言剛柔之際，明初非定位也。

九二，田獲三狐，得黄矢，貞吉。 注虞翻曰：「二稱田，田獵也。坎爲弓，離爲黄矢，之正得中，故貞吉也。」案，之正謂升五。案坎爲狐。《未濟》：「小狐汔濟。」干寶云：「坎爲狐。」案，《説文》云：「狐，祆獸。鬼所乘。」坎，隱伏。故爲狐，兹依用之。三爻故三狐，謂三爻俱升也。**象曰：九二貞吉，得中道也。** 注虞翻曰：「動得正，故得中道。」

六三，負且乘，致寇至，貞吝。 注虞翻曰：「二變時，艮爲背，❶坤爲車，三在坤上，故負且乘。」案坎爲寇，謂四也。三與坎連體，故致寇至。之正應上，見隔於四，故貞吝。雷雨作則難解，負且乘，徒致寇耳，此蓋喻殷之小人在位，不能解難也。**象曰：負且乘，亦可醜**

❶「背」，原誤作「負」，今據《周易集解》卷八改。

也。自我致戎，又誰咎也？ 注虞翻曰：「以離兵伐三，故轉寇爲戎。艮手招盜，故誰咎也。」案乘者，君子之器。乘非，可醜也。負且乘，故亦可醜。又誰咎，言當自咎。

九四，解而拇，朋至斯孚。 注陸績曰：「拇，足大指。」案，見《釋文》。案，震爲足，二化，四互艮爲指。案而，女也，謂四。四體離坎，欲上欲下，故解而拇，謂二上之五，四降居初也。二升五陽，與陽爲朋，故朋至。二升則四降，初得位有應，故朋至斯孚。**象曰：解而拇，未當位也。**

六五，君子維有解，吉，有孚于小人。 注虞翻曰：「君子謂二，之五得正。小人謂五，陰爲小人，君子升位，則小人退在二，故有孚于小人。」案，屯五，屯膏雨以解之。陽在二，失位，升之五以解之。一張一弛，可與權者也。**象曰：君子有解，小人退也。** 注虞翻曰：「二陽上之五，五陰小人退之二也。」案，君子有解，反之正，則小人自退。劉向云：「湯用伊尹，不仁者遠，而衆賢至，類相致也。」

上六，公用射隼于高墉之上，獲之，无不利。 注虞翻曰：「上應在三，離爲隼。」案震，諸侯，故曰公。離矢坎弓，故用射。不言弓矢者，君子藏器於身也。二之五，巽爲高。四之初，艮爲城。上應在三，弓動矢發，三之正成既濟，則悖解矣。隼喻其悖也。《沔水》：「鴥彼飛隼，載飛載止。」箋云：「隼欲飛則飛，欲止則止，喻諸侯之自驕恣。」其取義與《易》同。高墉見者博，言去惡，明无所蔽也。《荀子·勸學》云：「吾嘗跂而望矣，不如登高之博見也。」紂爲不道，崇、密助之，文不斥言紂，故爻多以去小人爲義。伐崇伐密，文王爲紂解悖耳。豈文有覬覦之心哉？西伯戡黎，祖伊奔告，以文爲紂解悖，而紂乃日甚，知天命之必歸周，故但責紂自絶，不言文也。**象曰：公用射隼，以解悖也。** 案 卦唯上六得位，故用射隼，成既濟，故解。

䷨ 兑下艮上

損，有孚，元吉，无咎，可貞，利有攸往。 注 鄭康成曰：「艮爲山，兑爲澤，互體坤，坤爲地，山在地上，澤在地下，澤以自損，增山之高也。猶諸侯損其國之富，以貢獻於天子，故謂之損矣。」案 孚謂二五。元，乾坤之元也。損自泰來。二五易位，則元各正，故有孚，元吉，无咎也。可貞謂二，二正則上之五。二之五則上之三，故利有攸往，此文王修德遠害之卦也。損下益上，文自損以益紂。有孚元吉无咎，喻紂能信任之也。紂信任文，則君臣俱正，上下相應矣。**曷之用？二簋可用享。** 案 曷，何也。二互震，之正亦體震，震爲簋，故二簋。苟有明信，沼谿澗沚之毛，可薦鬼神，可羞王公。二簋可用享，言不在多儀也。享，獻也。上下交孚，二簋可獻，所謂損先難而後易者，故文王不以事紂爲難，終盡臣節，望其感孚耳。

象曰：損，損下益上，其道上行。 注 李鼎祚曰：「坤之上六，下處乾三；乾之九三，上升坤六，損下益上者也。陽德上行，故曰其道上行也。」**損而「有孚，元吉，无咎，可貞，利有攸往，曷之用？二簋可用享」。二簋應有時，損剛益柔有時，損益盈虛，與時偕行。** 注 虞翻曰：「時謂春秋祭祀。乾爲盈，坤爲虛。」案 應，當也。二簋雖薄，用之當時，言合禮也。消則損剛益柔，息則損柔益剛，否泰反復，陰陽往來，終則又始者也。

象曰：山下有澤，損。君子以懲忿窒欲。 案 懲當作澂，清也。《釋文》云：「劉作澂，清也。鄭云：『澂猶清也。』」則鄭亦作澂。「蜀才作澄」，澄同澂。作懲，字之誤。古懲多作徵，與澂相近，故澂誤作徵，又轉作懲。窒，塞止也。泰乾爲忿，坤爲欲。虞云：「乾陽剛武，爲忿。坤陰吝嗇，爲欲。」三之上，乾成兑澤，故清忿。艮止坤上，故窒欲。此君子之用損也。

初九，已事遄往，无咎，酌損之。 案 已，以也。《釋文》云：「已本亦作以。」《説文》亦引作㠯，作巳字之誤。事，職也。以事，以初之職事，喻文之事紂也。初得位，故以事遄往，以正往應四也，故无咎。酌，斟酌也。《周語》曰：「耆艾修之，而王斟酌焉。」酌損之，喻文益紂，欲其斟酌而用之也。故象曰：「尚合志。」**象曰：已事遄往，尚合志也。** 案 初四以正相應，與四合志也。

九二，利貞，征凶。 注 虞翻曰：「失位，當之正，故利貞。征，行也。」案 利貞，謂自化，所謂可貞也。二未之正，之五則得位。二已之正，之五則失位。二陰不相應，故利貞，征凶。此喻文修德見囚於紂也。二本陽爻，之五則成益，不得有凶。此「利貞，征凶」連文，是已化之陰，復征之五，二陰不應，之五失位，故凶也。**弗損益之。**案陽化之陰，則自損。不化，故弗損。之五成益，故益之，益五也。此所謂利有攸往者也，蒙難而歸，獻地除荆，益上之心，文始終一也。

象曰：九二利貞，中以爲志也。案自化之正，故中以爲志。

六三，三人行，則損一人。一人行，則得其友。案下三爻爲三人。初得位不升，故損一人。一人行謂三，三之上，則上之三相應，故得其友。氣求聲應，各以類從，小人用則君子退，君子用則羣君子進，喻殷之賢佞並立，將損賢臣，欲其專任賢臣，以進羣賢也。**象曰：一人行，三則疑也。**案言一人行則得友，若三則疑矣。賢佞不並也。劉向曰：「夫執狐疑之心者，來讒賊之口；持不斷之意者，開羣枉之門。讒邪進則衆賢退，羣枉盛則正士消。」本傳《封事》。陰陽相感以正，故《繫辭傳》引以證天地男女焉。

六四，損其疾，使遄有喜，无咎。案疾謂二。四應初，而隔於二，二其疾也。二之正，四得初應，故損其疾，使遄有喜。得位，故无咎。《詩》曰：「君子如怒，亂庶遄沮。」《潛夫論》曰：「凡治病者，必先知脈之虚實，氣之所結，然後爲之方。故疾可愈，而壽可長也。爲國者，必先知民之所苦、禍之所起，然後設之以禁，則姦可塞，國可安矣。」《述赦》文。**象曰：損其疾，亦可喜也。**

六五，或益之十朋之龜，弗克違，元吉。案二益五也。二自正，則不益五。二不之正，則升之五，益五，故曰或。坤陰之老爲龜，直十朋也。《漢志》：「貝二枚爲一朋，有大貝、壯貝、幺貝、小貝。龜四品，元龜，直大貝十朋。公龜，直壯貝十朋。侯龜，直幺貝十朋。子龜，直小貝十朋。」其義即本於此。龜，北方之靈，信則至矣。龜以爲畜，人情不失，吉凶定焉。二以十朋之龜益五，文王三分有二以服事殷之象也。二升五降，皆得位，故弗克違，元吉。乾元，正君位也。文王益紂，紂能用文，不違文則殷道中興矣。**象曰：六五元吉，自上祐也。**案上謂五。二來益五，五不違二，而降居二，上下交孚，君之明，臣之福也，故自上祐。紂不用文，文雖益之，豈能元吉哉？　文不能致君明聖，紂不祐文也。　此憂患之所以獨深也，脩德遠害，克自主者，如此而已。

上九，弗損益之，无咎。貞吉，利有攸往，得臣无家。案弗損，謂不化。益之，謂益五。二自化，不之五，則上之五得位，故无咎，貞吉。二已之五，則上利往之三，成既濟，故利有攸往。　陽在上，不事王侯。二升五爲君，上降三，五得臣之。二稱家，二已升五，故无家。王者无外，以天下爲家也。《漢書·五行志》谷永云：「《易》稱『得臣无家』，言王者臣天下，无私家也。」**象曰：弗損益之，大得志也。**案之五得位，故大得志。

䷩ 震下巽上

益，利有攸往，利涉大川。注鄭康成曰：「震爲雷，巽爲風，雷動風行，二者相成，猶人君出教令，臣奉而行之，故利有攸往。坎爲大川，故利涉大川也。」案二五相應，故利有攸往。三之上，涉坎成既濟，故涉大川。

彖曰：益，損上益下，民説无疆。自上下下，其道大光。注宋衷曰：「明君之德，必須損己而利人，則下盡益矣。」見《口訣義》。鄭康成曰：「人君之道，以益下爲德。」虞翻曰：「坤爲无疆。」案損乾四、益坤初，故損上益下。其道益道，上之三成既濟，故大光。**利有攸往，中正有慶。利涉大川，木道乃行。**注虞翻曰：「中正謂五，而二應之，乾爲慶也。」案三上易位，震巽交，故木道乃行。不言風雷，言木道者，木東方，生氣也。雷以動之，萬物生。風以散之，萬物齊。故木道乃行，生物之道，利益物者也。**益動而巽，日進无疆。天施地生，其益无方。凡益之道，與時偕行。**注虞翻曰：「震上動爲離，案謂三。離爲日，巽爲進，坤爲疆，日與巽俱進，故日進无疆也。乾下之坤，震爲出生，萬物出震，故天施地生。陽在坤初，爲无方。」案，陽在坤初，伏而未著，故无方，謂乾元也。萬物資始資生，不見其益，而物无不益，不見不聞，體物而不遺者也。案生物之氣，不疾迅，故益。動而巽，遂物性也。出震齊巽，相見乎離，故與時偕行。

象曰：風雷益。君子以見善則遷，有過則改。注《子夏傳》曰：「雷以動之，風以散之，萬物皆益。」案雷動風行，三上失位，易位乃得正，故遷善改過，象風雷之疾也。

初九，利用爲大作，元吉，无咎。注虞翻曰：「大作，謂耕播，耒耨之利，蓋取諸此也。日中星鳥，敬授民時，故以耨播也。」侯果曰：「處利之始，❶居震之初，震爲稼穡，益之大者，莫大耕植，故初九之利，利爲大作。若能不厚勞於下民，不奪時於農畯，則大吉无咎矣。」案風行雷動，食爲民天，富庶之本也。故曰「大作」。天氣下降，初得位，故元吉无咎，乾元也。

象曰：元吉，无咎，下不厚事也。案坤爲厚，乾來益坤，故下不厚事。仲春之月，毋作大事，以妨農事。

六二，或益之十朋之龜，弗克違，永貞吉，王用亨于帝，吉。案損二益五，五亦益二，五之二得位，成益。不可化，故永貞吉。王謂益五，五君得二聖臣。元首明，股肱良，二五皆得位，故用亨于帝，吉。此文之望於殷王者也。**象曰：或益之，自外來也。**案損五之二，成益。五在外，故自外來。

❶「利」，《周易集解》卷八作「益」，義長。

六三，益之用凶事，无咎。❶ 有孚中行，告公用圭。 **注**荀九家曰：「天子以尺二寸元圭事天，以九寸事地也。上公執桓圭九寸，諸侯執信圭九寸，諸伯執躬圭七寸，諸子執穀璧五寸，諸男執蒲璧五寸。五等諸侯，各執之以朝見天子也。」虞翻曰：「乾爲圭，乾之三，故告公用圭。」案，上之三。**案**凶事，征伐之事。兵凶戰危，在益用之疑於咎，故明言无咎。除暴救民，凶事即所以益之也。《荀子》曰：「仁者愛人，愛人故惡人之害之也。義者循理，循理故惡人之亂之也。兵者，所以禁暴除害也。故仁人之兵，所存者神，所過者化。」《議兵》文。三失位不臣，故五使上用凶事以益之，征不服也。上之三，離爲戈兵甲胄，師之象也。五使上來正三，三自化之正，孚五，故有孚。伏陽由中發，故中行誠服也。三服則上復命，故告，告王也。告於王曰：公用圭。公者，爵稱。言其已服用圭而來朝王也。此文王爲方伯，率叛國事殷之象。與震爲侯，故曰公。**象曰：益用凶事，固有之也。** **注**虞翻曰：「失位當變，故固有之。」案，伏陽當發。

六四，中行告公從，利用爲依遷國。 **案**中行謂三也。四承五據三，三化從五，故四告於五。坤爲國，三之正，坤象不見，故遷國。成坎爲險，王公設險以守其國，故曰爲依，依於險

---

❶「无咎」，原脱，今據《周易》及案語「故明言无咎」補。

也。遷國亦所以益之也。《盤庚》曰：「視民利用遷。」此蓋喻殷民化紂俗日久，難與爲善。文欲紂徙居善地，所謂用亨于岐山也。乃殷不自徙，而周徙之，豈周之過哉？象曰：「益志。」文王小心事紂，紂有從之之志，故文益之。獻地除荆，亦其一也。有志而不能終，上九所以有立心勿恒之象與？**象曰：告公從，以益志也。**案志，遷國之志。文王率諸侯以輔紂，益紂志爲善，則從之者衆矣。文之爲殷興利也，豈有已乎？

九五，有孚惠心，勿問元吉，有孚惠我德。注虞翻曰：「三上易位，已成既濟，故『有孚惠心，勿問元吉』。」案有孚惠心，入人深也。《吕覽》曰：「聖人南面而立，以愛利民爲心，號令未出，而天下皆延頸舉踵矣，則精通乎民也。」《精通》文。《書》曰：「故一人有事於四方，若卜筮罔不是孚。」此上之有以孚下也。我，我五。上孚下，則下亦孚上，故有孚惠我德。感德而歸，是惠德也。謂成既濟，衆爻皆順五也。**象曰：有孚惠心，勿問之矣。惠我德，大得志也。**案勿問之矣，言不必問，天下歸之，故大得志。告公用圭，告公從，亦不必問者也。

上九，莫益之，或擊之，立心勿恒，凶。注虞翻曰：「莫，无也。艮爲手，故或擊之。上體巽爲進退，故勿恒。」案上不降三，則三不益上，所謂莫之與也。失位背五，故五來擊之。莫之與，則傷之者至矣。有孚惠德，天下與之；衆叛親離，故莫之與。蓋以喻殷也。上當之正，進退不果，故立心勿恒，凶。**象曰：莫益之，偏辭也。或擊之，自外來也。**注孟喜曰：

「徧，周匝也。」見《釋文》。《釋文》云：「徧，孟作偏。」案虞云：「徧，周帀也。」則與孟同。衆皆不與，故曰「徧」。案五來擊之，故「自外來」。五非應，故曰「或」。上之「自外來」，與二異。二本在内，外來益之，是遠者亦益之。上本在外，外來擊之，是親近者亦擊之矣。此其所以「凶」也。

周易姚氏學卷第十一

旌德姚配中撰

周易下經彖下傳象下傳

䷪ 乾下兑上

夬，揚于王庭，孚號有厲。注鄭康成曰：「夬，決也。陽氣浸長至於五，五，尊位也，而陰先之。是猶聖人積德説天下，以漸消去小人，至于受命爲天子，故謂之夬。揚，越也。五互體乾爲君，又居尊位，王庭之象也。陰爻越其上，小人乘君子，罪惡上聞於聖人之朝。故曰：『夬，揚于王庭。』」案「孚號」謂衆陽孚五，皆欲決上也。夬，書契號令之象。決上成乾，❶重剛故厲。**告自邑，不利即戎，利有攸往。**注虞翻曰：「陽息動復，剛長成夬。坤爲自邑。陽息陰消，君子道長，故『利有攸往』，剛長乃終。」案陽長決陰，陰從下升，故「告自

❶ 「決」，皇清經解續編本作「夬」。

邑」。陰不順陽，聞於王庭者，自其邑來告也。上窮反三，體離爲戎。陽息之卦，陰不得居三，窮无所入，故「不利即戎」。

彖曰：夬，決也，剛決柔也。健而説，決而和。注虞翻曰：「乾決坤也。健，乾。説，兑也。以乾陽獲陰之和，故決而和也。」**揚于王庭，柔乘五剛也。孚號有厲，其危乃光也。**案一陰揜陽，決之成乾，重剛，陽道光明，故其危乃光。**告自邑，不利即戎，所尚乃窮也。**案尚，上也。陰窮於上，反三成離，三陽位，不受，窮无所之，故窮也。**利有攸往，剛長乃終也。**注虞翻曰：「乾體大成，以決小人。終乾之剛，故乃以終也。」

象曰：澤上於天，夬。君子以施禄及下，居德則忌。注陸績曰：「水氣上天，決降成雨，故曰『夬』。」虞翻曰：「陽極陰生，謂陽忌陰。」案不雨則旱，膏澤不下於民，澤上於天，夬而爲雨，故君子以施禄及下也。一陰在上，終足致悔，故居德則忌。言必決之盡也。《表記》曰：「君子不失足於人，不失色於人，不失口於人。」《甫刑》曰：「敬忌而罔有擇言在身。」注云：「忌之言戒也，言己外敬而心戒慎也。」

初九，壯于前趾，往不勝爲咎。注虞翻曰：「夬變大壯，大壯震爲趾，位在前，故壯于前趾。」案陽息大壯成夬，陰已至上，初不能及。往，往決陰也。陽息之卦，陽往決陰是也，不能勝陰，故爲咎。咎者不勝之所爲，非往之過也，故曰爲咎。《孫子》曰：「夫未戰而廟算勝者，得算多也；未戰而廟算不勝者，得算少也。」《計篇》文。又曰：「勝兵先勝而後求戰，敗兵先戰而後求勝。」《形篇》文。**象曰：不勝而往，咎也。**

九二，惕號，莫夜有戎，勿恤。案 剛柔者，晝夜之象，陰已至上，故曰莫夜。惕號謂戒令。所謂忌也，掌固夜三鼜以號戒，挈壺氏凡軍事縣壺以序聚欜，皆莫夜之號也。《大宗伯》「以恤禮哀寇亂」，號戒嚴，寇不能至，故有戎勿恤。陽息之卦，防陰長也。上反三，離爲戎。**象曰：有戎勿恤，得中道也。**案 陽息之卦，不宜化之陰。二雖失位，得乾之中，故有戎勿恤。此又不以位之得失論也。

九三，壯于頄，有凶。注 翟玄曰：「頄，面也。謂上處乾首之前，稱頄。頄，頬閒骨。三往壯上，故有凶。」案，上三正應相應，不決陰，則陰來之三，三動失位，故戒以有凶。**君子夬夬，獨行遇雨。若濡有慍，无咎。**注 荀爽曰：「九三體乾，乾爲君子。三五同功，二爻俱欲決上，故曰『君子夬夬』也。『獨行』謂一爻獨上，與陰相應，爲陰所施，故遇雨也。雖爲陰所濡，能慍不說，得无咎也。」案，三應上，夬夬，言必欲決之，所謂忌也。《表記》曰：「君子莊敬日强，安肆日偷，君子不以一日使其躬儳焉，如不終日。」不使不仁者加乎其身，故「夬夬」。❶ 三獨應上，故「獨行遇雨」。兑爲雨澤，言

❶「夬夬」，原作「夫夬」，今據崇文書局本及爻辭改。

小人亦以恩澤結人心也。易以溺人，君子慎之，故有愠无咎。所謂其危乃光也。**象曰：君子夬夬，終无咎也。**

九四，臀无膚，其行次且。牽羊悔亡，聞言不信。注虞翻曰：「二四已變，坎爲臀。兑爲羊，巽爲繩。」案二四互坎，陰俱不見，故无膚。此言一陰一陽之謂道，陰亦不可廢也。陰之於陽，猶膚之於骨。乾純陽爲瘠，故无膚，謂陽剛過也。❶孤陽不生，故其行次且。次且，行不進也。牽羊，謂牽上，使居四得位，故悔亡。言不爲陽所決也。坎爲耳，未之正，故聞言不信。**象曰：其行次且，位不當也。聞言不信，聰不明也。**

九五，莧陸夬夬，中行无咎。案莧陸，草名，《子夏傳》云：「莧陸，木根草莖，剛下柔上也。」馬、鄭云：「莧陸，一名商陸。」宋云：「莧，莧菜；陸，商陸。」喻陰也。陽息大壯，已決五成夬，又欲決上，故夬夬。《春秋傳》曰：「爲國家者，見惡如農夫之務去草焉，芟夷蘊崇之，絶其本根，勿使能殖。」《書》曰：「乃有不吉不迪，顛越不恭，暫遇姦宄，我乃劓殄滅之，無遺育，無俾異種于兹新邑。」五得中，以陽夬陰，夬之當，故中行无咎。**象曰：中行无咎，中未光也。**案陽尚在

---

❶「剛過」，皇清經解續編本倒文。

五，❶決陰未盡，爲陰所揜，故中未光，但无咎而已。剛長至上，決陰使盡，則所謂「其危乃光」者也。

上六，无號，終有凶。 案 上不孚五，爲陽所決，決之使盡，陰氣散亡，故无號，終有凶。惕號勿恤，无號是以凶也。蓋喻殷當決小人，嚴其號令也。**象曰：无號之凶，終不可長也。** 案 虞翻曰：「陰道消滅，故不可長也。」

䷫ 巽下乾上

姤，女壯，勿用取女。 注 鄭康成曰：「姤，遇也。一陰承五陽，一女當五男，苟相遇耳，非禮之正，故謂之姤。女壯，如是壯健，似淫，故不可取。婦人以婉娩爲其德也。」

象曰：姤，遇也，柔遇剛也。勿用取女，不可與長也。天地相遇，品物咸章也。剛遇中正，天下大行也。姤之時義大矣哉。 注 虞翻曰：「陰息剥陽，以柔變剛，故勿用取女，不可與長也。」荀爽曰：「謂乾成於巽而舍於離，坤出於離，與乾相遇，南方夏位，萬物章明也。」案荀九家云：「謂陽起子，運行至四月，六爻成乾。巽位在巳，故言『乾成於巽』。既成，轉舍於離，萬物皆盛大，坤從離出，與乾相遇。」案 剛謂陽，中正謂陰，風行天下，故大行。坤出於離，一陰初生，即離象也。陰生

❶「尚」，皇清經解續編本作「上」。

天地之中，正位於二，陽正位於五，故剛遇中正。女壯言其消陽，中正言其成離，復見天地之心，謂陽在極中也。

象曰：天下有風，姤。后以施命誥四方。注虞翻曰：「后，繼體之君。乾爲施，巽爲命，爲誥。」翟玄曰：「天下有風，風行无不周布，故以施命誥四方之民矣。」

初六，繫于金柅，貞吉。有攸往，見凶。羸豕孚蹢躅。注虞翻曰：「柅，謂二也。巽爲繩，故繫柅。乾爲金，巽木入金，柅之象也。王肅云：「柅，織績之物，婦人所用。」荀九家曰：「絲繫於柅，猶女繫於男，故以喻初宜繫二也。」案《説文》：「籆，收絲者也。㞎，籆柄也，或从木尼聲。」然則柅即㞎，絲繫於籆，籆制於柅。以陰消陽，往謂成坤。」案初繫於二，與二易位，得正居中，故「貞吉」。若居初而動，則失見，故「有攸往，見凶」。「往」謂動之爻，陰消至上，初變成六。「羸豕」謂陰息成離，陽伏爲坎，坎爲豕，巽爲進退，初陽伏於下，爲陰所羸，不能進而因伏也。**象曰：繫于金柅，柔道牽也。**注虞翻曰：「陰道柔，巽爲繩，牽於二也。」

九二，包有魚，无咎，不利賓。注虞翻曰：「巽爲白茅，在中稱包。《詩》曰：『白茅包之。』魚謂初陰，巽爲魚，乾稱賓。案《鄉飲酒》：「立賓以象天。」二據四應，故『不利賓』。」案姤陽包陰，故曰包。初之二，故「包有魚」。得位，故「无咎」。初之二，則不應四，故「不利賓」。此四之所以无魚也。謂之賓者，民爲他人所有，所謂虞賓周客者與？包同苞，苞苴也。《曲禮》「凡以弓劍苞苴簞笥問人者」，注云：「苞苴，裹魚肉者也，❶或以葦，或以茅。」《少儀》「苞苴」注云：「苞苴，謂其編束萑葦以裹魚肉也。」❷「包有魚」，喻下以實應得民心也。无魚斯遠民，遠民斯不爲之主，而稱之爲賓，喻殷之自遠其民也。　**象曰：包有魚，義不及賓也。**案初之二，得位，不應四，故義不及賓。

九三，臀无膚，其行次且，厲，无大咎。案此據陰未至二時言也。三互坎，伏陰未發，故「无膚，其行次且」。剛而不中，故「厲」。得位不爲陰所化，故「无大咎」。　**象曰：其行次且，行未牽也。**案陰之生，必麗於陽，故柔道牽，初牽於二也。初牽於二，不及三，故行未牽。

九四，包无魚，起凶。案四不得初應，故包无魚，莫之與也。四本失位，自遠其民，民爲邦本，遠民凶所由起，莫之與則傷之者至矣。言陰不應而消陽也。　**象曰：无魚之凶，遠民也。**案四遠初也，陰長消陽，絶之甚，則橫行，若防川然。順而道之，陰亦能養物。天地相遇，乃以成既濟之功也。陰本順陽，遏之甚，則變陽，從内消也。民本順君，遠之甚，則叛君，從内潰也。《賈子》曰：「刑罰不可以慈民，簡泄不可以得士。故有不能求士之君，而無不可求之士；有不能治世之吏，而無不可治之民。」《大政》文。

❶「者也」，《禮記》鄭注無，皇清經解續編本無「者」字。
❷「萑」，《禮記》鄭注作「菅」。

九五，以杞包瓜，含章，有隕自天。 注 虞翻曰：「隕，落也。巽爲杞。」案，場人，祭祀供其果蓏。《詩・信南山》：「疆場有瓜，是剥是菹，獻之皇祖。」以杞包瓜，祭之象也。心怵而奉之以禮，唯賢者能盡祭之義。所謂「含章，中正也」。致其誠信，與其忠敬，賢者之祭也。必受其福，故有隕自天。《詩》所謂「曾孫壽考，受天之祐」也。姤陰消陽，鬼神之象。陽窮上反下，復息於中，鬼神祐助其子孫之象也。所謂「志不舍命」。

案 陰已消至四，五互艮體巽，艮爲果蓏，故以杞包瓜。陰復消五，五消而伏，故含章。五乾元之位，陰消陽不能盡，是以伏而含也，故象曰「中正」也。陰消五成剥，碩果自上反，故「有隕自天」。**象曰：九五含章，中正也。有隕自天，志不舍命也。** 案 九五含章，言本陽位，陽消而伏，故含章也。據已消當復息，言已化於外，復息於中，外化而内息也。命謂太極，天地之中，元之所藏者也。陽窮上反下，還息於中，故志不舍命。此以窮上反下言。《淮南子》曰：「從外入者，無主於中，不止；從中出者，無應於外，不行。」《原道》文。陽之内萌而外反，亦猶是。

上九，姤其角，吝，无咎。 注 虞翻曰：「乾爲首，位在首上，故稱『角』。動而得正，故『无咎』。」

象曰：姤其角，上窮吝也。

䷬ 坤下兑上

萃，亨，王假有廟。 注 鄭康成曰：「萃，聚也。坤爲順，兑爲説，互有艮巽。巽爲木，艮爲闕，木在闕上，宫室之象也。」陸績曰：「假，大也。」案二五相應，故亨。王謂五，羣陰順之。積德厚，故大有廟。《大戴記》曰：「有天下者事七世。持手而食者，❶不得立宗廟。所以别積厚者流澤光，積薄者流澤卑也。」《禮三本》文。《荀子·禮論》注云：「持其手而食，謂農功食力也。」

利見大人，亨，利貞。用大牲吉。利有攸往。注虞翻曰：「大人謂五，三四失位，利之正，變成離，離爲見，故『利見大人』。『亨，利貞』，聚以正也。坤爲牛，故曰『大牲』。」案之正成既濟，二用坤牛，往應五，所謂孚乃利用禴者。

彖曰：萃，聚也。順以説，剛中而應，故聚也。注荀爽曰：「謂五以剛居中，羣陰順而從之，故能聚衆也。」案天子之祭也，與天下樂之；諸侯之祭也，與境内樂之。《孝經》曰：「昔者周公郊祀后稷，以配天；宗祀文王於明堂，以配上帝。是以四海之内，各以其職來祭。夫聖人之德，又何以加於孝乎。」此所謂致孝享也。《潛夫論》曰：「否泰消息，陰陽不並，觀其所聚，而興衰之端可見也。」《本政》文。聚以正，故「利見大人」也。**「用大牲吉，利有攸往」，順天命也。觀其所聚，而天地萬物之情可見矣。**案二順五，故順天命。《吕覽》曰：「賢者所聚，天地不壞，鬼神不害，人事不謀，此五常之本事也。」《求人》文。

---

❶「持」，原作「特」，今據皇清經解續編本改。「持手」，當本《荀子·禮論》，《大戴禮記·禮三本》作「待年」。

象曰：澤上於地，萃。君子以除戎器，戒不虞。 注 荀爽曰：「澤者卑下，流潦歸之，萬物生焉，故謂之萃也。」鄭康成曰：「除，除去也。」見《釋文》。案，蜀才云：「除去戎器，修行文德也。」案《周語》曰：「先王燿德不觀兵。夫兵戢而時動，動則威，觀則玩，玩則不震。是故周文公之頌曰：『載戢干戈，載櫜弓矢；我求懿德，肆于時夏。允王保之。』」倒載干戈，包之以虎皮，除戎器也。井田之法，兵寓於農，戒不虞也。《説苑・指武》云：「《司馬法》曰：『國雖大，好戰必亡；天下雖安，忘戰必危。』《易》曰：『君子以除戎器，戒不虞。』夫兵不可玩，玩則無威；兵不可廢，廢則召寇。」

初六，有孚不終，乃亂乃萃。 注 虞翻曰：「孚，謂五也。初四易位，五坎中，故『有孚』。坤爲聚，故『乃亂乃萃』。失位不變，則相聚爲亂。故象曰：『其志亂也。』」案不與四易位，故不終，失位故亂。《詩》曰：「謀夫孔多，是用不集。」「如彼築室于道謀，是用不潰于成。」「乃亂乃萃」，「有孚」，所以不終，喻殷多小人也。**若號，一握爲笑，勿恤，往无咎。** 注 虞翻曰：「巽爲號，案，號令。艮爲手。初動成震，震爲笑。」案若，順也，坤爲順，初之四，故「若號」。初之四，五互艮，初體震，故「一握爲笑」。初上孚五，孚可終矣。「一握爲笑」，言易也。《孟子》曰：「武丁朝諸侯有天下，猶運之掌。」《列子》曰：「天下可運於一握。」《湯問》文。初四易位，俱得正應，故「勿恤，往无咎」。**象曰：乃亂乃萃，其志亂也。** 案 艮止震動，忽動忽止，故志亂。

六二，引吉无咎。注虞翻曰：「應巽爲繩，艮爲手，故『引吉』。得正應五，故『无咎』。」案引，五引二也。二得中，未動之爻，故五引之，使應己。二不苟進，五下求賢也。**孚乃利用禴。**注馬融曰：「禴，殷春祭名。」見《釋文》。案鄭、虞皆以爲夏祭名，但文王作《易》，猶是殷世，不當以周之祭名爲説。《禘祫志》云：「周公制禮，乃改夏爲禴。」鄭既以爻辭文王作，則禴自是殷春祭名。云夏者，以周禮爲説耳，或字之誤也。案初四易位，震爲春，三之正，成既濟，故「孚乃利用禴」，謂二動之爻應五也。殷之臣民，散而不萃。言君當有以引之使萃，則能長保其位，故五云有位也。上下皆有嘉德，祭雖薄，神必享之，故「孚乃利用禴」。**象曰：引吉无咎，中未變也。**案未變之爻，故五引之。此與《家人》初九「志未變」義同。「未變」喻殷之賢臣无二心，可引之即孚者也。若已變成爻，則氣究將化，引之不孚矣。

六三，萃如嗟如，无攸利，往无咎，小吝。案三應在上，兑口故嗟。謂三陰聚於下，不應上，故萃嗟也。上所謂齎咨也。三失位，故「无所利」。「往」謂化之正，❶之正應上，得位，故「无咎」。雖失位，終化之正，故「小吝」。**象曰：往无咎，上巽也。**案上齎咨求應，三之正，故上巽順之。

❶ 「謂」，皇清經解續編本作「以」。

九四，大吉，无咎。案大謂陽，陽爻聚，故「大吉」。四失位，嫌於咎，故明言「无咎」。象曰「位不當」，以其失位嫌於咎，故既言「大吉」，而又言「无咎」也。澤上於地，由下而上。地有坎，而後澤出焉。澤聚於坎，實亦地中，非地上，故曰「上於」，不曰澤在地上。此四所以位不當而大吉者也。澤上於地，由地中生，亦原泉也。四，澤所從出，故大吉獨在四。**象曰：大吉无咎，位不當也。**注虞翻曰：「以陽居陰，故位不當。」

九五，萃有位，无咎，匪孚。元永貞，悔亡。注虞翻曰：「得位居中，故『有位无咎』。」案得衆故「萃有位」。《孟子》曰：「得乎丘民而爲天子。」匪，非也。謂失正者，亦化之正，孚五成既濟也。乾元得位不化，故「元永貞，悔亡」。感應之效，唯君最速。**象曰：萃有位，志未光也。**案未動之爻，云元云位，故知未動之爻。爲陰所揜，故未光，須引賢以助理也。

上六，齎咨，涕洟，无咎。注鄭康成曰：「齎咨，嗟歎之辭也。自目曰涕，自鼻曰洟。」見《釋文》。虞翻曰：「三之四，體離坎。艮爲鼻，涕流鼻目，故曰『涕洟』。」案上无應，位兑口，故「齎咨」。此亦既憂之咎不長者，文蓋望紂自悔，散可復萃也。**象曰：齎咨涕洟，未安上也。**注虞翻曰：「乘剛遠應，故未安上也。」案成既濟，則六爻安。桀紂之失天下，自以爲安故也。若涕洟自悔，則不安者安矣。

䷭ 巽下坤上

升，元亨。用見大人，勿恤。南征吉。 注鄭康成曰：「升，上也。案《釋文》云：「鄭作昇，升，假借字。」坤地巽木，木生地中，日長而上，故謂之『升』。升，進益之象也。」案，地中生木，春時也，乾元將出震，故「元亨」。虞翻曰：「謂二當之五，爲大人。離爲見，坎爲恤，二之五得正，故『用見大人勿恤』，有慶也。離，南方之卦，二之五成離，故『南征吉』。」

象曰：柔以時升， 案柔謂初。知者，地中生木，由下升上，下體唯初柔。巽，一索得女之卦，以初陰爲主，故知謂初。初先之四，象木之生，戴孚甲也。震爲反生，陽先下行，地中生木，陰先上出，義相因也。虞云：「柔謂五，升謂二。」似失之。如虞説，當云柔以剛升，剛以時升，不得云柔以時升也。「用見大人」，「南征吉」，乃謂二之五耳。**巽而順，剛中而應，是以大亨。** 注荀爽曰：「謂二以剛居中，而來應五，故能大亨。上居尊位也。」**用見大人，勿恤，有慶也。南征吉，志行也。** 注荀爽曰：「大人，天子，謂升居五。羣陰有主，无所復憂，而有慶也。」案二升五，上下應之，故志行。

象曰：地中生木，升。君子以順德，積小以高大。 注荀爽曰：「地謂坤，木謂巽，地中生木，以微至著，升之象也。」案《荀子》曰：「積土成山，風雨興焉；積水成淵，蛟龍生焉；積善成德，而神明自得，聖心循焉。故不積蹞步，無以至千里；不積小流，無以成江海。」《勸學》文。

初六，允升，大吉。案允，信也。應在坤，土性信，謂信之而後升，所謂時升也。二升居五，初之四，得位，承五，故「大吉」。**象曰：允升大吉，上合志也。**案上謂五，二升五，初與之合志也。

九二，孚乃利用禴，无咎。案二應在五，五互震爲春，二之五得位，故「孚乃利用禴，无咎」。苟有明信，沼谿澗沚之毛，可薦於鬼神。此喻紂能改悔，孚其臣民，則二升居五，猶是殷之天下也。**象曰：九二之孚，有喜也。**案之五得正，故有喜。

九三，升虚邑。注荀爽曰：「坤稱邑也。五虚无君，利二上居之，故曰『升虚邑，无所疑也』。」案董子《立元神》云：「何謂本，天地人，萬物之本也。天生之，地養之，人成之。天生之以孝悌，地養之以衣食，人成之以禮樂，三者相爲手足，合以成體，不可一無也。無孝悌則亡其所以生，無衣食則亡其所以養，無禮樂則亡其所以成也。三者皆亡，則民如麋鹿，各從其欲，家自爲俗，父不能使子，君不能使臣，雖有城郭，名曰虚邑。」**象曰：升虚邑，无所疑也。**注虞翻曰：「上得中，故『无所疑』。」案，謂二之五。案虚邑可升，故无所疑。《孟子》曰：「不信仁賢，則國空虚。」此亦闃其无人者，蓋喻紂不自悔，則成虚邑，有德者將來居之。

六四，王用亨于岐山，吉，无咎。注鄭康成曰：「亨，獻也。」見《釋文》。荀爽曰：「巽升坤上，據三成艮。巽爲岐，艮爲山。王謂五也。」案此文王欲紂用其道也。王謂殷王。時殷播棄典刑，任用羣小，雖欲自悔，无所適從，故言「王用亨于岐山」，欲其用文王之道，以上格天心也。井三所謂「可用汲」者，即此意也。夫亡國之主，其所以終至滅亡者，不能自改耳。苟知悔悟，忠言是從，則其感激臣民，較崛起之君爲尤易。崛起之君，秖能得人歡心；悔悟之誠，且能令人感泣。民情不大可見乎？先澤猶存，人心易挽，使紂果能用文，烏睹殷商之季，不易爲中興之朝乎？此文之所切望於紂，而孔子稱爲至德者也。三分有二以服事殷，以服事殷，即欲殷有以撫之。此文王之憂患所以獨深也。不然，周則麾之不去，殷則招之不來，文豈不知而虛爲此服事哉！子曰：「至德其所以至者，蓋有在矣。」云「吉无咎」者，亦所謂「復自道，何其咎，吉」者也。四，諸侯之位，二升由四。**象曰：王用亨于岐山，順事也。** 案 坤爲順，二升居五，用仁道以升聞於天，故順事。行仁政而王，尚莫之能禦，況天下本其所有乎？此喻紂能自悔，挽天人之心甚易也。後世有以哀痛之詔，感發其臣民者矣。

六五，貞吉，升階。 注 虞翻曰：「二之五，故『貞吉』。巽爲高，坤爲土，故升階也。」案，此喻紂能用文，則中興易如升階然。**象曰：貞吉，升階，大得志也。** 注 荀爽曰：「陰正居中，爲陽作階，使升居五，己下降二，與陽相應，故吉而『得志』。」

上六，冥升，利于不息之貞。 注 荀爽曰：「坤性暗昧，今升在上，故曰『冥升』也。陰用事，爲消；陽用事，爲息。陰王在上，陽道不息，陰之所利，故曰『利于不息之貞』。」案上陰得位，一體俱陰，故「利于不息之貞」。繼世以有天下，天之所廢，必若桀紂者也。故益、伊尹、周公，不有天下。此喻紂稍能自改，亦可暫安，乃紂不用文，既自困且又困文，而文之道終不行，商之天下終莫挽。文王徒心惻耳，故受之以困、井。**象曰：冥升在上，消不富也。**注荀爽曰：「陰升失實，故『消不富也』。」

䷮ 坎下兑上

困，亨，貞大人吉，无咎。有言不信。注鄭康成曰：「坎爲月，互體離，離爲日。兑爲暗昧，日所入也。今上揜日月之明，猶君子處亂代，爲小人所不容，故謂之『困』也。君子雖困，居險能説，是以通而无咎。」虞翻曰：「『貞大人吉』，謂五也。在困无應，宜静則无咎。故『貞大人吉，无咎』。」案處困之時，不見信於人，故有言不信。

象曰：困，剛揜也。險以説，困而不失其所亨，其唯君子乎？注荀爽曰：「謂二五爲陰所揜也。」案，鄭據卦，荀據畫，義互備。案困者德之辯。孔子曰：「達於道之謂達，窮於道之謂窮。故内省而不疚於道，臨難而不失其德。大寒既至，霜雪既降，吾是以知松柏之茂也。」《吕覽·慎人》文。**貞大人吉，以剛中也。有言不信，尚口乃窮也。**注荀爽曰：「謂五雖揜於陰，近无所據，遠无所應，體剛得中正，居王位，則『吉无咎』也。」案兑口在上，故尚口；澤无水，故窮。處困之時，非口舌所既辯也。❶

象曰：澤无水，困。君子以致命遂志。案水涸，故无水。襄二十五年《左傳》疏云：「兑爲澤，坎爲水，水在澤下，則澤中无水也。」案，孔説似失之。《易》例以下卦爲中，此以卦言，當云澤中有水，如地中有水，澤中有雷，澤中有火之比。不云澤中有水，或水在澤中，或澤下有水，而云澤无水者，下坎三爻皆失位，離伏於下，有水之形，无水之實，中乾者也，故曰「澤无水」。非水在澤下之謂。「致命」謂至於命化之正也。君子居易以俟命，素位而行，不願乎外，故「遂志」。此所以窮而通，「困而不失其所亨」者也。❷ 子貢曰：「古之得道者，窮亦樂，達亦樂，所樂非窮達也。道得於此，則窮達一也，爲寒暑風雨之序矣。」《吕覽·慎人》文。

初六，臀困于株木。入于幽谷，三歲不覿。案坎爲臀。株木，根也。株木謂伏離，離爲科上槁，初陰失位，故「困」，火涸水也。荏苒柔木，君子樹之。困于株木，所樹傷也。温温恭人，如集于木，惴惴小心，如臨于谷，斯无困辱之患矣。株木喻惡也。坎爲隱伏，初最在

❶「既」，崇文書局本、皇清經解續編本作「能」。

❷「者」，原誤重，今據崇文書局本、皇清經解續編本删一。

下，離伏不見，故「入於幽谷」。離三爻，故「三歲」。火爲水滅，是以「不覿」也。**象曰：入于幽谷。幽，不明也。**注荀爽曰：「爲陰所揜，故不明也。」案，初陽爲陰揜。

九二，困于酒食，朱紱方來。注鄭康成曰：「文王將王，天子制用朱韍。」見《士冠禮》疏。韍同紱。朱赤。但芾所以明尊卑，雖同色而有差降。」《乾鑿度》以爲天子之朝朱芾，諸侯之朝赤芾，是朱芾天子制也。《斯干》：「朱芾斯皇，家室君王。」箋云：「芾者，天子純朱，諸侯黄朱。」疏云：「芾從裳色，祭時服纁裳，故芾用紱即韠，祭服謂之紱。李鼎祚云：「上九降二，乾爲大赤，朱紱之象也。朱紱，宗廟之服。」案坎水兑水，伏有離火，酒食之象。否坤爲紱。坤爲裳，紱裳類。否上之二，二之上，成困。乾上來之二，故「方來」。二，臣位也。上來之二，象殷之否，而天命歸周也。《乾鑿度》云：「紱者，所以別尊卑，彰有德也。」九五，文王爲紂三公，故言「困于赤紱」。至於九二，周將王，故言「朱紱方來」。**利用享祀，征凶。无咎。**案二雖失位，在廟中，全於子，全於臣，以尊居卑，故「利用享祀」。征謂之五，五已爲陽，不受二，故「征凶」。自化之正，故「无咎」。**象曰：困于酒食，中有慶也。**案二雖失位，陽方來二，二得朱紱，當升五爲君，故「中有慶」。

六三，困于石，據于蒺蔾。注虞翻曰：「二變正，三在艮山下，故『困于石』。坎爲蒺蔾。李鼎祚云：「坎爲叢棘，爲木多心，蒺蔾之象。」案《釋草》：「茨，蒺蔾。」郭云：「布地蔓生，細葉，子有三角，刺人。」二變艮手據坎，故據蒺蔾。」案石堅喻禮。三失位，故困于石，不克濟也。蒺蔾喻所據非人也。襄二十五年《左傳》云：「『困于石』，往不濟也。『據于蒺蔾』，所恃傷也。」《詩》曰：「瞻彼中林，侯薪侯蒸。」蒺蔾之謂也。箋云：「中林大木之處，而維薪蒸耳。喻朝廷宜有賢者，而但聚小人。」「謀之其臧，則具是違。謀之不臧，則具是依。」據蒺蔾之謂也。所謂非所困而困，非所據而據者，蓋喻以殷也。**入于其宮，不見其妻，凶。** **注**虞翻曰：「巽爲入，二動艮爲宮，兑爲妻，謂上无應也。三在陰下，離象毁壞，故『不見其妻，凶』也。」案，「三在陰下」，疑當作「三陰在下」，或「陰」爲「艮」之訛。《孟子》曰：「不推恩無以保妻子。」**象曰：據于蒺蔾，乘剛也。入于其宮，不見其妻，不祥也。** **案**祥，善也。三失位，不爲天所祐，故不祥。所謂死期將至者也。

九四，來徐徐，困于金車，吝，有終。 **注**虞翻曰：「徐徐，舒遲也。否乾爲金，坤爲車，易位得正，故『吝，有終』。」**案**來，四欲初來也。象曰「志在下」，初爲坎曳，不得即之四，故「徐徐，困于金車」。或說四爲諸侯，金車金路，謂四困金車也。**象曰：來徐徐，志在下也。雖不當位，有與也。** **案**初四陰陽應，故「有與」，言終易位也。

九五，劓刖，困于赤紱。 **注**鄭康成曰：「劓刖當爲倪伔。」見《釋文》。案《釋文》云：「荀作⿰身危⿰身兀，不安貌。」義與鄭同。**案**赤紱謂四，互離爲赤。喻文有聖德，終守臣節，天下歸之，而志愈不安，故「劓刖，困于赤紱」，爲諸侯所困也。諸侯歸文王，廉來惡之，文王不得遂其臣服之志，故「劓刖，困于赤紱」。象曰「志未得」，臣服之志未得也。若謂文不得爲天子，則三分有二，得志不難，正唯文欲終事殷，而天下多歸文，是以不安耳。**乃徐有説，利用祭祀。**注虞翻曰：「兑爲説。」案坎爲曳，故徐，二化應五，故「乃徐有説」。喻文王終以臣節終也。「利用祭祀」，謂二不化，象廟中祀神之象。五尊象神，二象君在廟中，故利用之義，二五並稱。**象曰：劓刖，志未得也。**案「朱紱方來」，天命歸周，否上降二，殷將失國之象也。文王以服事殷，欲仍使二之五，五化而降居二，以終臣節，乃天下歸之。陽得其位，不能化之陰，殷之天下莫可挽，故「志未得」。若謂文未得爲天子，困在諸侯，則五固天子之爻也。**乃徐有説，以中直也。利用祭祀，受福也。**案直，其正也。謂二陰由中發而應五，故以中直。天命所歸，不能終却，非周有覬覦之心也。「受福」，謂受五神福也。

上六，困于葛藟，于臲卼，曰動悔，有悔，征吉。注虞翻曰：「巽爲草莽，稱葛藟，謂三也。案陸璣《草木疏》：「藟，一名巨苽，似燕薁，亦延蔓生，葉艾白色，其子赤。」乘陽，故『動悔』，變而失正，故『有悔』。」案臲卼，不安貌。葛藟喻歸附文王者。三「據于蒺藜」，紂用羣小也。上「困于葛藟」，天下歸文王，文王困也。《頍弁》：「蔦與女蘿，施于松上。」傳云：「喻諸公非自有尊，託王之尊。」義與此同。曰，詞也。動而見忌，故「動悔」，謂畫動之爻。變則化，故「有悔」，化之陽也。化之陽，可與三易位，故「征吉」。文王見忌於紂，特言曰者，戒辭也。孔子曰：「周之德，其可謂至德也已矣。」蓋於《易》見之。《易》之興也，當殷之末世，周之盛德，當文王與紂之事。懼以終始者也。**象曰：困于葛藟，未當也。**

動悔有悔，吉行也。注虞翻曰：「謂三未變應上故也。」案上本得位，三未當，故上困。三分有二，以服事殷，明諸侯當奉殷，不當歸周也。上已動，故「吉行」，吉在行也。此其文以服事殷，困而反國之象與？

䷯ 巽下坎上

井，改邑不改井。注虞翻曰：「泰初之五也。坤爲邑，乾初之五折坤，故『改邑』。」鄭康成曰：「井，法也。」見《釋文》。案，干寶云：「井，德之地也。所以養民性命，而清絜之主也。自震化行，至於五世，改殷紂比屋之亂，而不易成湯昭假之法度也。故曰『改邑不改井』。」案泰初之五，故「改邑」。初之五成井，剛得位，得中不化，故「不改井」。傳云：「改邑不改井，乃以剛中也。」是剛來改邑，得位不化，故「不改井」，皆謂五。虞云：「初爲舊井，四應甃之，故『不改井』。」與傳不合。**无喪无得，往來井井。**注荀爽曰：「此本泰卦，陽往居五，得坎爲井，陰來在下，亦爲井，故曰『往來井井』也。」案泰五不失位，則初不得之五，故「无喪无得」。以喻殷不失其養人之道，則周不得也。无喪則无得，所以往來者，彼喪其井，而此得其井也。彼失其井，井泥不食；此得其井，井洌寒泉食。故曰「往來井井」，言往來爲養民耳。**汔至亦未繘井。**注荀爽曰：「繘者，所以出水，通井道也。」虞翻曰：「巽繩爲繘。」案汔，水涸也。喻殷德衰也，初所謂井泥者也。至，既汔而水復至也，喻文王服事殷也。三所謂井渫也，汔則无以養人，至則可用汲以養人。所謂可用汲，王明並受其福者也。紂能用文，井養不致窮也。乃汔固无以爲養，至亦未繘以養，文之道，終以不行於紂。象曰「未有功」，九三所謂「爲我心惻」者也。**羸其瓶，凶。** 注 虞翻曰：「羸，鉤羅也。艮爲手，巽爲繘，離爲瓶，手繘折其中，故『羸其瓶』。體兑毁缺，瓶缺漏，故『凶』矣。」案 此喻紂非特不用文，且并棄其舊法也。《經解》曰：「發號施令而民説謂之和，上下相親謂之仁，民不求其所欲而得謂之信，除去天地之害謂之義。義與信，和與仁，霸王之器也。有治民之意而無其器，則不成。」有意无器尚不成，况羸其瓶乎？象曰：「是以凶也。」

彖曰：巽乎水而上水，井。井養而不窮也。 注 荀爽曰：「『巽乎水』謂陰下爲巽也，『而上水』謂陽上爲坎也。木入水出，井之象也。」虞翻曰：「兑口飲水，坎爲通。」鄭康成曰：「井以汲人，案，當作「井以養人」。水无空竭，猶君子以政教養天下，惠澤无窮也。」**改邑不改井，乃以剛中也。汔至亦未繘井，未有功也。羸其瓶，是以凶也。**

象曰：木上有水，井。君子以勞民勸相。 案 井養不窮，養之所以勞勸之也。坎爲勞卦，勞者勞之。

初六，井泥不食，舊井无禽。 注 干寶曰：「在井之下體，本土爻，故曰『泥』也。井而爲泥，❶則不可食，故曰『不食』。此託紂之穢政不可以養民也。舊井，謂殷之未喪師也。亦皆无水禽之穢，又況泥土乎！故曰『舊井无禽』矣。」案，泰坤爲土，來之井下，爲水所溼，故稱「泥」。舊井謂泰乾。泰初得位，今已易位，故曰「舊井」。井泥固不食，无禽則非泥矣。言可食也，喻殷之舊章也。泰五之初，成巽，爲魚，互離爲鼈蠏。初未之五，未有離巽，故「舊井无禽」。《魯語》「登川禽」注云：「川禽，鼈蜃之屬。」張衡《東京賦》云：「内阜川禽，外豐葭菼。」庖人禽獻，有鱐鱻之類。是鱗介亦得稱禽，明爲人所禽制也。教成之祭牲用魚，是魚亦可謂之牲。或説无禽謂无祀之者，故象曰「時舍」。《白虎通・五祀》云：「祭五祀，天子諸侯以牛，卿大夫以羊。一説井以豕，或曰井以魚。」**象曰：井泥不食，下也。舊井无禽，時舍也。**

案 既非舊井，則非其時，故舍。舍，止也。泰初之五，初下仍有伏陽。殷不用之，則爲舊井；周來修之，猶爲新井也。四所謂「井甃」者也。豈舊井之不可食與？

九二，井谷射鮒，甕敝漏。❷ 注 虞翻曰：「巽爲鮒，小鮮也。離爲甕。甕瓶毁缺，羸其瓶，凶，故『甕敝漏』也。」案 離矢坎弓，二應在五，故射鮒。《吕覽・知度》云：「射魚指天而欲發之當也。」《淮南・時則》云：「天子親往射魚。」《説苑・正諫》云：「魚固人所射也。」蓋古有射魚之法。《詩》曰：「魚躍于

❶「爲」，皇清經解續編本作「有」。
❷「敝」，原作「敞」，今據崇文書局本、皇清經解續編本改。

淵。」喻民樂也。井谷射鮒，苛其民矣。《太玄・法》次七：「密網離於淵，不利於鱗。」《測》曰：「密網離淵，苛法張也。」義本此。泉出通川爲谷，本以養魚，乃反射之，言虐甚也。虐其民甚，則民困潰，故「甕敝漏」。《荀子》曰：「王者富民，霸者富士，僅存之國富大夫，亡國富筐篋，實府庫。筐篋已富，府庫已實，而百姓貧，夫是之謂上溢而下漏。入不可以守，出不可以戰，則傾覆滅亡，可立而待也。」《王制》文。**象曰：井谷射鮒，无與也。**案失位无應，自賊其民，故「无與」。

九三，井渫不食，爲我心惻。注鄭康成曰：「謂已浚渫也，猶臣修正其身以事君。」見《文選注》。荀爽曰：「渫去穢濁，清絜之意也。三者得正，故曰『井渫』。不得據陰，喻不得用，故曰『不食』。道既不行，故『我心惻』。」案，此喻紂不用文王也。不用養人之道，將至危亡，故「心惻」也。

可用汲，王明，並受其福。注荀爽曰：「謂五可用汲三，則王道明，天下並受其福。」京房曰：「言我道可汲而用也。」見《史記集解》。案王謂泰五，泰五失位，欲其之正成離坎，用文王之道以養天下也。象曰「求王明」，則王本不明，喻文王望紂也，故知謂泰五。若井五已體坎離，乃改邑之王也。泰五失位，故初得而改之。若泰五自正，天下猶是殷有也，誰得而改之？井之一卦，爲殷家著所以必至改邑之故，下卦多危辭。傳曰「求王明」，文王求殷王也。孟子所謂「予日望之」之義也。《史記・屈原傳》云：「人君無愚知賢不肖，莫不欲求忠以自爲，舉賢以自佐。然亡國破家相隨屬，而聖君治國，累世而不見者，其所謂忠者不忠，而其所謂賢者不賢也。《易》曰：『井渫不食，爲我心惻。可以汲，王明，並受其福。』王之不明，豈足福哉？」《潛夫論・釋難》云：「君子夙夜箴規，蹇蹇非懈者，憂君之危亡，哀民之亂離也。故君子推其仁義之心，愛君猶父母，愛民猶子弟。父母將臨顛隕之患，子弟將有陷溺之禍，豈能默乎哉！《易》曰：『王明，並受其福。』是以次室倚立而嘆嘯，楚女揭幡而激王，忠愛之情，固能已乎？」其義並以此經爲望之之象，皆本傳義也。　**象曰：井渫不食，行惻也。求王明，受福也。**　案 文欲行道以救商政之失，道不行，故「心惻」。泰五之正，則二化成既濟，天下受其福，故求之。

六四，井甃，无咎。　注 虞翻曰：「以瓦甓壘井稱甃。」案，惠氏棟云：「初舊井无禽，變之正與四應，四來修初，故『无咎』也。」　案 喻殷棄其舊井而周修之也。　**象曰：井甃无咎，修井也。**　注 虞翻曰：「修，治也。」

九五，井洌，寒泉食。　案 洌，水清也。坎爲寒泉，井已至五，水出在上，故食，喻養民有道也。**象曰：寒泉之食，中正也。**　案 五得中居正。

上六，井收勿幕，有孚，元吉。　注 虞翻曰：「幕，蓋也。『收』謂以轆轤繘收也。」案 元，乾元，謂五。「有孚元吉」，謂成既濟。乾元不言於五，言於上者，以見六爻皆正，在上大成也。惠氏棟云：「既濟之功，至上而成。」　**象曰：元吉在上，大成也。**　注 虞翻曰：「謂初二已變，成既濟定，故『大成也』。」干寶曰：「井以養生，政以養德。无覆水泉而不惠民，无蘊典禮而不興教。故曰『井收罔幕』。案，勿，干作罔，義同。　罔幕，則教信於民。民服教，則大化成也。」

周易姚氏學卷第十二

旌德姚配中撰

周易下經彖下傳彖下傳

䷰ 離下兌上

革，巳日乃孚，元亨利貞，悔亡。 注 鄭康成曰："革，改也。水火相息而更用事，猶王者受命，改正朔，易服色，故謂之『革』也。"虞翻曰："遯上之初。『悔亡』，謂四也。四失正，動得位，故『悔亡』。離爲日，四動體離，故『巳日乃孚』。以成既濟，乾道變化，各正性命，保合太和，乃利貞，故『元亨利貞，悔亡』矣。"案，二五，乾坤之元。

彖曰：革，水火相息，二女同居，其志不相得，曰革。 注 虞翻曰："息，長也。離爲火，兑爲水。《繫》曰：『潤之以風雨。』風巽雨兑也。四革之正，坎見，故獨於此稱水也。《釋文》云："息，《說文》作熄。"案《說文》云："熄，畜火也。"革四化體坎，互體離，並在一爻，故"相息"。此水火並居，乾坤以坎離戰，陰陽乾元入藏於中宫，所謂巳日也。二女，離兑。離火志上，兑水志下，故『其志不相得』。」**已日乃孚，革而信之。文明以説，大亨以正，**[1]**革而當，其悔乃亡。天地革而四時成。湯武革命，順乎天而應乎人。革之時大矣哉。**注虞翻曰：「文明謂離。説，兑也。大亨謂乾。四動成既濟定，故『大亨以正』。革而當位，故『悔乃亡』也。」案陰陽各得爲正命。四失位，化之正，故革命。陰陽相應，故順天應人也。「禮時爲大」，堯授舜，舜授禹，湯放桀，武王代紂，[2]時也。四時迭運，五行代興，故時大也。

象曰：澤中有火，革。案水火相息，成既濟，不相射，不相革者也。二女同居，其志不相得，乃革。水火偏，則无以相養，氣不和而爲災。既濟一陰一陽，坎互離，離亦互坎，此水火之相並處而不相離者也。陰陽交則氣和，而水火之形皆伏，所謂相息也。澤中有火，二氣相滅，不相交，故革。**君子以治曆明時。**注虞翻曰：「曆象謂日月星辰也。天地革而四時成，故『**君子以治曆明時**』也。」案，王者受命，必改正朔。治曆所以敬天，明時所以授民。《後漢志》賈逵論云：「《易》金火相革之卦，象曰：『君子以治曆明時。』又曰：『湯武革命，順乎天應乎人。』言聖人必曆象日月星辰。」董子《三代改制質文篇》云：「王者必受命而後王。王者必改正朔，易服色，制禮樂，一統於天下。」

---

[1] 「以」，原作「之」，今據崇文書局本、皇清經解續編本改。

[2] 「代」，崇文書局本、皇清經解續編本作「伐」。

初九，鞏用黄牛之革。 注 馬融曰：「鞏，固也。」見《釋文》。干寶曰：「在革之初，而无應據，未可以動，故曰『鞏用黄牛之革』。」案，離得坤中氣，坤爲黄牛。初得位，不可化，故固也。此不可革者也。**象曰：鞏用黄牛，不可以有爲也。** 注 虞翻曰：「得位无應，動而必凶，故不可以有爲也。」

六二，巳日乃革之，征吉，无咎。 案 離爲巳日。革之，謂革四。陰伏離中，坤元也，革四之正，陰由二發，故「巳日乃革之」。二得位，動應五，故「征吉无咎」。**象曰：巳日革之，行有嘉也。** 案 革四承五，二動之爻，應五，成既濟，故「行有嘉也」。

九三，征凶，貞厲。革言三就，有孚。 案 三本得位，動失位，故「征凶」。居三得正，剛而不中，故「貞厲」。就，成也。革言謂革四，兑口爲言，所謂改命也。四化成既濟，六爻相應，火就燥炎上，故「革言三就」。有孚，謂四化，六爻俱應也。**象曰：革言三就，又何之矣。** 注 虞翻曰：「四動成既濟定，故又何之矣。」

九四，悔亡，有孚，改命吉。 注 虞翻曰：「革而當，其悔乃亡。孚謂五也。」案 四失位，故「改命吉」。改亂命，行治命也。**象曰：改命之吉，信志也。** 案 之正，陰陽應，故「信志」。

九五，大人虎變，未占有孚。 注 宋衷曰：「五以陽居中，故曰『大人』。兑爲白虎，九者變爻，案，爻由畫變，七變之九也。故曰『大人虎變』。」馬融曰：「虎變威德，折衝萬里。以喻舜舞干羽，而有苗自服；周公修文德，越裳獻雉。故曰『未占有孚』矣。」虞翻曰：「占，視也。離爲占。四未之正，五未在坎，故『未占有孚』也。」**象曰：大人虎變，其文炳也。**注虞翻曰：「動成離，故『其文炳也』。」案，五變成爻，四化順之五，在坎互離。

上六，君子豹變，小人革面，征凶，居貞吉。注陸績曰：「兑之陽爻稱虎，陰爻稱豹。豹類虎而小者，君子小於大人，故曰『豹變』。」虞翻曰：「陰稱小人也。面謂四，革爲離，以順承五。故『小人革面』。」案變，畫變之爻，八變之六也。小人謂民。上居卦終，與四同體，故四於上言之。乾爲首，四位在乾，故稱面。面，鄉也。四本陽爻，化而順五，故「革面」，言易鄉也。上本得位，征之三，則失位，故凶。與三「征凶」同義。不之三，故「居貞吉」。**象曰：君子豹變，其文蔚也；小人革面，順以從君也。**注虞翻曰：「乾，君，謂五也。四變順五。」干寶曰：「君子，大賢，次聖之人，謂若太公周召之徒也。豹，虎之屬。蔚，炳之次也。君聖臣賢，殷之頑民，皆改志從化，故曰『小人革面』。」案，據周爲説，革命之際，莫不皆然。

䷱ 巽下離上

鼎，元吉，亨。注鄭康成曰：「鼎，象也。卦有木火之用。互體乾兑。乾爲金，兑爲澤，澤鍾金而含水，爨以木火，鼎亨孰物之象。鼎亨孰以養人，猶聖君興仁義之道以教天下也，故謂之鼎矣。」案元謂五，伏陽，陰養之，乾坤之交也，故「元吉亨」。

彖曰：鼎，象也。以木巽火，亨飪也。注荀爽曰：「巽入離下，中有乾象，木火在外，金在其內，鼎鑊亨餁之象也。」荀九家曰：「鼎言象者，卦也。木火互有乾兑，乾金兑澤，澤者水也。爨以木火，是鼎鑊亨餁之象。」案《士冠禮》注云：「煮於鑊曰亨，在鼎曰升，在俎曰載。」是鼎不亨，經傳亦无以鼎亨之事。此云亨餁，統謂釜鬵之屬，非指陳設之鼎。宣三年《左傳》王孫滿曰：「昔夏之方有德也，遠方圖物，貢金九牧，❶鑄鼎象物，百物而爲之備，使民知神姦。」《説文》云：「昔禹收九牧之金，鑄鼎荆山之下。」據此，是鼎之制始自禹。《史記·封禪書》方士稱黄帝有鼎，不足信。伏羲之易有卦象无卦名，卦名皆文王所加，故以亨餁之象名之爲「鼎」，舉重以概輕也。傳曰：「鼎，象也。以木巽火，亨餁也。」明卦爲亨餁之象，非陳設之鼎，且以見伏羲時未有鼎也。❷**聖人亨以亨上帝，而大亨以養聖賢。**注虞翻曰：「初四易位，體大畜。震爲帝，在乾天上，故曰『上帝』。」案上言象，此言用。亨上帝言「亨」，養聖賢言「大亨」者，神人之别也。孫先生云：「《郊特牲》：『郊血，大饗腥，三獻爓，一獻孰。至敬不饗味而貴氣臭也。』神貴臭，故但言亨，略亨之也；人亨味，故大亨孰之也。」**巽而耳目聰明。**注虞翻曰：「謂三也。三在巽上，動成坎離，有兩坎兩離象，乃稱『聰明』。日月相推而明生焉，故『巽而耳目聰明』。」案，三化成未濟，六爻失正，在鼎之卦，以木巽火，坎水在中，馨香上達，坎升離降，成既濟，

---

❶「收」，原作「牧」，今據《説文解字》改。

❷「時」，皇清經解續編本作「氏」。

故「巽而耳目聰明」也。**柔進而上行，得中而應乎剛，是以元亨。**注虞翻曰：「柔謂五，得上中，應乾五剛，非謂應二剛，睽五同義也。」

象曰：木上有火，鼎。君子以正位凝命。注荀爽曰：「木火相因，金在其閒，調和五味，所以養人，鼎之象也。」鄭康成曰：「凝，成也。」見《釋文》。案成既濟，六爻正，故「正位凝命」。有所革，故有所凝。失則革之，正乃凝之。《春秋傳》曰：「在德不在鼎。」《荀子》曰：「凝士以禮，凝民以政。禮脩而士服，政平而民安。士服民安，夫是之謂大凝。以守則固，以征則強，令行禁止，王者之事畢矣。」《議兵》文。

初六，鼎顛趾，利出否。得妾以其子，无咎。注鄭康成曰：「顛，踣也。趾，足也。无事曰趾，陳設曰足。爻體巽爲股，初爻在股之下，足之象也。」見《御覽》。虞翻曰：「初陰在下，故『否』。利出之四，故曰『利出』。兑爲妾，四變得正，案，初出之四，四來之初，俱得正。成震。震爲長子，繼世守宗廟而爲祭主。故『得妾以其子，无咎』也。」案殷失其養人之道，將革命，而莫能守其重器者，紂爲之也。紂之爲君，帝乙立之也。使帝乙立微子，則殷之天下，未可量也。文王蓋以此喻微子不得立，而殷道終衰與？《吕覽·當務》云：「紂母之生微子啟與中衍也，尚爲妾，已而爲妻，而生紂。紂之父母欲置微子啟以爲太子，太史據法而爭之曰：『有妻之子，而不可置妾之子。』紂故爲後。」案，天子諸侯后夫人无子不出，得以姪娣媵妾之子爲其子。《左傳》：「王后無適，則擇立長。年鈞以德，德鈞以卜。」又衛莊姜無子，以厲嬀娣戴嬀之子爲己子。《儀禮・喪服》庶子爲父後，亦謂適无子，以庶子爲子也。鄭《同人》注云：「天子諸侯后夫人，无子不出。」亦此義也。鄭此注云：「嫁於天子，无子，不廢遠之。坤爲順，又爲子，母牛今在后妃之旁側，妾之例也。有順德，子必賢，賢而立以爲世子，又何咎也。」義同。鼎初失正，故顛。以陰承陽，故象曰「未悖」。无子不出，以其不悖也。故「利出否」言利出妾之子以爲子。否，閉也，卑下不得上通者。出讀爲出溺之出。出妾子立以爲嗣，故象曰「從貴」，子爲父後，與尊者爲一體也。**象曰：鼎顛趾，未悖也。利出否，以從貴也。** 注 荀爽曰：「以陰承陽，故『未悖也』。」虞翻曰：「出初之四，承乾五，故『以從貴也』。」案，成既濟，四承五。

九二，鼎有實。 案 二陰位，陽居之，故有實。以陽居陰，獨不以失位言。云「有實」者，鼎實在鼎中，非在鼎下，此據離中伏陽言。三化成坎，即離下伏坎，離爲大腹，坎水在中，乃鼎實也。非謂巽木，以木上有火言，則離火巽木皆在鼎下者也。以亨調五味言，則三化之正，坎在離中，離爲大腹，乾金兑口，皆在木火之上者也。故曰「鼎，象也」。**我仇有疾，不我能即，吉。** 注 虞翻曰：「二據四婦，故相與爲仇。謂三變時四體坎，坎爲疾，故『我仇有疾』。」案，二據四應，三化時，二升五，四降初，不及二，故「不我能即」。**象曰：鼎有實，慎所之也。我仇有疾，終无尤也。** 案 二之五，乃得位，故「慎所之」。成既濟，故「終无尤」。

九三，鼎耳革，其行塞，雉膏不食。方雨，虧悔，終吉。 注 虞翻曰：「動成兩坎，坎爲耳，鼎以耳行。案，《五行志》注師古曰：「鼎非舉耳不得行，故云以耳行。」離爲雉，坎爲膏，爲雨。」鄭康成曰：「雉膏，食之美者。」見《釋文》。案 革謂化也，三本得位，不可化。化成兩坎，而皆在下，耳不可扛，故耳革行塞。動而失位，坎水不通，兑口不見，故「不食」。三化成坎，鼎實在中，此以下卦在上卦中言。三化坎，耳在下，此以未濟六爻倒置言。以木巽火，亨之象；鼎耳趾足，器之象；雉膏公餗，食之象，已見者也。但曰鼎實，則在中未見者也。喻美道不行也。《潛夫論》曰：「何以知人且病也，以其不嗜食也；何以知國之將亂也，以其不嗜賢也。」《思賢》文。陰陽終必相交，三五互坎，坎雨降，成既濟，故「方雨虧悔，終吉」。失位，悔也。水流不盈，成既濟，故「虧悔」。

象曰：鼎耳革，失其義也。注 虞翻曰：「耳革行塞，故『失其義也』。」

九四，鼎折足，覆公餗，其形渥，凶。注 虞翻曰：「謂四變時，震爲足，足折入兑，故『鼎折足』。兑爲刑。」案，《荀子》注：「形與刑同。」鄭康成曰：「餗，美饌。鼎三足，三公象。案《前漢・五行志》《師丹傳》《彭宣傳》、《後漢・明帝紀》《劉愷傳》、荀悦《罷司空官論》，皆以鼎足象三公，蓋經師説盡然也。若三公傾覆王之美道，屋中刑之。」見《司烜》疏。案，「形渥」，《釋文》云：「鄭作『刑剭』。」《司烜氏》「邦若屋誅」注云：「屋讀如『其刑剭』之剭，剭誅謂所殺不於市，而以適甸師氏者也。」蓋屋中刑之，故謂之剭，作剭是也。《掌戮》云：「王之同族與有爵者，殺之于甸師氏。」故知屋中刑之。《漢書・敘傳》亦作剭。服虔云：「周禮有屋誅，誅大臣于屋下，不露也。」引此亦作剭，義與鄭同。師古以剭爲厚誅，則用九家義。案，九四失位，化之正。艮爲宮室，與兑連體，故刑剭。鄭又云：「震爲竹，竹萌曰筍。筍者餗之爲菜也。」《説文》云：「鬻鼎實，惟葦及蒲。」義與鄭同。荀九家曰：「鼎者三足一體，猶三公承天子也。三公謂調陰陽，鼎謂調五味。折足覆餗，猶三公不勝其任。」案四失位，折足覆餗，安得不凶？蓋喻殷之在位也。**象曰：覆公餗，信如何也。**案言不勝任，必致折足覆餗，所謂鮮不及者也。《詩》曰：「是究是圖，亶其然乎。」《董子·精華》云：「以所任賢，謂之主尊國安；所任非其人，謂之主卑國危。萬世必然，無所疑也。其在《易》曰：『鼎折足，覆公餗。』夫鼎折足者，任非其人也；覆公餗者，國家傾也。是故任非其人，而國家不傾者，自古至今，未嘗聞也。」

六五，鼎黄耳，金鉉，利貞。注馬融曰：「鉉，扛鼎而舉之也。」見《釋文》。鄭康成曰：「金鉉，喻明道能舉君之官職也。」見《唐律疏議》注。案伏坎爲耳，離得坤中氣，故「黄耳」。發而成乾，爲金。坎一體俱發，離降在下，成既濟，鼎耳在上，以金鉉舉鼎，其行不塞，故「利貞」。**象曰：鼎黄耳，中以爲實也。**案陽伏五中，發而當位，故中以爲實。

上九，鼎玉鉉，大吉，无不利。注干寶曰：「玉又貴於金者。凡亨飪之事，自鑊升於鼎，載於俎，入於口。馨香上達，動而彌貴，故鼎之義，上爻愈吉也。鼎主亨飪，不失其和。金玉鉉之，不失其所。公卿賢仁，天王明聖之象也。」案五發成乾，爲玉，坎一體俱發，成既濟，故「大吉，无不利」。**象曰：玉鉉在上，剛柔節也。**案發成乾，復成既濟，一陰一陽，發皆中節，故「剛柔節也」。

䷲ 震下震上

震，亨。震來虩虩，笑言啞啞。 注 鄭康成曰：「震爲雷。雷，動物之氣也。雷之發聲，猶人君出政教以動國中之人也，故謂之震。人君有善聲教，則嘉會之禮通矣。」馬融曰：「虩虩，恐懼。啞啞，笑聲。」見《釋文》。案 震雷出地，陰陽氣交，萬物達，故「亨」。萬物震驚，故「虩虩」。句萌達，鬱氣舒，故「啞啞」。春生之氣也。**震驚百里，不喪匕鬯。** 注 鄭康成曰：「雷發聲聞於百里，古者諸侯之象。《後漢》鄖炎對問，問者曰：「古者聖人封建諸侯皆百里，取象於雷，何取也？」炎對曰：「《易》震爲雷，亦爲諸侯，雷震驚百里。」曰：「何以知之？」炎曰：「以其數知之。夫陽動爲九，其數三十六，陰靜爲八，其數三十二，震一陽動二陰靜，故曰百里。」問者稱善。諸侯之教令，能警戒其國。內則守其宗廟社稷，爲之祭主，不亡匕與鬯也。人君於祭之禮，匕牲體薦鬯而已，其餘不親爲也。升牢於俎，君匕之，臣載之。鬯，秬酒，芬芳條鬯，因名焉。」虞翻曰：「坎爲棘，震爲鬯。」

彖曰：震，亨。震來虩虩，恐致福也。笑言啞啞，後有則也。震驚百里，驚遠而懼邇也。出可以守宗廟社稷，以爲祭主也。 注 虞翻曰：「震爲守，艮爲宗廟社稷，長子祭主，故『以爲祭主也』。」案 震雷動物，發生以時，故「有則」。出，出疆之政，謂四。守宗廟社稷爲祭主，謂初也。《易》卦初爲元士，四爲諸侯。震侯已位四諸侯也，初則諸侯世子也。天下无生而貴者，故世子亦居士位。此與乾五天子，二爲世子同義。世子君之貳，君行則守。此云「出可以守宗廟社稷，以爲祭主」，則諸侯出疆，或缺一時之祭，世子主之矣。《御覽》引王肅云：「處則諸侯執其政，出則長子掌其祀。」

象曰：洊雷震，君子以恐懼修省。 案 驚遠懼邇，故「洊雷震」。《詩》曰：「畏天子之威，于時保之。」故「恐懼修省」也。

初九，震來虩虩，後笑言啞啞，吉。 注 虞翻曰：「得位，故『吉』也。」案，初爲震，始得正，故卦辭復發於初，以見恐懼修省，无在不宜然者也。**象曰：震來虩虩，恐致福也。笑言啞啞，後有則也。** 注 虞翻曰：「得正，故『有則也』。」

六二，震來厲，億喪貝，躋于九陵，勿逐，七日得。 注 鄭康成曰：「十萬曰億。」見《釋文》。案，六五「億无喪」，傳云：「大无喪。」大謂億也。虞翻曰：「厲，危也。乘剛故『厲』。三動離爲贏蚌，故稱『貝』。在艮山下，故稱『陵』。震爲足，足乘初九，故『躋于九陵』。」案 雷已在上，則反動而下；雷未在上，則由下而上。二陰乘初陽，初陽動出激而爲雹，動成離貝，薄而成雷。二隨初升，不得在下，成離，故「震來厲，億喪貝，躋于九陵」。陰隨陽升也。雷終反下，故「勿逐」。陽反於初，陰亦隨陽反，故「七日得」也。九者陽之極，極則反。**象曰：震來厲，乘剛也。**

六三，震蘇蘇，震行无眚。 注 虞翻曰：「死而復生稱蘇。三死坤中，動出得正，震爲生，故『蘇蘇』。坎爲眚，三出得正，坎象不見，故『无眚』。《春秋傳》曰：『晉獲秦諜，六日而蘇也。』」案《淮南・時則》：「孟春蟄蟲始振蘇，仲春蟄蟲咸振蘇。」所謂「蘇蘇」也。動心忍性，生於憂患，恐懼修省，動而得正，故「震蘇蘇，震行无眚」。**象曰：震蘇蘇，位不當也。** 案失位，故動之正。

九四，震遂泥。 注虞翻曰：「坤土得雨爲泥，位在坎中，故『遂泥』也。」案遂，進也。本在坎中，進之五，亦體坎，陽爲陰揜，故象曰「未光」。此雲雷屯而未能即發者也。**象曰：震遂泥，未光也。** 注虞翻曰：「在坎陰中，與屯五同義，故『未光也』。」

六五，震往來厲，億无喪，有事。 案往謂五之二，來謂二之五，升降皆乘陽，故「往來厲」。陰終反二，四進之五，三發成既濟，故「億无喪」，言六爻皆得也。六爻皆得相應，故「有事」。動作云爲也。**象曰：震往來厲，危行也。其事在中，大无喪也。** 案往來皆乘陽，故「危行」。成既濟，故「大无喪」。「在中」，謂四之五。

上六，震索索，視矍矍，征凶。 注鄭康成曰：「索索猶縮縮，足不正也。矍矍，目不正也。」見《釋文》。案，皆恐懼貌。虞翻曰：「欲之三，隔坎，故『震索索』。三已動，應在離，故『矍矍』者也。」案三本得位，不可之三，故「征凶」。**震不于其躬，于其鄰，无咎。婚媾有言。** 案上本得位，故「不于其躬」。三五失位，當正，故「于其鄰」。因鄰而自震懼，故「无咎」。上應三，三失位，故「有言」，辯其正否也。既濟，日東月西爲鄰。**象曰：震索索，中未得也。雖凶**

无咎，畏鄰戒也。 注 虞翻曰：「四未之五，故『中未得也』。」案，四未之五，失正，上與四同體震，故「索索」。案 雖云征凶，而克无咎者，畏鄰而自戒，不征之三故也。

䷳ 艮下艮上

艮其背，不獲其身，行其庭，不見其人，无咎。 注 鄭康成曰：「艮之言很也。見《釋文》。艮爲山。山立峙各於其所，无相順之時。猶君在上，臣在下，恩敬不相與通，故謂之艮也。」虞翻曰：「艮爲多節，故稱『背』。震爲行人，艮爲庭，坎爲隱伏，故『行其庭，不見其人』。三得正，故『无咎』。」案，李鼎祚云：「艮爲門闕，今純艮，重其門闕。兩門之閒，庭中之象。」案 互坎爲脊，上下皆止，故「艮其背」。兩相背，故「不獲其身」。敵應不相與，不必見者也，故「不見」「无咎」。

象曰：艮，止也。時止則止，時行則行，動静不失其時，其道光明。 注 虞翻曰：「位窮於上，故『止也』。『時止』謂上陽窮止，故『止』。『時行』謂三體處震，爲行也。動謂三，静謂上。艮止則止，震行則行，故不失時。五動成離，故『其道光明』。」案，三得位，可動之爻，上失位，不可動。當其可之謂時，艮止震動，故「不失其時」也。**艮其止，止其所也。上下敵應，不相與也。是以不獲其身，行其庭，不見其人，无咎也。** 注 虞翻曰：「謂兩象各止其所。艮其背，背也。兩象相背，故『不相與也』。」案 以陽應陽，以陰應陰，故曰「敵應」。

象曰：兼山艮，君子以思不出其位。案兩象故「兼山」。山止，故艮止其所，故「君子以思不出其位」，不越其職也。不言「重」言「兼」者，重則爲一，上下氣通。兼山猶言兩山，各止其所也。以六位言，謂爲上下。以兩象言，則各爲一山。此又卦象之不分中外上下，而以並偶言者也。

初六，艮其趾，无咎，利永貞。注虞翻曰：「震爲趾，故『艮其趾』矣。失位變得正，故『无咎，永貞』也。」案震反成艮，故「艮其趾」。艮六爻皆近取諸身，各止其所者也。**象曰：艮其趾，未失正也。**注虞翻曰：「動而得正，故未失正也。」

六二，艮其腓，不拯其隨，其心不快。注馬融曰：「拯，舉也。」見《釋文》。虞翻曰：「巽長爲股，艮小爲腓。艮爲止，震爲動，故『不拯其隨』。坎爲心，故『其心不快』。」案隨謂初也。咸三陽動應上，故執其隨。艮二陰静不應五，故「艮其腓，不拯其隨」。坎爲心病，故「不快」。快，喜也。**象曰：不拯其隨，未退聽也。**注虞翻曰：「坎爲耳。」案初失位，溺坎下，當拯之使居四。艮止之卦，上下不應，故「不拯其隨」。「未退聽也」，言二與五相艮，不相下，未聽從五，故不拯初也。五之正，巽爲退。

九三，艮其限，列其夤，厲薰心。注虞翻曰：「限，腰帶處也。坎爲腰。夤，脊肉。艮爲背，坎爲脊，艮爲手。震起艮止，故『列其夤』。坎爲心。厲，危也。」馬融曰：「薰灼其心。」案，《内經》有君火相火之稱。初之正，體離在坎下，水中之火也，故「薰心」。虞以馬爲非，似失之。乾坤以日月戰，陰陽水火並居，水之中未嘗无火。列，分解也。艮限列胂，故「厲薰心」。《詩》云：「憂心如薰。」**象曰：艮其限，危薰心也。**

六四，艮其身，无咎。案四本得位，故「艮其身，无咎」。象曰「止諸躬」，言不願乎外也。**象曰：艮其身，止諸躬也。**

六五，艮其輔，言有序，悔亡。注虞翻曰：「三至上，體頤象，艮爲止，在坎車上，故『艮其輔』。」案感其輔，故送口說；止其輔，故「言有序」。失位化之正，故「悔亡」。《祭義》云：「壹舉足而不敢忘父母，壹出言而不敢忘父母。」此艮趾所以「利永貞」，艮輔所以「悔亡」也。**象曰：艮其輔，以中正也。**注虞翻曰：「五動之中，案，當作「五動之正」。故云以正中也。」案，當作「以中正」。

上九，敦艮，吉。案上失位，化成坤，故「敦艮吉」。象曰「以厚終」，坤爲厚也。艮上失位，陽極而化，故上獨以動言。自初至五，皆云「艮其」。「艮其」者，止其也。上獨云「敦艮」，以坤厚其止也。化得位，坤至靜，動而仍靜，故「敦艮吉」。虞云：「坤爲厚。」**象曰：敦艮之吉，以厚終也。**

䷴ **艮下巽上**

漸，女歸吉，利貞。注虞翻曰：「否三之四。女謂四。歸，嫁也。坤三之四承五，進得位，❶

❶「進」，皇清經解續編本作「正」。

往有功。反成歸妹，兑女歸吉。初上失位，故『利貞』。」案，女子外成，故三之四爲歸，自父母家歸夫家也。

彖曰：漸，之進也。女歸吉也。進得位，往有功也。 注 虞翻曰：「三進四得位，陰陽體正，故『吉』也。四進承五，故『往有功』。」案 女歸有漸，以言進不可驟也。昏禮，納采、問名、納吉、納徵、請期、親迎，凡六禮，是進有漸。昏禮用鴈，取其順陰陽往來，故爻多取象於鴻。君子進必利物，不失其正，故「利貞」，「往有功也」。**進以正，可以正邦也。其位剛，得中也。止而巽，動不窮也。** 案 否坤爲邦，坤三失位，三之四則四之三，皆得正，故「進以正，可以正邦」。四來之三，互體之中，故「其位剛得中」。漸與歸妹旁通，又反歸妹，艮止震動，巽而不躁，❶故「動不窮也」。

象曰：山上有木，漸。君子以居賢德善俗。 案 何休曰：「漸者，物事之端，先見之辭。」《公羊注》。艮爲山，東北之卦，成終成始。巽木生於山，積小高大，由微及著，故曰「漸」。《法言・學問》云：「或問『進』。曰：『水。』或曰：『爲其不舍晝夜與？』曰：『有是哉！滿而後漸者，其水乎？』或問『鴻漸』。曰：『非其往不往，非其居不居，漸猶水乎？』『請問木漸。』曰：『止於下而漸於上者，其木也哉！亦猶水而已矣。』」進以正得位，故「居賢德善俗」。《緇衣》曰：「有國者章善癉惡，以示民厚，則

❶「而不」，原倒，今據崇文書局本、皇清經解續編本改。

民情不貳。」晏子曰：「先王之立愛也，以勸善也；其立惡，以禁暴亂也。昔者三代之興也，利於國者愛之，害於國者惡之，故明所愛而賢良衆，明所惡而邪僻滅，是以天下治平，百姓和集。」《内篇·諫上》文。

初六，❶**鴻漸于干，小子厲，有言，无咎。**注虞翻曰：「鴻，大鴈也。漸，進也。小水從山流下稱干。艮爲山，爲小徑，坎水流下山，故『鴻漸于干』也。艮爲小子，初失位，故『厲』。變得正，故『有言无咎』。」案，《詩》「考槃在澗」，《韓詩》「澗」作「干」，云：「墝埆之處也。」《斯干》毛傳：「干，澗也。」案鴻當漸于中澤，漸于干，失其所也。《詩》曰：「鴻飛遵渚。」傳云：「鴻不宜循渚者也。」箋云：「喻周公失其所漸。」失位化之正，故「有言无咎」，辯之早也。**象曰：小子之厲，義无咎也。**注虞翻曰：「動而得正，故『義无咎也』。」

六二，鴻漸于磐，飲食衎衎，吉。注馬融曰：「山中石磐紆，故稱『磐』也。『衎衎』，饒衍也。」見孔疏及《釋文》。案，虞云：「艮爲山石，坎爲聚。」案衎，樂也。《詩》曰：「嘉賓式燕以衎。」二得正，有應，初上化，成既濟，故「鴻漸于磐，飲食衎衎，吉」。《詩》曰：「鴻雁于飛，集于中澤。」言得其所也。**象曰：飲食衎衎，不素飽也。**注虞翻曰：「素，空也。承三應五，故『不

❶「初六」，原倒，今據崇文書局本、皇清經解續編本改。

素飽』。」案《詩》曰：「彼君子兮，不素餐兮。」言有功乃食禄也。素飽則不安，貪而畏人，《詩》所謂「碩鼠」者矣。❶

九三，鴻漸于陸，夫征不復。注馬融曰：「山上高平曰陸。」見《釋文》。案，漸陸言得位。案離爲甲胄戈兵，故「征」。坎中男，離之夫也。三无應於上，動之歸妹，不復其本位，故「夫征不復」。象曰「離羣醜」，謂與出征者俱在外也。**婦孕不育，凶。利禦寇。**注虞翻曰：「孕，姙娠也。育，生也。巽爲婦，離爲孕，三動成坤，離毀失位，故『孕不育，凶』。禦，當也。巽爲高，艮爲山，離爲戈兵甲胄，坎爲寇。自上禦下，三動坤順，坎象不見。故『利用禦寇，順相保』。保，大也。」**象曰：夫征不復，離羣醜也。**案離，麗也。三動之歸妹，麗羣陽。**婦孕不育，失其道也。利用禦寇，順相保也。**注虞翻曰：「三動離毀，故『失其道』。三動坤順，坎象不見，故以『順相保也』。」

六四，鴻漸于木，或得其桷，无咎。注虞翻曰：「巽爲木。桷，椽也，方者謂之桷。巽爲長木，艮爲小木，坎爲脊，離爲麗。小木麗長木，象脊之形，椽桷象也，故『或得其桷』。得位順五，故『无咎』。」案，鴻，水鳥，不木止者。初失位，不應四，故四漸于木，失其應也。《詩》曰：「肅肅鴇羽，集

❶「矣」，皇清經解續編本作「也」。

于苞栩。」舍初承五，非正應，故曰「或」。**象曰：或得其桷，順以巽也。**注虞翻曰：「坤爲順，以巽順五。」

九五，鴻漸于陵，婦三歲不孕，終莫之勝，吉。注虞翻曰：「三動受上時，而四體半艮山，故稱『陵』。巽爲婦，離爲孕，三動離壞，故『婦三歲不孕』。莫，无。勝，陵也。得正居中，故『終莫之勝，吉』。上終變之三，成既濟定，故象曰：『得所願也。』」**象曰：終莫之勝吉，得所願也。**

上九，鴻漸于陸，其羽可用爲儀，吉。注虞翻曰：「陸謂三也。」案，三化，上之三。案其羽，鴻羽也。上已之三，故曰「其羽」。化而得位，故「可用爲儀吉」。鳥之飛以羽，君之翼以臣。《太玄·翕》次四：「翕其羽，利用舉。」《測》曰：「翕其羽，朋友助也。」次六：「黄心鴻翼，翕於天。」《測》曰：「黄心鴻翼，利得輔也。」班固《連珠》云：「鸞鳳養六翮以淩雲，帝王乘英雄以濟民。」引此以證，是皆以羽翼喻輔佐也。案，「其羽可用」，非但謂鳥以翼飛，其翼並可則效者也。上已之三，謝事之象。上化得位，其所詒也。以君言，上爲宗廟，「其羽」者，宗祖之舊章、老臣也。以臣言，上爲高上其事之爻，「其羽」者，老臣既退，其所薦之賢與爲國所立之法。是之謂「其羽可用爲儀」。《春秋》隱五年「考仲子之宫。初獻六羽」，何休注云：「婦人無武事，獨奉文樂。羽者，鴻羽也，所以象文德之風化疾也。」是古者文樂用鴻羽。**象曰：其羽可用爲儀，吉，不可亂也。**注虞翻曰：「六爻得位，成既濟定，故不可亂也。」

䷵ 兑下震上

歸妹，征凶，无攸利。 注虞翻曰：「歸，嫁也。兑爲妹，泰三之四，坎月離日，俱歸妹象。陰陽之義配日月，則天地交而萬物通，故以嫁娶也。三之四，不當位，故『征凶』。四之三，失正无應，以柔乘剛，故『无攸利』也。」

彖曰：歸妹，天地之大義也。 注虞翻曰：「乾天坤地，三之四，天地交，以離日坎月戰陰陽，陰陽之義配日月，則萬物興，故『天地之大義』。乾主壬，坤主癸。日月會北。震爲玄黄，天地之雜。震東兑西，離南坎北。六十四卦，此象最備四時正卦，故『天地之大義也』。」案，乾壬坤癸，乾坤交，於正北戰，乾出震復，陽伏於中，此所謂陰凝陽，龍戰于野者也。陰凝陽，天地雜，故震爲玄黄。此乾元坤元之交也。故虞以復初爲乾元。以六位言，復初陽伏於下。以渾圜言，陽伏於中，陰凝於外，坎象也，所謂血卦也。乾坤一交，❶坎離並處，以震薄，以兑通，坎離震兑，三四兩爻，備陰陽消息之義，於此可得其大凡矣。三四交際之閒也。**天地不交，而萬物不興。歸妹，人之終始也。** 注虞翻曰：「天地以坎離交陰陽，故天地不交，則萬物不興矣。」案女終於嫁，從一而終。歸妹，女之終也，夫婦人倫之始。《郊特牲》曰：「天地合而後萬物興焉。夫昏禮，萬世之始也。」**説以**

---

❶「交」，崇文書局本、皇清經解續編本作「爻」。

動，所歸妹也。征凶，位不當也。无攸利，柔乘剛也。注虞翻曰：「説，兑。動，震也。謂震嫁兑，所歸必妹也。」

象曰：澤上有雷，歸妹。君子以永終知敝。注虞翻曰：「坤爲永終，兑爲毁折。」案劉向曰：「雷以二月出，其卦曰豫，言萬物隨雷出地，皆逸豫也。以八月入，其卦曰歸妹，言雷復歸入地，則孕毓根核，保藏蟄蟲，避盛陰之害。」見《漢書·五行志》。歸妹唯初上得正，化則成未濟。震陽入地，則地氣漸低，不能上與天接，天地不通，卦成未濟，故「永終知敝」。君子禮以坊德，荆以坊淫，命以坊欲，所以救敝者也。

初九，歸妹以娣，跛能履，征吉。注虞翻曰：「初无應，變成坎，坎爲曳，變爲陰，故『征吉』也。」案初爲二娣，化之陰之四，乃得位，故「征吉」。震嫁兑，以娣行，初化之陰，與二俱升也。《公羊》莊十九年傳云：「諸侯取一國，則二國往媵之，以姪娣從。姪者何？兄之子也。娣者何？弟也。諸侯一聘九女。諸侯不再娶。」案，「二國往媵之」，所謂左右媵也。嫡與左右媵各有姪娣，凡九人。士直以姪娣爲媵，但或姪或娣，不必俱備。《士昏禮》「女從者」注云：「謂姪娣也。」又「婦人徹于房中，媵御餕，姑酳之。雖無娣，媵先」，注云：「古者嫁女，必姪娣從之，謂之媵。」據此是士有姪娣爲媵也。❶《白虎通》云：「卿大

❶「此」，原作「北」，今據崇文書局本、皇清經解續編本改。

夫一妻二妾何？尊賢重嗣也。不備姪娣何？北面之臣卑，勢不足盡人骨肉之親。士一妻一妾何？下卿大夫禮也。」其云「不備姪娣」，亦謂不必俱備，與經「雖無弟，❶媵先」之言正合。其云「不足盡人骨肉之親」，謂若必姪娣俱備，是盡人骨肉之親也。其義與經合，與鄭亦不異。不備姪娣，非無姪娣也。秦氏蕙田據「不備姪娣」之言，因謂「女從者」爲婦人送者，以士不得有姪娣，非也。經云「女」，則不得以婦人當之；云「從者」，則與送者別。媵受主人服袵，良席，餕主人之餘。既寢，則侍於户外，呼則聞。此皆將承事君子者所宜爲，非婦人送者所宜爲也。故雖壻家之御，亦不侍于户外。以此例之，昭然明矣。且經云「女」，云「雖無娣，媵先」，則媵非娣即姪可知。倘非將承事君子，固宜以未嫁之女從婦至壻家爲諸事者乎？抑大不倫矣！若云婦人送者亦謂之媵，則經固云「雖無娣，媵先」，則此媵非婦人送者，其爲姪娣明矣。二妾一妾即媵妾，非必別買者也。

象曰：歸妹以娣，以恒也。跛能履，吉相承也。注虞翻曰：「動初承二，故『吉相承也』。」

案夫婦之道，不可以不久。无子則出，嫉妒則出，則夫婦之道不恒。以娣者，所以絶嫉妒，廣嗣續，以恒夫婦之道也，故曰「以恒也」。《大戴·本命》云：「婦有七去。無子去，爲其絶世也。妒去，爲其亂家也。」《白虎通·嫁娶》云：「備姪娣從者，爲其必不相嫉妒也。一人有子，三人共之，若己生之。」是姪娣所以絶嫉妒，廣嗣續也。一人有子，三人共之，則嫡雖無子，姪娣有子，亦不出矣。此所以必有姪娣之義。故云「以恒也」。若嫡無子即出，復何須姪娣爲。初承二化則隨，二升居四故相承。娣承

---

❶「弟」，崇文書局本、皇清經解續編本同《儀禮·士昏禮》作「娣」。

嫡，以承事君子者也。「跛」喻非正嫡，「能履」喻其能盡妾媵之禮，是以「吉」也。

九二，眇能視，利幽人之貞。 注虞翻曰：「震上兑下，離目不正。」案幽人謂伏陰，未發之正，故「利幽人之貞」。士之與女，其出處當慎一也。**象曰：利幽人之貞，未變常也。** 注虞翻曰：「常，恒也。」案，伏陰未發之爻，故未變，是以利之正。若已發，則反其常矣。

六三，歸妹以須，反歸以娣。 案須，同嬃，姊也。《説文》：「賈侍中説：『楚人謂姊爲嬃。』」鄭云：「須，有才智之稱。天文有女須，屈原之姊名女須。」案，須蓋嬃之假借，又通胥。互離中女，兑少女，離之妹。女子自爲姊妹，故歸妹，得以姊也。「歸妹以須」，嫡也，謂二反歸。以娣媵也，謂初反歸。始以娣行者，娣之待年者也。隱二年，「伯姬歸于紀」。七年，「叔姬歸于紀」。何休云：「伯姬之媵也。至是乃歸者，待年父母國也。婦人八歲備數，十五從嫡，二十承事君子。」據此則女年未十五，雖備數，尚未從嫡而待年也，故反歸始以娣。象曰「未當」，言娣幼，姊先行也。二升之五，五下之二，二與五易位，初乃與四易位，三化成既濟，陰陽應，故反歸以娣。**象曰：歸妹以須，未當也。** 案兑三失位，故未當也。

九四，歸妹愆期，遲歸有時。 注虞翻曰：「愆，過也。坎月離日，爲期。坎爲曳，震爲行，曳故『遲』也。」案四互體離坎，本有期者也。四失位，坎離皆不正，故「愆期」，即謂待年者也。《穀梁》隱七年《集解》：「許叔重云：『姪娣年十五以上，能共事君子，可以往，二十而御。』」引此經以證，是以

「愆期」爲待年。包氏世榮云：「非禮不行，三族不虞亦不行，皆爲愆期，當兼言之。」二五易位，初化之四，故「遲歸有時」，謂成既濟，日月正也。 **象曰：愆期之志，有待而行也。**

六五，帝乙歸妹，其君之袂不如其娣之袂良。 注虞翻曰：「震爲帝，兑爲口，乾爲衣，爲良。」案五尊位，陰居之，帝妹象也。君謂五，陰居尊位，小君象也。娣謂二，五失位當降，二當升居五，故「其君之袂不如其娣之袂良」。象曰「以貴行」，二陽貴，宜升五也。此喻嫡犯非禮，當廢黜，而娣得攝其事也。鄭同人二、鼎初注以后夫人無子不出，其犯六出則廢之遠之。《白虎通・嫁娶》云：「適夫人死後，更立夫人者，不敢以卑賤承宗廟。或曰：適死不復更立，明適無二，防簒煞也。祭宗廟攝而已。」據此是適死娣得攝祭事，則適廢亦當攝矣。不斥言之，但云袂者，《士昏禮》「女出於母左，父西面戒之，必有正焉。若衣，若笄」。昏禮母施衿結帨曰：「勉之敬之，夙夜無違宫事。」庶母及門内，施鞶，申之以父母之命，視諸衿鞶。蓋女子從人衣衿託戒，言袂則人可知，猶《詩》之比興也。詩人刺宣姜云：「象服是宜。」閔莊姜云：「衣錦褧衣。」妾上僭，夫人失位，云：「緑衣黄裳。」皆是也。「不如其弟之袂良」，猶云德薄位尊，不稱其服也。此殆以五陰失位當降，言適犯非禮，尚當廢遠，況其非適乎？喻紂之嬖妲己也。殷禮王女下嫁无可考，周制則王姬車服下王后一等，使同姓諸侯主之。 **月幾望，吉。** 注虞翻曰：「坎月離日，兑西震東，日月象對，故曰『幾望』。」案幾，近也。二五易位，成既濟，六爻正，故「吉」。月者小君之象，喻得正也。 **象曰：帝乙歸妹，不如其娣之袂良也。其位在中，以貴行也。**

上六，女承筐无實，士刲羊无血，无攸利。 注鄭康成曰：「宗廟之禮，主婦奉筐米。《士昏禮》：『婦入三月，而後祭行。』」見《特牲饋食禮》疏及《詩・葛屨》疏。案，上居卦終，妹已嫁，婦道成，故以祭言之。祭必三月者，三月一時天氣變，婦道可成。虞翻曰：「女謂應三，兑也。自下受上稱承。震爲筐。刲，刺也。震爲士，兑爲羊，離爲刀，故『士刲羊』。」案此以兩象言也。兑承震，故「女承筐」。初化與四易位，上體无陽，二陰不應，故「无實」。初化與四易位，坎象不見，故「无血」。无實无血，故无所利也。筐，竹无器。❶ **象曰：上六實，❷承虚筐也。**

䷶ 離下震上

豐，亨，王假之，勿憂，宜日中。 注鄭康成曰：「豐之言腆，充滿意也。」見《釋文》。虞翻曰：「陰陽交，故通。」姚信曰：「假，大也。四宜之五，得其盛位，謂之大。」案憂，憂游也。憂本憂游字，慐乃慐愁字，優則優伶字。此「勿憂」，當用本訓。當豐大之時，不可憂游，宜明政刑以照天下，遲則有悔。既憂之，則咎不長。斷未有以不必憂患教人者，窮大失居。紂不知憂患，而曰有命在天，殷之所以亡也。作《易》者有憂患，日昃不暇食，周之所以興也。四化成坤，陰性柔裕，故稱「憂」。四化則成明夷，不

---

❶ 「无」，崇文書局本、皇清經解續編本無此字。

❷ 「六」下，崇文書局本、皇清經解續編本有「无」字。

可化，宜升居五，故「勿憂」。「宜日中」，宜照天下也。及是時，明其政刑，則豐可長保。盤樂怠傲，是自求禍也。日中則昃，月盈則食，生於憂患，死於安樂，盛者衰所伏也，故以「勿憂」戒之，所謂過旬災者也。日中見斗，日中見沬，不能照天下，怠傲而失其居矣。可不戒哉！

彖曰：豐，大也。明以動，故豐。王假之，尚大也。勿憂，宜日中，宜照天下也。案四尚之五，故尚大。四宜升之五，成離，照天下，故「宜照天下也」。**日中則昃，月盈則食，天地盈虛，與時消息，而況於人乎？況於鬼神乎？**注鄭康成曰：「言皆有休已，无常盛也。」見《公羊疏》。案四五之正，成既濟。離日坎月，日月貞明。四未之五時，離日在兑下。西方日昃象離，三所謂日昃之離者也。四未之五，坎月爲兑口所食，故「月盈則食」，四化成明夷也。張衡《靈憲》云：「日者陽精之宗，月者陰精之宗，月光生於日之所照，魄生於日之所蔽。當日則光盈，就日則光盡也。當日之衝，是謂闇虛。月過則食。」案，月食必於望，故「盈則食」。陰陽消息以時，故與時消息。

象曰：雷電皆至，豐。君子以折獄致刑。注荀爽曰：「豐者陰據不正，奪陽之位而行以豐，故『折獄致刑』，以討除之也。」案，噬嗑動而明，故「明罰敕法」，豐明以動，故「折獄致刑」，審之明則斷之決也。兑爲折爲刑，坎爲獄也。

初九，遇其配主。注鄭康成曰：「嘉耦曰妃。」見《釋文》。《釋文》云：「鄭作妃。」案，「配」，《說文》云：「酒色也。」經傳多假作妃耦字。案五陰失正，暴主也。四當升五，爲天下君，初爲之應，故「遇其配主」。**雖旬无咎，往有尚。**注虞翻曰：「謂四失位，變成坤，應初。坤數十。」案，鄭《均人》注云：「《易》坤爲均，今書亦有作旬者。」案，十日爲旬，與均同義。案四化成明夷，有咎者也。化得正，應初，故「无咎」。雖暫无咎，過則明傷而災至矣。故曰「雖旬无咎」。言雖化亦得暫无咎，然過旬則災。唯不化而往居五，乃「有尚」也。所謂「勿憂，宜日中」也。**象曰：雖旬无咎，過旬災也。**案四不之五，化則互坎爲災，成明夷。日月明傷，所謂中則昃，盈則食者也。「過旬災」，故不可化而宜升五。

六二，豐其蔀，日中見斗。案雷電皆至，陰氣隨陽行，宣發於外，蔽陽明，故爻多暗昧之象。二應在五，五陽位，以陰居之，小人竊國柄，蔽君明，若夏商之季，羣小在朝也，故「豐其蔀」。陰蔽陽，日晦不明，故「見斗」。日喻君。斗喻諸侯，謂四也。斗非日中所宜見，諸侯非天下所宜歸。日不明而斗見，君不明而天下歸諸侯，此湯文之象也。《離》六二「黄離元吉」，陰伏於内，陽明於外。豐則明以動，雷電皆至，陰與陽並行，陽光爲陰所揜，故日无色，太陽暗而少陽見。震少陽也，爲諸侯。**往得疑疾。有孚發若，吉。**案往，二往應五也。二本得位，往應五，五爲陰所揜，昏暗於上，反疑疾二，故「往得疑疾」。若桀紂之囚湯文也。五雖蔽於陰，本有伏陽可發之正，二盡臣節，動以至誠，五若感悟，信之而不疑疾，則五發四化，亦成既濟，故「有孚發若，吉」。象曰「信以發志」，五正四化，日明而陰斂，小人退矣。《吕覽》曰：「戎人，生乎戎長乎戎而戎言；楚人，生乎楚長乎楚而楚言。今使楚人長乎戎，戎人長乎楚，則楚人戎言，戎人楚言矣。由是觀之，吾未知亡國之主，不可以爲賢主也。」《用衆》文。五不發之正，則四不化升居五，若桀紂不悟，終以滅亡也。**象曰：有孚發若，信以發志也。**

案信，二自發之正。

九三，豐其沛，日中見沬。注虞翻曰：「沛，不明也。沬，小星也。」案，荀九家云：「大暗謂之沛。沬，斗杓後小星也。」案三應在上，豐其沛，謂暗至上也。沬，小星，諸侯之臣象也。**折其右肱，无咎。**案虞翻曰：「兑爲折，爲右，艮爲肱。」案震象反艮，右肱謂上也。上得位，爲五右肱，五之賢臣，所以佐五者也，若紂之臣，商容箕比之倫也，折之是自折其右肱也。君之卿佐，是謂股肱。芟夷股肱，獨任胸腹，有不亡者乎？故象曰「終不可用」。右肱者，得用者也。右肱折，人斯廢矣，尚何用哉！云「无咎」者，自取敗亡，无所歸咎，所謂又誰咎者也。折謂折上，居三失位。鄭云：「三，艮爻，艮爲手，互體爲巽，巽又爲進退，手而便於進退，右肱也。猶大臣用事於君，君能誅之，故『无咎』。」鄭蓋以右肱爲用事之臣，即蔽君者也，故折之无咎。象曰「終不可用」，亦言其蔽君明，爲罪重也。《五行志》及《王商傳》張匡對引此，皆以爲折去右肱之臣，乃免咎，義與鄭同。

蓋舊説然也。**象曰：豐其沛，不可大事也。折其右肱，終不可用也。**【案】大事已去，有賢臣尚或可挽，折其賢臣，誰與爲善哉？故終不可用。此喻紂之始於用佞，終於棄賢，不可救藥，亦終必亡而已矣。蓋至紂違比干之諫，廢商容，而文王望紂之心始絶矣。

九四，豐其蔀，日中見斗，遇其夷主，吉。【案】四升之五，坎爲平，六爻皆正，故「遇其夷主，吉」。夷，平也。易知有親則曰妃，易從有功則曰夷。《詩》曰：「彼徂矣岐，有夷之行。」天下歸周之象也。**象曰：豐其蔀，位不當也。日中見斗，幽不明也。遇其夷主，吉行也。**【案】四升之五，成既濟，故「吉行」。五所謂「來章，有慶譽」者也。

六五，來章，有慶譽，吉。【案】四來之五，正陽位，上下應之成既濟，故「吉」。**象曰：六五之吉，有慶也。**【案】六五失位，乘陽不吉。陽來正位，陰退居四，故「有慶也」。

上六，豐其屋，蔀其家。【注】虞翻曰：「蔀，蔽也。」干寶曰：「『豐其屋』，此蓋託紂之侈造璿宫玉臺也。『蔀其家』者，以託紂多傾宫之女也。」【案】上爲宗廟，震反艮爲宫室，五互體大過棟橈。三上易位，艮宫室在下，皆失正。此據四未之五時，五暴恣益甚，无所不侈，无所不蔽也。豐屋蔀家，天不之禍，乃實以禍之。象曰：「天際祥也。」《春秋傳》曰：「楚王方侈，天或者欲逞其心以厚其毒，而降之罰，未可知也。」《詩》曰：「上帝耆之，憎其式廓。乃眷西顧，此維與宅。」箋云：「耆，老也。天須假此二國，養之至老，猶不變改，憎其所用爲惡者浸大也。乃眷然運視西顧，見文王之德，而與之居。」**闚其户，闃其无人。三歲不覿，凶。** 案坤陰爲闔户，離目在下，故「窺其户」。上本得位，五折之，使與三易位，則離象毁，體噬嗑，惡積而罪大者也。賢臣退黜，小人在朝，故「闃其无人」。《淮南·泰族》引此云：「非無衆庶也，言無聖人以統理之也。」莊四年《公羊傳》「上無天子，下無方伯」注云：「有而無益於治曰無。」引此以證。僖三十一年《穀梁傳》「乃者亡乎人之辭也」，注引此，義並同。《太玄·竈》次七：「外大扢其中。君子至野，小人入室。」《測》曰：「外大扢，中無人也。」義本此。《詩》曰：「咨汝殷商，時無背無側。」上之三入坎，下失位，故「三歲不覿，凶」。此象昏昧者之顛倒賢否也。**象曰：豐其屋，天際翔也。** 注孟喜曰：「天降下惡祥也。」案《釋文》云：「翔，鄭、王作祥。」據孟注，則孟已作祥。「降下惡祥」，蓋訓「際」爲降也。《太玄·盛》上九「極盛不救，禍降自天」，義本此。處豐之時，動須合禮，故豐亨，王大之。豐不合禮，是爲窮大，所謂豐屋也。天地盈虚，與時消息，故降祥也。《五行志》云：「異物生謂之眚，自外來謂之祥。」**闚其户，闃其无人，自藏也。** 注鄭康成曰：「戕，傷也。」見《釋文》。案《釋文》云：「藏，衆家作戕。」折上之三，小人在位，是自戕也。

䷷ 艮下離上

旅，小亨，旅貞，吉。 注虞翻曰：「小謂柔得位，貴而順剛，麗乎大明，故『旅小亨』。」案，柔麗乾五。案五陽當發之正，故「旅貞吉」。重言旅者，明五非陰位，居之如旅耳。陽可發之正五，所謂射雉一矢亡，言去之易也。王者无外，天下爲家，諸侯亦各有其國，无所謂旅。❶小謂臣民也。若天子諸侯而爲旅，則失國之象，所謂窮大失其居，无所容者，何「亨貞吉」之有？蓋以喻殷也。

彖曰：旅小亨，柔得中乎外，而順乎剛，止而麗乎明，是以小亨，旅貞吉也。旅之時義大矣哉。注荀爽曰：「謂陰升居五，與陽通者也。」案，山澤通氣，地氣之上，必麗天，氣乃升。睽「説而麗乎明，柔進而上行，得中而應乎剛」，此地氣出於澤，得日而麗以上，升於天者也。旅「止而麗乎明」，此地氣之出於山，麗日而升者也。

象曰：山上有火，旅。君子以明慎用㓝，而不留獄。注侯果曰：「火在山上，其勢非長久，旅之象也。」虞翻曰：「離爲明，艮爲慎，兑爲刑，坎爲獄。」案，《説文》：「㓝，罰辠也。从井从刀。《易》曰：『井，法也。』」此統言㓝罰字。又：「型，鑄器之法也。」此儀型、型法字。經傳多通用㓝。又：「刑，剄也。从刀开聲。」此致刑用刑字。旅明止故「慎」，旅故「不留」。

初六，旅瑣瑣，斯其所取災。注鄭康成曰：「瑣瑣，猶小小也。爻體艮。艮，小石，小小之象。」見《聘禮》疏。陸績曰：「履非其正，應離之始。離爲火，艮爲山，以應火災，焚自取也。」案，初旅非其位，伏陽終當發成離焚初。虞翻曰：「艮手爲取。」案孔子曰：「動行不知所務，止立不知所定；日選於民，不知所貴；從物而流，不知所歸。」《大戴·哀公問》文。其「旅瑣瑣」之

---

❶「旅」，原作「旋」，今據崇文書局本、皇清經解續編本改。下一「旅」字同。

謂乎？**象曰：旅瑣瑣，志窮災也。**案初非陰位，陰窮陽生，成離火，故「志窮災」。

六二，旅即次，懷其資，得童僕貞。注荀九家曰：「即，就。次，舍也。資，財也。以陰居二，即就其舍，承陽有實，故『懷其資』。初者卑賤，二得履之，故『得童僕』。處和得位，故正。」虞翻曰：「艮爲童僕。」**象曰：得童僕貞，終无尤也。**案二得正，故「終无尤」，謂不化也。

九三，旅焚其次，喪其童僕，貞厲。注虞翻曰：「離爲火，艮爲童僕。」案初發成離，艮象壞，故「旅焚其次，喪其童僕」。剛而不中，故「厲」。**象曰：旅焚其次，亦以傷矣。以旅與下，其義喪也。**案以，已也。已傷，言甚也。下謂初。三本得位，當自正，御下有法，乃既居三而欲之初，初陽發而焚之。與童僕雜居齊齒，則小人犯上，有童僕而不爲用矣。故「以旅與下，其義喪也」。

九四，旅于處，得其資斧，我心不快。注虞翻曰：「離爲齊斧。」《釋文》云：「資，子夏及衆家並作齊。」張晏曰：「齊，整也。」案，四互巽爲齊，作「齊」是也。案四欲之初，初陽自發，仍反於四，故「旅于處」。初化成離，四之正有應，故「得其資斧」。之正互坎爲心病，故「不快」。**象曰：旅于處，未得位也。得其資斧，心未快也。**案未得之初，以陽居陰，故「未得位」。「資斧」者，征伐之權也。得資斧而心未快，其文王爲西伯，專征伐而見讒之象與？《漢書·王莽傳》

注：「應劭曰：『齊，利也。亡其利斧，言無以復斬斷也。』」《叙傳》注：「張晏曰：『齊斧，越斧也。以整齊天下也。』」是齊斧喻征伐。

六五，射雉，一矢亡，終以譽命。 注 虞翻曰：「離爲矢。五變體乾，矢動雉飛，離象不見，故『一矢亡』矣。**象曰：終以譽命，上逮也。** 案「一矢亡」，謂離全卦俱化成坎也。五發上亦之正，終及上，故「終以譽命」。一陰一陽，成既濟也。

上九，鳥焚其巢，旅人先笑後號咷，喪牛于易，凶。 注 虞翻曰：「離爲鳥，爲火；巽爲木，爲高。四失位變震，爲筐，巢之象也。今巢象不見，故『鳥焚其巢』。震爲笑，震在前，故『先笑』。應在巽，巽爲號咷，巽象在後，故『後號咷』。」案，阮籍《通易論》云：「同人先號，思其終也。旅上之笑，樂其窮也。是以失刑者嚴而不檢，喪德者高而不尊。」案 牛謂五，離得坤中氣，所畜牝牛也。五發成乾，牛爲乾所得，故「喪牛于易」。坎一體俱發，終必及上，故「凶」。象曰「終莫之聞」，言其不以五失位見奪爲戒，而急化之正，則凶必及之。**象曰：以旅在上，其義焚也。** 注 虞翻曰：「離火焚巢，故『其義焚也』。」**喪牛于易，終莫之聞也。** 案 坎耳伏，故「終莫之聞」。言其不知戒懼，以至於亡也。牛，大牲，所以祭宗廟、郊天地者也。喪牛，則失其所以事鬼神者矣。蓋喻紂之淫戲自絕，不聽忠言也。祖伊奔告，責命於天，所謂「終莫之聞」也。《呂覽・禁塞》云：「若令桀紂知國亡身死，殄無後類，吾未知其厲爲無道之至於此也。」案《祭義》：

「古者天子諸侯，必有養獸之官。及歲時齋戒沐浴而躬朝之，犧牷祭物，必於是取之，敬之至也。君召牛納而視之，擇其毛而卜之吉，然後養之。君皮弁素積，朔月月半，君巡牲，所以致力孝之至也。」牛喪，則孝敬何有乎？鼷鼠食郊牛角，牛死，《春秋》不一書，蓋深譏之。

周易姚氏學卷第十三

旌德姚配中撰

周易下經彖下傳象下傳

☴ 巽下巽上

巽，小亨，利有攸往，利見大人。 注虞翻曰：「柔得位而順五剛，故『小亨』也。大人謂五。離目爲見。二失位，利正往應五。故『利有攸往，利見大人』矣」。案，二與初易位，初之二應五，故象曰「柔皆順乎剛」，初之二則二正。

彖曰：重巽以申命，剛巽乎中正而志行，柔皆順乎剛，是以小亨。利有攸往，利見大人。 注陸績曰：「巽爲命令。案，風雷者，天之號令。二得中，五得正，體兩巽，故『剛巽乎中正』也。皆據陰，故『志行』也。」案重故申，柔謂初四，四承五，初之二，應五。

象曰：隨風，巽。君子以申命行事。 注荀爽曰：「巽爲號令，兩巽相隨，故『申命』也。法教百端，令行爲上，貴其必行，故曰『行事』也。」案風者氣也，故曰「隨」。兩象合也，號令相繼，故「申」。風行無所不周，故「行事」也。

初六，進退，利武人之貞。注虞翻曰：「巽爲進退。初失位，利之正。」案進，進之爻；退，謂化。失位，故「進退」。與二易位，成離，爲戈兵甲胄，故曰「武人」。疑者決之，故「利武人之貞」，謂剛斷也。**象曰：進退，志疑也。利武人之貞，志治也。**注荀爽曰：「風性動，進退欲承五，爲二所據，故志以疑也。」案初動之爻，欲之四承五，四已爲陰，初仍退而自化，故「志疑」。與二易位得正，故「志治」，謂成既濟也。九二，巽在牀下，謂之初。宋衷云：❶「巽爲木。二陽在上，初陰在下，故曰『巽在牀下』也。」

九二，巽在牀下，用史巫紛若，吉，无咎。注荀爽曰：「牀下，以喻近也。二者，軍帥。三者，號令。故言『牀下』。以明將之所專，不過軍中事也。史以書勳，巫以告廟。謂二以陽應陽，君所不臣，軍帥之象也。征伐既畢，書勳告廟。當變而順五則吉。故曰『用史巫紛若，吉，无咎』。」案，二之初，故「巽在牀下」。互兑爲史巫。二初易位，故「用史巫紛若，吉，无咎」。《白虎通》云：「天子遣將必於廟何？示不敢自專也。」案，古者出師必告廟，二受命，出師之象也。**象曰：紛若之吉，得中也。**案荀爽曰：「謂二以處中和，故能變。」案，初之二得中，二降之初，成離。初所謂

---

❶「衷」，原作「哀」，今據崇文書局本、皇清經解續編本改。

「利武人之貞」者也。初二皆得位，故「吉，无咎」。

九三，頻巽，吝。案復三頻復，陰退而陽復，故「无咎」。巽三頻巽，陽動而失位，故「吝」。**象曰：頻巽之吝，志窮也。**注荀爽曰：「乘陽无據，爲陰所乘，號令不行，故『志窮也』。」化而失位，故「窮」。

六四，悔亡，田獲三品。注虞翻曰：「无應，悔也。欲二之初，已得應之，故『悔亡』。」翟元曰：「三品，下三爻也。」李鼎祚曰：「三品，一爲乾豆，二爲賓客，三爲充君之庖。上殺爲豆實，次殺供賓客，❶下殺充庖厨。」**象曰：田獲三品，有功也。**案初二易位成離，稱田。得位有應，故「有功」。

九五，貞吉，悔亡，无不利，无初有終。注虞翻曰：「得位處中，故『貞吉，悔亡，无不利』也。震巽相薄，雷風无形，當變之震矣。巽究爲躁卦，故『无初有終』矣。」**先庚三日，後庚三日，吉。**案庚，更也。「先庚三日」，謂下三爻，化成益也。「後庚三日」，謂上三爻，化成恒。雷風恒，相與益物，故吉。雷風相薄，亦終而復始者也。**象曰：九五之吉，位正中也。**注虞翻曰：「居中得正，故『吉』也。」案，五位正得中，風雷交，陰陽化，五主之，乾元之位也。

---

❶「供」，皇清經解續編本作「爲」。

上九，巽在牀下，喪其資斧，貞凶。案巽爲齊，離戈兵爲斧。上失位當化，不得之初，成離，故「喪其齊斧」。上爲宗廟，閫内之政也。君不主其内政，而預於軍事，令於軍中，則將不威，令不行，至兵徒橈敗，乃始悔悟，則凶已至矣，故「貞凶」，言正於凶至時也。《孫子・謀攻》云：「君之所患於軍者三：不知軍之不可以進，而謂之進，不知軍之不可以退，而謂之退，是謂縻軍。不知三軍之事，而同三軍之政，則軍士惑矣。不知三軍之權，而同三軍之任，則軍士疑矣。軍士既惑且疑，則諸侯之難至矣。是謂亂軍引勝。」《白虎通・三軍》云：「大夫將兵出，不從中御者，欲盛其威，使士卒一意繫心也。故但聞將軍令，不聞君令，明進退在大夫也。」二之初得位，故吉，无咎。上不能之初，窮而失位，故貞凶。**象曰：巽在牀下，上窮也。喪其資斧，正乎凶也。**案失位故窮，志窮者頻巽，令无所措也。位窮者，巽在牀下，乖其令也。巽在牀下，上欲之初，二已之初，上窮而无所之，故「上窮也」。「正乎凶」，言无及。《吕覽》曰：「德義之緩，邪利之急，身以困窮，雖後悔之，尚將奚及。」《情欲》文。《詩》曰：「訊予不顧，顛倒思予。」箋云：「歌以告之，汝不顧念我言，至於破滅顛倒之急，乃思我之言。言其晚也。」亦「正乎凶」之謂也。

䷹ 兑下兑上

兑，亨，利貞。案山澤通氣，故「亨」。利之正，成既濟，故「利貞」。説則嘉會禮通，民忘其勞、忘其死，利民而不失其正也。

彖曰：兑，説也。剛中而柔外，説以利貞，是以順乎天而應乎人。説以先民，民忘其勞；説以犯難，民忘其死。説之大，民勸矣哉。 注 虞翻曰：「剛中謂二五，柔外謂三上也。二、三、四利之正，故『説以利貞』也。」案，《緇衣》云：「上好仁，則下之爲仁爭先人。故長民者章志、貞教、尊仁，以子愛百姓，民致行己以説其上矣。」《詩》云：「有梏德行，四國順之。」

象曰：麗澤，兑，君子以朋友講習。 案 麗，相麗也，上爲雨澤，下爲藪澤。藪澤之氣，升爲雨澤，雨澤之降，歸於藪澤，故麗澤兑。兑爲口，上下相麗，故以朋友講習。合志同方，營道同術，並立則樂，相下不厭者也。

初九，和兑，吉。 注 虞翻曰：「得位，四變應己，故『和兑，吉』矣。」案，《賈子・道術》云：「剛柔得適，謂之和，反和爲乖。」**象曰：「和兑之吉，行未疑也。」** 案 虞翻曰：「四變應初，故『行未疑』也。」

九二，孚兑，吉，悔亡。 注 虞翻曰：「孚，謂五也。二動得位，應之，故『孚兑，吉，悔亡』矣。」**象曰：「孚兑之吉，信志也。」** 案 二化應五，皆得中正，故信志相説以正者也。

六三，來兑，凶。 案 三本失位，上來之三，亦失位，故「來兑，凶」，説不以道也。《賈子》曰：「知足以爲原泉，行足以爲表儀。問焉則應，求焉則得。入人之家，足以重人之家，❶入人

❶ 「足以」，原倒，今據崇文書局本、皇清經解續編本改。

之國，足以重人之國者，謂之師。柔色傴僂，唯諛之行，唯言之聽，以睚眦之閒事君者，廝役也。故與師爲國者帝，與廝役爲國者亡。」《官人》文。**象曰：「來兑之凶，位不當也。」**

九四，商兑，未寧，介疾有喜。 注 鄭康成曰：「商，隱度也。」見《釋文》。虞翻曰：「坎爲疾。」案 四據三，上下相麗，不欲即化，而失位又當化，故商兑未安。成既濟，則六爻安矣。介，界也。四之正，在兩坎之閒，故介疾。得位，故有喜，謂成既濟定也。**象曰：「九四之喜，有慶也。」**

九五，孚于剥，有厲。 注 虞翻曰：「孚，謂五也。二四變，體剥象，故『孚于剥』。在坎未光，『有厲』也。」**象曰：「孚于剥，位正當也。」** 案 位正當，故但「有厲」而已。

上六，引兑。 案 上引三也。三失位，上引之使之正，應己。説以先民，説以犯難，有以引之也。民忘勞，民忘死，引之而民説矣。三互巽爲繩，四之正，艮爲手。**象曰：「上六引兑，未光也。」** 注 虞翻曰：「二四已變，而體屯，上三未爲離，故『未光也』。」案，三之正，則成離，謂既濟也。

䷺ 坎下巽上

渙，亨。王假有廟，利涉大川，利貞。 注 虞翻曰：「否四之二成坎震，案，互震。天地交，故『亨』也。」荀爽曰：「假，大也。」案 王謂二，巽爲木，艮爲宮闕宗廟之象，故王大有廟。渙

者，使之聚也。二體坎，爲大川，利涉，上乘巽，巽四五易位成離，受坎以成既濟。此卦例之特變者也。傳云：利涉大川，乘木有功，謂乘巽。六四：「渙其羣，元吉。」陰與陰爲羣，四之五，故渙其羣。傳云「光大」，謂成離。陰在離中，坤元也。坤元升五，以受坎中乾元，此爲爻例特變，四陰不得升陽位也。故爻辭云：「渙有丘，非夷所思。」言陰升陽位，非常也。王假有廟，王乃在中，在二下體之中也。五陽在上，先君之象，在廟之神主也。九五：「渙汗其大號，渙王居。」天王升遐之象也。天王升遐，嗣子在喪，故渙王居。四升攝之，所謂百官總己，以聽於冢宰者也。喪除嗣位，二乃升五，正位爲君，故傳云「王居无咎，正位也」。天王升遐，王居渙，天子嗣位，乃正王居。離降在下，以成既濟定。

彖曰：渙亨，剛來而不窮，柔得位乎外而上同。案剛來之二，世子之象也。互震爲長子，長子繼世，故「剛來而不窮」。柔謂四，上同謂四升五，攝君事。渙卦彖傳特與他卦不同，他卦有言「剛來」者，未有言「而不窮」者。云「而不窮」，則不窮係於剛來。言有嗣君也，非謂一陽來之下，又一陽來之下。他卦有言「柔得位乎外」，未有言「而上同」者。上同若周公攝政之比也。言上同，明其非君，但君所當爲之政，則盡爲之，與君同，故不言中，言升，言得尊位等。特言「上同」，著名分也。故傳於「王假有廟」又特申之云「王乃在中」也，言四攝五事，王在下中也。云「乃」者，喪畢而祭於祖廟也。鄭《王制》注云：「天子諸侯之喪畢，合先君之主於祖廟而祭之，謂之祫。」是也。三年喪畢，致新死者，則廟以次遷。**王假有廟，王乃在中也。利涉大川，乘木有功也。**案二在廟中，全於臣，全於子，升五則出廟而正尊位矣。二涉坎乘巽，故乘木有功，嗣先王之位，資輔弼之臣也。《詩》曰：「淠彼涇舟，烝徒楫之。」陽子曰：❶「舍舟航而濟乎瀆者，末矣；舍五經而濟乎道者，末矣。」《吾子篇》文。竊謂舍帝王之道、聖賢之臣而濟乎天下者，末之有也。

象曰：風行水上，渙。先王以享于帝，立廟。 注 虞翻曰：「享，祭也。震爲帝、爲祭。艮爲廟。四之二，殺坤大牲。故以享帝立廟。」案 散者使之聚，故享于帝立廟。《小記》曰：「王者禘其祖之所自出，以其祖配之，而立四廟。」廟制代增，至周而七。

初六，用拯馬壯，吉。 注 馬融曰：「拯，舉也。」見《釋文》。案 馬謂二，初應四。艮爲手，二互震爲馬。初承二，故拯馬，拯二居五也。拯二居五，初之四，得位順五，故吉。**象曰：初六之吉，順也。**

九二，渙奔其机，悔亡。 案 机謂巽，二在下，失位。當渙散之時，宜急升五，乘巽正位，散者使之聚，故「渙奔其机，悔亡」也。**象曰：渙奔其机，得願也。** 案 升五得位，乘木有功，故得願。

六三，渙其躬，无悔。 案 渙其躬，謂去三之上，佐二濟難，不自有其躬也。之上得位，故「无悔」。**象曰：渙其躬，志在外也。** 案 志在升上。

❶ 「陽」，據文義當作「楊」。

六四，涣其羣，元吉。案陰與陰爲羣，四乘三應初，羣也。涣其羣，謂四升五，攝君事。孔子曰：「君薨，百官總己以聽於冢宰。」元，坤元，升五，故「元吉」。《吕覽・召類》云：「《易》曰『涣其羣，元吉』。涣者，賢也；羣者，衆也；元者，吉之始也。涣其羣元吉，其佐多賢也。」彼以涣爲賢，義别。**涣有丘，匪夷所思。**注虞翻曰：「位半艮山，故稱丘。匪，非也。」案有丘，謂四本得位者也。夷猶等也。《曲禮》曰：「在醜夷不争。」四得位，陰不當升居五。今攝尊位，故非夷所思。**象曰：涣其羣，元吉，光大也。**案四之五成離，故「光大」。冢宰之位，非坤元不足以當之，所謂含宏光大也。

九五，涣汗其大號。涣王居，无咎。注鄭康成曰：「號，令也。」見《釋文》。案天子崩，變故之大者，故涣汗其大號，謂布誥天下也。五降之四，互坎爲汗，令出不還。二來升五，此《書》所謂「誓言嗣」者與？劉向上《封事》云：「《易》曰：『涣汗其大號。』言號令如涣出而不反者也。」案，彼以凡出令言，此專以命嗣言。命莫重於此，不可移易者，亦莫過於此也。《素問・陰陽别論》云：「陽加於陰謂之汗。」王崩，嗣王在服，故涣王居。在服，非曠位，故无咎。言服除，則正王位也。**象曰：王居无咎，正位也。**案二升五，正君位。不言涣者，據服除後言。明其已正君位，非涣也。

上九，涣其血去，逖出，无咎。注虞翻曰：「坎爲血，爲逖。逖，憂也。」案，《説文》：「惕，敬也，或从狄。」「逖，遠也。逷，古文。」此蓋假借字，義與小畜同。案五四易位，坎升離降，成既濟，則六爻正，故涣其血去，逖出，无咎。**象曰：涣其血，遠害也。** 案 遠凝陽之害。此謂四升居五，攝君事，與坤五同，舉一卦言也。坎爲血卦，升上成既濟。陰陽和，君臣正，故血去逖出。周公攝政，羣叔流言，況其下者乎？位高權重，猜忌所由生也。

䷻ 兑下坎上

節，亨。 注 虞翻曰：「泰三之五，天地交也。」案，節而合禮，故「亨」。不以禮節之，亦不可行也。案 地中衆者，莫過於水。不節則澤中无水，變而爲困矣。故澤中有水，特名曰「節」，導其原、清其流，不可以多而費也。《賈子·道術》云：「費弗過適謂之節，反節爲靡。」**苦節，不可貞。** 注 虞翻曰：「謂上也，應在三。三變成離，火炎上作苦，位在火上，故『苦節』。雖得位乘陽，故『不可貞』。」案，法久弊生，弊則更張之。變則通，通則久，故「苦節不可貞」。上化成中孚，一說苦節謂當之者以爲苦也，苦之故不可貞。安之甘之，故亨吉。

象曰：節亨，剛柔分而剛得中。 案 泰三之五，五之三，故剛柔分。三之五，得中。**苦節不可貞，其道窮也。** 注 虞翻曰：「位極於上，乘陽，故窮也。」**説以行險，當位以節，中正以通。** 兑説坎險震爲行，故説以行險也。中正謂五，坎爲通也，泰乾天坤地。**天地節而四時成，節以制度，不傷財、不害民。** 注 虞翻曰：「位極於上，乘陽，故窮也。」鄭康成曰：「空府藏則傷財，力役繁則害民。二者奢泰之所致。」見《後漢書·王符傳》注。

象曰：澤上有水，節。君子以制數度，議德行。 注侯果曰：「澤上有水，以隄防爲節。」案，澤上有水，互震艮，震動艮止，故曰「節」。必云節者，震爲竹，艮多節。案水居澤上，澤能積水。陽止於陰，故爲節。節者，止其所止也。震起艮止，不失其時，則中節矣。數度，出納征役與凡財用之節；德行，官人之節也。用得其當，則財足。官得其人，則政理。制之、議之，貴其中節也。

初九，不出户庭，无咎。 注李鼎祚曰：「初九，應四，四互艮。艮爲門闕。四居艮中，是爲户内庭之象也。」案初之四則失位，故不出户庭，无咎。謂不之四。**象曰：不出户庭，知通塞也。** 注虞翻曰：「坎爲通。」案艮爲止，水止故塞。塞故初不之四，成既濟，則相應矣。

九二，不出門庭，凶。 注虞翻曰：「變而之坤，艮爲門庭，二失位不變。出門應五，則凶。」**象曰：不出門庭，凶。失時極也。** 注虞翻曰：「極，中也。未變之正，故『失時極』矣。」案當其可之謂時，二當化不化，故「失時極」。《吕覽》曰：「不知事者，時未至而逆之，時既往而慕之，當時而薄之。」《任地》文。

六三，不節若，則嗟若，无咎。 案三在兑口，震爲聲，失位，當化不化，故「不節若，則嗟若」。節而失正，尚爲非禮，況不節而能免於嗟乎？自取之也，尚誰咎？**象曰：不節之嗟，又誰咎也。** 案言无所歸咎。

六四，安節，亨。注虞翻曰：「得正承五，有應於初，故『安節亨』。」**象曰：安節之亨，承上道也。**注荀九家曰：「言四得正奉五，上通於君，故曰『承上道也』。」案，謂合禮。

九五，甘節，吉，往有尚。案謂泰三也。泰坤爲土，稼穡作甘，三之五得位，居中，故「甘節，吉，往有尚」。甘節者，得中和，皆中節者也。**象曰：甘節之吉，居位中也。**

上六，苦節，貞凶，悔亡。注虞翻曰：「二三變，在兩離，火炎上作苦，故『苦節』。乘陽，故『貞凶』。得位，故『悔亡』。」案上居坎極，極則反。雖帝王之善政，極必生弊，弊則當革。通其變，使民不倦，弊法不可復行，故「貞凶」。象曰：「不可貞，謂當化也。」此相時制宜，不以位拘者，三代之法，所以不可復行於後世也。上得位而爲苦節。所謂琴瑟專一，以水濟水者也。上動成中孚，與民更始，故節之，後受以中孚。節，止也。中孚，信也。冬水歸於澤，陽入歸土，故卦氣起中孚。**象曰：苦節，貞凶，其道窮也。**注荀爽曰：「乘陽於上，无應於下，故『其道窮也』。」案窮則變，變則化，成中孚。二三化成既濟，則上成苦節，故不成既濟，而成中孚。若初不出户庭，初得位，不化。二不出門，三不節若，二三失位，亦皆不化。四安節，五甘節，皆得位，亦不化。唯上苦節，不可貞。故雖得位，獨化成中孚。

䷼兑下巽上

中孚，豚魚吉。案中孚小過，反復不衰，亦渾圜之象。三四之交，天地之中也。陽起於中，土性信，故曰中孚。陽生陰中爲坎，坎爲豕，故稱豚；陰生離中，姤巽爲魚。中孚，十一月卦，當坎位。卦爲復，復與姤通，一消一息，出入中宫，无或失時，故「豚魚吉」。取象豚魚者，見陰陽之生，物无不驗，以喻君以中信及物若陰陽，則亦无不孚也。《詩·無羊》：「衆維魚矣。」傳云：「陰陽和，則魚衆多。」**利涉大川，利貞。**【注】虞翻曰：「坎爲大川。」【案】坎中互頤，離中互大過。坎初上化成中孚，陽發外也；離初上化成小過，陰發外也。坎離得中氣，乾坤二用，山澤所由出入，風雷所以宣布也。坎化中孚，故「利涉大川」。坎陽發，而雷以動之，艮以止之，澤以通其氣，風以宣其號，陰陽交而既濟成矣。故「利貞」。《吕覽·上德》云：「三苗不服，禹請攻之。舜曰：『以德可也。』行德三年，而三苗服。孔子聞之曰：『通乎德之情，則孟門、大行不爲險矣。』」

彖曰：中孚，柔在内而剛得中。説而巽，孚乃化邦也。豚魚吉，信及豚魚也。【注】王肅曰：「三四在内，二五得中，兑説而巽順，故孚也。」【案】終成既濟，故「化邦」。信及豚魚，不言而信也。《詩》曰：「魚在在藻，有頒其首。」一物之微，可以驗天下之大。信之所至，治亂一也。堯舜之民從仁，桀紂之民從暴。《淮南子》曰：「同言而民信，信在言前也；同令而民化，誠在令外也。動於上，不應於下，情與令殊也。」《繆稱》文。《荀子》曰：「瓠巴鼓瑟，而流魚出聽；伯牙鼓琴，而六馬仰秣。」《勸學》文。末技之妙，感物猶然，況信之所及者乎？**利涉大川，乘木舟虛也。**【注】鄭康成曰：「舟謂集板，如今自空大木爲之，曰虛。」見《詩·谷風》

疏。王肅曰：「中孚之象，外實内虚，有似可乘虚木之舟也。」案《詩》曰：「汎汎楊舟，載沈載浮。」喻用賢也。《楊子》曰：「乘國者其如乘航乎，航安則人斯安矣。」《寡見》文。**中孚以利貞，乃應乎天也。**案成既濟，一陰一陽，乾道變化，各正性命，故「應乎天也」。《吕覽》曰：「天行不信，不能成歲。」《貴信》文。

象曰：澤上有風，中孚。君子以議獄緩死。案澤以恩被之，風以教化之，上下相孚，故曰「中孚」。議獄緩死，則不濫刑。刑不濫則當。《孟子》曰：「以逸道使民，雖勞不怨；以生道殺民，雖死不怨殺者。」

初九，虞吉，有它不燕。注荀爽曰：「虞，安也。初應於四，宜自安虞，无意於四，則吉，故曰『虞吉』也。四者承五，有它意，於四則不安，故曰『有它不燕』也。」案，初應在四，四承五，不應初。初宜自安，无意於四，則不生怨望之情，故安吉也。它謂非應初，雖不往應四，亦不宜有意於它，是有它意於四也。它意猶云二心，失其正應，故「不燕」，謂「不孚」也。或説虞度也，度之則不妄動，故吉。

象曰：初九虞吉，志未變也。注荀爽曰：「初位潛藏，未得變而應四也。」案，畫未變之爻，故志未變。畫動之爻，乃相應。

九二，鳴鶴在陰，其子和之，我有好爵，吾與爾靡之。注孟喜曰：「靡，共也。」見《釋文》。虞翻曰：「震爲善鳴，爵位也。」案震善鳴。鶴，善鳴之鳥。在陰，謂在陰位，山之北也。其子謂伏陰，二動則伏陰發，而下體亦成震，故「鳴鶴在陰，其子和之」也。二互震，伏陰發亦成震，陰陽俱在二，故「我有好爵，吾與爾靡之」。中孚者，聲相應，氣相求也。若出言不善，斯爲惡聲之鳥矣。上之翰音是也。《詩》曰：「爲梟爲鴟。」喻言之不善也。《賈子·君道》引此云：「士民之報也。」**象曰：其子和之，中心願也。**案二陰由中發，故「中心願」。《吕覽·貴信》云：「夫可與爲始，可與爲終，可與尊通，可與卑窮者，其唯信乎！」

六三，得敵，或鼓或罷，或泣或歌。注荀爽曰：「三四俱陰，故『得敵』也。」案皆謂三也。三之上，隔於四，故「得敵」；有應，故鼓而歌；失正，故罷而泣。震動爲鼓，艮止故罷。三之正，三上易位，離目坎水，故泣。震，笑言。兑爲口，故歌也。**象曰：或鼓或罷，位不當也。**案三失位，故位不當。位雖不當，有應，故鼓而歌。既乃悔悟，故罷而泣，泣則化之正矣。此亦中誠相感者也。

六四，月幾望，馬匹亡，无咎。注虞翻曰：「坎爲月，離爲日。」案既濟離日坎月，爲望。三四俱陰，稱匹。震爲馬，二化，三上易位，成既濟，震象不見，故「幾月望，馬匹亡」。四得位，故「无咎」。**象曰：馬匹亡，絶類上也。**案三四俱陰，稱類，所謂敵也。雖爲陰類，上下異體，故三絶四而上，與上易位，而四亡其馬匹也。

九五，有孚攣如，无咎。注虞翻曰：「孚，信也。巽繩艮手，故『攣』。二使化爲邦，得正應己，故『无咎』也。」**象曰：有孚攣如，位正當也。**

上九，翰音登于天，貞凶。注虞翻曰：「應在震，震爲音。翰，高也，巽爲高。」案，《小宛》：「宛彼鳴鳩，翰飛戾天。」傳：「翰，高；戾，至也。行小人之道，責高明之功，終不可得。」案在五上，故登于天。失位亢上，惡聲上聞也，故「貞凶」。言貞則已凶，巽上同義。《漢書・敘傳》注劉德云：「上九處非其位，亢極，故『何可長也』。位在上高，故曰『翰音』。」案，此喻紂腥聞在上也。**象曰：翰音登于天，何可長也。**案失位上窮，故不可長。己不正而人正之矣。

䷽ 艮下震上

小過，亨，利貞。可小事，不可大事。案陰爻過，故曰「小過」。亨謂四升之五，初化之正，成既濟，故「亨，利貞」。**飛鳥遺之音，不宜上，宜下，大吉。**注宋衷曰：「二陽在內，上下各陰，有似飛鳥舒翮之象，故曰『飛鳥』。震爲聲音，飛而且鳴，鳥去而音止，故曰『遺之音』也。」案離爲飛鳥，離中陰發。初上化成小過，則鳥飛。震音艮止，故「遺之音」。不宜上，謂上得位，不可化；宜下，謂初宜化之正。初正則四之五，成既濟，故「大吉」也。

象曰：小過，小者過而亨也。過以利貞，與時行也。案當過而過，因時制宜，故「與時行也」。**柔得中，是以「小事」吉也；剛失位而不中，是以「不可大事」也。有「飛鳥」之象焉。飛鳥**

遺之音，不宜上，宜下，大吉，上逆而下順也。 案上化失位，故逆。初之正得位，故順。上化則三降二，成未濟。初化則四之五，成既濟。

象曰：山上有雷，小過。君子以行過乎恭，喪過乎哀，用過乎儉。 案《表記》曰：「與仁同功，其仁未可知也。與仁同過，然後其仁可知也。」

初六，飛鳥以凶。 案離爲飛鳥。上化則四體離，上體俱失正，故飛鳥以凶。以，已也。凶已成，不可如何者也。上化四成離，火炎上，不與初易位。三降二，成未濟，故凶。**象曰：飛鳥以凶，不可如何也。**

六二，過其祖，遇其妣，不及其君，遇其臣，无咎。 案二應五，五陽伏，故「過其祖」。❶ 妣謂上，母死稱妣。上爲宗廟，謂過五遇上也。此其爲人後者之象與？五伏陽不應二，二五俱陰不相應，二退而應四，故「不及其君，遇其臣」，此謂不及五遇四也。二本得位，在小過之卦，亦過以相與者，故或遇上，或遇四，皆得无咎也。**象曰：不及其君，臣不可過也。** 案二之五，必歷四，故臣不可過。

九三，弗過防之，從或戕之，凶。 注虞翻曰：「防，防四也。」案弗過，弗過四也。三應在上，爲

❶ 「祖妣」，原倒，今據皇清經解續編本改。

四所隔，故「弗過」。四失位，將反初，故「防之」，防其戕害也。艮止故防，四隔三應，故「弗過」。三隔四應，故四戕三。四之初體明夷，夷者，傷也。四非三應，故從或。飛鳥翼折，故凶。所謂垂其翼者也。**象曰：從或戕之，凶如何也。**

九四，无咎，弗過遇之，往厲必戒，勿用永貞。注荀九家曰：「以陽居陰，行過乎恭。今雖失位，進則遇五，故『无咎』也。四體震動，位既不正，當動上居五，不復過五，故『弗過遇之』矣。」案往謂之初，四欲之初，三防之。初發成離，爲甲胄戈兵。四不得之初，故「往厲必戒」。初已發成離，四化之正，則成明夷，故「勿用永貞」。言勿用自化之正，當升居五也。

象曰：弗過遇之，位不當也。往厲必戒，終不可長也。案四失位當升，五失位當降，故遇初陽終發。四不之初，故「不可長」。

六五，密雲不雨，自我西郊。案雲，山澤氣也。艮山兑澤，五在兑口，雲方出穴，未成既濟，故「密雲不雨」。兑爲西，乾爲郊，五下有伏陽，故「自我西郊」。**公弋取彼在穴。**注虞翻曰：「弋，矰繳射也。坎爲弓彈，離爲鳥矢，艮爲手。」案震爲侯，故曰公，謂四也。弋，弋上也。四升之五，成離，弋上飛鳥也。取彼在穴，謂取初。初陽伏，故「在穴」。謂四升五，初發成既濟也。《司弓矢》「矰矢茀矢，用諸弋射」，注云：「結繳於矢謂之矰。矰，高也。茀矢象焉，茀之言制也。二者皆可以弋飛鳥。」案，弋，謂弋飛鳥，取彼在穴，謂雛也。《詩》云：「既取我子。」在穴，故取。飛鳥，則過惡已成，故弋之。在穴喻惡始萌，絶之易也，故取。「肇允彼桃蟲，拚飛維鳥」，言始不絶，則終大也。此飛鳥以凶，所以不可如何也。「公弋取彼在穴」，既絶其大，復遏其細，上化成飛鳥，則弋之使反正。初未發，則取之使正，以成既濟者也。**象曰：密雲不雨，已上也。** 案 四升之五，成坎。雲下坎爲艮所止，故「不雨」。

上六，弗遇過之，飛鳥離之，凶，是謂災眚。 案 此謂成未濟也。上居亢位，已過五，不得遇五，故「弗遇過之」。謂不得遇五者，已過五故也。上已亢，化而失位，成離，故「飛鳥麗之，凶」。初所謂飛鳥以凶者也。上化成離，三降二爲坎，六爻失位，離火坎災，故「是謂災眚」。**象曰：弗遇過之，已亢也。** 案 上居亢位，過五而不遇五，故「已亢也」。

䷾ 離下坎上

既濟，亨小，利貞，初吉，終亂。 注 鄭康成曰：「既，已也，盡也。濟，度也。」見《釋文》。虞翻曰：「小，謂二也。柔得中，故『亨小』。六爻得位，各正性命，保合大和，故『利貞』矣。」案 六爻已正，不可妄動，故「利貞」，言不可化。六爻皆正，故「初吉」。動則成未濟，故「終亂」。

象曰：既濟亨，小者亨也。利貞，剛柔正而位當也。 注 荀爽曰：「天地既交，陽升陰降，故『小者亨也』。」案，虞云：「泰五之二。」案 六爻當位，防其化，故復言「利貞」。**初吉，柔得中也。**

終止則亂，其道窮也。 注虞翻曰：「中謂二。」案六爻得正，周流不息，治不忘亂，則不亂。既濟而終止，以爲不亂，忘亂而亂生，故「終止則亂」。極則反，故「其道窮也」。

象曰：水在火上，既濟。君子以思患而豫防之。 注陸績曰：「坎水潤下，離火炎上，二氣相交，爲既濟。」《易傳》注。荀爽曰：「六爻既正，必當復亂，故君子象之。思患而豫防之，治不忘亂也。」案，《荀子·仲尼篇》云：「智者之舉事也，滿則慮嗛，平則慮險，安則慮危，曲重其豫，猶恐及其禍，是以百舉而不陷也。」《大戴禮·察》云：「君子之道譬猶防與？夫禮之塞，亂之所從生也；猶防之塞，水之所從來也。凡人之知，能見已然，不能見將然。禮者，禁將然之前，而法者禁已然之後。」《周書·和寤》云：「緜緜不絶，蔓蔓若何。豪末不掇，將成斧柯。」此皆思患豫防之義也。《潛夫論·慎微》云：「文王小心翼翼，成王夙夜敬止。」思慎微眇，早防未萌，故能太平而傳子孫。

初九，曳其輪，濡其尾，无咎。 注宋衷曰：「初在後，稱尾。得正有應，於義可以危而无咎矣。」案坎爲輪，爲曳。初應在四，坎水潤下，坎降則成未濟，故「曳其輪」，不使降也。尾謂初，在坎下，故「濡其尾」。得位有應，故「无咎」。**象曰：曳其輪，義无咎也。** 案曳輪不降，濡尾不升，則不成未濟。

六二，婦喪其茀，勿逐，七日得。 注虞翻曰：「離爲婦。」鄭康成曰：「茀，車蔽也。」見《釋文》。案，婦人乘車必有蔽。喪茀，喻失其所以蔽也。《巾車》：王后之五路，重翟、厭翟、安車皆有容蓋。鄭司農云：「容謂幨車，山東謂之裳幃。」容即茀。**案**坎爲車，坤爲裳，二化失位，故「婦喪其茀」。六爻爲六日，成既濟，二仍化之正，故「勿逐，七日得」。**象曰：七日得，以中道也。** **案**二得中正，坤元之位也。周而復始，故「七日得」。

九三，高宗伐鬼方，三年克之，小人勿用。 **注**虞翻曰：「高宗，殷王武丁。鬼方，國名。」干寶曰：「離爲戈兵，故稱伐。坎北方，故稱鬼。」案，高宗伐鬼方，无可考。《竹書紀年》：「高宗三十二年，伐鬼方，次於荊。三十四年，王師克鬼方，氐羌來賓。」亦依《詩》《易》爲之耳。《蕩》篇「覃及鬼方」傳云：「鬼方，遠方也。」《後漢·西羌傳》云：「武丁征西戎鬼方，三年乃克，故其詩曰『自彼氐羌，莫敢不來王』。」其意與《竹書》同。以氐羌西戎，遂以鬼方爲西戎耳。《鮮卑傳》蔡邕議云：「湯伐鬼方，皆所未詳也。」**案**此謂坎離互易，成既濟也。坎下三爻，失位，離來正之，故「高宗伐鬼方」。三爻故三年，小人謂下坎失位爻也。離來正坎，成既濟。六爻正，故「小人勿用」。**象曰：三年克之，憊也。** **注**鄭康成曰：「憊，劣弱也。」見《釋文》。虞翻曰：「坎爲勞，故『憊』也。」案，《嚴助傳》淮南王安諫武帝云：「《易》曰『高宗伐鬼方，三年而克之』。鬼方，小蠻夷。高宗，殷之盛天子也。以盛天子伐小蠻夷，三年而後克，言用兵之不可不重也。」

六四，繻有衣袽，終日戒。 **注**虞翻曰：「乾爲衣，故稱『繻』。袽，敗衣也。乾二之五，衣象裂壞，故『繻有衣袽』。離爲日，坎爲盜，在兩坎閒，故『終日戒』。」**案**「繻」同「襦」。射禮，君祖朱襦，大夫與士射則袒纁。襦，文飾之衣也。四互離爲文明，有，又也。又衣袽，不見其美也。《詩》所謂「衣錦尚褧」者也。《釋文》云：「繻，子夏作䌹。」薛虞云：「古文作繻。」案，䌹，即襦字。古文作繻，則䌹今文也。《羅氏》：「蜡則作羅襦。」鄭司農云：「襦，讀爲繻。有衣袽之繻，是襦繻同也。」《弓人》：「厚其帤，則木堅。薄其帤，則需。」鄭司農云：「帤，讀爲『襦有衣絮』之絮。帤謂弓中裨。」疏云：「謂弓中裨者，造弓之法。」弓幹雖用整木，仍於幹上裨之，乃得調適也。案，《說文》云：「裨，接益也。」是裨爲加益之意，則袽在繻外明矣。《弓人》注「繻作襦，袽作絮，蓋今文也」。《釋文》「京作絮」，《說文》「繻，繒采色」，讀若此。又：「絮，絜緼也。一曰敝絮。《易》曰『需有衣絮』。」《太玄·迎》次四，「裳有衣襦」。《測》曰：「裳有衣襦，陰感陽也。」蓋本此而反之。 **象曰：終日戒，有所疑也。**案疑故戒，謂懼化也。

九五，東鄰殺牛，不如西鄰之禴祭，實受其福。注鄭康成曰：「五體爲坎也，又互體爲離。離爲日，坎爲月，日出東方，東鄰象也。月出西方，西鄰象也。」見《坊記》疏。案，《坊記》云：「子曰：祭則用祭器，故君子不以菲廢禮，不以美没禮，故食禮主人親饋，則客祭，主人不親饋，則客不祭，故君子苟無禮，雖美不食焉。」引此以證。注云：「東鄰」謂紂國中也，「西鄰」謂文王國中也。既濟離下坎上，離爲牛，坎爲豕，西鄰禴祭則用豕。與言殺牛而凶，不如殺豕受福。奢而慢，不如儉而敬也。《春秋傳》曰「黍稷非馨，明德惟馨」矣。是鄭以東西鄰爲紂與文王。班固《遂志賦》云：「東鄰虐而殲仁兮，王合位乎三五。」其意亦以東鄰謂紂。竊謂此乃説者之意，非經之本旨也。時文王爲紂臣，不得指爲鄰。天命未改，不得先改祭。湯既克夏，尚用玄牝，❶豈文王未爲天子，遽改殷禮者乎？東鄰西鄰，自泛以喻有德无德者耳，故《坊記》引以證「不以菲廢禮，不以美没禮」之義。《郊祀志》杜鄴説王商云：「東鄰殺牛，不如西鄰之禴祭。」❷言奉天之道，貴以誠質大得民心也。行穢祀豐，猶不蒙祐；德修薦薄，吉必大來。」是亦泛言其義，非專有所指也。豈文王自謂乎？孔穎達《左傳疏》及《八論》據此以爻辭爲周公作，非也。泰，天地交，春也。成既濟，陰陽應，故實受其福。牛謂坤，泰五降二，二升五，故「東鄰殺牛，不如西鄰之禴祭」。禴，殷春祭名。**象曰：東鄰殺牛，不如西鄰之時也。實受其福，吉大來也。**案天地氣交，春時也。二升之五，故「吉大來」。

上六，濡其首，厲。案坎爲下首，位極乘陽，反成未濟，在兩坎下，故「濡其首，厲」。**象曰：「濡其首，厲」，何可久也？**注荀爽曰：「居上濡五，處高居盛，必當復危，故『何可久也』。」案坎水潤下爲下首，故「濡其首」。此既濟之極，反成虞翻曰：「位極乘陽，故『何可久』。」未濟，所謂「終亂」也。

䷿ 坎下離上

未濟，亨。小狐汔濟，濡其尾，无攸利。注虞翻曰：「柔得中，天地交，故『亨』。六爻皆錯，故

---

❶「牝」，崇文書局本、皇清經解續編本作「牡」。

❷「禴」，原作「瀹」，今據皇清經解續編本改。下一「禴」字同。

稱未濟也。」干寶曰：「坎爲狐。」《説文》曰：「汔，涸也。」案，離火燥，故「汔」。注未濟，男之窮也。物不可窮也，故受之以未濟。窮則變，變則通，窮者不窮矣，故「未濟，亨」。尾謂初，初最在下，故曰「尾」。濡尾不進，不能成既濟。六爻失正，故无所利也。

象曰：未濟亨，柔得中也。小狐汔濟，未出中也。注荀爽曰：「柔上居五，與陽合同，故『亨』也。」案，虞云：「否二之五。」虞翻曰：「謂二未變，在坎中也。」案，二未升五，尚在坎中，故「未出中」。**「濡其尾，无攸利」，不續終也。**案爻皆失正，不能自成既濟，故不續終。《史記》春申君上秦昭王書云：「《易》曰『狐涉水，濡其尾』，此言始之易，終之難也。」**雖不當位，剛柔應也。**注荀爽曰：「雖剛柔相應，而不以正，由未能濟也。」

象曰：火在水上，未濟。君子以慎辯物居方。注侯果曰：「火性炎上，水性潤下，雖復同體，功不相成，所以未濟也。」案，陸績《易傳注》云：「離火炎上，坎水務下。二象不合，各殊陰陽。」案物，陰陽之物。方，道也。謂一陰一陽之道，六畫定位也。六畫失正，辯之在早。《荀子》曰：「君子居必擇鄉，游必就士，所以防邪僻而近中正也。」《勸學》文。《呂覽》曰：「使人大迷惑者，必物之相似者也。」《疑似》文。

初六，濡其尾，吝。案在坎下，故「濡其尾」。失位，故「吝」。**象曰：濡其尾，亦不知極也。**案六爻失正，急當自化，濡尾不進，不知極之當反，終以不化，故曰「亦不知極也」。

九二，曳其輪，貞吉。 注 姚信曰：「坎爲曳，爲輪，兩陰夾陽，輪之象也。二應於五，而隔於四，止而據初，故『曳其輪』。處中而行，故曰『貞吉』也。」案 坎水就下，二不得升五，故曳。坤元之位，中有伏陰，能自化之正，故「貞吉」也。能自之正，亦足以榦事未濟者，使之濟矣。**象曰：「九二」，「貞吉」，中以行正也。** 案 二得中，化之正，故「中以行正」。

六三，未濟，征凶，利涉大川。 案 離上坎下，三未能之上，動則失見，故「征凶」。利與四易位，成蠱。事亂者復理，故「利涉大川」。**象曰：未濟，征凶，位不當也。**

九四，貞吉，悔亡。震用伐鬼方，三年有賞于大國。 注 虞翻曰：「動正得位，故吉而悔亡矣。」案，此謂自化之正。案 震，動也。坎，北方爲鬼。虞以坤爲鬼方。謂與初易位也。未濟六爻失正，坎離不交，非震奮不能有爲也。離爲兵戈，離來之坎，故「伐鬼方」。成既濟三爻，故「三年有賞于大國」。**象曰：貞吉，悔亡，志行也。** 案 化之正，故「志行」。

六五，貞吉，无悔。君子之光，有孚，吉。 注 虞翻曰：「之正則吉，故『貞吉，无悔』。動之乾，離爲光，故『君子之光』也。孚謂二。二變應己，得有之，故『有孚，吉』。」案《淮南子》曰：「積薄爲厚，積卑爲高，故君子日孳孳以成煇，小人日怏怏以至辱。」《繆稱》文。**象曰：君子之光，其暉吉也。** 案 離爲日，五陽發，故「其暉吉」。

上九，有孚于飲酒，无咎。濡其首，有孚失是。 注 虞翻曰：「六位失正，故『有孚失是』。若紂沈湎於酒，以失天下也。」案坎水爲酒，上三易位得正，故「有孚于飲酒，无咎」。《書》曰：「越庶國：飲惟祀，德將無醉。」又曰：「無若殷王受之迷亂，酗于酒德哉！」所謂有孚失是也。三上不易位，剛柔亦應。坎爲下首，三不之上，六爻失正，故「濡其首，有孚失是」。高宗伐鬼方，殷所以中興，後嗣王酣身，殷所以亡也。九四言「震用伐鬼方」，不言高宗，其猶望紂法高宗之行與？「濡首」「有孚」，喻殷俗上下同也。**象曰：飲酒濡首，亦不知節也。**注虞翻曰：「節，止也。」案，《賈子·先醒》云：「懷王問於賈君曰：『人之謂知道者先生，何也？』對曰：『非爲先生也，爲先醒也。後世主不學道理，則嘿然昏於得失，不知治亂存亡之所由，忳忳然猶醉也。而賢主者，學問不倦，好道不厭，鋭然獨先達乎道理矣。故未治也，知所以治；未亂也，知所以亂；未安也，知所以安；未危也，知所以危。故昭然先寤於所以存亡矣，故曰『先醒』。辟猶俱醉而獨先醒也。」

周易姚氏學卷第十四

旌德姚配中撰

周易繫辭上傳

天尊地卑，乾坤定矣。 注 虞翻曰：「天貴故尊，地賤故卑。」案 尊，貴；卑，賤也。太極生兩儀，清陽爲天，濁陰爲地。天地者，乾坤之象也。聖人作易，乾以效天，坤以法地。《乾鑿度》云：「易始于太極，太極分爲二，故生天地。」鄭注云：「輕清者上爲天，重濁者下爲地。」又云：「易者所以經天地，理人倫，而明王道。是故八卦以建，五氣以立，五常以之行。象法乾坤，順陰陽，以正君臣父子夫婦之義。」鄭注云：「天地陰陽，尚有尊卑先後之序，而況人道乎。」又云：「昔者聖人因陰陽，定消息，立乾坤，以統天地。」鄭注云：「夫乾坤者，法天地之象質。然則有天地，則有乾坤矣。」案，自此至「變化見矣」，皆指說天地自然之易，聖人則之，亦因其自然者也，故曰「是故剛柔相摩，八卦相盪，鼓之以雷霆」云云。未有易則天地即易，故成象成形變化見，既法以作易，則易即天地，故剛柔相摩，八卦相盪，而雷風日月之道可見也。**卑高以陳，貴賤位矣。** 案 以，已。陳，列。卑，下也。天地陳列之有高下，易貴賤之位也。此上統論陰陽之尊卑貴賤，以明卦爻所由有尊卑貴賤。**動静有常，剛柔斷矣。**案斷猶判也。著不息者天，著不動者地，故有常；陽剛恒動，陰柔恒静，故剛柔判。天地動静之有常，易剛柔之判也。乾坤定言分，貴賤位言位，剛柔斷則言其性之各不同也。**方以類聚，物以羣分，吉凶生矣。**注荀九家曰：「方，道也。」案太極者，一陰一陽之道也。陽道類聚而成乾，陰道類聚而成坤，乾坤生於太極，故以方言之。已成乾坤，名體已著，故以物言之，陽物陰物也。分陰分陽，陽陰既判，則各自爲羣，故物以羣分。乾坤二卦，各有失位之爻，吉凶者，言乎其失得，文不當，而吉凶生矣。此上皆言太極生兩儀之奥，天地自然之易，聖人所取法者也。陽尊陰卑，道不同也。尊貴卑賤，勢不同也。同則合，不同則分，理之不可易者也。一動一静，天地之間，動之極而静者不能附，静之極而動者不終留。故其始也，一陰一陽，陰陽交，陰隨陽動；其繼也，陰日以凝，陽日以升，動者聚於動，静者聚於静，而動静分矣。動之聚而成天，静之聚而成地，地不静无以知天之動，天不動无以成地之静，地之常静，乃天之動實使之，此陽所以貴於陰，而陰陽不能不分者也。夫太極不可知，合天地而知之。太極所以爲太極不可知，以天地之陰陽往來生物成物知之。太極之道，无時不存，无物不在也。故曰：「易有太極。」《淮南子·天文》云：「清陽者薄靡而爲天，重濁者凝滯而爲地，清妙之合專易，重濁之凝竭難，故天先成而地後定。」《樂記》疏引鄭注云：「君臣尊卑之有貴賤，如山澤之有高卑也。動静雷風也，類聚羣分，謂水火也。」鄭蓋以此上謂八卦。所謂天地定位，山澤通氣，雷風相薄，水火不相射也。類聚羣分，即流溼就燥，離上坎下之義，義亦通。虞則專以乾坤言，唯據卦爻，不謂天地自然之易。**在天成象，在地成形，變化見矣。**案在，易在也。在天成象，故觀象於天。太極之象，易之象也。在地成形，❶故觀法於地。太極之形，易之形也。成象成形，皆易之變化，故變化見矣。此天地自然之易，聖人所則效者也。《樂記》疏引鄭注云：「象，日月星辰也。形，草木鳥獸也。」據鄭氏上注義，則此總言八卦，所謂八卦相錯。**是故剛柔相摩，八卦相盪。** 注 鄭康成曰：「摩，迫也。」見《樂記》疏。案，鄭《樂記》注云：「摩，猶迫也。盪，猶動也。」案 盪當作蕩，《釋文》云：「盪，衆家作蕩。」動也。乾剛坤柔相摩而成八卦，八卦相蕩而成六十四，謂之卦者，天垂象，見吉凶，懸象著明，莫大乎日月，日月爲易，象陰陽，觀變於陰陽而立卦，取懸象之義。卦者，挂也。此下言聖人法天地之易而作易，易明而天地之道著，天下之理得矣。疏引《易緯》云：「卦者，挂也。」言懸挂物象以示於人，故謂之卦。乾坤相並俱生故曰摩，八卦交錯故曰蕩。《乾鑿度》云：「乾坤相並俱生。」案，乾坤偶相索生六子，故摩。八卦互相往來，故蕩。謂重爲六十四也。虞云：「旋轉稱摩，薄也，乾以二五摩坤，成震坎艮。坤以二五摩乾，成巽離兑。」虞以相摩亦據六畫言。**鼓之以雷霆，潤之以風雨，日月運行，一寒一暑。** 注 虞翻曰：「鼓，動。雷震霆艮，風巽雨兑也。日離坎月，寒乾暑坤也。運行往來，日月相推，而明生焉。寒暑相推，而歲成焉，故一寒一暑也。」案，寒暑亦謂坎離，乾起於坎，而終於離，坤起於離，而終於坎。

❶「形」，原作「形」，今據崇文書局本、皇清經解續編本改。

虞據《消息》，故以乾坤言耳。《董子・五行之義》云：「火主暑，而水主寒，震反成艮，故艮爲霆。」京房云：「霆者雷之餘氣，挺生萬物也。」風亦言潤者，地氣上騰，凝則爲雨，散則爲風，小畜風行天上，所以密雲不雨也。**鼓之以雷霆**，震艮成頤、大過；**潤之以風雨**，巽兑成小過、中孚也。日月往來，運行不息，十二會而成一歲。冬至在坎，夏至在離，坎離，乾坤二用，故日月運行，一寒一暑，日月爲易，六十四卦，皆成既濟，故坎離獨主一歲之終始焉。坎離配戊己中宫也。案易道明，而天地之道顯，故不言卦名，而言日月風雨焉。**乾道成男，坤道成女。**注荀爽曰：「男謂乾，初適坤爲震，二適坤爲坎，三適坤爲艮，以成三男也。女謂坤，初適乾爲巽，二適乾爲離，三適乾爲兑，以成三女也。」案成男成女，天地之道，非人不顯也。《太玄》云：「善言天者以人事，善言人者以天地。」《玄告》文。《董子》曰：「天地之陰陽當男女，人之男女當陰陽。」《循天之道》文。**乾知大始。**注荀九家曰：「始謂乾稟元氣，萬物資始也。」案乾一静專動直，大生焉，故知大始。乾陽剛明專，故知，謂元也。**坤作成物。**注荀爽曰：「物謂坤任育體，萬物資生。」案作當爲化。《釋文》云：「虞、姚作化。」坤--静翕動闢，含萬物而化光，故化成物。**乾以易知，坤以簡能。**案易，平易。簡亦易也。《謚法》曰：「平易不疵，曰簡。」一--者，乾坤之易簡。乾一，一也；坤--，亦一也。爲物不貳，則生物不測，所以知大始，化成物也。**易則易知，簡則易從，易知則有親，易從則有功。**案乾以易知，乾之知也，易則易知，人易知之；坤以簡能，坤之能也，簡則易從，人亦能之。

《周頌》曰：「歧有夷之行。」易知易從，天下歸之矣。**有親則可久，有功則可大，可久則賢人之德，可大則賢人之業。**案天行健不息，故可久；坤厚載物，故可大。周之興也，廣封懿親，以藩屏周室，有親可久也。秦二世而亡，无親故耳。禹稷躬稼，而有天下，有功可大也。賢人法乾坤者，與時偕行，自强不息，可久之德也；厚德載物，美中暢外，可大之業也。此以人事明乾坤之易簡也。**易簡而天下之理得矣，天下之理得而成位乎其中矣。**注荀爽曰：「陽位成於五，陰位成於二，五爲上中，二爲下中，故曰成位乎其中也。」案乾易坤簡，六十四卦皆乾坤也。爻效象像，天下之理盡矣。易者元也，乾元託位於五，坤元託位於二，易无體，故曰成位乎其中，不言易也。此第一篇，言太極生兩儀，天地有自然之易，聖人法天地而作易，而天地之道顯，易簡之法則也。繫辭篇數，諸家各不同，據《漢書·費直傳》，先稱繫辭十篇，後稱文言，則所謂十篇指繫辭，不謂十翼明矣。蓋上下各十篇也，十篇之舊已无可攷，兹依文分之。

聖人設卦觀象繫辭焉，而明吉凶。案「而明吉凶」，當作「而明吉凶悔吝」。《釋文》云：「虞本更有『悔吝』二字。」設卦謂伏羲，觀象繫辭，謂文王也。吉，實也，有實，善也；凶，空也，就空，亡也；悔，悔恨也；吝，恨惜也。伏羲作八卦，因而重之爲六十四，无九六爻之稱，故《下繫》云，爻在其中，爻之義在畫中，未發成爻也。至文王繫辭，乃有九六之爻。《淮南子》云：「伏羲爲之六十四變，周室增以六爻。」《參同契》云：「文王聖之宗，結體演爻辭。」《乾鑿度》以高宗伐鬼方爲文王挺以按易，則九六之爻爲文王所增明矣。解在《贊元》及明夷。爻辭有言畫者，有言爻者，故觀象繫辭吉凶悔吝，其本在畫也，若剛柔相推，則由畫而變而化矣。**剛柔相推，而生變化。**案剛柔者，立本者也，謂畫。推，推究也，推剛畫之九，推九之柔，推柔畫之六，推六之剛，故相推，九六畫之變，由變而化，則陰陽易。**是故吉凶者，失得之象也。**案失得謂失位得位。象，卦象，即天下之象也。**悔吝者，憂虞之象也。**注干寶曰：「憂虞未之於得失，悔吝不入於吉凶。」**變化者，進退之象也。**注荀爽曰：「春夏爲變，秋冬爲化，息卦爲進，消卦爲退。」案，荀據陽爲義，虞注《易》以乾爲變，坤爲化，亦據陽說。案陽動而進，變七之九，陰動而退，變八之六，此陰陽之變，未離本體者也。變則化，陽化而退，化之陰，陰化而進，化之陽，陽變進化退，陰變退化進，以退爲進，以進爲退也。**剛柔者，晝夜之象也。**注荀爽曰：「剛謂乾，柔謂坤，乾爲晝，坤爲夜。」案，荀據卦爲義。案剛柔謂畫，陽爲晝，陰爲夜。**六爻之動，三極之道也。**案動謂變化，三極六畫，三才之極。六畫謂之才。才，始也。六爻之動謂之極，天地人之極也。鄭云：「三才也者，亦謂由才而極，非謂極爲才。」三才各一陰一陽，六爻之動準焉，故六爻之動，三極之道，陽極於九，陰極於六，六十四卦，極於既濟，天地人之極也。**是故君子所居而安者，易之序也。**案「序」當作「象」，《釋文》云：「虞本作象。」謂卦象也。君子无在非易，故所居而安者易之象，言其居而安，即易象之未動者也。**所樂而玩者，爻之辭也。**案「樂」當作「變」，《釋文》云：「虞本作變。」動也，玩習也。君子動即爻之辭，爻言變，故君子之動，亦如爻之變動也。此未發爲中，既發爲和，從容中道者也。**是故君子居則觀其象而玩其辭。**案君子，謂學易者也。象，卦象；辭，彖辭。象者言乎象，❶觀象玩辭，所謂以也。**動則觀其變而玩其占。**案變，爻；占，爻辭也。謂之占者，占驗也，瞻也，有驗於事，可以瞻視者也。爻辭統謂之占，先事後事之師，孔子所謂百世可知者也。《後漢書·方術傳》云：「占也者，先王所以定吉凶，決嫌疑，幽贊於神明，遂知來物者也。」**是以自天祐之，❷吉无不利。**案引大有上九爻辭，以明君子觀象觀變，亦自天祐之，吉无不利，與從容中道者等也。《中庸》曰：「誠則明矣，明則誠矣。」**彖者，言乎象者也。爻者，言乎變者也。**案彖，卦辭；象，卦首六畫之象。爻，九六；變，畫之變。畫者，七八。爻由畫變，是爲九六。**吉凶者，言乎其失得也；悔吝者，言乎其小疵也；无咎者，善補過也。**注虞翻曰：「得正言吉，失位言凶。」馬融曰：「疵，瑕也。」見《釋文》。案咎，過也，善補過，故无咎，此皆所謂占也。**是故列貴賤者存乎位，齊小大者存乎卦。**案列，分列之也。存，察也。位，六位。齊，齊之也。以位之貴賤列貴賤，以卦之小大齊小大，此君子之觀象玩辭也。

❶「者」，原重，今據崇文書局本、皇清經解續編本删一。
❷「天祐」，原倒，今據崇文書局本、皇清經解續編本改。

辯吉凶者存乎辭，憂悔吝者存乎介，震无咎者存乎悔。注虞翻曰：「辯，別也。見《釋文》。介，纖也，介如石焉，斷可識矣，故存乎介，謂識小疵。震，動也，有不善未嘗不知，知之未嘗復行。无咎者，善補過，故存乎悔也。」案辭斷吉凶，故存乎辭。介，操存之介也，謂辯之早。辯吉凶，憂悔吝，震无咎，君子之觀變玩占也。居動皆易，天祐之矣。**是故卦有小大，辭有險易，辭也者，各指其所之。**注京房曰：「險，惡也；易，善也。」見《釋文》。案卦有微顯陰陽，故有小大；辭有吉凶悔吝无咎之別，故有險易。其，❶卦爻之適也。卦爻殊義，辭各隨其義，指而發之以示人，故各指所之。此第二篇，言聖人設卦觀象繫辭，君子動靜皆易，學易无大過者也。上篇言簡易，此篇言變易。

易與天地準，故能彌綸天地之道。注虞翻曰：「準，同也。彌，大。綸，絡。謂易在天下，包綸萬物，以言乎天地之閒則備矣，故與天地準也。」案，易者，卦之元，无體无不體，故彌綸天地之道。**仰以觀於天文，俯以察於地理，是故知幽明之故。**注荀爽曰：「謂陰升之陽，則成天之文，陽降之陰，則成地之理。幽謂天上地下，不可得覩者也，謂否卦變成未濟也。明謂天地之間，萬物陳列，著於耳目者，謂泰卦變成既濟也。」案，純陰純陽，无文理可見，陰陽交而文

---

❶ 「其」，原重，今據崇文書局本、皇清經解續編本删一。

理著。以，用也。用易之道，以觀察也。幽，隱也。觀卦爻之文理，知易之幽明，以之觀天地之文理，知天地之幽明。觀，諦視也。察，覆也。既濟陰陽各居其位，内發於外，故明。未濟六爻失位，陰陽相揜，故幽。凡卦爻畫得位者，皆明；失位者，皆幽也。天地之幽明，亦猶是。有天地而易道著，有易而天地之道明，簡易變易，皆其不易者也。**原始反終，是故知死生之説。**注宋衷曰：「説，舍也。」見《釋文》。案反當作及。《釋文》云：「鄭、虞作及。」易之在物，自始及終，窮則變，變則化，此終而彼始，此死而彼生，陰陽消息，各有舍也。陽生於子，終於巳。陽究而變，自是陰生消陽，至十月，陽消爲陰，伏而藏，亥而陰極。十一月陽生，❶至四月陰化爲陽，一變一化，而死生之舍可知矣。**精氣爲物，遊魂爲變，是故知鬼神之情狀，與天地相似，故不違。**注鄭康成曰：「精氣，謂七八也。遊魂，謂九六也。」又曰：「遊魂謂之鬼，物終所歸。精氣謂之神，物生所信也。」見《樂記》疏。案氣不精，无以生物。精，静也。陰陽之神曰精氣。魂不遊，則未至於變。魂亦精氣，遊魂，精氣之動者也。《御覽》引《禮記外傳》云：「人之精氣曰魂。」《孝經援神契》云：「魂，芸也。芸芸，動也。」《白虎通·性情》云：「魂，猶伝伝也，行不休也。」陰陽之數，正於七八，故精氣爲物，卦畫也。九六者，陰陽之老，七八之變，故遊魂爲變，爻也。《是類謀》云：「精氣謂七八，遊魂謂九六。」與鄭同。情謂精氣遊魂之情，狀

❶「月」，原作「目」，今據崇文書局本、皇清經解續編本改。

謂爲物爲變之狀。精氣之情狀，卦也。遊魂之情狀，爻也。七八九六之布於四時，而生物成物者，天地之情狀。七八九六之消息盈虛，而成卦爻者，易之情狀也。故與天地相似而不違。四時非天地，天地之情狀。卦爻非鬼神，亦鬼神之情狀也。不言易而言鬼神者，天地之數五十五，所以成變化，行鬼神。神者精氣，元也，易也。鬼者遊魂，元之動也。合言鬼神，明陰陽之俱有屈信也。九六爲鬼，不專謂陰；七八爲神，不專謂陽。陰陽合而後萬物生，孤陰孤陽，不能生物也。天地之數，成變化，行鬼神，故以下至「无方无體」皆合鬼神而詳説之。鬼神者，所以行於七八九六之中，而爲卦爻之主者也。鄭云：「七八，木火之數；九六，金水之數。木火用事而物生，故曰精氣爲物；金水用事而物變，故曰遊魂爲變。」**知周乎萬物，而道濟天下，故不過。**注荀爽曰：「二篇之策，萬有一千五百二十，當萬物之數。」鄭康成曰：「道當爲導。」見《釋文》。案知，鬼神之知，鬼神行於卦爻之中，别吉凶悔吝，故曰知。濟，成也，謂成既濟，一陰一陽，各得其正也。**旁行而不流。**案周而復始，故旁行。旁，溥也。流，水行也。《孟子》曰：「從流下而忘反，謂之流。」不流者，謂鬼神溥行。周而復始，非流而不反，所謂周也。**樂天知命，故不憂。**案重乾故樂天命，謂六畫一定之位。知命，謂失位者化成既濟。乾道變化，各正性命，故樂天知命。樂天固不憂，知命則雖陽化爲陰，亦知失位之當正命之必然也，其又何憂。**安土敦乎仁，故能愛。**案重坤故安土。仁謂陽，《白虎通》曰：「陽性者仁。」《情性》文。坤厚故敦，失位者化之陽，故敦乎仁。仁者，愛也。陰性吝嗇，敦仁故能愛。愛，惠也。陽化之陰曰知命，曰不憂，陰化爲陽曰敦仁，曰能愛，可以知易之尊陽而抑陰矣。此又即乾坤以言鬼神，其餘卦之陰陽變化，亦皆然，陰陽明而人道得。**範圍天地之化而不過。**注鄭康成曰：「範，法也。」見《釋文》。荀九家曰：「圍者，周也。」案天地之化，消息也。鬼神往來不窮，故範圍不過。**曲成萬物而不遺。**注荀爽曰：「謂二篇之策，曲成萬物，不遺微細也。」案，无物不成，故曰曲成。案視之而不見，聽之而不聞，體物而不可遺，謂鬼神也。**通乎晝夜之道而知。**注荀爽曰：「晝者謂乾，夜者坤也。通於乾坤之道，无所不知也。」案，陽皆乾，陰皆坤。案剛柔者，晝夜之象，❶晝夜以言時之往來也。知猶別也，卦有剛柔，鬼神行焉。知來藏往者也。**故神无方而易无體。**注干寶曰：「否泰盈虛者，神也；變而周流者，易也。言神之鼓萬物无常方，易之應變化无定體也。」案陰陽不測之謂神，妙萬物而爲言者也，故无方。不言鬼者，從可知也。易之爲道也屢遷，不可爲典要，故无體。无所不周，安有方體哉。亦唯鬼神以易爲方，易以鬼神爲體而已。无與元通。无方无體，元爲之方體也。此第三篇，言易準天地，道无不備无不體，所謂不易也。

一陰一陽之謂道。案此既濟太極之象也，陰陽者相兼而不可偏廢者也。《穀梁傳》曰：「獨

---

❶「晝」，原作「畫」，今據崇文書局本、皇清經解續編本改。

陰不生，獨陽不生，獨天不生，三合然後生。」莊三年傳文。徐邈云：「古人稱負陰而抱陽，沖氣以爲和，然則傳所謂天，蓋名其沖和之功而神理所由也。會二氣之和，極發揮之美者，不可以剛柔滯其用，不得以陰陽分其名，故歸於冥極而謂之天。」案，傳所謂獨天不生者，謂陰陽本自和合，不能生物。《淮南子》所謂「一而不生」是也。蓋陰陽之生物，必陰自爲陰，陽自爲陽，而後二者合，物乃生焉。若本自和合，則不能生，此太極所以必分爲二，二乃復合也。《白虎通》曰：「陽之道極則陰道受，陰之道極則陽道受，明二陰二陽不能相繼也。」《三正》文。一陰一陽之謂道，太極元氣，含三而爲一者也。《淮南子》曰：「道曰規，始於一，一而不生，故分而爲陰陽，陰陽合和而萬物生。」《天文》文。然則陰陽未分曰太極，既分曰陰陽，和合曰和氣。和合之與未分，其實一也，以先後殊其名耳。是知既濟者太極之象，溯其始曰太極，言其終曰既濟，太極和氣，所謂保合太和也。分爲陰陽，所謂因二以濟民行者也，是之謂一，是之謂道，非孤立之謂也。**繼之者善也，成之者性也。**案繼，續也。六十四卦相受，不外陰陽，而終成既濟，故繼之者善。性，陰陽之性。卦爻各成其陰陽，故成之者性。**仁者見之謂之仁，知者見之謂之知。百姓日用而不知，故君子之道鮮矣。**案仁、知，性也。性仁見仁，性知見知，卦有陰陽，成之者性也。君子則見仁見知，所謂繼之者善，見仁見知，則不見者見，无形者形矣。《太玄》云：「陽知陽而不知陰，陰知陰而不知陽，知陰知陽，知止知行，知晦知明者，其唯玄乎。」《玄攡》文。惠氏棟云：「見仁見知，賢知之過，日用不知，愚不肖之不及。一陰一陽，道之全也。」仁知合乃爲君子之道，故《大戴禮・誥志》云：「子曰：仁知合而天地成，天地成而庶物生。」**顯諸仁，藏諸用。**案顯，明也。《表記》曰：「仁者，天下之表也。易卦爻明以示人，人之表也。百姓日用而不知，故藏諸用。神以知來，知以藏往，不可以方體求也。」此謂元，元發爲卦爻，故顯。元用卦爻不可見，故藏。董子《雜合根》云：「天高其位而下其施，藏其神而見其光。」《荀子・天論》云：「列星隨旋，日月遞炤，四時代御，陰陽大化，風雨博施，萬物各得其和以生，各得其養以成，不見其事而見其功，夫是之謂神。皆知其所以成，莫知其无形，夫是之謂天。易之道，亦猶是矣。」王凱沖云：「萬物皆成，仁功著也。不見所爲，藏諸用也。」藏，鄭作臧，云善也。**鼓萬物而不與聖人同憂，盛德大業至矣哉。**注荀爽曰：「盛德者天，大業者地也。」案鼓，動也。易无不在，故鼓萬物。憂，思慮也，聖人吉凶與民同患。易无思无爲，故不與聖人同憂。顯仁藏用而鼓萬物者，皆陰陽之德業也。**富有之謂大業，日新之謂盛德。**案《白虎通》曰：「地道安静，而出財物。」《瑞贊》文。可大可久，德業之盛大以乾坤著也。惠氏棟以「富有之謂大業」至「陰陽不測之謂神」爲後師所訓，云上義已盡，故知此下四十六字後師所訓。案，惠説非也。孔子繫辭文相類者，不一而足，而義各有在，惠氏疑傳非止一端，於此一譏而已。戴氏震據《隋志》謂《説卦》三篇爲後師所訓，亦非。孫先生云：《論衡・正説》篇云逸《易》一篇，《隋志》言三篇，俱不足信。案，《説卦》之名，見於《孔子世家》，則司馬遷得見之，云宣帝時得之者，非矣。《始皇本紀》云：「秦燒書不去醫藥卜筮之書。」《漢書・儒林傳》云：「秦禁學，《易》爲筮卜之書，獨不禁，故傳授者不絶。」據此則《易》无逸篇明矣。**生生之謂易。**案上生謂易，乾坤之元，太極是也。下生謂乾陽坤陰，生六十二卦者。乾坤生物，故曰生天地之大德也；易生乾坤，故生生之謂易。《列子》曰：「有生不生，有化者化，不生不能生生，不化者能化化。」《天瑞》文。《漢書·王莽傳》注，李奇曰：「易道生諸當生者，其意以上生謂易。」《乾鑿度》云：「視之不見，聽之不聞，循之不得，故曰易也，易无形畔。」鄭注引「易无體」以證。《淮南子·精神》云：「生生者未嘗死也，其所生則死矣，化物者未嘗化也，其所化則化矣。」注云「生生者道」，「化物者道也」，義與《列子》同，其説皆原於《易》。《乾鑿度》云：「夫有形生於无形，乾坤安從生，故曰有太易，有太初，有太始，有太素也。」**成象之謂乾，效法之謂坤。**案生生之易，无方无體，既生乾坤，則有象法。成象，易成象也。成象爲乾，故之謂乾，易在象中矣。效，象也；法，則也。效法爲坤，故之謂坤，易在效法中矣。觀象察法，何在非易，幽明異號，純雜殊名，卦爻一易而已。易者，一也。**極數知來之謂占，通變之謂事，陰陽不測之謂神。**案數，九六。六爻之動，三極之道，故「極數」，謂由畫推之變，陽極於九，陰極於六也。陰極則陽來，陽極則陰來，由變而化，故「知來」。極數知來爲占，占亦易也，故「之謂占」。「通」其「變」，使民不倦。事亦易也，故「之謂事」。神者无方，妙萬物者也，故「陰陽不測」。易无思无不思，无體无不體，无爲无不爲，不見不聞，无所不在，誰得而測之，是「之謂神」。**夫易廣矣大矣，以言乎遠，則不禦；以言乎邇，則靜而正；以言乎天地之間，則備矣。**注虞翻曰：

「禦」，止。易廣大悉備，有天地人道焉。」案无在非易，故「廣大」也。周流於六十四卦，終而復始，❶无一息之停，一毫之間，故「遠」、「不禦」。藏於乾坤之中，爲卦爻之極，故「靜而正」。備猶盡也。**夫乾，其靜也專，其動也直，是以大生焉。夫坤，其靜也翕，其動也闢，是以廣生焉。**注宋衷曰：「乾靜不用事，則清靜專一，含養萬物矣。動而用事，則直道而行，導出萬物矣。一專一直，動靜有時，而物无夭瘁，是以大生也。翕猶閉也，坤靜不用事，閉藏微伏，應育萬物矣。動而用事，則開闢羣蟄，敬導沈滯矣。一翕一闢，動靜不失時，而物无災害，是以廣生也。」案，陽靜則陰閉，陽動則陰闢，陰動靜隨陽也。陽靜專動直，⚊是也；陰靜翕動闢，⚋是也，解在《釋數》。**廣大配天地，變通配四時，陰陽之義配日月，易簡之善配至德。**案陽⚊陰⚋，成六十四卦，與天地準，故配天地。爻畫變通，七八九六，往來不窮，故配四時。陰陽成既濟，離日坎月，一陰一陽，各得其宜，故陰陽之義配日月。乾易⚊也，坤簡⚋也，交成既濟，故曰善。至德，天地人之至，天道陰陽，地道剛柔，人道仁義也。**子曰：「易其至矣乎。」夫易聖人之所以崇德而廣業也。**案元者卦爻之主，无所不在，聖人之德也，故崇德。崇，高也，充也。卦爻者，元之發，聖人之業也，故廣業。**知崇禮卑，崇效天，卑**

---

❶「終」，崇文書局本、皇清經解續編本作「周」。

法地。 案聖人集衆賢以自强，故知崇。卑以自牧，故禮卑。陽剛明，故知崇效天。《白虎通·情性》云：「智者，知也。獨見前聞，不惑於事，見微知著也。」此心之主，乾之元也。陰柔順，故禮卑法地，坤之元也。禮者履也。樂者敦和，率神而從天。禮者別宜，居鬼而從地。樂由天作，禮以地制。**天地設位，而易行乎其中矣。** 注虞翻曰：「位謂六畫之位，乾坤各三爻，故天地設位。易出乾入坤，上下无常，周流六虚，故易行乎其中也。」案設，施陳也。天地分而易道行，乾坤定而易道著，乾坤法天地，卦之陰陽，莫非乾坤，而行乎其中者易也。易者元也。**成性存存，道義之門。** 案成性，陰陽各成其性，謂乾坤也。存存，猶察察，著明也。乾坤成則陰陽著，故存存。道，一陰一陽，合和之氣也。義，六位陰陽之宜。道義者，乾元坤元之交通而成既濟者也。六爻各得其宜，故曰道義。乾坤易之門，易由乾坤而周六十四卦，成既濟，所謂行乎其中也，故曰道義之門。此第四篇，言易一陰一陽，无所不周，不見之見，不聞之聞，所謂周易也。

聖人有以見天下之賾，而擬諸其形容，象其物宜，是故謂之象。 注虞翻曰：「謂庖犧也，賾謂初。」案，元伏於初，不見不聞，故曰賾。案賾，藏於中而未發動者。擬，度。形，見。容，貌也。未發故擬，誠中者形外，故可擬，謂度其形見之貌當如何也。見則有物，物，事驗也。宜，謂得則宜吉，失則宜凶之類，此吉凶之未嘗著者也。有物則可象，而因有象之名，故曰是故謂之象。卦之象，所以象萬物，所以象天下之賾之發見而爲事物者也。**聖人有以見天下之動，而觀其會通，以行其典禮。繫辭焉，以斷其吉凶，是故謂之爻。**❶ 注 虞翻曰：「重言聖人，謂文王也。動謂六爻矣。」案 動，發動；會，合也；通，往來也。動故可觀，以行者行於爻，指所之也。典禮行則得失彰，得失彰則吉凶著，故繫辭焉，以斷其吉凶。典禮吉凶，天下之動也，以行以斷，聖人效法焉而生爻，而爻之名以立，故曰是故謂之爻。爻者，效也。卦之陰陽，有形容物宜，所以象天下之形容物宜。六位者，陰陽之宜，即物宜。六爻之動，即天下之動，其未發即天下之賾，陰陽之伏也。陰陽會合往來，成六十四卦，卦皆成既濟，一陰一陽，乃一定之位。典禮者，天下萬世之常法也。卦之必成既濟，動之必歸典禮也。得位則吉，失位則凶，合典禮則吉，背典禮則凶也。吉凶之斷，斷之以禮而已。《經解》曰：「隆禮由禮，謂之有方之士。不隆禮，不由禮，謂之無方之民。」**言天下之至賾，而不可惡也。** 注 荀爽曰：「亞，次也。」見《釋文》。案《釋文》云：「惡，於嫁反。荀作亞。馬、鄭烏各反，亞通。❷」案 次，第也。不可次第者，至賾之發，周而復始，即无體之易也。感而遂通，何終何始。「惡」、「亞」通。《說文》：「惡，過也。」「亞，醜也，賈侍中說以爲次第也。」是亞即醜惡

---

❶「謂」，原作「誦」，今據崇文書局本、皇清經解續編本改。

❷「亞」，抱經堂叢書本《經典釋文》卷二作「並」。

字，與訓次者實一字，從心者，乃過惡字。**言天下之至動，而不可亂也。**案言吉則吉，言凶則凶，禮之存亡，吉凶昭焉。故不可亂。**擬之而後言，議之而後動，擬議以成其變化。**案擬之，擬天下之賾，言謂卦辭。議之，議天下之動，動謂六爻。繫辭以盡言，故擬之而後言。繫辭焉而命之，動在其中矣，故議之而後動。擬議動賾以成卦爻之變化，卦爻明而天下之動賾見矣。**「鳴鶴在陰，其子和之，我有好爵，吾與爾靡之。」**案鶴喻君子。鳴，鳥聲，言心聲，鳴喻言也。陰，水之南，山之北也。陰者，蔭也。在陰，喻居室也。此下引諸卦爻辭，以明擬議，成變化，而天下之賾動俱見於卦爻也。中孚九二鳴鶴在陰云云，聖人所繫之辭。子曰云云，則天下之動賾，聖人所擬議，而繫辭之本旨也。六十四卦以此例諸。**子曰：「君子居其室，出其言善，則千里之外應之，況其邇者乎？」**案二之正，得位，爲君子。體兑口，之正，故出言善。互艮爲宫室，在艮内，故居其室。鶴鳴于九皋，聲聞于天，君子之言，應在千里。其子和之，以喻邇也。千里應之，邇可知矣。君子善言，非求聞達，好爵爾靡，應在千里，故況其邇者乎？二化，五應之，在外卦，故千里之外，言遠也。**居其室，出其言不善，則千里之外違之，況其邇者乎？**案二若不化，則失正不善，五不應。二之正，則下體亦成震，故子和，失正則否，故況其邇者乎？此反以説焉。有善則有不善，舉一而它可推也。**言出乎身，加乎民；行發乎邇，見乎遠。**案善否由二，故出身發邇；好爵爾靡，故加民；五應之，故見遠。兼說行者，可言不可行，君子不言也。此又申說之，以明无不然也。**言行，君子之樞機。樞機之發，榮辱之主也。**注荀爽曰：「艮爲門，故曰樞。震爲動，故曰機。」鄭康成曰：「樞，户樞也。機，弩牙也。户樞之發，或明或闇，弩牙之發，或中或否，以譬言行之發，或榮或辱。」見《春秋》襄二十五年疏，案，言行，鄭《曲禮》注引作言語。案榮辱之來，由己，故曰主。《莊子》曰：「名者，實之賓也。」《逍遥遊》文。**言行，君子之所以動天地也，可不慎乎？**案君子之言行，天地之禍福應焉，非特千里外也，故不可不慎。善則應，應也；不善則違，亦應也。《荀子》曰：「凡姦聲感人，而逆氣應之，逆氣成象而亂生焉。正聲感人，而順氣應之，順氣成象而治生焉。唱和有應，善惡相象，故君子慎其所去就也。」《樂論》文。《淮南子·泰族》云：「寒暑燥溼，以類相從；聲響疾徐，以音相應也。故《易》曰『鳴鶴在陰，其子和之』。」**《同人》，「先號咷而後笑」。子曰：「君子之道，或出或處，或默或語。」**案號咷者，不同故也。君子之道，出處語默，不必盡同也。唯同心者道不同，乃有號咷，志士仁人之互相號咷者，非一二談也，而其道則皆是也。《漢書·王貢傳贊》引此云：「言其各得道之一節。」**二人同心，其利斷金，同心之言，其臭如蘭。**注虞翻曰：「乾爲金，以離斷金，故其利斷金。臭，氣也。蘭，香草。巽爲蘭。」虞又云：「二人謂夫婦。」案，班姬《女誡·和叔妹》引「二人同心」，蔡邕《正交論》以

「斷金」謂友朋，義通。案此所謂後笑也，唯同心者有之。**二人同心，其利斷金，**❶**故同心之言，其臭如蘭，**言相感深也。利，銛也。**「初六，藉用白茅，无咎。」子曰：「苟錯諸地而可矣。藉之用茅，何咎之有，慎之至也。**注虞翻曰：「苟，或。錯，置也。頤坤爲地，今藉以茅，故无咎也。」案錯諸地而已可矣，藉以茅，復何咎，故慎之至。**夫茅之爲物薄，而用可重也。**注虞翻曰：「陰道柔賤，故薄也。香絜可貴，故可重也。」**慎斯術也以往，其无所失矣。」**注鄭康成曰：「術，道。」見《釋文》。案「无所失」，言俱宜也。《大戴記》曰：「天下，器也。今人之置器，置諸安處則安，置諸危處則危，而天下之情與器无以異，在天子所置爾。」《禮察》文。《管子》曰：「錯國於不傾之地。錯國於不傾之地者，授有德也。」《牧民》文。《荀子》曰：「國者，天下之大器也，不可不善爲擇所而後錯之。」《王霸》文。**「勞謙君子，有終吉。」子曰：「勞而不伐，有功而不德，厚之至也。**案不伐，不矜大。不德，不以爲己德。坤地艮山，故厚之至。**語以其功下人者也。**注虞翻曰：「五多功，下居三，故以其功下人者也。」案，陽當居五，今乃居三，是下人不自有其功也。語，言也。言三以其功下人，故曰勞謙。**德言盛，禮言恭，謙也者，致恭以存其位者也。」**注虞翻曰：「坎爲勞，故能恭。三得位，故以存其位者

❶「斷金」，原倒，今據崇文書局本、皇清經解續編本改。

也。」案有德者必有言，故德言盛。有禮者敬人，故禮言恭。致之言至也，不懈於位曰恭，故致恭以存其位。**「亢龍有悔。」子曰：「貴而无位，高而无民，賢人在下位而无輔，是以動而有悔也。」**注虞翻曰：「天尊故貴，以陽居陰故无位，在上故高，无陰故无民也。」案賢人謂三，兩陽不相應，故无輔。**「不出户庭，无咎。」子曰：「亂之所生也，則言語以爲階。**案户者人所出入，口者心之門户，言語所出入也。《鬼谷子·權篇》云：「故口者機關也，所以開閉情意也。」《晉語》云：「且夫口三五之門也。」節下體兑爲口舌，二化互坤，爲亂爲階，亂生由二，故言語以爲階。《説苑》曰：「口者，關也。舌者，機也。出言不當，駟馬不能追也。口者，關也。舌者，兵也。出言不當，反自傷也。」《説叢》文。**君不密則失臣，臣不密則失身，幾事不密則害成，是以君子慎密而不出也。」**注鄭康成曰：「幾，微也。密，静也。言不慎於微，而以動作，則禍變必成。」見《公羊疏》。案君不密，則臣不敢言，故失臣。《穀梁傳》曰：「上泄則下闇，下闇則上聾，且闇且聾，无以相通。」文六年傳文。察邕疏引《易》同義。❶君子慎密不出，所謂户庭者，萬事之所由也。言行者榮辱之主，出言善否，千里應違。同心斷金，應可知矣。加以慎恭，无失存位，不慎不恭，亢則致悔，而要自言行階之，君子慎密所以謹樞機也。**子曰：「作易者，其知**

---

❶「察」，崇文書局本、皇清經解續編本作「蔡」。

盜乎？《易》曰：『負且乘，致寇至。』案獨先發作《易》者，明作《易》者，先擬議賾動而有是意，乃觀象而繫此辭，所謂見天下之賾動發於此，以見上所釋皆然也。**負也者，小人之事也。乘也者，君子之器也。**注虞翻曰：「陰稱小人，坤爲事；君子謂五，器，坤也。坤爲大車。」案二化互艮爲背，故負。大夫以上乘四馬，庶人單馬木車。**小人而乘君子之器，盜思奪之矣。上慢下暴，盜思伐之矣。**案小人謂三，三失位，二化三乘坤車。盜謂四也，四互坎艮，故盜思奪之。四在坤上，奪坤車也。解自初至五，皆失正，故上慢下暴，上下皆坎，故暴慢也。四互離爲戈兵，故思伐之，國必自伐，然後人伐之，自取之也。**慢藏誨盜，冶容誨淫。**注鄭康成曰：「飾其容而見於外曰野。言妖野言儀，教誨淫泆也。」見《後漢書·崔駰傳》注及《釋文》。案《荀子·脩身》云：「容貌態度，進退趨行，由禮則雅，不由禮則夷固僻違，庸衆而野。」《賈子·道術》云：「容志審道謂之倜，反倜爲野。」《釋文》云：「冶，鄭、虞、陸、姚、王肅作野，蓋以其不合禮，故謂之野。冶，假借字。」虞翻曰：「坎水爲淫，坤爲藏。」案二化坤藏，則四來奪之，爻皆失正，故誨盜誨淫也。**《易》曰：『負且乘，致寇至。』盜之招也。**案虞翻曰：「艮手招盜，故盜之招。」案二化艮手，與四連體，二化四來奪坤，以艮手招盜，故盜之招。《荀子》曰：「物類之起，必有所始，榮辱之來，必象其德。」《勸學》文。重言《易》曰，言作《易》者，擬議而繫此辭，招盜之象也。不密害成，負乘招盜，莫之與則傷之者至矣。此第五篇，言擬議成象爻，而引諸卦，以明既有易則簡易變易不易之道，發於象爻，天下之動賾見矣。

大衍之數五十，其用四十有九。注鄭康成曰：「衍，演也。天地之數五十有五，以五行氣通，凡五行減五，大衍又減一，故四十九也。」見《釋文》及孔疏。案，五者五行生數，別言之曰一二三四五，合言之則二者并一而數之，去一則亦一耳，五者并一二三四而數之，去一二三四則亦一也，❶故五行但減五。《月令》疏引鄭注云：「五行各氣并氣，并而減五。」案大，大數也。天地之數五十五，減其小數五，以象五行，用其大數五十以演卦，故曰大演之數五十。五十者，參天兩地，減五亦參天兩地，減一象太樞也。馬融云：❷「易有太極，北辰是也。北辰居中不動，其餘四十九，轉運而用也。」京房云：「其一不用者，天之生氣，將欲以虛來實。」案，其一不用，即元，京、馬義同。董遇以爲天地之數五十有五，其六以象六畫之數，故減之而用四十九，非也。減其六，則當即言四十九，不當言五十，而更減其一。洪範一五行，五行俱生於一，合之則五，故減五以象五行。五者五行之生數，中央數也。五行成數，皆以五合生數，則成數之中，俱各有五。《月令》疏引鄭注云：「天一生水於北，地二生火於南，天三生木於東，地四生金於西，天五生土於中。陽无耦，陰无配，未得相成。地六成水於北，與天一并；天七成火於南，與地二并；地八成木於東，與天三并；天九成金於西，與地四并；地十成土於中，與天五

❶「也」，皇清經解續編本作「耳」。
❷「云」，皇清經解續編本作「曰」。

并。」《漢書·五行志》云：「天以一生水，地以二生火，天以三生木，地以四生金，天以五生土，五位皆以五而合。」**分而爲二以象兩。** 案 其一不用，象太極，其四十九則分爲二，以象兩儀也。**掛一以象三。** 案 有天地則人生焉，故又掛一，分二象兩，天左地右，人生於寅，數奇陽也，當取左一策掛於右，象天施而地生成之也。**揲之以四以象四時。** 案 揲，閱持也。謂取兩儀之策，各以四揲之。**歸奇於扐以象閏。** 注 虞翻曰：「奇所掛一策，扐所揲之餘，不一則二，不三則四也。取奇以歸扐，扐并合掛左手之小指爲一扐，則以閏月定四時成歲，故歸奇於扐以象閏也。」案，一掛於右，并歸於左，天施地生，故一策取於左而掛於右。陰陽往來而成歲，歲之成成於天，故兩儀所揲之餘掛於左，并右手所掛之一策亦歸於左。**五歲再閏，故再扐而後掛。** 注 京房曰：「再扐而後布掛。」見《釋文》。案《釋文》云：「掛，京作卦。」《説文》亦引作卦。虞翻曰：「謂已一扐，復分掛如初揲之，歸奇於扐，并掛左手次小指間爲再扐，則再閏也。又分扐揲之如初，而掛左手第三指間，成三變，則布卦之一爻。謂已二扐，又加一爲三，并重合前二扐爲五歲，故五歲再閏，再扐而後卦。」案，初歸奇於扐，象閏，爲一變；五歲再閏，又二扐，是爲二變；合初爲三變。布卦之一爻，言再扐而後卦，據五歲再閏後二扐言也。**天數五，地數五，五位相得，而各有合。**

注 鄭康成曰：「天地之氣，各有五。五行之次，一曰水，天數也；二曰火，地數也；三曰木，天數也；四曰金，地數也；五曰土，天數也。此五者陰无匹，陽无耦，故又合之。地六爲天一匹也，天七爲地二耦也，地八爲天三匹也，天九爲地四耦也，地十爲天五匹也，二五陰陽各有合，然後氣相得，施化行也。」見《春秋疏》。案，此明大衍所以減五用五十之義。**天數二十有五，地數三十，凡天地之數，五十有五，此所以成變化而行鬼神也。**注虞翻曰：「一三五七九，故二十五也。二四六八十，故三十也。天二十五，地三十，故五十有五。」案，此明天地之數，實有五十五，減五故大衍五十。案成變化，謂七八九六；行鬼神，謂鬼神以變化行。神者精氣，以七八行；鬼者遊魂，以九六行。鬼神者，卦之主也。四時者，七八九六。天地之變化。四時成，則天地之道行。七八九六，鬼神之變化也。五十有五者，天地之數，鬼神亦天地之鬼神，天地以數成其變化，而行其鬼神，即易也。**乾之策二百一十有六，坤之策百四十有四，凡三百有六十，當期之日。**注荀爽曰：「陽爻之策三十有六，乾六爻皆陽，三六一百八十，六六三十六，合二百一十有六也。陰爻之策二十有四，坤六爻皆陰，二六一百二十，四六二十四，合一百四十有四也。」陸績曰：「日月十二交會，積三百五十四日有奇爲一會，今云三百六十日當期，則實十二月六日也，十二月爲一期，故云當期之日。」案，三百六十當期，舉十二月恒數。《堯典》三百有六旬有六日，兼閏數，乃二氣之數也。陽爻三十六，以四揲之得九，陰爻二十四，以四揲之得六，乾坤二卦，共得三百六十策，此老陽老陰之數也。少陽七，以四乘七，得二十八策。少陰八，以四乘八，得三十二策，亦二卦得三百六十策，此少陽少陰之數也。陽數所以九七，陰數所以六八，俱以四乘者，實數也。揲蓍之法，大衍四十九，其揲之以四者，本數也。所歸者餘數也，三變所歸之餘，共十三，則本數存三十六，以四揲之，適九，老陽也。三變所歸之餘，共二十五，則本數存二十四，以四揲之，適六，老陰也。若餘共二十一，則本數二十八，以四揲之，適七，少陽也。餘共十七，則本數三十二，以四揲之，適八，少陰也。此數所以用七八九六，其策數皆四揲之，實數也。或乃不求四揲之本數，而求之三變之餘，則所以七八九六之義，終不可曉，可謂不揣其本，而齊其末者矣。**二篇之策，萬有一千五百二十，當萬物之數也。**案 二篇，謂上下經。策，謂三百八十四爻九六之策。**是故四營而成易。**注 荀爽曰：「營者，謂七八九六也。」案《太玄・玄圖》云：「極爲九營。」《太玄》自一至九爲九營，則七八九六爲四營可知。《太玄》義本此。陸績以分二掛一揲四歸奇爲四營。案，再扐後卦，不止於四，且云成易，自宜謂七八九六。下云十有八變成卦，則爻凡三變，非四營。案 營，度也。七八九六，出於營度，故曰營。一經卦爻，皆七八九六，七八九六，所以行鬼神，故成易。**十有八變而成卦。**注 荀爽曰：「二揲策掛左手一指間三指間，滿而成一爻，六爻，三六十八，故十有八卦而成卦也。」**八卦而小成。**案 八卦爲小成，則六十四卦爲大成矣。小，謂陰陽初兆也。復小而辯於物，小謂陽初萌也。**引而伸之，觸類而長之，天下之能事畢矣。**注 虞翻曰：「引，謂庖犧引伸三才，兼而兩之爲六畫。觸，動也，謂六畫以成六十四卦也。」案 云伸云長，明其无間斷也。无所不包，故能事畢，聖人之道四，即「能事」也。**顯道神德行。**案 顯道謂卦爻，神用卦爻者，卦爻顯道神德以行，觀卦爻而知神德，鬼神所以可知也。卦爻者陰陽，日月亦陰陽，天地之卦爻也。懸象著明，莫大乎日月，日月往來，相推成歲，天地之德行焉。此其明驗也。**是故可與酬酢，可與祐神矣。**案祐當作侑，《釋文》云：「荀作侑。」勸也，與陰陽九六相與也。陰陽往來，亦猶賓主，故可與酬酢。五月，律中蕤賓，謂陰萌而陽退，猶賓也。《周語》云：「蕤賓者，所以安靜神人，獻酬交酢。」**神，易之神，猶祭之神也。尸以象神，祝主人侑之，侑尸所以侑神也。卦爻猶賓主祝尸之類，而神則祭之主也。獻酬酢侑而神交，往來消息而神行矣。子曰：「知變化之道者，其知神之所爲乎？」**案變化所以行鬼神，故知變化之道，則知神之所爲。神者陰陽不測，變化見而所爲可知矣。此第六篇，言大衍成變化，行鬼神，畢天下之能事，廣大悉備也。

易有聖人之道四焉，以言者尚其辭。注虞翻曰：「聖人之情見於辭，繫辭焉，以盡言也。」案易无形畔。其辭，易之發而爲辭者。**以動者尚其變。**案變，爻也。動則觀其變。**以制器者尚其象。**注荀爽曰：「結繩爲網罟，蓋取諸離，此類是也。」案象，卦象，見乃謂之象，形乃謂之器，制而用之謂之法。**以卜筮者尚其占。**案老陽爲蓍，蓍曰筮；老陰曰龜，❶龜

❶「曰」，皇清經解續編本作「爲」。

曰卜。極數知來之謂占，卜筮決嫌疑，故尚其占。**是故君子將有爲也，將有行也，問焉而以言。** 注虞翻曰：「凡應九筮之法，則筮之。案《周禮》，大卜以邦事作龜之八命，簭人掌三易以辯九簭之名。謂問於蓍龜，以言其吉凶，爻象動內，吉凶見外，蓍德圓神，卦德方智，故史擬神智，以斷吉凶也。」**其受命也如嚮，无有遠近幽深，遂知來物，非天下之至精，其孰能與於此。** 案嚮通響，《釋文》云：「嚮又作響。」《漢書·藝文志》引此經，彼注云：「嚮與響同。」聲也。幽，隱。深，沈。遂，決也。來物，未來而當來者也。精，靜也，微妙也。至精，謂元。《呂覽》曰：「其智彌觕者，其所同彌觕，其智彌精者，其所同彌精。夫精，五帝三王之所以成也。」《應同》文。**參伍以變，錯綜其數。** 案參伍，十五也。參，三也，謂天地人。伍，五也，謂五行。不云三五，云參伍者，參其五也。參其五，則其爲五也三，故不云五而云伍，若卒之有伍也，參伍則十五矣。《淮南子·泰族》云：「昔者五帝三王之莅政施教，必用參五。何謂參五？仰取象于天，俯取度于地，中取法于人，此之謂參。制君臣之義，父子之親，夫婦之辯，長幼之序，朋友之際，此之謂五，此治之綱也。」七八爲彖，其數十五，九六爲爻，其數亦十五。《乾鑿度》曰：「陽動而進，陰動而退，故陽以七，陰以八，爲彖。易一陰一陽，合而爲十五，之謂道。陽變七之九，陰變八之六，亦合於十五，則彖變之數若一。」彖七八十五，變九六亦十五，故數若一。故曰：參伍以變，錯綜其數。十五者，五行之數也。一水，二火，三木，四金，五土，合爲十五。《禮運》曰：「播五行於四時，和而后月生也，是以三五而盈，三五而闕。」注云：「必三五者，播五行於四時也。一曰水，二曰火，三曰木，四曰金，五曰土，合爲十五之成數也。」日月爲易，一往一來，七八而盈，九六而闕，日月交而易道著矣。《參同契》云：「三日出爲爽，震庚受西方。八日兑受丁，上弦平如繩。十五乾體就，盛滿甲東方。蟾蜍與兔魄，日月氣雙明。蟾蜍視卦節，兔者吐生光。七八道已訖，屈折低下降。十六轉受統，巽辛見平明。艮直於丙南，下弦二十三。坤乙三十日，東北喪其朋。節盡相禪與，繼體復生明。壬癸配甲乙，乾坤括始終。七八數十五，九六亦相應。四者合三十，陽氣索滅藏。八卦布列曜，運移不失中。元精眇難視，推度效符証。」案，《參同契》以數言，故以七八爲前半月，九六爲後半月，取其皆十五也。若以象言，七少陽爲上弦，九老陽爲望，八少陰爲下弦，六老陰爲晦象。此易之所以用七八九六，不用其餘也。七八十五，九六十五，皆兼一至五之數，蓋五行生數，七八九六兼之，用七八九六，而五行之數俱在其中，即鄭氣并之義。十五者，又中央生成之數也。《漢志》云：「傳曰：『天有三辰，地有五行。』《易》曰：『參五以變，大極運三辰五星於上，而元氣轉三統五行於下，其於人，皇極統三德五事。』」案，《漢志》引傳，即引《易》，則以《易》之參五爲三辰五行矣。竊謂五者五行，法三辰而三之爲十五，而五行之數備，義與《乾鑿度》合，至數之屈信，解在《釋數》。錯，交錯。《列女傳》曰：「推而往，引而來者，綜也。」**通其變，遂成天地之文，極其數，遂定天下之象，非天地之至變，其孰能與於此？**案通其變，由畫之爻，陰陽交，故成天地之文；極其數，由變之化，極數知來，陰陽相推，而天下之象定焉。元者，變化之主，故曰至變。元者，易也。**易，无思也，无爲也，寂然不動，感而遂通天下之故，非**

天下之至神，其孰能與於此？ 注虞翻曰：「天下何思何慮，同歸而殊塗，一致而百慮，故无所爲，謂其静也專。案，乾元之藏。謂隱藏坤初，案，坤元藏乾元。幾息矣。專，故不動者也。感，動也。以陽變陰，通天下之故，謂發揮剛柔而生爻者也。至神，謂易隱初入微，知幾其神乎？」案易者，卦爻之樞極，是曰大極。視之不見，聽之不聞，循之不得，无形而有形生焉，无味而五味形焉，无聲而五聲鳴焉，无色而五色成焉，无象而四象營焉。是故聲不過五，而五聲之變不可勝聽也。味不過五，而五味之變不可勝嘗也。色不過五，而五色之變不可勝觀也。象不過四，而四象之變不可勝窮也。四象之變，循環无端，六十四卦，三百八十四爻，萬千五百二十策，還相爲根也。故易者天地之心，萬物之原，而卦爻之主極也。鼓鐘管籥，樂之器也；揖讓登降，禮之文也，非其所以爲禮樂者也。故曰：「禮云禮云，玉帛云乎哉？樂云樂云，鐘鼓云乎哉？」无本不立，无文不行，根於心而樂器從之，積於中而威儀發之，寂然不動而卦爻形之。舍鐘鼓而言樂，其爲樂不可得而聞也；舍玉帛而言禮，其爲禮不可得而見也；舍卦爻而言易，其爲易不可得而窮也。是故知其本，達其末，自誠明者，聖也；因其流，溯其原，自明誠者，學也。聖者能作，學者能述，作之謂神，述之謂明。求本而不達末，是巫之接神也，以爲神而已矣；知流而不溯原，是工之守器也，以爲器而已矣。《説文》云：「『无』，奇字『無』也。通於元者。王育説天屈西北爲无。」案，天屈西北，乃乾元之藏，所謂元也，寂然不動者也。老子云：「玄之又玄，衆妙之門。」其義本易，无通於元，故易凡有无字，皆作无。善則本其始，惡則絶其根也。**夫易，聖人之所以極深而研幾也。**注荀爽曰：「謂伏羲畫卦，窮極易幽深，文王繫辭，研盡易幾微者也。」鄭康成曰：「研，喻思慮幾微也。」見《文選注》及《釋文》。**唯深也，故能通天下之志。唯幾也，故能成天下之務。**注虞翻曰：「務，事也。」案卦象極深，天下之志通焉，所謂擬賾也。爻辭研幾，天下之務成焉，議動也。唯深可通，志極則能通；唯幾可成，務研則能成。唯易可以通志成務，卦爻著而易形矣。**唯神也，故不疾而速，不行而至。**注虞翻曰：「神，謂易也。」案體物不遺者，易之神；物來而名，事至而應者，聖人之神也。**子曰：「易有聖人之道四焉者，此之謂也。」**案易之道，即聖人之道。此第七篇，言易道即聖人之道，所謂能事畢也。

天一，地二，天三，地四，天五，地六，天七，地八，天九，地十。注虞翻曰：「此則大衍之數，五十有五，蓍龜所從生，聖人以通神明之德，以類萬物之情。」案，自一至十之數，元之所爲。《洪範》一五行，五行具於一，五十有五，一而已。一者，元也。**子曰：「夫易，何爲者也？」**注虞翻曰：「問易何爲，取天地之數也。」案易者，元也。易之所謂易，即楊子之所謂玄。張衡《玄圖》云：「玄者，无形之類，自然之根，作於太始，莫之或先。」案，莫之或先，即天德不可爲首之義。《乾鑿度》云：「易一元以爲紀。」注云：「天地之元，萬物所紀。」故无與元通。《説文》云：「『无』，奇字『無』，通於元者。王育説天屈西北爲无。」案，陽生於子，滅於戌亥，純陰之月西北也。元屈伏於下，故屈西北爲无。无通於元，《太玄·玄攡》云：「天以不見爲玄，地以不形爲玄，人以心腹爲玄。天奥西北，鬱化精也。地奥黄泉，隱魄榮也。人奥思慮，含至精也。」奥西北即屈西北之義。《太玄》曰：「玄者，幽攡萬類而不見形者也。」《玄攡》文。易之謂也。又曰：「資陶虚无而生乎規。」上同。周之謂也。乾元與坤元交，而數生焉。數之變化，莫非元也，莫非易也，數周而易見矣。**夫易，開物成務，冒天下之道，如斯而已者也。** 注虞翻曰：「以陽闢坤，謂之開物。以陰翕乾，謂之成務。冒，觸也。觸類而長之，如此也。」案陽唱故開物，陰和故成務。易變而爲一，一變而爲七，七變而爲九，二變而爲八，八變而爲六，其消息於一歲之中者，皆自一至十之數，而元之用也。七八爲畫，九六爲爻，通天下之志，成天下之務，引伸觸類，能事畢矣。故曰「如斯而已者也」。易者，一也。一者數之原，萬之統也。大極函三爲一，分爲二，一陰一陽，陰陽交而數變。**是故聖人以通天下之志，以定天下之業，以斷天下之疑。** 案以，以自一至十之數也。開物故通志，成務故定業，乾坤交成既濟，一陰一陽，得位居正，故志通業定。志通業定，則疑可得而斷也。《書》曰：「汝則有大疑，謀及乃心，謀及卿士，謀及庶人，謀及卜筮。」**是故蓍之德，圓而神。** 注鄭康成曰：「蓍形圓，而可以立變化之數，故謂之神。」案蓍能成六十四卦，所成不可測，故圓而神。圓，天也。不測之謂神。《吕覽》曰：「精氣一上一下，圓周復雜，無所稽留，故曰天道圜。日夜一周，圜道也。月躔二十八宿，軫與角屬，圜道也。精行四時，一上一下，各與遇，圜道也。物動則萌，萌而生，生而長，長而大，大而成，成乃衰，衰乃殺，殺乃藏，圜道也。雲氣西行，云云然冬夏不輟，水泉東流，日夜不休，上不竭，下不滿，小爲大，重爲輕，圜道也。」《圜道》文。蓍之圓，亦若是矣。以一始，以一終，終而復始者也。圓圜同。《文選·西京賦》注引《字書》云：「圜，亦圓字也。」**卦之德方以知。**案卦方象地，已成卦，則吉凶有定，故方以知。吉凶定，而來事可知。崔憬云：「蓍之數七七四十九，象陽圓；卦之數八八六十四，象陰方。」**六爻之義易以貢。**案易不可見，六爻之義明，而易道著，故易以貢，謂簡易變易不易之道，以爻明也。《書》曰：「爾毋以釗冒貢于非幾。」**聖人以此洗心，退藏於密，吉凶與民同患。**案洗當作先。《釋文》云：「洗，京、荀、虞、董、張、蜀才作先。《石經》同。」案，《釋文》所稱石經，漢石經也。《漢書·百官公卿表》「先馬」，如淳曰：「先馬，前馬也。先或作洗。」是先洗義同，王、韓訓爲洗濯，非是。此，此蓍及卦爻也。聖人以此，故不自用，而先心退藏，謀及卜筮也。不自用而決諸卜筮者，《祭義》曰：「昔者聖人建陰陽天地之情，立以爲易，❶易抱龜南面，天子衮冕北面，雖有明知之心，必進斷其志焉，示不敢專，以尊天也。」明知之心，先心也。謀及乃

❶「以爲」，原倒，今據皇清經解續編本改。

心，猶必謀及卜筮。不敢專，退藏於密也。有大事必決之以卜筮，所以重民命也，故「吉凶與民同患」。患，憂也。《白虎通·蓍龜》云：「聖人獨見先睹，必問蓍龜何？示不敢專也。」義與《祭義》同。**神以知來，知以藏往，其孰能與於此哉？古之聰明睿知，神武而不殺者夫。**案吉凶與民同患，謀及卜筮，聖人之顯諸仁也。知來藏往，聖人之藏諸用，百姓可由而不可知者也。蓍卦之神知，即聖人之神知也。聽於无聲曰聰，照臨四方曰明。睿，深明也，通也。知，无所不知也。《謚法》曰：「一人無名曰神，剛彊直理曰武。」殺，猶衰也。《釋文》云：「殺，馬、鄭、王肅所戒反。」**是以明於天之道，而察於民之故，是興神物，以前民用，聖人以此齊戒，以神明其德夫。**案故，事也。前，猶導也。禮祭有齊。《祭統》曰：「定之之謂齊。齊者，精明之至也。」此至誠之道也。禮必先戒，戒，警也，告也。戒在事先，此至誠之前知也。至誠之道，可以前知，故至誠如神，此之謂也。聖人舉事，如見大賓，如承大祭，故以喻焉。《韓詩外傳》云：「居處齊則色姝，食飲齊則氣珍，言語齊則信，聽思齊則成，志齊則盈，五者齊斯神居之。」《詩》曰：「既和且平，依我磬聲。」楊子《問神》云：「或問『神』。曰『心』。請聞之。曰：『潛天而天，潛地而地，天地，神明而不測者也。心之潛也，猶將測之，況於人乎？況於事倫乎？』」**是故闔户謂之坤，闢户謂之乾，一闔一闢，謂之變。**注虞翻曰：「闔，閉翕也。闢，開也。」案乾坤闔闢，陰陽之屈信也。陽靜則陰闔，故闔户謂之坤。陽出則闢陰，故闢户謂之乾。一陰一陽，陰陽交而數變，故一闔一闢謂之變。卯爲春門，陽闢陰。酉爲秋門，陰闔陽。解在《釋數》。**往來不窮，謂之通。**注荀爽曰：「謂一冬一夏，陰陽相變易也。十二消息，陰陽往來无窮已，故通也。」案自一至十之數，往來成歲，卦爻往來，亦即數也。**見乃謂之象，形乃謂之器。**注荀爽曰：「謂日月星辰，光見在天而成象也。萬物生長，在地成形，可以爲器用也。」案數无象不可見，故見乃謂之象，形乃謂之器。象器者，數之所形見也。求數之變通於形見，求易之變通於卦爻。卦爻明而易著，形見明而數顯矣。**制而用之謂之法。**注荀爽曰：「謂觀象於天，觀形於地，制而用之，可以爲法也。」**利用出入，民咸用之，謂之神。**注陸績曰：「聖人制器以周民用，用之不遺，故曰利用出入也。民皆用之，而不知所由來，故謂之神也。」案荀子曰：「萬物各得其和以生，各得其養以成，不見其事，而見其功，夫是之謂神。」《天論》文。此第八篇，言數冒天下之道，變易之所以然也。

是故易有太極，是生兩儀。注干寶曰：「發初言『是故』，綜衆篇之義也。」鄭康成曰：「極中之道，淳和未分之氣也。」見《文選》注。虞翻曰：「分爲天地，故生兩儀也。」案，馬云太極北辰，虞云太極太乙，其義似與鄭異而實同，北辰太乙，言其神之所栖，即《乾鑿度》所云「太乙行九宮」者是也。元也，大衍所減之一，爲四十九之主者也。鄭則言其用，即四十九是也，故崔憬云：「四十九數，合而未分，是象太極也。今分爲二，以象兩儀矣。」説蓋本鄭，分言之則有萬，合言之不過一，四十九，一之積數耳。一象太極，无所不包，而其神至精，四十九則太極流行之氣，无所不生者也，故曰衍。**兩儀生四象。**注虞翻曰：「四象，四時也。」案四象，謂七八九六，即四營布於四方，是曰四時。鄭《乾鑿度》注云：「易有四象，文王用之焉。布六於北方以象水，布八於東方以象木，布九於西方以象金，布七於南方以象火。如是備爲一爻，而正爲四營而成，由是故生四八、四九、四七、四六之數。」是布於四方則爲四時，指其營度而成則爲四營。由七八九六爲四時，故取其象，亦揲之以四，而七八九六遂有四營之稱，故鄭云云也。虞則據乾坤以坎離震兑爲義。**四象生八卦，八卦定吉凶，吉凶生大業。**案七八九六，陰陽之老少備，故生八卦，謂乾坤六子也。八卦生六十四卦，三百八十四爻，故定吉凶。吉凶著，則人知遷善改過，趨於吉，不蹈於凶，夫是之謂大業。失位則化成既濟是也。**是故法象莫大乎天地，變通莫大乎四時。**注荀爽曰：「四時相變，終而復始也。」案觀象於天，觀法於地，四時往來，一消一息，故莫大乎天地四時也。**縣象著明，莫大乎日月。**案日月往來，盈虛消息，日中則昃，月盈則食，縣象之最著明者也。**崇高莫大乎富貴。**案富貴，謂天子。崇，充也。富故充，貴故高。**備物致用，立成器以爲天下利，莫大乎聖人。**注虞翻曰：「神農、黄帝、堯、舜也。」**探賾索隱，鉤深致遠，以定天下之吉凶，成天下之亹亹者，莫大乎蓍龜。**注鄭康成曰：「凡天下之善惡，没没之衆事，皆能定之，言其廣大无不包也。亹亹，没没也。」見《公羊疏》及《釋文》。劉向曰：「蓍之言耆，龜之言久，龜千歲而靈，蓍百年而神，以其長久，故能辯吉凶也。」見《曲禮》疏。案「大」當作「善」。《釋文》云：「『莫善』本亦作『莫大』。」是《釋文》本作善。案，《漢書·藝文志》、《公羊》注、《白虎通》、《禮運》注皆引作善，作大者因上文而誤。賾藏於中，隱蔽於物。深，沈也；遠，遐也。**是故天生神物，聖人則之。**案神物謂蓍龜，聖人則之，與神物以前民用。**天地變化，聖人效之。**案在天成象，在地成形，變化見矣。聖人效之，仰觀俯察，效法天地。**天垂象，見吉凶，聖人象之。**注宋衷曰：「天垂陰陽之象，以見吉凶，謂日月薄食，五星亂行。聖人象之，亦著九六爻位得失示人，所以有吉凶之占也。」**河出圖，洛出書，聖人則之。**案此亦神物天地變之類，河圖洛書，未聞其詳。河圖洛書，衆家異説，莫可攷正。鄭氏以爲《春秋緯》云：「河以通乾，出天苞；洛以流坤，吐地符。河龍圖發，洛龜書成。河圖有九篇，洛書有六篇也。」鄭《洪範五行傳》注云：「禹治水得神龜負文於洛。」《淮南子·俶真》云：「洛出丹書，河出緑圖。」《漢書·五行志》云：「劉歆以爲虙羲氏繼天而王，受河圖，則而畫之，八卦是也。禹治洪水，賜洛書，法而陳之，洪範是也。」又云：「初一曰五行，至畏用六極，凡此六十五字，皆洛書本文。」《禮運》「河出馬圖」，鄭注云：「馬圖，龍馬負圖而出也。」疏云：「《中候握河紀》：『堯時受河圖，龍馬銜，赤文緑色。』又云：『伏羲氏有天下，龍馬負圖出於河，遂法之畫八卦。』」《尚書·洪範》「九疇」傳云：「天與禹洛出書，神龜負文而出，列於背，有數至於九，禹遂因而次第之，以成九類。」又《顧命》傳云：「河圖八卦，伏羲王天下，龍馬出河，遂則其文以畫八卦，謂之河圖。」《論語》「河不出圖」，孔注：「河圖，八卦是也。」諸説互有異同。劉歆以《洪範》「初一曰」云云，爲《洛書》本文。鄭以爲神龜負文於洛，《洛書》有六篇，則《洛書》之有文字明甚。若《河圖》則諸家並以爲八卦，不言有文字。而鄭君引《春秋》説，以《河圖》有九篇，則《河圖》亦有文字。陽數九，故《河圖》九篇；陰數六，故《洛書》六篇。《中候》謂「赤文緑色」，《淮南子》云「緑圖」，然則《河圖》其緑字之圖與？去古久遠，不得其詳，依文而言，《河圖》自應有圖，《洛書》自應有書，但不知其形狀文字何如耳。人之生也，尚或有文在手，何疑於圖書之出河洛哉？至諸家以《河圖》爲八卦，亦未必然。《下繫》云：「包羲氏之王天下也，於是始作八卦。」不言法河圖圖書之，則當別有效法耳。**易有四象，所以示也。繫辭焉，所以告也。**案四象謂七八九六，畫爻之象也。辭謂彖爻之辭。**定之以吉凶，所以斷也。**注虞翻曰：「繫辭焉，以斷其吉凶，八卦定吉凶，以斷天下之疑也。」**《易》曰：「自天祐之，吉无不利。」子曰：「祐者，助也。天之所助者，順也。人之所助者，信也。履信思乎順」，又以尚賢也。是以「自天祐之，吉无不利也」。」**案就大有爻辭而釋之，以明學易无過也。天謂五伏陽，伏陽發，上化順之，故爲天所祐。人謂三，上之正，則三應之，故爲人所助。信，誠也。之正得位，故履信，順陽故思乎順。賢謂五伏陽，上化順五，故尚賢。學易如是，天祐之矣。此第九篇，言易本太極，聖人效法天地作易，以爲天下後世法，而人又當自求多福者也。

子曰：「書不盡言，言不盡意。」案書，著也。意，志意也。書者言之著，言者心之聲，志者氣之帥，心之所之也。口所欲言，書不能盡，意之所之，言不能盡也。**然則聖人之意，其不可見乎？子曰：「聖人立象以盡意，設卦以盡情僞。」**案言不盡意，故立象以盡之，象備故意盡也。情，實；僞，虛也。得位爲情，失位爲僞。《太玄》曰：「離乎情者，必著乎僞；離乎僞者，必著乎情。」《玄攡》文。故盡情僞。**繫辭焉，以盡其言。**【案】爻象以情言，聖人之情見乎辭，故盡言。**變而通之以盡利。**【注】陸績曰：「變三百八十四爻，使相交通，以盡天下之利。」【案】變謂九六，通謂陰陽相往來，所謂化也。通其變，使民不倦，神而化之，使民宜之，故盡利。謂卦皆成既濟也。**鼓之舞之以盡神。**【注】荀爽曰：「鼓者，動也。舞者，行也。言陰陽消長，三百八十四爻，動行相反，其卦以盡易之神也。」虞翻曰：「神，易也。」案，鼓行其氣，舞動其容，神即陰陽不測之神。**乾坤，其易之緼邪？**【注】虞翻曰：「緼，藏也。易麗乾藏坤，故爲易之緼。」案，易緼於乾坤之中，所謂元也，一也，極也，解在《贊无》。❶**乾坤成列，而易立乎其中矣。**【案】列，分解也。謂乾坤成體，陰陽分也。乾坤易之緼，乾坤分，則易亦立乎其中。易者，元也，意也。乾坤者，象也。乾坤成列，易立乎其中，則象立而意盡矣。乾元託位於五，坎象也；坤元託位於二，離象也。日月爲易，坎離而已。《參同契》曰：「天地設位，而易行乎其中矣。」天地者，乾坤之象也。故位者列陰陽，配合之位也。易謂坎離。坎中乾元，離中坤元。坎離者，乾坤二用。用九用六，乾坤之元。二用无爻位，周流行六虛。往來既不

❶「无」，崇文書局本、皇清經解續編本作「天」，據本書序，當作「元」。

定，上下亦无常。幽潛淪匿，變化於中。包囊萬物，爲道紀綱。以无制有，器用者空。故推消息，坎離滅亡。」又曰：「坎戊月精，離己日光。日月爲易，剛柔相當。土旺四季，羅絡始終。青赤黑白，各居一方。皆禀中央，戊己之功。」中宫，坤元也。乾元藏於坤元之中，坎離合居。**乾坤毁則无以見易，易不可見，則乾坤或幾乎息矣。**案乾坤者，陰陽之宗，變化所從出入者也。易本无形，以乾坤見之。六十四卦，皆乾坤之陰陽，易之所用也。乾坤毁，則卦爻滅，將何以見易？易无方體，以卦爻見之，而不見者見，則易可見者也。故設卦爻以見易，若卦爻不可以見易，則卦爻亦復何爲乎？故曰：乾坤或幾乎息。以言易雖无形，而可以乾坤見之，故乾坤終不息，而易道著明，書之能盡言，象之能盡意，意在象中，觀象知意，易在乾坤中，觀坤乾知易也。毁，缺也。**是故形而上者謂之道，形而下者謂之器。**案形而上下，易形而上下也。易形而上，在天成象，見乃謂之象。易形而下，在地成形，形乃謂之器。道，陰陽之道也。形上形下，言易可見，乾坤所以不息也。所謂周易也。**化而裁之謂之變。**案化，陰陽變化也。裁，裁成物也。化裁者，陰陽之功業，易之變也。爻之九六謂之變，由前言之謂之化。陽者陰所化，陰者陽所化，元之發，亦謂之化，所謂化生化醇也。《素問·六微旨大論》歧伯曰：「夫物之生從於化，物之極由乎變，變化之相薄，成敗之所由也。」又《天元紀大論》云：「物生謂之化，物極謂之變，陰陽不測謂之神，神用无方謂之聖。夫變化之爲用也，在天爲元，在人爲道，在地爲化。」又《五常政大論》云：「氣始而生化，氣散而有形，氣布而蕃育，氣終而象變，其致一也。」**遡其所由來，畫是也。** **由畫之爻，故化而裁之，謂之變，化在變之先也。** **由後言之，陽極則化之陰，陰極則化之陽，化在變之後，即所謂通也。** **推而行之謂之通。** 注陽往則陰來，陰往則陽來，往來不窮，謂之通。 化裁推行，易與聖人一也。 **舉而錯之天下之民，**❶**謂之事業。** 注陸績曰：「變通盡利，觀象制器，舉而錯之於天下，民咸用之，以爲事業也。」案錯，置也。 此則聖人之意盡而易見者也。 **是故夫象，聖人有以見天下之賾，而擬諸其形容，象其物宜，是故謂之象。** 注陸績曰：「此明立象盡意、設卦盡情僞之意也。」案，重説象爻者，明易可象可效，象之則謂之象，效之則謂之爻，故曰「是故夫象」。 **聖人有以見天下之動，而觀其會通，以行其典禮。** **繫辭焉，以斷其吉凶，是故謂之爻。** 案此明繫辭盡言之意也。 **極天下之賾者存乎卦，鼓天下之動者存乎辭。** 案此以下爲學易者發也。 極，窮也。 鼓，動也。 繫，❷所繫辭也。 天下之動賾，聖人以象象之，以爻效之，察卦爻而存，察也。 **化而裁之存乎變，推而行之存乎通。** 案察乎易之所以變通，則亦可以化裁推動賾見矣。

❶「錯」，皇清經解續編本作「措」。
❷「繫」，據上下文義，疑當作「辭」。

行矣。**神而明之，存乎其人。** 案 陰陽不測者易之神，因易之神，而引伸之者，聖人之神也。神者，伸也，引伸而發明之。非聖人其孰能與於此，故察乎其人，察作易之人也。察之則學之，斯亦能神而明之矣。**默而成之，不言而信，存乎德行。** 案 立象盡意，默而成也。設卦盡情僞，不言而信也，作易者之德行然也。觀卦而知情僞，觀象而知意，觀繫辭而知聖人所擬議，而寓諸卦爻者聖人，知聖人亦其德行然也。《中庸》曰：「苟不固聰明聖知達天德者，其孰能知之。」故察乎德行，學易所以學爲聖也。《荀子》曰：「故學也者，固學止之也。惡乎止之？曰止諸至足。曷爲至足？曰聖也。」《解蔽》文。此第十篇，言聖人作易无不盡，學易无大過，所以學爲聖，非徒趨吉辟凶已也。有天地即有易，既作易而天地之道著，天下之理得，聖之所以爲聖者，求諸易而可知矣。故以總諸篇也。

周易姚氏學卷第十五

旌德姚配中撰

周易繫辭下傳

八卦成列，象在其中矣。 案象，易象也。象在卦中，可知而不可見者也。此言三畫未重之卦。「成列」謂方位，「象」謂天地雷風之屬，八卦成列，則象无不備。虞以象據納甲説。**因而重之，爻在其中矣。** 案重爲六畫，則動而相應。爻也者，效天下之動也，故爻在其中，易之可效者也，變爲九六，則動内見外矣。三畫之卦不相應，重爲六畫乃動而相應，故爻在中。《乾鑿度》云：「物有始、有壯、有究，故三畫而成乾。乾坤相並俱生，物有陰陽，因而重之，故六畫而成卦。三畫已下爲地，四畫已上爲天，物感以動，類相應也。易氣從下生，動於地之下，則應於天之下，動於地之中，則應於天之中，動於地之上，則應於天之上，初以四，二以五，三以上，此之謂應。陽動而進，陰動而退，故陽以七、陰以八爲彖。陽變七之九，陰變八之六。」據此是重爲六畫乃動而相應，動乃變成九六之爻。**剛柔相推，變在其中矣。** 案剛柔謂畫，由陽推之九，由九推之陰，由陰推之六，由六推之陽，剛柔相推，九六在中，故變在其中，亦易之變也。**繫辭焉而命之，動在其中矣。**注虞翻曰：「謂繫彖象九六之辭，故動在其中。鼓天下之動者，存乎辭者也。」案命，名也。《魯語》曰：「黄帝能成命百物。」八卦成列，因而重之，謂三畫重爲六畫，而八卦各六畫矣。以六畫之八卦，剛柔相推，而成六十四矣。皆謂伏羲也。《淮南子》所云「伏羲爲之六十四變」者也。伏羲之卦，有象无字，有畫无爻。既有卦則象可推，既有畫則爻可推，八卦相推，成六十四，相推之中，九六在焉。未嘗命名，其義未顯耳。不變則不化，既相推而成六十四，則化矣。化則變可知矣。如乾初化爲姤，乾姤之交，爻位在焉，雖无文字，義可知也。文王繫辭焉而命之，則統一卦而命以卦之名，統一卦六畫而命以卦之義，「乾，元亨利貞」是也。觀畫之動而命之爲九六，觀九六之義而繫之以辭，「初九，潛龍勿用」之類是也。所謂繫辭焉而命之也。動即變化，繫辭或言變，或言化，或由畫以及化，故統謂之動。九六之爻，文王所命，故《淮南子》云：「周室增以六爻。」伏羲之時有爻變之義，而无其象與其稱也。文王命爲九六，則九六即其象，即其稱矣。先聖後聖，其揆一也。**吉凶悔吝者，生乎動者也。**注虞翻曰：「動謂爻也。爻者效天下之動。爻象動内，吉凶見外，吉凶生而悔吝著，故生乎動也。」**剛柔者，立本者也。**案剛柔，畫也。畫者爻之本，九六自畫變來者，所謂「六爻之動，三極之道也」。六畫爲三才，天地人之始也；六畫變爲爻，是爲三極，天地人之極也。觀變於陰陽而立卦，故曰立本。由畫之爻，由爻之化，皆謂之動，動以漸也。已成九六，則謂之變；陰陽已易，直名爲化，❶體已成

❶「直」，皇清經解續編本作「置」。

也。**變通者，趣時者也。** 案趣，趨也。變謂九六，通往來也。由變而通，一消一息，故趣時。一消一息，陰陽交而數變。七八九六，變通配四時。**吉凶者，貞勝者也。** 注虞翻曰：「貞，正也。」案勝，克也。《荀子》曰：「孰知夫出死要節之所以養生也，孰知夫出費用之所以養財也，孰知夫恭敬辭讓之所以養安也，孰知夫禮義文理之所以養情也。故人苟生之爲見，若者必死；苟利之爲見，若者必害；苟怠惰偷懦之爲安，若者必危；苟情説之爲樂，若者必滅。故人一之於禮義，則兩得之矣；一之於情性，則兩喪之矣。」《禮論》文。故貞勝，六爻之動，貞則勝也。正則吉，不正則凶，不正獲吉亦弗勝，正而凶亦勝。**天地之道，貞觀者也。** 案張氏惠言曰：「天尊地卑，天正位於五，地正位於二，中正以觀天下，故貞觀者也。」**日月之道，貞明者也。** 注荀爽曰：「離爲日，日中之時，正當離位，然後明也。月者，坎也。坎正位衝離，衝十五日，月當日衝，正值坎位，亦大圓明。」案，日月正當其位，即既濟，六爻俱正。**天下之動，貞夫一者也。** 注虞翻曰：「一者謂乾元，萬物各資乾元，天一陽氣以生。」案，數始於一，終於一，一者造分天地，化成萬物者也。其爲物不貳，則其生物不測。**夫乾，確然示人易矣。夫坤，隤然示人簡矣。** 案確，高至也。天尊故高，乾以易知，故示人易。《孟子》曰：「天之高也，星辰之遠也，苟求其故，千歲之日至，可坐而致也。」隤，下墜也。地卑故隤，坤以簡能，故示人簡。乾⚊坤⚋，是其易簡也。**爻也者，效此者也。象也者，像此者也。** 案此，此乾坤易簡也。三百八十四爻，所以效此；六十四卦之象，所以象此，而易之易簡著矣。**爻象動乎内，吉凶見乎外。**案卦以下卦爲内，上卦爲外。爻以畫爲内，以九六爲外。易氣從下生，故下爲内，上爲外。爻由畫變，故畫爲内，九六爲外。先言爻而後言象者，爻自象來。九六者，畫之變也，動乎畫，而見乎爻，七八九六，皆元之用耳。由外溯内，故先爻後象。**功業見乎變，聖人之情見乎辭。**注荀爽曰：「陰陽相變，功業乃成也。」案，荀云相變，以化言也。案不變則功業不見。變則通，通則久，久於其道，而天下化成矣。爻象以情言，繫辭焉以盡其言，故情見乎辭也。**天地之大德曰生，聖人之大寶曰位。**案天始地生，乾坤合德，以生諸卦，大生廣生，故大德曰生。乾爲金玉，五，天子之位，聖人，乾元也，乾元託位於五，故大寶曰位。寶者，保也，《釋文》云：「孟作保。」重也。《書》曰：「無墜天之降寶命。」此下皆所謂功業也、情也。聖人作易，爲天下後世爲君者著治亂之本而告之，其功業至今存，其情雖至今可見也。**何以守位？曰仁。**注鄭康成曰：「持一不惑，曰守。」見《詩·鳧鷖》疏。案《孟子》曰：「爲天下得人者，謂之仁。」天下不可以獨治，能爲天下得人者，乃能守位也。」**何以聚人？曰財。理財正辭，禁民爲非，曰義。**注陸績曰：「人非財不聚，故聖人觀象制器，備物盡利，以業萬民而聚之也，蓋取聚人之本矣。」荀爽曰：「尊卑貴賤，衣食有差，謂之理財。名實相應，萬事得正，謂之正辭。咸得其宜，故謂之義也。」案，此所謂元亨利貞也。天地之大德，元也。五者，聖人之大寶，乾元之位也。爲天下得人，則上下交而志通矣，守位曰仁，元之亨也。利物和義，故聚人曰財。貞者事之榦，正其本，萬事理，故理財正辭，禁民爲非，曰義，所謂成既濟，利之貞也。名正言順，謂之正辭。義者，宜也，謂成既濟，六爻正。易者，聖人所以治天下之道也。乾五，天位也。乾元，天子也。卦爻備而天下之象盡矣。是故以之治身，則身安；以之治國，則國治；以之治天下，則天下平矣。周之所以王，其在斯乎？此第一篇，自「八卦成列」至「動在其中」，言聖人作易；自「吉凶悔吝」至「貞夫一者也」，則皆即動而究言之；自「夫乾」至「見乎辭」，則又即動貞夫一而究言之；自「天地」至「曰義」，則功業與聖人之情也。此篇統論大義，以啟下諸篇。

古者庖犧氏之王天下也，案庖犧，通作包羲。《釋文》云：「包本又作庖。犧字又作羲。」包陰包陽，乾元之伏也。羲，氣也。《説文》云：「包象人裹妊，巳在中，象子未成形也。元气起於子，子，人所生也。男左行三十，女右行二十，俱立於巳，爲夫婦，裹妊於巳。巳爲子十月而生，男起巳至寅，女起巳至申，故男年始寅，女年始申也。」又云：「羲，气也。」包羲氏之王天下，謂其體元而出治也。孟喜、京房云：「伏，服也。戲，化也。」鄭云：「包，取也。鳥獸全具曰犧。」虞云：「炮啖犧牲。」《漢書·律歷志》作炮，云：「庖犧繼天而王，爲百王首。德始於木，故爲帝太昊。作罔罟以田漁，取犧牲，故天下號曰炮犧氏。」《白虎通》云：「謂之伏羲何？下伏而化之。」顧氏以爲取犧牲，以共庖廚。包，《説文》又引作虙。案，包羲之義，諸儒皆望文爲説，去古久遠，是以立説各殊也。**仰則觀象於天，俯則觀法於地。**案在天成象，天垂象，見吉凶，故觀象於天。在地成形，效法之謂坤，故觀法於地。仰，印也。俯，頫也。**觀鳥獸之文，**注陸績曰：「鳥獸之文，謂朱鳥、白虎、蒼龍、玄武，四方二十八舍，經緯之文也。」案，《太玄・玄攡》云：「察龍虎之文，觀鳥龜之理。」義本此。**與地之宜。**注荀九家曰：「謂四方四維，八卦之位，山澤高卑，五土之宜也。」案，《大司徒》以土會之法，辯五地之物生，一山林，二川澤，三丘陵，四墳衍，五原隰也。**近取諸身，遠取諸物。**案《説卦》備焉。**於是始作八卦，以通神明之德，以類萬物之情。**注荀爽曰：「乾坤爲天地，離坎爲日月，巽震爲風雷，艮兑爲山澤，此皆神明之德也。」案包羲體元出治，故始作八卦。元發爲卦也，神明之德，謂元也。八卦，諸所爲類萬物之情也。**作結繩而爲網罟，以佃以漁，蓋取諸離。**注虞翻曰：「離爲目，巽爲繩，目之重者唯罟，故結繩爲罟。」馬融曰：「取獸曰佃，取魚曰漁。」見《釋文》。孔疏云：「諸儒以爲象卦制器，皆取卦之爻象之體。」《上繫》云：「以制器者尚其象。」**庖犧氏没，神農氏作。**案神者，伸也。農，物生時也。包羲者體元出治，神農則引伸氣而生物也，故以繼包羲焉。《説文》云：「農从晨，早昧爽也。晨从辰，辰時也。」又云：「辰，震也。三月陽气動，雷電振，民農時也。物皆生。」**斲木爲耜，揉木爲耒，耒耨之利，以教天下，蓋取諸益。**注京房曰：「耜，耒下耓也；耒，❶耜上句木也。」案，《攷工記》云：「耜廣五寸，二耜爲耦。」鄭注云：「古者耜一金，兩人併發之。」疏云：「金廣五寸，耒面謂之

❶「耒耜」，原倒，今據文義並參《經典釋文》卷二改。

庇。庇亦當廣五寸。」《月令》疏云：「耒者以木爲之，長六尺六寸，底長尺有一寸，中央直者三尺有三寸，句者二尺有二寸。」案斲，斫也。揉，屈也。耨，芸芓也。益互坤田，巽震爲木。損兑爲毁折，損反成益，故斲木揉木。巽在上爲耒，震在下爲耜。耜者，耒首之金，必斲木而後以金合之，故斲木；耒，倨句磬折，故揉木也。**日中爲市，致天下之民，聚天下之貨，交易而退，各得其所，蓋取諸噬嗑。**注虞翻曰：「離象正上，故稱日中；艮爲徑路，震爲足，又爲大塗，坎水艮山，羣珍所出；震升坎降，交易而退。噬嗑，食也。市井交易，飲食之道，故取諸此。」案，古者日中而市，至周因其便而分爲三，《司市》云：「大市，日昃而市，百族爲主。朝市，朝時而市，商賈爲主。夕市，夕時而市，販夫販婦爲主。」**神農氏没，黄帝堯舜氏作。**案黄，中之色，坤之元也。帝者，諦也。乾元始於坎，坤元始於離，萬物皆相見，可審諦也。堯，高也。舜，充也。言氣盛也。氣始於子，出乎震，相見乎離，坤以養之，故物盛長矣。故以黄帝堯舜繼神農氏焉。言没作者，取陰陽出入之義也。虞云：「没，終也。作，起也。」**通其變，使民不倦，神而化之，使民宜之。**注虞翻曰：「變而通之以盡利，謂作舟楫、服牛乘馬之類，故使民不倦。」案神而化之，神明而變化之也。利用出入，民咸用之，故曰宜。**易窮則變，變則通，通則久，是以自天祐之，吉无不利。**注陸績曰：「庖犧作網罟，教民取禽獸以充民食。民衆獸少，其道窮，則神農教播殖以便之，此窮變之大要也。窮則變，變則通，與天地相終始，故可久。民得其用，故无所不利之也。」案，上言聖人制作，皆取諸易，故復就易言之。易窮則變，畫變之爻，變則通，九六之化也。《大戴·本命》云：「陰窮反陽，陽窮反陰。」又云：「陰以陽化，陽以陰變，一陰一陽，然後成道。」仲長統《昌言·損益》云：「作有利於時，制有便於物者，可爲也。事有乖於數，法有翫於時者，可改也。故行於古有其迹，用於今无其功者，不可不變，變而不如前而多所敗者，不可不復也。」**黄帝堯舜，垂衣裳而天下治，蓋取諸乾坤。** 注 鄭康成曰：「乾爲天，其色玄，坤爲地，其色黄。故玄以爲衣，黄以爲裳。」見《王制》疏及《豳風》疏。案，鄭又云：「其服皆上玄下纁，土託位南方，南方色赤，黄而兼赤，故爲纁也。」則鄭以黄裳爲纁裳矣。荀九家云：「衣取象乾，居上覆物；裳取象坤，在下含物也。」案 法乾元坤元，不自用而用九六，故垂衣裳而天下治。既法其義，即取其象，以爲衣裳焉。《後漢書·輿服志》引作乾《巛》，云：「乾《巛》有文，故上衣玄下裳黄。」❶**刳木爲舟，剡木爲楫，舟楫之利，以濟不通，致遠以利天下，蓋取諸涣。** 案 巽爲木爲風，坎爲水，木在水上，風以送之，乘木有功，舟楫之象也。刳，判也。剡，鋭利也。互震爲木，巽又爲木，二木相連，舟之象也。互艮爲手，爲木堅多節，與坎連體，楫之象也。**服牛乘馬，引重致遠，以利天下，蓋取諸隨。** 注 虞翻曰：「否上之初也。否乾爲馬爲遠，坤爲牛爲重。坤初之上，爲引重；乾上之初，爲致遠。艮爲背，

❶「黄」，原脱，今據《後漢書》卷四十補。

巽爲股，在馬上，故乘馬；巽爲繩，繩束縛物，在牛背上，故服牛。出否之隨，引重致遠，以利天下，故取諸隨。」案，虞據消息説。**案**震爲車，故服牛乘馬。艮止震動，艮以震行，故引重致遠。《晉語》云：「震，車也。」是震亦有車也。

重門擊柝，以待暴客，蓋取諸豫。 **注**鄭康成曰：「豫坤下震上，九四體震，又互體有艮。艮爲門，震，日所出，亦爲門，重門象。案，震東方，萬物所出，《説文》云：「卯爲春門。」艮又爲手，手持二木以相敲，是爲擊柝。案，震爲木，爲鼓爲聲，艮爲小木。擊柝爲守備警戒也。四又互體坎，坎爲盜。案，荀九家云：「水暴長无常。」又以其卦爲豫，有守備，則不可自佚。」見《宫正》疏。案，艮以止之，守禦之義，故曰待。

斷木爲杵，掘地爲臼，臼杵之利，萬民以濟，蓋取諸小過。 **案**艮爲小木，互兑爲毁折，故斷木。兑爲口臼之象，艮止於下，震動於上，震出巽入，春之象也。

弦木爲弧，剡木爲矢，弧矢之利，以威天下，蓋取諸睽。 **案**離爲弦，互坎爲木多心，爲弧。離爲矢，火動而上，澤動而下，發矢之象也。《白虎通》引《樂記》云：「土曰塤，竹曰管，皮曰鼓，匏曰笙，絲曰弦，石曰磬，金曰鐘，木曰柷敔。」「塤，坎音也。管，艮音也。鼓，震音也。弦，離音也。鐘，兑音也。柷敔，乾音也。」案，《白虎通》脱巽坤二音，高誘《淮南子·天文》注及《晉書·樂志》，俱以乾音石，坎音革，艮音匏，震音竹，巽音木，離音絲，坤音土，兑音金，與《白虎通》互有異同，皆以離爲絲。《周禮》禁原蠶，蠶屬火。

上古穴居而野處，後世聖人易之以宫室，上棟下宇，以待風雨，蓋取諸大壯。 **案**大壯反遯，遯爲穴居野處，反成大壯，故易之以宫室。上諸所取，皆據本卦之象，以一卦言；以下皆云易之，據兩卦言也。震木在上，故上棟；乾在下，故下宇，宇屋簷象，乾之覆也。《詩》曰：「風雨攸除，君子攸芋。」《曲禮》疏云：「通而言之，則宮室通名。」故《爾雅》云：「宮謂之室，室謂之宮。」別而言之，論其四面穹隆，則曰宮；因其貯物充實，則曰室。室之言實也。**古之葬者，厚衣之以薪，葬之中野，不封不樹，喪期无數，後世聖人易之以棺椁，蓋取諸大過。** 案 大過與頤通。頤震爲木，艮象震反，爲木多節，故厚衣之以薪。互坤爲地，艮爲山，故葬之中野。頤中四爻皆陰虚，故不封不樹。无坎離日月象，故喪期无數。期謂從斬衰至緦麻，日月之期也。受以大過，故易之以棺椁。巽爲木，兑象反巽，内外皆木，棺椁之象也。虞云：「穿土稱封。封，古窆字也。聚土爲樹。」是虞不以封爲聚土，不以樹爲樹木。《白虎通·崩薨》云：「棺之言完，所以藏尸，令完全也。椁之言廓，所以開廓辟土，令无迫棺也。」封樹者，所以爲識，故《檀弓》曰：「古也墓而不墳，今丘也，東西南北之人也，不可以不識也。於是封之，崇四尺。」《含文嘉》曰：「天子墳高三仞，樹以松；諸侯半之，樹以柏；大夫八尺，樹以欒；士四尺，樹以槐；庶人无墳，樹以楊柳。」案，墓而不墳，則始有棺椁時亦不聚土，則无棺椁時不封可知，故虞以封爲窆，以樹爲聚土。劉向云：「棺椁之作，自黄帝始。」據此言也。葬，❶劉向作「臧之」。**上古結繩而治，後世聖人易之以書契，百官以治，萬民以察，蓋取諸夬。** 注 鄭康成曰：「結繩者，事大大結其繩，事小小結其繩。以書書木邊

❶ 「葬」下，崇文書局本、皇清經解續編本有「之」字，當是。

言其事，刻其木謂之書契，各持其一，後以相考合。」見孔疏及《釋文》、《書》疏。案夬反爲姤，姤巽爲繩，故結繩而治。兑爲附決，坤爲文，陽息至五，飛龍上治，故易之以書契，百官治而萬民察也。《漢書・藝文志》云：「夬揚於王庭，言其宣揚於王者朝廷，其用最大也。」**是故易者，象也。象也者，像也。**案周易言象，故易者象也。此解經之名易也。卦象所以像萬物，故象也者，像也。此解卦畫之稱象也。即十三「蓋取」，而易象之義可知矣，故曰「是故」。《管子》曰：「義也，名也，時也，似也，類也，比也，狀也，謂之象。」《七法》文。**彖者，材也。**案，材、才、哉通，始也，本也。卦首六畫未變曰材，由畫而變爲九六，則曰爻，彖説六畫，故曰材也。此解卦辭之稱彖也。《説文》云：「才，艸木之初也。」《論語》「無所取材」，鄭注云：「古字材哉同耳。」案，哉即才。《釋詁》云：「哉，始也。」虞云「彖説三才」，則虞本作才，不作材。畫者卦氣初兆，故曰材。《乾鑿度》云：「陽動而進，陰動而退，故陽以七、陰以八爲彖，陽變七之九，陰變八之六。」鄭注云：「彖者，爻之不變動者；九六，爻之變動者。一變而爲七，是今陽爻之象；七變而爲九，是今陽爻之變。八變而爲六，是今陰爻之變；二變而爲八，是今陰爻之象。」據此則卦首六畫，皆七八之象，變乃爲九六。九六之爻，象之變也，故謂之變。《繫辭》所以卦爻象爻俱分説之。陽畫一，一也；陰畫--，亦一也。陽生則陰分爲二，--即一之分，乃陰之一也。干寶坤初注云：「陽數奇，陰數偶，是以乾用一也，坤用二也。」干所云一二，謂畫也。畫皆一二，易説者以蓍无一二，又以一變七，二變八，因謂象爲七八，其實七八九六，皆一二之變，七八之變在九六之先，《周易》无七八，畫兼之耳。要知易之卦，非蓍得者也，象爻之義不明，乃强以一體謂之卦，六畫謂之爻，則六畫成卦之義不可通矣。今人筮卦，尚知七作單，九作重，獨不知易之畫與爻殊，畫乃一--，爻乃九六，何也？又案，《左傳》有艮之八，《國語》有泰之八，貞屯悔豫皆八之文。以此推之，古人蓍法寫七八九六，與易卦畫異也。方術之家由之而不能知，注經者讀之而不知求。自《左傳》得某之某，不明易義者爲之畫兩卦，而義遂由此晦矣。陽一君二民，陰二君一民，陽以陽畫爲主，故一君，陰以陰畫爲主，故二君，二即--也。**爻也者，效天下之動者也。**案爻者言變，故效天下之動。天下之動，可效而不可以畫拘者也。立象盡意，七八九六，互相流通也。此解九六之稱爻也。**是故吉凶生而悔吝著也。**注虞翻曰：「爻象動内，吉凶見外。吉凶悔吝，生乎動者也，故曰著。」案，此第二篇，言聖人制作取諸易，亦功業之見端，而易之象爻可推。

陽卦多陰，陰卦多陽，其故何也？注崔憬曰：「陽卦多陰，❶謂震坎艮，一陽而二陰；陰卦多陽，謂巽離兑，一陰而二陽者也。」**陽卦奇，陰卦耦。**注虞翻曰：「陽卦一陽故奇，陰卦一陰故耦。」案，陽卦奇，謂陽卦以奇爲主，奇，一也；陰卦耦，謂陰卦以耦爲主，耦，--也。**其德行何也？**案其，其奇耦。卦畫爲德，變爲九六爲行，謂動静也。君子之道，小人之道，奇耦之德行也。**陽一君而二民，君子之道也。陰二君而一民，小人之道也。**案陽卦以陽爲主，一君謂陽畫

❶「卦多」，原倒，今據崇文書局本、皇清經解續編本改。

爲之君，二民謂陰畫爲之民。二即⚋。**陰卦以陰爲主，二君謂陰畫爲之君，一民謂陽畫爲之民。陽剛君子，陰柔小人也。**仲長統《昌言·損益》云：「易曰：『陽一君二民，君子之道也。陰二君一民，小人之道也。』然則寡者爲人上者也，衆者爲人下者也。」案，寡者爲人上，謂陽卦一陽，以陽爲君，陰卦一陰，以陰爲君也，則所謂二君，謂⚋爲之君，陰畫也，非謂陰卦以二陽爲君。**《易》曰：「憧憧往來，朋從爾思。」**案**思者，心之君也。**此承上而申説之。**子曰：「天下何思何慮？天下同歸而殊塗，一致而百慮，天下何思何慮？**注虞翻曰：「《易》无思也，既濟定，六位得正，故何思何慮。」案，咸四之初，初之四，成既濟，同歸於正，而或上或下，故殊塗。憧憧往來，或思升，或思降，其欲得位之心則一也，故一致而百慮。成既濟，陰陽各得，故何思何慮，此所以「憧憧往來，朋從爾思」者也。《管子·形勢》云：「疑今者察之古，不知來者視諸往，萬事之生，異趣而同歸，古今一也。」《太史公自序》引此稱爲《易大傳》。**日往則月來，月往則日來，日月相推，而明生焉。**注虞翻曰：「謂初往之四，與三成離，故日往；與二成坎，故月來。案，初往之四，互離坎，日月合，此合朔之日月也。初變之四，與上成坎，故月往；四變之初，與三成離，故日來者也。案，初往之四成坎，四來之初成離，離氣上升，坎氣下降，月受日光而明，此望時之日月也。既濟兩體離坎，❶故明生也。**寒往則暑來，暑往則寒來，寒暑**

❶「兩體」，《周易集解》作「體兩」。

相推，而歲成焉。案坎北方爲寒，離南方爲暑，初往之四，成坎，四來之初，成離，故寒往暑來。乾起坎終離，此由寒而暑者也。寒往暑來，成既濟；暑往寒來，互未濟。初之四，與五成離，與二成坎，故暑往寒來。坤起離終坎，此由暑而寒者也。陰陽一消一息，出離入坎，出坎入離，四時周而歲成矣。陽生於子，陰生於午，坎離中宮，陰陽之所出入者也。**往者屈也，來者信也，屈信相感而利生焉。**案已往者屈，方來者信，相感而萬物成，故利生也。**尺蠖之屈，以求信也。**注荀爽曰：「以喻陰陽之氣，屈以求信也。」案《春秋考異郵》云：「蟲之爲言屈申也。」《月令》以鱗鳳等狀中央四時之氣，故曰其蟲，言其屈申也。解在《月令》箋。案尺蠖屈信，蟲也。屈，抑退也。氣欲信而不得，則抑退而屈，尺蠖之求信象焉。解在《釋數》。不屈則不能信，故曰「之屈，以求信」。**龍蛇之蟄，以存身也。**注虞翻曰：「潛藏也。龍潛而蛇藏也。陰息初巽爲蛇，陽息初震爲龍，十月坤成，十一月復生，姤巽在下，龍蛇俱蟄。」案，龍蛇之蟄，屈曲於中，以喻陰陽伏藏之形也。西北陽伏，坤元藏乾元，陰陽并處。及其消長也，陰長則陽消，陽長則陰消，陽不蟄則剥，陰不蟄則決，故曰「之蟄，以存身」。**精義入神，以致用也。**注姚信曰：「陽稱精，陰爲義，入在初也。陰陽在初，深不可測，故謂之神。變爲姤復，故曰致用也。」案，精，静也。義，宜也。陰陽各得其宜也。謂陽静專，陰静翕也。入，内也。入神，藏其神也。神，謂元也。解在《贊元》。**利用安身，以崇德也。**案用无不周，故利用。不下堂而天下治，故安身。謂元不自用也。**過此以往，未之**

或知也。窮神知化，德之盛也。」案屈信往來，易之可知者，過此以往，謂无朕兆時也。未之或知，言无有能之知者。窮神，窮易之神，窮神則知之矣。化，謂往來屈信也。窮神知化，唯聖者能之，故曰德之盛。《中庸》曰：「唯天下至誠，爲能經綸天下之大經，立天下之大本，知天地之化育。」此第三篇，言陽卦多陰，陰卦多陽，陰陽合成既濟，一陰一陽，往來不息，而用之者元也，爲陰陽之主者也。

《易》曰：「困于石，據于蒺蔾，入于其宫，不見其妻，凶。」子曰：「非所困而困焉，名必辱。案石非所宜困，三失位，以陰居陽，而見困，故名必辱。三應在上，而爲四所困，故非所困而名辱也。二化，四互艮爲石，石喻堅固。夫禮義也者，聖人所以藏身之固，而非所以困人者也。君子介于石，見幾而作，亦斷之以禮耳。是以君子行焉，小人困焉。壞法亂紀，烏得不困且辱哉？故禮義所以固君子，亦所以困小人。**非所據而據焉，身必危。**注虞翻曰：「謂據二，二失位，故非所據而據焉。」案襄二十五年《左傳》疏，劉炫云：「六三上承九四，四非三應，而三欲附之，附之不入，自取其困，不應爲此困而爲之，❶名必辱也。六三失位，而下乘九二，以柔乘剛，非安身之道，不應據而據之，身必危也。」案困于石，名已辱矣。而據蒺蔾，不唯无濟，適以甚之也，

---

❶「此困」二字，崇文書局本、皇清經解續編本無。

故身必危。夫敗國、喪家、亡人，必先去其禮。雖有善者，且无如之何，況所據皆小人哉？禮愈亡而愈信任小人，以喪國亡身者比比也。是故困于石者，知其必據于蒺藜；畔于禮者，未有不比之匪人者也。《韓詩外傳》云：「《易》曰『困于石』云云，此言困而不見據賢人也。昔者秦繆公困于殽，疾據五羖大夫蹇叔公孫支而小霸。晉文公困于驪氏，疾據咎犯趙衰介子推而遂爲君。越王句踐困于會稽，疾據范蠡大夫種而霸南國。齊桓公困于長勺，疾據管仲甯戚隰朋而匡天下。此皆困而疾據賢人者也。夫困而不知疾據賢人，而不亡者，未嘗有也。」**既辱且危，死期將至，妻其可得見邪？」**案離日坎月，爲期，三在坎互離，與上互大過，死象，故死期將至。化之正，成大過，則期至。之正而爲死者，不仁之當滅亡，亦禮之不可易者也。**易曰：「公用射隼于高墉之上，獲之无不利。」子曰：「隼者，禽也。弓矢者，器也。射之者，人也。**注虞翻曰：「離爲隼，故稱禽，言其行野，容如禽獸焉。離爲矢，坎爲弓，坤爲器。」**君子藏器於身，待時而動，何不利之有？**案藏器於身，故曰公用射隼，不言弓矢也。時，時位，君子之高墉也。高墉則所見者博，隼无所匿，君子有時位，則所處者高，動无所壅，而道可行矣。《法言》曰：「修身以爲弓，矯思以爲矢，立義以爲的，奠而後發，必中矣。」《修身》文。此君子之器也。《中庸》曰：「雖有其德，苟无其位，亦不敢作禮樂焉。」此君子必待時也。器藏於身，得時即可以動，故曰公用射隼于高墉之上，言用之以射隼耳，弓矢所素備也。**動而不括，是以出而有**

獲，語成器而動者也。」案括，閉也。弓動矢發，出而貫隼，故動而不括，出而有獲，其君用之，則安富尊榮，其子弟從之，則孝弟忠信，所獲豈不大哉？《荀子》曰：「羿者，天下之善射者也，无弓矢則无所見其巧。大儒者，善調一天下者也，无百里之地則无所見其功。」《儒效》文。道德者，君子之器，時者所以成君子之器者也，故語成器而動，言待時可以成吾器則動也。《荀子》曰：「君子能爲可貴，不能使人必貴己。能爲可信，不能使人必信己。能爲可用，不能使人必用己。」《非十二子》文。**子曰：「小人不耻不仁，不畏不義，不見利不勸，不威不懲。**❶ **小懲而大誡，此小人之福也。**案耻，辱。畏，懼。勸，勉。懲，艾。耻則有所不爲，畏則有所不敢，不耻不畏，則无所不至矣。不勸則善，雖大而不爲。不懲則惡，无大而不作。无所忌憚，必致滅身，故小懲大誡，爲小人之福。誡，敕也。凡先舉易辭，後乃申説者，言聖人所繫之辭如此，而其所以擬議而繫此辭之旨，則如是云云也。先説其事，後乃以易證之者，以見萬類无窮，而无不可證之以易，愈以見易无不包也。有是意因立是象，有是象因繫是辭，有是辭即有是事，此引伸之義也。有是事先有是辭，則聖人有以探其本，知來藏往，而百世可知者也。**《易》曰：「屨校滅趾，无咎。」此之謂也。**案噬嗑初本得位，變則將化，不可不懲，其所以有屨校之象者，

❶「威」，原作「勸」，今據崇文書局本、皇清經解續編本改。

亦不耻、不畏、不懲、不勸之所致，上无正應故也，是以離於法矣。離於法則畏懼生，懼滅趾而不行，不致滅趾，九不化之陰，故得无咎，此小懲大誡而爲福者也。晏平仲曰：「君恃勇力以伐盟主，若不濟，國之福也。」**善不積不足以成名，惡不積不足以滅身。小人以小善爲无益而弗爲也，以小惡爲无傷而弗去也，故惡積而不可掩，罪大而不可解。」** 注 虞翻曰：「乾爲積善，坤爲積惡，小善謂復初，小惡謂姤初。」案 仲尼曰：「湯武非一善而王也，桀紂非一惡而亡也，三代之廢興也，在其所積。積善者多，雖有一惡，是爲過失，未足以亡。積惡者多，雖有一善，是爲誤中，未足以存。」《潛夫論·慎微》文。**《易》曰：「何校滅耳，凶。」** 案 噬嗑三至五，坎耳失正，當滅者也。初滅趾而不知戒，必致由初至上，滅鼻、滅耳且滅頂，而身斯滅矣。象曰：「聰不明，言其不知戒，罔念聞也。」**子曰：「危者安其位者也，亡者保其存者也，亂者有其治者也。** 案 不知戒懼，則禍亂生，危者自以爲可長安其位者也，亡者自以爲可長保其存者也，亂者自以爲可長有其治者也，而不知乃其所以亡也。此即「其亡其亡」之義，言其所以亡，君子監焉，以自惕者也。《書》曰：「我不可不監于有夏，亦不可不監于有殷。」案，《禮運》「故明於順，然後能守危也」，鄭注云：「能守自危之道也，君子居安如危，小人居危如安。《易》曰：『危者安其位。』」疏云：「謂所以今日危亡者，正爲不知畏懼，偷安其位，故致危亡也。」谷永云：「夏商之將亡也，行道之人皆知之，宴然自以若天有日莫能危，是故惡日廣而不自知，大命傾而不悟。《易》曰：『危者，有其安者也。亡者，保其存者也。』」郭璞上疏云：「有道之君，未嘗不以危自持；亂世之主，未嘗不以安自居。故存而不忘亡者，三代之所以興也；亡而自以爲存者，三季之所以廢也。」義並與鄭同。崔憬云：「言有危之慮，則能安其位不失也。」非是。如其説，則下「安而不忘危」爲贅語矣。**是故君子安而不忘危，存而不忘亡，治而不忘亂，是以身安而國家可保也。」**案 自以爲安則亡，故君子監焉以自惕，是以不亡，否泰相反，一存一亡，平陂往復，可不懼哉？**《易》曰：「其亡其亡，繫于包桑。」**注 荀爽曰：「存不忘亡也。桑者上玄下黄，乾坤相包以正，故不可亡也。」陸績曰：「自此以上，皆謂否陰滅陽之卦，五在否家，雖得中正，常自懼以危亡之事者也。」案 其，其自以爲安者。其亡其亡，言其所以亡也。其所以亡，安其位故也，監於此，則兢兢業業，不忘危亡，身安而國家可保，故繫于包桑。 劉向疏引「安不忘危」，下即云「王者必通三統，明天命，所授者博，非獨一姓也」。案，王者存二王之後，即監夏監殷之義。又云「孔子論《詩》至於『殷士膚敏，祼將于京』，喟然嘆曰，大哉天命，善不可不傳子孫，是以富貴無常，不如是則王公其何以戒慎，民萌何以勸勉。蓋傷微子之事周，而痛殷之亡也」。痛殷之亡，即所謂其亡也。谷永對義亦同。 **子曰：「德薄而位尊，知小而謀大，力小而任重，鮮不及矣。《易》曰：「鼎折足，覆公餗，其形渥，凶。」言不勝其任也。」**注 虞翻曰：「鮮，少也。及於刑矣。」案 任，負也。鼎，宗廟之器。重任，尊位也。餗，八珍之食，大謀也。以德薄知力小者當之，鮮有能勝任而不折覆，以離於刑者。九四以陽居陰，處非其位，故不勝任。《潛夫論・貴忠》云：「德不稱其任，其禍必酷；能不稱其位，其殃必大。」**子曰：「知幾，其神乎？**案幾不可測，故知幾其神。孟子曰：「聖而不可知之謂神。」《淮南子》曰：「知人所不知謂之神。」《兵略》文。**君子上交不諂，下交不瀆，其知幾乎？**案諂，諛也。知幾先見，故无諂瀆，事有一定，禮有固然，君子之无諂瀆，定於未交之先也。**幾者動之微，吉之先見者也。君子見幾而作，不俟終日。《易》曰：『介于石，不終日，貞吉。』**案幾者動之微，吉凶生乎動，君子知之，則吉固吉矣，凶亦吉也，故吉之先見。作，起也。豫二互艮爲石，介，操存之介也。天下之物，石最堅；天下之事，禮最固。操存以禮，无惑无虞，其能作而不俟終日者，此也。**介如石焉，寧用終日？斷可識矣。**案操存以禮，堅莫如之，故如石也。斷，決斷也。觀其介，知其斷，故斷可識，艮時止則止，時行則行，是其斷也。《釋名》云：「山體曰石。石，格也。堅，捍格也。」**君子知微知彰，知柔知剛，萬夫之望。」**注鄭康成曰：「知微謂幽暗，知彰謂明顯也。」見《文選・西征賦》注。案陰陽初兆謂之微，吉凶已著謂之彰。當剛而剛，當柔而柔，得位之陰陽也。其不當者，失位者也。知之則處之當矣，故萬夫之望，言望而法效之也。《詩》曰：「行歸于周，萬民所望。」**子曰：「顏氏之子，其殆庶幾乎？有不善未嘗不知，知之未嘗復行也。」《易》曰：「不遠復，无祇悔，元吉。」**注虞翻曰：「幾者，神妙也。復以自知，謂顏回不遷怒，不貳過，克己復禮，天下歸仁。」案知幾其神者，聖也。顏子步亦步，趨亦趨，故殆庶幾，无不善則无所復，知幾所以神也。有不善未嘗復行，故不遠復，庶幾者也。欲學易者自寡過始，孔子曰：「可以無大過矣。」**天地絪緼，萬物化醇。**案絪緼，壹壼也。言其周密相包裹也。絪緼，《說文》引作壹壼，蓋本字。絪緼，假借字也。《說文》云：「壹，專一也。壼，壹壼也。从壺，不得泄，凶也。壺，昆吾圜器也。」《淮南子·本經》云：「距日冬至四十六日，天含和而未降，地懷氣而未揚，陰陽儲與，呼吸浸潭，包裹風俗，斟酌萬物，旁薄衆宜，以相嘔咐，醖釀而成育羣生。」醇，不澆也。陰陽往來，周密无間，物得其和而生，故化醇。《管子》曰：「凡人之生，天出其精，地出其形，合此以爲人，和乃生。」《内業》文。《慎子》云：「天地之所以能長能久者，以其陽中有陰，下降極而生陽；陰中有陽，上升極而生陰。二氣交通，合爲太和。相因而爲氤，相昷而爲氳。以此施生化之功，變化之所以兆也。」見《草蟲》疏。案，彼作覯，義同。**男女搆精，萬物化生。**案鄭康成曰：「搆，合也。男女以陰陽合其精氣。」見《草蟲》疏。案，彼作覯，義同。案有天地然後有男女，有男女然後有父子君臣。孔子曰：「天地不合，萬物不生，大昏萬世之嗣也。」《荀子》曰：「君臣、父子、兄弟、夫婦，始則終，終則始，與天地同理，與萬世同久，夫是之謂大本。」《王制》文。董子曰：「天地之陰陽當男女，人之男女當陰陽。」**《易》曰：「三人行則損一人，一人行則得其友。」言致一也。**案昏禮，主人不降送，壻降出，婦從，禮不參也。故三人行損一人，男行女隨，故致一，言致一人，所謂得友也。《白虎通》曰：「閨閫之内，衽席之上，朋友之道也。」《嫁娶》文。

子曰：「君子安其身而後動，易其心而後語，定其交而後求。君子脩此三者，故全也。」案此得位既濟之象也。得位故安其身，坎爲險，得正，六爻相應，故易其心，定其交，六位皆正，无所不宜，故全也。**危以動，則民不與也。懼以語，則民不應也。无交而求，則民不與也。莫之與則傷之者至矣。《易》曰：「莫益之，或擊之，立心勿恒，凶。」**案王粲曰：「身不安則殆，言不順則悖，交不審則惑，行不篤則危，四者存乎中，則憂患接乎外矣。憂患之接，必生於自私，而興於有欲。自私者不能成其私，有欲者不能濟其欲。」《安身論》文。益上失位无與，不降三，則三不與上，五艮來擊之。上居高位，不自降三，而欲三來應己，又不自化之正。順，五失位，乘陽，三隔五不應上。所謂危也，懼也，无交者也，皆无恒之所必致也。以斯而動，誰則與之？是以凶而傷之者。至上三易位，成既濟，則所謂君子也。此第四篇，所謂吉凶生、悔吝著也。

子曰：「乾坤，其易之門邪？」注荀爽曰：「陰陽相易，出於乾坤，故曰門。」案易，元也。乾坤，易之門。言其出入於乾坤，乾坤周而易周矣。**乾，陽物也。坤，陰物也。陰陽合德，而剛柔有體。**注荀爽曰：「陽物天，陰物地也。」虞翻曰：「合德謂天地雜，保合太和，日月戰，乾剛以體天，坤柔以體地也。」案，精氣爲物，乾坤者，陰陽之精氣所爲也。已成形體，故謂之物，合德則太極含三爲一，合和之氣也。陰陽合德，是曰太極。陰陽成體，則曰剛柔。言乾坤之所以爲物者，以剛柔各有體也。陰陽合德不可名，名之以易而已。《荀子・禮論》云：「天地合而後萬物生，陰陽接而後變化起。」**以體天地之撰，以通神明之德。** 注 荀九家曰：「撰，數也。萬物形體，皆受天地之數也。隱藏謂之神，著見謂之明，陰陽交通乃謂之德。」案，「以體天地之撰」，謂剛柔爲卦畫，成卦體，卦所以體天地之撰者也。「以通神明之德」，謂發揮剛柔而生爻，由變而化，往來不窮，不可一端測，故以通神明之德也。**其稱名也，雜而不越。** 注 荀九家曰：「陰陽，雜也。名謂卦名。陰陽雖錯，而卦象各有次序，不相踰越。」**於稽其類，其衰世之意邪？** 案 於，歎辭。類，謂以卦類萬物也。卦反復相受，故曰衰世之意，謂殷之末世，周以盛德繼之，一陰一陽，一盛一衰，易之義也。聖人懼衰之不已，故卦必反復，以見衰必有盛，窮則變，變則通，作《易》以救衰也。仲尼作《春秋》，亦此志也。《白虎通》曰：「文王所以演易何？商王紂不率仁義之道，失爲人法矣。己之調和陰陽尚微，故演易，使我卒至於太平日月之光明，則如易矣。」《五經》文。《荀子》曰：「以類行雜，以一行萬，始則終，終則始，若環之無端也，舍是而天下以衰矣。」《王制》文。**夫易彰往而察來，而微顯闡幽。** 案 往者彰，則來者可察，不知今者視諸古，不知來者稽諸往也。微顯，謂顯明者探其微。闡幽，謂幽昧者發其覆。陽往則陰來，陰往則陽來，變之九六者，本諸畫，隱於畫者，發諸爻，睹本察末，探端知緒，所謂知遠之近，知風之自，知微之顯也。闡，開也。**開而當名辯物，正言斷辭，則備矣。** 注 干寶曰：「辯物類也。正言，言正義也。斷辭，斷吉凶也。」案易出入乾坤，成六十四卦，故開當名，各當其名也。**其稱名也小，其取類也大，其旨遠，其辭文，其言曲而中，其事肆而隱。** 注虞翻曰：「謂乾坤與六子俱名八卦而小成故小，觸類而長之故大。」案廣大悉備，有天地人道焉，故旨遠。百物不廢，物相雜，故曰文，亦天地人之文也。曲成萬物而不遺，言賾不可亞，言動不可亂，故曲而中。肆，極陳也。變通之謂事，百姓日用而不知，故肆而隱。《荀子》曰：「多言則文而類，終日擬其所以，言之千舉萬變，其統類一也，是聖人之知也。」《性惡》文。**因貳以濟民行，以明失得之報。** 注鄭康成曰：「貳，當爲式。」見《釋文》。案《説文》云：「式古文二。」❶虞翻曰：「二謂乾與坤也。」案濟謂成既濟，民行失中，作易以濟之，得位則報以吉，失位則報以凶，成既濟，乃无失也，故濟民行。此第五篇，言易出入乾坤，无所不備，變易而不易者也。

易之興也，其於中古乎？作易者，其有憂患乎？ 注鄭康成曰：「文王爲中古，見虞翻注引。❷文王囚而演易。」見孔疏。案，《漢書·藝文志》「世歷三古」注，孟康曰：「伏羲爲上古，文王爲中古，孔子爲

---

❶「古」，原作「故」，據《説文解字》改。

❷「虞翻」，原倒，今據《周易集解》卷十六改。

下古。」案文王增六爻，作卦爻之辭，故興於中古。作易謂繫卦爻之辭也。**是故履，德之基也。**案履者，禮也。踐而履之，故曰基。无禮則德不成，克己復禮，天下歸仁。此九卦者，文王之所以服事殷，而終其臣節者也。**謙，德之柄也。**注虞翻曰：「坤爲柄。柄，本也。」干寶曰：「柄所以持物，謙所以持禮者也。」**復，德之本也。**注虞翻曰：「復初乾之元，故德之本也。」案，❶元伏復初，確乎難拔，故曰本。**恒，德之固也。**注虞翻曰：「立不易方，守德之堅固。」案，恒，常也。恒厥德，始貞固，不恒則或承之羞。**損，德之脩也。**注鄭康成曰：「脩，治也。」見《釋文》。荀爽曰：「懲忿窒慾，所以脩德。」**益，德之裕也。**注荀爽曰：「見善則遷，有過則改之，德優裕也。」**困，德之辯也。**注鄭康成曰：「辯，別也。遭困之時，君子固窮，小人窮則濫，德于是別也。」**井，德之地也。**注姚信曰：「井養而不窮，德居地也。」案，井爲德所居之地，勞民勸相，居德之地也。**巽，德之制也。**注虞翻曰：「巽風爲號令，❷所以制下，故曰德之制也。」**履，和而至。**案説而應乎乾，故和而至。**謙，尊而光。**注荀爽曰：「自上下下，其道大光也。」**復，小而辯於物。**注虞翻曰：「陽始見故小，乾陽物，坤陰物也。以乾居坤，故

---

❶「案」，原作「察」，今據皇清經解續編本改。

❷「令」，原作「今」，今據崇文書局本、皇清經解續編本改。

稱别物。」案，陰陽之物，辯之於早。**恒，雜而不厭。**注荀爽曰：❶「夫婦雖錯居，不厭之道也。」**損，先難而後易。**案損以成益，故先難後易。**益，長裕而不設。**注鄭康成曰：「設，大也。」《周禮·攷工記》曰：「中其莖，設其後。」見《桃氏》疏。鄭彼注云：「謂從中以卻稍大之，後大則於把易制。」案，不設，謂无所小大，故長裕。虞翻曰：「謂天施地生，其益无方，凡益之道，與時偕行，故不設也。」**困，窮而通。井，居其所而遷。巽，稱而隱。**案困而不失其所亨，故通。改邑故遷，不改井故居其所。萬物絜齊故稱，爲伏爲入故隱也。**履以和行，謙以制禮，復以自知，恒以一德，**注虞翻曰：「禮之用，和爲貴，故以和行也。陰稱禮，謙三以一陽制五陰，萬民服，故以制禮也。有不善，未嘗不知，故自知也。恒德之固，立不易方，從一而終，故一德者也。」**損以遠害，**案滿則招損，自損故遠害。向子平所謂「貴不如賤，富不如貧」者，正謂此也。見本傳。❷申屠剛對策云：「損益之際，孔父攸嘆。持滿之戒，老氏所慎。蓋功冠天下者不安，威震人主者不全。」《淮南子》曰：「孔子讀易至損益，未嘗不憤然而歎曰：『益損者，其王者之事與，事或欲以利之，適足以害之，或欲害之，乃反以利之，利害之反，禍福之門户，不可不

❶「爽」，原作「夾」，今據崇文書局本、皇清經解續編本改。
❷「傳申」，原倒，今據崇文書局本、皇清經解續編本改。

察也。』」《人間》文。**益以興利，**注荀爽曰：「天施地生，其益无方，故興利也。」**困以寡怨，井以辯義，**案困而不失其所亨，致命遂志，所以寡怨也。不怨天，不尤人，居易俟命，无入不自得，何怨之有。辯義謂改邑不改井，各有宜也。**巽以行權。**注荀九家曰：「巽象號令，又爲近利，人君政教，進退釋利而爲權也。《春秋傳》曰：『權者反於經，然後有善者也。』桓十一年《公羊傳》文。此所以説九卦者，聖人履憂濟民之所急行也。故先陳其德，中言其性，後序其用，以詳之也。西伯勞謙，殷紂驕暴，臣子之禮有常，故創易道以輔濟君父者也。然其意義廣遠幽微，孔子指撮解此九卦之德，合三復之道，明西伯之於紂，不失上下。」案，此第六篇，舉九卦以明文王居動皆易，後之君子所宜察其德行者也。

易之爲書也，不可遠。案易廣大悉備，言尚辭，動尚變，制器尚象，卜筮尚占，舉而措之天下之民，謂之事業，故爲書不可遠也。書，著也。**其爲道也屢遷。**注虞翻曰：「遷，徙也。日月周流，上下无常，故屢遷也。」案一陰一陽之謂道，陰陽往來不窮，故屢遷。**變動不居，周流六虛，上下无常，剛柔相易。**注虞翻曰：「六虛，六位也。日月周流，終則復始。」案變動謂九六，六爻之動，由畫而變，而不居於六畫之位，故不居。六虛者，太極六爻一陰一陽之虛位也。終而復始，升降於六虛，所謂周也。陰陽上下，互相易位，故上下无常。剛柔相易，所謂易也。**不可爲典要，唯變所適。**注虞翻曰：「典，常。要，道也。上下无常，故不可爲典要。」案周易占變，故唯變所適。**其出入以度，外内使知懼。**案出入，謂屈信消長也。出入有恒，故以度。陰陽出入，即聖人之所以爲出入者，入謂之内，出謂之外，爻象動内，吉凶見外，故使知懼也。**又明於憂患與故，无有師保，如臨父母。**注虞翻曰：「神以知來，故明憂患；知以藏往，故知事故。作易者其有憂患乎？」干寶曰：「言易道戒懼，所以懼以終始，歸无咎也。雖无師保切磋之訓，其心敬戒常如父母之臨己者也。」案，《文王世子》云：「師也者，教之以事而喻諸德者也。保也者，慎其身以輔翼之而歸諸道者也。」**初率其辭，而揆其方，既有典常，苟非其人，道不虚行。**注馬融曰：「方，道也。」見《釋文》。案初，始。率，循。辭，彖爻辭也。揆，度。方，陰陽之道也。陰陽變易，故不可爲典要。卦氣之初，全體畢具，故率辭揆方，盡有典常也。其人謂聖人，仁見仁，知見知，百姓不知，唯聖人知之而不失其正，此所以必察乎其人，察乎德行者也。有聖人之一端，則可行聖人之一事，君子曰：「甘受和，白受采，忠信之人，可以學禮。」此第七篇，言易不可遠，非其人不能行也。

易之爲書也，原始要終，以爲質也。案終始，卦畫之終始也。原，本。要，約。質，體也。謂元發爲畫也。**六爻相雜，唯其時物也。**注虞翻曰：「陰陽錯居稱雜，時陽則陽，時陰則陰，故唯其時物，乾陽物，坤陰物。」案時謂一卦之氣，發爲六畫者，故六位時成。爻之陰陽由於畫，故唯其時物，唯六畫之陰陽，發爲六爻之陰陽也。畫自下上成，各以時變而爲爻，各隨其畫，若元則无方无體而不過不遺者也。《吕覽》曰：「愛惡循義，文武有常，聖人之元也。譬之若寒暑之序，時至而事生之，聖人不能爲時，而能以事適時。」《召類》文。以事適時，用九用六之謂也。**其初難知，其上易知，本末也，初辭擬之，卒成之終。**注干寶曰：「初擬議之，故難知。卒終成之，故易知。本末勢然也。」案，初上謂爻。**若夫雜物撰德，辯是與非，則非其中爻不備。**案雜物，謂陰陽也。撰德，天地之撰，神明之德也。中爻，二至五，中四爻也。謂之中爻者，五，上之中；二，下之中；三、四，互體之中。中四爻兼互體，故備也。**噫！亦要存亡吉凶，則居可知矣。知者觀其彖辭，則思過半矣。**注馬融曰：「噫，辭也。居，處也。彖辭，卦辭也。」案要，約也。所居而安者易之象，故居可知。彖者言乎象，君子居則觀其象而玩其辭，觀質可以知文，故思過半。**二與四同功而異位，其善不同。二多譽，四多懼，近也。柔之爲道，不利遠者，其要无咎，其用柔中也。**案二四皆陰，同互一卦，故同功。荀注《易》，凡互體，俱云同功，爲某。莊二十二年《左傳》疏云：「二至四，三至五，兩體交互，先儒謂之互體。」二中，四非中；二内，四外：故異位，善不同也。二得中，故多譽；四失中，故多懼。二應五，故近多譽；四非五應，反來應初，五又乘之，故遠而多懼也。无咎謂四，柔中謂二。**三與五同功而異位，三多凶，五多功，貴賤之等也。其柔危，其剛勝邪。**案三五俱陽，同互一卦，故同功。五中在外，三失中在内，故異位。五貴得中，故多功；三賤失中，故多凶。三五陽位，故柔危剛勝也。此上所謂「非中爻不備」文。**易之爲書也，廣大備悉。**注荀爽曰：「以陰易陽謂之廣，以陽易陰謂之大，易與天地準，故悉備也。」**有天道焉，有人道焉，有地道焉，兼三才而兩之，故六，六者非它也，三才之道也。**案道不可見，始萌謂之才，故三才之道，天地人始兆之道也，謂畫。**道有變動，故曰爻，爻有等，故曰物。**注陸績曰：「天道有晝夜日月之變，地道有剛柔燥濕之變，人道有行止動靜吉凶善惡之變，聖人設爻以效三者之變動，故謂之爻也。」案等，貴賤之等。物，陽陰之物也。**物相雜，故曰文，文不當，故吉凶生焉。**注虞翻曰：「乾陽物，坤陰物，純乾純坤之時，未有文章，陽物入坤，陰物入乾，更相雜成六十四卦，乃有文章，故曰文。」案不當謂陰陽失位。吉凶者，失得之象，故吉凶生。卦畫爲質，卦爻爲文，原始要終以爲質，謂畫之始終。六爻相雜，唯其時物，畫之變爲九六而成文章者，文依質立，質以文行，是曰時物。此第八篇，言卦爻文質相依，所謂剛柔立本，變通趣時，兼三才而廣大悉備矣。

易之興也，其當殷之末世，周之盛德邪，當文王與紂之事邪？注鄭康成曰：「據此言，以易是文王所作，斷可知矣。」見昭二年《左傳》疏。**是故其辭危。**案文王囚而演易，有憂患故辭危。**危者使平，易者使傾。**案陰消陽長，陽極陰生，无平不陂，无往不復，六十四卦，旁通反復，孟子所謂「生於憂患而死於安樂」者也。**其道甚大，百物不廢。**案陰陽往來，无有窮已，廣大悉備者也。故其道甚大，百舉成數。廢，休也。《淮南子》曰：「輪轉而無廢。」《原道》文。**懼以終始，其要无咎，此之謂易之道也。**案作易者有憂患，故懼以終始，成既濟定，故其要无咎也。此第九篇，❶言文王作《易》，以總上諸聖人也。

夫乾，天下之至健也，德行恒易以知險。夫坤，天下之至順也，德行恒簡以知阻。案德行者，得乾坤之健順而行之，易簡而知險阻也，謂聖也。《文言傳》「君子行此四德」，謂得而行之也。天地之道，恒久不已，至健至順，純陰純陽，恒易簡而不險阻者，陰陽變化，皆自乾坤來，故知險阻。**能説諸心，**案得健順而行之，易簡而知險阻，故能説諸心，以之脩其身也。元伏復初，爲天地心，剛柔始交，出震交坎，而成屯矣。此言乾坤交，成諸卦，復姤爲陰陽之始，屯蒙爲諸卦之先，舉一端而全經可知也。**能研諸侯之慮，**注虞翻曰：「坎心爲慮。乾初之坤，初爲震，震爲諸侯。」案能研諸侯之慮，謂治國也。屯利建侯，所謂君子以經綸者也。**定天下之吉凶，成天下之亹亹者。**注荀爽曰：「亹亹，陰陽之微，可成可敗也。順時者成，逆時者敗。」案此謂平天下也。陰陽成六十四卦，故定天下之吉凶。陽陰皆起於初，自微及著，故成天下之亹亹者。《禮器》曰：「是故天時雨澤，君子達亹亹焉。」鄭彼注

❶「篇」，原作「第」，今據本卷文例改。

云：「君子愛物，見天雨澤，皆勉勉勸樂。」案，勉勉勸樂，樂物之生也。義同。**是故變化云爲，**案通變之謂事，故變化云爲。云，運也。**吉事有祥。**注虞翻曰：「祥，幾祥也。吉之先見者也。」謂復初元吉也。」**象事知器，占事知來。**案象事知器，象其事知其成也。見乃謂之象，形乃謂之器。占事未著，而待占者占之，而知其方來，故知來。《荀子》曰：「五寸之矩，盡天下之方也。」《不苟》文。**天地設位，聖人成能。**案天地設位，謂健順也。天行健，位乎上；地勢順，位乎下。❶聖人成能，謂德行成，而能説諸心以脩身，能研諸侯之慮以治國，能定吉凶成亹亹以平天下也。聖人與天地合德，法效天地，以成其能，引伸觸類，能事畢矣。《中庸》曰：「可以贊天地之化育，則可以與天地參矣。」**人謀鬼謀，百姓與能。**注鄭康成曰：「鬼謀，謂謀卜筮於廟門也。」見《士冠禮》疏。案謀及乃心，謀及卿士，謀及庶人，謀及卜筮，故人謀鬼謀。易則易知，簡則易從，故百姓與能。**八卦以象告，爻彖以情言。**案六十四卦，皆八卦之象，故八卦以象告。告，示也。爻言變，彖言象，聖人之情見乎辭，故爻彖以情言也。**剛柔雜居，而吉凶可見矣。**案謂畫也，剛柔交故雜居。爻者，變動不居。剛柔立本，得失已兆，故吉凶可見，所謂居可知也。**變通以利言，吉凶以情遷。**案變則通，變通盡利，

---

❶「位」，原作「謂」，今據崇文書局本、皇清經解續編本改。

故以利言。情謂一陰一陽，天地人之至也。得則吉，失則凶。先得後失，則始吉終凶。先失後得，則始凶終吉，故以情遷也。**是以愛惡相攻，**❶**而吉凶生。**案愛惡，謂情之得失也。得位相應，則交相愛，不則以得攻失，以失攻得，而吉凶生矣。攻，擊也。**遠近相取，而悔吝生。**案遠謂非應，近謂應也。遠取近，則應爲非應所取，不得之應，近取遠，則應係於非應，不欲之應，而悔吝生焉。**情僞相感，而利害生。**案情僞謂得失。以情感情，有利无害；以僞感僞，有害无利；以情感僞，雖害亦利；以僞感情，雖利亦害。**凡易之情，近而不相得，則凶，或害之，悔且吝。**案凡易之情，謂得位者也。近謂應，相應之爻俱得位，而一化一不化，則不相得，故凶。應本相得，閒爻害之，則悔且吝。**將叛者其辭慚，**案本得位而欲化者，爲將叛。叛，倍也。慚，媿也。爻效人事，故辭亦如之。**中心疑者其辭枝，**案失位而變化无定者，爲疑。枝，猶擬也。《荀子》曰：「凡觀物有疑，中心不定，則外物不清。吾慮不清，則未可定然否也。」又曰：「心枝則无知，傾則不精，貳則疑惑。」并《解蔽》文。**吉人之辭寡，躁人之辭多，**案得位不動者爲吉人，失得妄動者爲躁人。寡，少也。多，重也。**誣善之人其辭游，**案陽爲善，陰居陽位，陽爲陰揜，爲誣善。游，猶浮也。《緇

❶「以」，崇文書局本、皇清經解續編本作「故」。

衣》曰：「大人不倡游言。」《書》曰：「而胥動以浮言，恐沈于衆。」**失其守者其辭屈。** 案 持一不惑曰守。陽静專，以陽居陰，爲失其守。屈，挫其志也。《孟子》曰：「威武不能屈。」

此第十篇，言變易不易，皆其簡易，以總諸篇也。

周易姚氏學卷第十六

旌德姚配中撰

周易説卦傳

昔者聖人之作易也，幽贊於神明而生蓍，注鄭康成曰：「昔者聖人，謂伏羲、文王也。」見《書序》疏。荀爽曰：「幽，隱也。贊，見也。」干寶曰：「始爲天下生用蓍之法。」案幽，深。贊，佐也。幽贊，謂易不可見，聖人極深研幾以佐見之也。神明者，天地之神明，易之元也。生，猶造也。**參天兩地而倚數，**注馬融曰：「五位相合，以陰從陽。天得三合，謂一三與五也。地得兩合，謂二與四也。見孔疏。倚，依也。」見《釋文》。案，聖人以陰陽消息，有始壯究，而因爲之異其名。自一至十，奇以名陽，偶以名陰。一至五爲生數，六至十爲成數。成數者，生數之合也。生數三奇而二偶，故天得三合，一三五六八十合之三十三。地得兩合，二四七九合之二十二。陽大小數皆三，陰大小數皆二，故參天兩地而倚數，數依以立也。天地之數五十五，減五以象五行，以五十衍卦，故曰「大衍」，解在《上繫》。虞云：「分天象三才，以地兩之，立六畫之數。」似失之。上言生蓍，則此言大衍之數可知，非謂重卦。

倚，鄭《周禮・媒氏》注作奇。**觀變於陰陽而立卦，**案數有陰陽之變，謂一變七，二變八也。觀數變之陰陽，因以立卦畫之陰陽也。上言數，故知此立卦謂卦畫，下乃言爻。虞云：「謂立天之道，曰陰與陽，乾剛坤柔，立本者。卦謂六爻。」似失之。下言生爻，此云立卦，謂卦畫不得豫言爻。天道陰陽，乃以陰陽分屬天，剛柔分屬地，以見六畫一陰一陽，陰陽剛柔互備耳。乾剛坤柔，乾陽物，坤陰物，隨義生稱耳，不得以陰陽專屬之天也。**發揮於剛柔而生爻，**案剛柔謂畫。發揮，發動也。發揮於剛柔之畫，以生九六之爻。又有數无象，故言生，不言立。上言卦畫，故知此是由剛柔之畫，生九六之爻。虞云：「立地之道，曰柔與剛。變剛生柔爻，變柔生剛爻，以三爲六也。」似失之。道有變動，故曰爻。易爻皆九六，七變之九，剛之發揮。八變之六，柔之發揮。剛柔立本，畫動成爻也。**和順於道德而理於義，**案道，一陰一陽之道，太極也。德謂兩儀，各得太極之陰陽，故謂之德。陰陽分則各有定位，故曰義。理，分也。合太極、兩儀之道德，立六畫、陰陽一定之位，故和順於道德，而理於義。賈子曰：「物所道始謂之道，所得以生謂之德。德之有也，以道爲本。德生理，理立則有各適之謂義。義者，理也。」《道德說》文。上言卦畫及爻，故知此是定陰陽之位。虞云：「立人之道，曰仁與義。和順謂坤，道德謂乾。以乾通坤，謂之理義。」似失之。如其說，是坤與乾通，何謂立人之道？義不可曉。此謂蓍卦定位之所以然，不必以象泥也。**窮理盡性以至於命。**案理，陰陽之位。性，陰陽之性。性偏則不能當位。窮理盡性，而陰陽各得其分矣。故以至於命。命，陰陽一定之位。即分也。窮理，窮命之分。盡性，性之不盡者使之盡，以各如其分，則一陰一陽，六爻正而至於命矣。此卦所以成既濟，而既濟定也。上言陰陽有一定之位，故知此言陽陰必各當其位。所謂乾道變化，各正性命，復乎太極之體者也。蓋一陰一陽者，太極之體命也。所謂和順於道德，而理於義，陰陽之宜以太極定也。卦之性各有陰陽，化成既濟，則一陰一陽復太極之體情也。利貞者性情，性之發，各得其正，則盡性而至於命矣。《大戴·易本命》云：「萬物之性，各異類。」類異則性不盡，禀於木則仁，禀於金則義，猶乾性陽，而坤性陰也。成既濟，則至於命，性之偏者化矣。劉子云：「民受天地之中以生，所謂命也。是以有動作威儀之則，以定命也。」定命則至於命矣。賈子《道德説》云：「命，德之理也。」案，虞云：「以乾推坤，謂之窮理。以坤變乾，謂之盡性。性盡理窮，故至於命。巽爲命也。」似失之。**昔者聖人之作易也，將以順性命之理，是以立天之道曰陰與陽，立地之道曰柔與剛，立人之道曰仁與義。兼三才而兩之，故易六畫而成卦。**案天地人，各有性有命。天性陽，其得位不化者，命也；其失位必化之陰者，亦命；上陰位，當陰也。地性柔，其得位不化者，命也；其失位必化之剛者，亦命；初剛位，宜剛也。人性仁，威儀定命，則義。其命義者宜也，隨其位之陰陽而爲剛柔也。《吕覽》曰：「命也者，就之未得，去之未失。國士知其若此也，故以義爲決而安處之。」《知分》文。此承上性命而申説之，以明六畫所以以一陰一陽爲定位，卦所以必成既濟也。上言聖人造蓍定卦爻，此言聖人立六畫之旨，故重言昔者聖人之作易也。聖人將以順性命之理，故立天地人之道。各有性命，兼而兩之。六畫成卦，一陰一陽爲之定位也。**分陰分陽，迭用柔剛，故易六位而成章。**案以三才六位言，則初二地，三四人，五上天。總一卦言，明天道，則剛柔皆天之陰陽；明地道，則陰陽皆地之剛柔；明人道，則又各如其陰陽剛柔而爲仁義也。泰內陽外陰，內君子外小人，合全卦言天人也。故曰：「分陰分陽，迭用柔剛。」明互相備也。迭，更也，互也。章，天地人之文也。物相雜，故曰文。六位成章，錯綜而成六十四，象像爻效。文不當，而吉凶生矣。《乾鑿度》云：「孔子曰：『易有六位三才，天地人道之分際也。天有陰陽，地有柔剛，人有仁義，法此三者，故生六位。六位之變，陽爻者，制於天也；陰爻者，繫於地也。天動而施曰仁，地静而理曰義，仁成而上，義成而下，上者專制，下者順從，正形於人，則道德立，而尊卑定矣。』」

天地定位，山澤通氣，案天尊位上，地卑位下。天降時雨，山川出雲。天地之氣，以山澤通，所謂竅於山川者也。《咸・象傳》陸績注云：「天地因山澤孔竅以通其氣，化生萬物也。」紀瞻對策云：「蓋聞陰陽升降，山澤通氣。」義同陸。**雷風相薄，水火不相射，**注鄭康成曰：「薄，入也。」陸績曰：「射，厭也。」并見《釋文》。案薄，迫也。天地之氣，以雷風相迫入也。《淮南子・天文》云：「陰陽相薄，感而爲雷。」《文選・風賦》注引《物理志》云：「風陰陽擊發氣也。」水，火之牡；火，水妃也。故不相射。陰陽之氣，出入坎離，以坎離交也。《素問・天元紀大論》云：「水火者，陰陽之徵兆。」

八卦相錯。數往者順，知來者逆，是故易逆數也。案相錯謂成六十四。逆，迎也。已往故數之順，自上而下。未來故數之逆，自下而上。易氣從下生迎而上，以下爻爲始，知來者也，故逆數也。

雷以動之，風以散之，雨以潤之，日以烜之，艮以止之，兑以説之，乾以君之，坤以藏之。注荀九家曰：「雷與風雨，變化不常。而日月相推，迭有往來，是以四卦以義言之。天地山澤，恒在者也，故直言名矣。」案萬物以陽出。仲春之月，陽始出地，激而爲雷，而萬物動，羣蟄起。氣以雷發，以風行，風行氣布，和而爲雨。雨自上下，故潤。澤自下上，故説。乾爲之君，號令皆發自乾元也。坤位中央，物皆麗焉。出於坤，藏於坤，萬物之母也。《樂記》曰：「地氣上齊，天氣下降，陰陽相摩，天地相蕩，鼓之以雷霆，奮之以風雨，動之以四時，煖之以日月，而百化興焉。」月令則其紀驗也。

帝出乎震，齊乎巽，相見乎離，致役乎坤，説言乎兑，戰乎乾，勞乎坎，成言乎艮。案帝，乾元也。乾元藏於中宫，周乎八方，所在異名，而八卦稱焉。《齊書·王儉傳》：「太子問王儉曰：『《周易·乾卦》本施天位，而《説卦》云「帝出乎震」。震本非天，義豈相當？』儉曰：『乾健震動，天以運動爲德，故言「帝出震」。』太子曰：『天以運動爲德，君自體天居位，震雷爲象，豈體天所出？』儉曰：『主器者莫若長子，故受之以震。萬物出乎震，故亦帝所與焉。』」案，儉不知帝爲乾元，故言之多滯。夫元之所在異名，八卦何一非元乎？謂之帝者，言其氣之王出而乘時也。明乎此，而八卦可知矣。夫豈帝自爲帝，而卦自爲卦乎？《魏志》注引《管輅别傳》難劉邠云：「輅不解古之聖人何以處乾位於西北、坤位於西南。夫乾坤者，天地之象。然天地至大，爲神明君父，覆載萬物，生長撫育，何以安處二位，與六卦同列？」知八卦之皆元所爲，則无疑於乾坤之位矣。卦者，挂也，象也。帝出乎震，則象成震，齊乎巽，則成巽，豈舍帝而别有卦哉？輅所云「乾坤者，易之祖宗，變化之根原」者，謂元也。**此明堂之所由立。**明堂法易八卦，王居周明堂，若帝之出乎震，而周八卦也，解在《月令》箋。**十二月之所由紀，**《晉書·天文志》：「董巴議云：『昔伏羲始造八卦，作三畫，以象二十四氣。黄帝因之，初作《調歷》。』」**八風七十二候之所由驗也。**《春秋考異郵》：「冬至十一月，陽之氣也。陽立於五，極於九，五九四十五日一變。以陰合陽，故八卦主八風，相距各四十五日。艮爲條風，震爲明庶風，巽爲清明風，離爲景風，坤爲涼風，兑爲閶闔風，乾爲不周風，坎爲廣莫風。」七十二候解在《月令》箋。

萬物出乎震，震，東方也。 注虞翻曰：「出，生也。」案《説文》云：「出，進也。象屮木益滋，上出達也。」案變帝言萬物者，見乃謂之象，形乃謂之器。萬物者帝所爲也。此所云八卦，乃方位。帝之所在爲卦，因即以卦名其方，故復伸之云「震，東方也」。《白虎通·五行》云：「東方者，動方也，萬物始動生也。木在東方，木之言觸，陽氣動躍觸地而出也，時爲春。春之言偆。偆，動也。其色青，其音角。角者，躍也。陽氣動躍，其日甲乙。甲者，萬物孚甲也。乙者，物蕃屈有節欲出。」**齊乎巽，巽，東南也。齊也者，言萬物之絜齊也。** 案絜，猶清也。齊，整也。巽爲白，萬物茂長，故清整也。**離也者，明也，萬物皆相見，南方之卦也。** 注虞翻曰：「離爲日，爲火，故明。日出照物，以日相見。」案，《白虎通·五行》云：「南方之時，萬物莫不章明。」南之言任也，時爲夏。夏之言大也，其色赤，其音徵。

徵，止也。陽度極也，其日丙丁。丙者，其物炳明。丁者，强也。**聖人南面而聽天下，嚮明而治，蓋取諸此也。**注虞翻曰：「離，南方，故南面。乾五之坤，坎爲耳，離爲明，故以『聽天下，嚮明而治』也。」案聖人謂乾元託位於五，成坎。乾元伏於戌亥，藏於中宫成坎。坎北方，故南面聽察也。天下不能盡覩，而可盡聞，故曰「聽」。坎嚮離成既濟，六位正，故「嚮明而治」也。**坤也者，地也，萬物皆致養焉，故曰「致役乎坤」。**注鄭康成曰：「坤不言方者，所以言地之養物不專一也。」見孔疏。虞翻曰：「坤陰无陽，故道廣布，不主一方，含宏光大，養成萬物。」案，《白虎通·五行》云：「中央者土，土主吐含萬物。土之爲言吐也。土爲中宫，其日戊己。戊者，茂也。己者，抑屈起。其音宫。宫者，中也。土所以不名時者何？地，土之别名也，比於五行最尊，故不自居部職也。」又云：「土王四季居中央，不名時。」《乾鑿度》云：「陽始於亥，形於丑，乾位在西北，陽祖微據始也。陰始於巳，形於未，據正立位，故坤位在西南，陰之正也。」**兑，正秋也，萬物之所説也，故曰「説言乎兑」。**注虞翻曰：「兑爲雨澤，故説。」案，《釋名》云：「秋，就也。」言萬物成就也。《白虎通》云：「秋位西方。西方者，陰始起，萬物禁止。金之爲言禁也。其色白，其音商。商者，强也。其日庚辛。」《説文》云：「庚，象秋時萬物庚庚有實也。辛，秋時萬物成而孰，金剛味辛。」**戰乎乾，乾，西北之卦也，言陰陽相薄也。**案西北戌亥，陽伏於下，屈而欲信，與坤薄。故坤上龍戰于野，西北陽氣全伏。故以乾爲西北之卦焉。卦，象也。之卦猶言之象。**坎者，水也，正北方之卦也，勞卦也，萬物之所歸也，故**

曰「勞乎坎」。注虞翻曰：「歸，藏也。」案，水洊至習坎，故勞。《白虎通》云：「水位在北方。北方者，伏方也，陽氣在黄泉之下，任養萬物，萬物所幽藏也。時爲冬，冬之言終也。其音羽，羽之爲言舒，言萬物始孳。其日壬癸。」《釋名》云：「壬，妊也。陰陽交，物懷妊也。癸，揆也。揆度而生，乃出土也。」**艮，東北之卦也，萬物之所成終而所成始也，故曰「成言乎艮」。**注虞翻曰：「東北是甲癸之閒，故萬物之所成終而所成始者也。」案帝之所在異名，而萬物隨之，崔憬云：「帝者，天之王氣也。」以其周王天下，故謂之帝。而卦象成，故云之卦。而方位定，故云方。而卦體明，故云地也、水也。而卦義章，所説諸義皆是。互言之，而罔弗備矣。八卦方位之次。五行相生，而坎水之後，獨受以艮。土者，水之生，木必資於土也。木金各二者，方生之木，不能生火，水氣潤也；秋初之金，不能生水，火氣燥也。木盛極則燥，金盛極則潤，而水火生焉。以畫言，冬至陽生地中，故坎陽在中；至寅三陽將出地，故陽在上，所謂魚陟負冰，象陽之上也；正東震雷出地，萬物以生，物生先長其根，皆下行，故陽在下，所謂反生也；東南陽極陰伏，故陰在初；夏至陰從中生，故陰在中；正秋三陰，故陰在上；坤位中央，无所不在；西北爲乾，純陽之伏也。五行者氣之轉，八卦者氣之交，何一非帝，何一非元乎？

神也者，妙萬物而爲言者也。案不見不聞，无所不在，故妙萬物而謂之神，謂乾坤之元也。《潛夫論》曰：「是故道之爲物也，至神以妙。其爲功至强以大，天以之動，地以之静，日以之光，月以之明。四時五行，鬼神人民，億兆醜類，變異吉凶，何非氣然？」**動萬物者，莫**

疾乎雷。橈萬物者，莫疾乎風。燥萬物者，莫熯乎火。説萬物者，莫説乎澤。潤萬物者，莫潤乎水。終萬物始萬物者，莫盛乎艮。 案 此言神之發見，所在異名也。疾，速也。燥、熯，皆乾也。澤，雨澤、藪澤也。地有藪澤，則物植蘖；天時雨澤，則物得所潤澤也。水曰潤下。艮爲山，位東北，萬物更代之所，故終始萬物。《白虎通》曰：「東方爲岱宗者何？言萬物相更代於東方也。南方爲霍山者何？霍之爲言護也，言太陽用事護養萬物也。西方爲華山者何？華之爲言穫也，言萬物成孰，❶可得穫也。北方爲恒山者何？恒者，常也，萬物伏藏於北方有常也。中央爲嵩高者何？嵩言其高大也。」《巡狩》文。**故水火相逮，雷風不相悖，山澤通氣，然後能變化，既成萬物也。** 注 虞翻曰：「乾道變化，各正性命。成既濟定，故既成萬物矣。」案 此言乾元坤元相交而成物也。逮，與也。天地之氣，以坎離交，故相與；以雷風行，故不相悖。既，盡也。

乾，健也。 注 虞翻曰：「精剛自勝，動行不休，故健也。」**坤，順也。** 注 虞翻曰：「純柔承天時行，故順。」案，地勢，地順天爲高下也。**震，動也。** 注 虞翻曰：「陽出動行。」案，雷者，動物之氣。**巽，入也。** 注 虞翻曰：「乾初入陰。」**坎，陷也。** 注 虞翻曰：「陽陷陰中。」**離，麗也。** 注 虞翻

❶「孰」，崇文書局本、皇清經解續編本作「就」。

曰：「日麗乾剛。」**艮，止也。**注虞翻曰：「陽位在上，故止。」**兑，説也。**注虞翻曰：「震爲大笑，陽息震成兑，震言出口，故説。」案訓名卦之義。凡合其義者，即可以其卦名之，象其卦，即可以其義解之。

乾爲馬，案乾，健也。馬健行，故乾爲馬。《五行志》云：「馬任用而彊力。」鄭康成《五行傳》注云：「天行健，馬，畜之疾行者也。」《周禮》：「天子馬六種，法六爻也。自乘至廏，二百一十六匹，法乾之策也。」《夏官》：「校人掌王馬之政。辨六馬之屬，種馬一物，戎馬一物，齊馬一物，道馬一物，田馬一物，駑馬一物。凡頒良馬而養乘之。三乘爲皁，三皁爲繫，六繫爲廏。」注云：「自乘至廏，共二百一十六匹。《易》乾爲馬，此應乾之筴也。」**坤爲牛，**案牛任重，土畜也。《五行傳》云：「思之不睿，是謂不聖。時則有牛旤。」鄭注云：「牛，畜之任重者也。」《大司徒》注云：「牛能任載，地類也。」《庖人》注云：「牛屬司徒，土也。」**震爲龍，**案龍所以象陽也，春分而出，秋分而潛，以雷動者也，故震爲龍。《春秋元命苞》云：「龍之爲言萌也，陰中之陽也。」《説文》云：「龍，鱗蟲之長，能幽能明，能細能巨，能短能長，春分而登天，秋分而潛淵。」**巽爲雞，**注荀九家曰：「應八風也，風應節而變，變不失時，雞時至而鳴，與風相應也。」案雞，木畜。《説文》云：「雞，知時畜也。」《五行傳》：「貌之不恭，時則有雞旤。」案，貌屬木，故雞應之。《庖人》注云：「雞屬宗伯，木也。」疏云：「雞爲貌，雞又知時，故屬木。」《月令》「夏食菽與雞」，注云：「雞，木畜。」《賈子·胎教》云：「雞者，東方之牲也。」巽爲之者，象時氣也。《月令》：「春，其蟲鱗。」震爲龍，鱗也。鄭《月令》

注云：「象物孚甲將解。」夏，其蟲羽。離爲雉，羽也。高誘云：「盛陽用事，鱗散而羽。」案，春，陽氣出地，甲散爲鱗。至夏，陽氣盛而上騰，故蟲羽。陽者，揚也，飛之象也。巽春夏之交，雞應時而鳴，象氣之信。雖能飛而不高飛，象陰之未萌而陽未極也。故巽爲之。

坎爲豕， 案 豕，彘也，水畜也。《五行傳》：「聽之不聰，時則有豕旤。」注云：「豕，畜之居閑衛而聽者，屬聽。」蓋聽屬水，故豕應之。《小宗伯》鄭司農注云：「司空主豕。」司空，水也。《月令》注云：「彘，水畜也。」《說文》云：「豕，彘也。」《方言》云：「豬，關東西或謂之豕。」案，《小雅》：「有豕白蹢，蒸涉波矣。」傳云：「將久雨，則豕進涉水波。」箋云：「豕之性能水。」是豕又應雨。

離爲雉， 案 離爲文明，亦爲離別。雉，鳥之文明而有別者。離爲之，則雉其火畜與？《說文》云：「雉有十四種。」案，雉，《書》謂之「華蟲」，周以飾冕服，以其文明也。《士相見禮》注云：「士贄用雉者，取其耿介，交有時，別有倫也。」又案，《書大傳》：「華蟲，黄也。」離爲雉而華蟲黄者，亦黄離元吉之義也。

艮爲狗， 注 荀九家曰：「艮止，主守禦也。」案，《說文》云：「孔子曰：『狗，叩也。叩气吠以守。』」《秋官·犬人》疏云：「《說卦》『艮爲狗』，卦在丑，艮爲止，以能吠守止人，則屬艮。以能言，則屬兑，兑爲言故也。」故《五行傳》云：「言之不從，則有犬禍。」此蓋鄭義。《史記·秦本紀》「以狗禦蠱」，正義云：「狗，陽畜也。」此取艮止之義。《五行傳》注云：「犬，畜之以口吠守者，屬言。」《庖人》注及《月令》注皆以爲金，并以其口吠，故屬之兑也。

兑爲羊。 注 鄭康成曰：「其畜好剛鹵。」見《羊人》疏。案，《賈子·胎教》云：「羊者，西方之牲也。」義本此。高誘《淮南子》注以爲土畜。《五行傳》云：「視之不明，時則有羊旤。」注云：「羊，畜之遠視者，屬視。」《月令》注及《庖人》注并以爲火畜，皆望文立義也。

乾爲首，坤爲腹，震爲足，巽爲股，坎爲耳，離爲目，艮爲手，兑爲口。案天者，陰陽之宗，萬物資始，故爲首。首者，一身之始，身之最尊者也。《説文》云：「天，顛也。」「頂，顛也。」故虞注以乾爲頂，即爲首之義也。坤厚載物，故爲腹，包含萬物，不嫌清濁也。《素問》曰：「腹者，至陰之所居。」《評熱炳論》文。震陽在下動行，故爲足。五行貌屬木，足所以動容貌也。《五行志》云：「木，東方也。於《易》，地上之木爲觀，其於五事威儀容貌亦可觀者也。」案，《五行傳》以貌屬木，義本此。脛本曰股。股，髀也。巽爲進退，一陰在下爲歧，象股之有偶也。内聽之謂聰，坎水内明，故爲耳目者，氣之清明者也。離火外照，坎伏其中，是爲童子。《五行傳》云：「聽之不聽，是謂不謀，厥罰恒寒。視之不明，是謂不悊，厥罰恒燠。」注云：「聽曰水，水主冬，冬氣藏，藏氣失，故恒寒也。視曰火，火主夏，夏氣長，長氣失，故恒燠也。」皆本此爲義。艮止，陽在上，象反震，故爲手。兑西方金，於五事爲言，口所以出辭氣也。《五行傳》注云：「言曰金，金主秋。」

乾，天也，故稱乎父。坤，地也，故稱乎母。震一索而得男，故謂之長男。巽一索而得女，故謂之長女。坎再索而得男，故謂之中男。離再索而得女，故謂之中女。艮三索而得男，故謂之少男。兑三索而得女，故謂之少女。案天主施，尊而不親；地主生，親而不尊。乾坤相通，而生六子，故稱父母。索，交索也。

乾爲天，爲圜，注宋衷曰：「乾動作不解，天亦轉運。動作轉運，非圜不能，故『爲圜』。」案積陽爲天，積陰爲地。天者，羣物之祖也。圜，周也。乾圜坤布，周流无竟者也。《説文》云：「圜，天體也。」《淮南子・天文》云：「道曰規，始於一。」規即圜義。**爲君，爲父，**注虞翻曰：「貴而嚴也。成三男，故爲父也。」案至尊之卦，以君臣言，則爲君；以父子言，則爲父。君者，臣之天；父者，子之天；夫者，妻之天也。**爲玉，爲金，**案乾陽天德，剛健純粹，故爲玉，爲金。鄭《玉府》注云：「玉，陽精之純者。」《白虎通・五行》云：「金者，堅剛難消。」《説文》云：「金，久薶不生衣，百鍊不輕，从革不違。」《白虎通》曰：「金者，精和之至也。玉者，德義之至也。」《攷黜》文。《禮統》曰：「天之爲言，鎮也，神也，陳也，珍也。施生爲本，運轉精神，功效陳列，其道可珍重也。」《爾雅釋文》引。**爲寒，爲冰，**案乾，西北伏積陰之地，故爲寒，爲冰。陽伏陰下，爲陰所薄而成冰也。劉向曰：「盛陽雨水，温煖而湯熱，陰氣脅之，不相入，則轉而爲雹。盛陰雨雪，凝滯而冰寒，陽氣薄之，不相入，則散而爲霰。故沸湯之在閉器，而湛於寒泉，則爲冰。及雪之消，亦冰解而散，此其驗也。」見《五行志》。乾位西北，陽伏於下，陰薄於外，猶沸湯之在閉器，湛於寒泉也。《大戴・曾子天圓》云：「陽氣勝，則散爲雨露。陰氣勝，則凝爲霜雪。陽之專氣爲雹，陰之專氣爲霰。霰雹者，一氣之化也。」注云：「《穀梁説》曰：『雹者，陰脅陽之象。霰者，陽脅陰之符也。』」鄭《月令》注云：「陽爲雨，陰氣脅之，凝爲雹。」義並同。**爲大赤，**注虞翻曰：「太陽爲赤。」案，《白虎通・三正》云：「赤者，盛陽之氣也。」《釋名》云：「赤，赫也，太陽之色。」乾純陽，故大赤。伏於地中，陰覆之，則黑而有赤色爲玄。**爲良馬，**案虞翻曰：「乾善，故良也。」案有德而行健，馬之良也。孔子曰：「驥不稱其力，稱其德也。」**爲老馬，**注荀九家曰：「言氣衰也，息至已必當復消，故『爲老馬』也。」**爲瘠馬，**注荀爽曰：「多筋幹也。」王廙曰：「健之甚者，爲多骨也。」崔憬曰：「骨爲陽，肉爲陰。乾純陽，骨多，故『爲瘠馬』。」**爲駁馬，**案宋衷曰：「天有五行之色，故『爲駁馬』也。」案，駁馬，色不純。梅福云：「一色成體，謂之醇，❶白黑雜合之謂駁。」《詩・駉》篇疏云「樊光、孫炎於《爾雅》『騂白，駁』下引《易》『乾爲駁馬』」，孫炎爲鄭學，則鄭義當與宋同。騂，赤色。「騂白，駁」，謂赤白雜。疏引王廙云：「駁馬能食虎豹，取其至健也。」則字當作「駮」。《釋畜》云：「駮，如馬，倨牙，食虎豹。」❷《説文》同。从馬，交聲。**爲木果。**案木讀爲剛毅木訥之木，果如讀「由也果」之果，皆陽剛質直之性也。或説木果，木實，果剥而復生，陽伏地中似之。剥上碩果，正謂孤陽。艮爲果，陽極成孰將落之象也。

坤爲地，爲母，注虞翻曰：「柔道静。成三女，能致養，故『爲母』。」案，《説文》云：「元氣初分，輕清陽爲天，重濁陰爲地。萬物所陳列也。」《白虎通・五行》云：「土尊，尊者配天。」又《天地》云：「地者，易也。言養萬物懷任，交易變化也。」**爲布，**注崔憬曰：「徧布萬物於致養，故『坤爲布』。」案布，施也，

❶ 「醇」，皇清經解續編本作「純」。

❷ 「豹」，原作「貌」，今據皇清經解續編本改。

陳列也。天行健，故圜。地勢坤，故布。布帛、布泉，取義於此。《釋名》云：「布，布也。布列衆縷爲經，以緯橫成之也。又太古衣皮，女工之始始於是，施布其法，使民盡用之也。」《檀弓》注云：「古者謂錢爲泉布，所以通貨財。」《外府》注云：「布，泉也。布讀爲宣布之布，其藏曰泉，其行曰布。取名於水泉，其流行無不徧。」是布帛、布泉，皆取布施之義。《左傳》「奉之以玉帛」，杜注云：「坤爲布帛。」虞《泰・象傳》注云：「坤富稱財。」皆以布帛、布泉爲説也。❶董子云：「爲人臣者，法地之道，暴其形，出其情，以示人高下險易，堅耎剛柔，❷肥臞美惡，累可就財也，故其形宜不宜，可得而財也。爲人臣者，比地貴信，而悉見其情於主，主亦得而財之。」此亦爲布之義也。**爲釜，爲吝嗇，爲均，**案釜孰五味，土生五行，故「爲釜」。吝，惜也，貪也。嗇，積也，愛濇也。坤藏萬物，土爰稼穡，爲積聚，陰性貪，故吝嗇也。均，平徧也。无所不載，故均。「均」或作「旬」，十日爲旬，旬亦徧也。鄭《均人》注云：「《易》『坤爲均』，今書亦有作『旬』者。」《内則》注云：「《易・説卦》『坤爲均』，今亦或作『旬』。」《説文》云：「旬，徧也。十日爲旬。」**爲子母牛，**注荀九家曰：「土能生育，牛亦含養，故爲『子母牛』也。」案，坤純陰爲牝。《説文》云：「牝，畜母也。」**爲大輿，爲文，**案坤厚載物，故爲「大輿」。樂由天作，禮以地制。樂由中出，故静。禮自外作，故文。文者，地之理也。**爲衆，**注虞翻曰：「物三稱羣，陰爲民，三陰

❶「説也」，原倒，今據皇清經解續編本改。
❷「耎」，原作「耎」，今據清武英殿聚珍版叢書本《春秋繁露》卷六改。

相隨，故『爲衆』也。」案坤者，含宏光大，萬物致養，故衆。**爲柄，**案柄，本也。管子曰：「地者，萬物之本原，諸生之根菀也。」**其於地也爲黑。**注崔憬曰：「坤十月卦，極陰之色。」案，北方謂之黑。黑，《釋名》云：「晦也。」《説文》云：「火所熏之色。」然則坤藏於離，故黑與？

震爲雷，注虞翻曰：「太陽火，得水有聲，故『爲雷』也。」案陽氣欲信，激而成雷。謂之雷者，象其回轉也。《淮南子・天文》云：「陰陽相薄，感而爲雷，激而爲霆。」《論衡・雷虛》云：「雷者，太陽之激氣也。」《説文》云：「靁，陰陽薄動靁雨，生物者也。从雨，畾象回轉形。」**爲龍，**注虞翻曰：「駹，蒼色。震，東方。故『爲駹』。舊讀作龍，上已爲龍，非。」《釋文》云：「龍，虞、干作駹。」案，《周禮・犬人》「用駹可也」，注云：「故書『駹』作『龍』。」《巾車》注云：「故書『駹』作『龍』。」杜子春曰：「龍讀爲駹。」是龍、駹古通用。**爲玄黄，**注虞翻曰：「天玄地黄，震天地之雜物，故爲『玄黄』。」孔疏云：「震爲玄黄，取其相雜而成蒼色也。」**爲旉，**注干寶曰：「旉，花之通名，鋪爲花貌謂之藪。」案象春生之氣也。仲春之月，桃始華。華，旉也。《大過》「枯楊生華」，取震象也。《説文》云：「旉，布也。」《漢書・禮樂志》注云：「旉，古敷字。」是「旉」「敷」古同。華之爲旉，取其敷布也。《釋草》云：「華，荂也。荂，榮也。」《説文》云：「雩，艸木華也，或从艸从夸。」則雩本字，荂或體，旉假借字，專則形似之訛也。**爲大塗，**注王廙曰：「大塗，萬物所出。」見《御覽》。**爲長子，**注虞翻曰：「乾一索，故『爲長子』。」**爲決躁，**注崔憬曰：「取其剛動在下，故『爲決躁』也。」**爲蒼筤竹，**注荀九家曰：「蒼筤，青也。震陽在下，根長堅剛，陰爻在中，使外蒼筤也。」案，《釋文》云：「筤，或作琅，通。」蓋筤，狀其色之潤澤也。**爲萑葦。**注荀九家曰：「萑葦，蒹葭也。根莖叢生，蔓衍相連，有似雷行也。」案，《行葦》疏云：「葦之初生，其名爲葭，稍大爲蘆，長成乃名爲葦。」《草木疏》云：「薍或謂之荻，至秋堅成，則謂之萑。」**其於馬也爲善鳴，爲馵足，**注虞翻曰：「爲雷，故『善鳴』也。馬白後左足爲馵，震爲足，爲左，初陽白，故爲『馵足』。」案，《白虎通・三正》云：「十二月之時，萬物始牙而白。白者陰氣。」《乾鑿度》云：「陽生秀白之州。」鄭注云：「乾氣白。」蓋陽初萌，尚伏陰中，故白也。**爲作足，**案震動起，故作足。**爲的顙。**注虞翻曰：「的，白。顙，額也。」案，震爲反生，陽在初，故「的顙」。《説文》一引作「的」，云「明也」。一引作「馰」，云「馬白額也。一曰駿也」。《爾雅・釋畜》：「馰，顙白顛。」舍人本作「的」，古通。**其於稼也爲反生。**注宋衷曰：「陰在上，陽在下，故『爲反生』。謂枲豆之類，戴甲而生。」案稼者，種穀之總稱。種之曰稼，斂之曰穡。謂之稼者，有似嫁女相生；穡，愛也，言愛惜而收斂之也。凡物皆反生，言稼舉衆多也。反生，猶倒生。反即倒。凡物生皆先長根，後乃戴甲而出，即人亦倒生，陽在下也。《淮南子・原道》云：「倒生挫傷。」注云：「草木首地而生，故曰『倒生』。」**其究爲健，爲蕃鮮。**案究，極也。陽由初息至三，成乾，故健。物極必反，震化成巽。天地變化，草木蕃。出震齊巽，萬物畢達，故蕃鮮。鮮，明也。出震齊巽，四月消息爲乾，故其究爲健，爲蕃鮮。

巽爲木，爲風，注宋衷曰：「陽動陰靜，二陽動於上，一陰安靜於下，有似於木也。」案，巽位東南，與震通。震發生之木，巽則極盛之木，得陽燥而生火者也。陸績曰：「風，土氣也。巽，坤之所生，故『爲風』。亦取静於本，而動於末也。」案《物理志》曰：「風，陰陽擊發氣也。」見《文選・風賦》注。陰陽之氣，以雷動，以風行。《吕覽》曰：「大聖至理之世，天地之氣，合而生風。」《音律》文。**爲長女，**注荀爽曰：「柔在初。」**爲繩直，**注翟元曰：「上二陽共正一陰，使不得邪僻，如繩之直。」案，《淮南子・時則》云：「繩之爲度也，直而不争，修而不窮。」**爲工，**注荀爽曰：「以繩木，故『爲工』。」虞翻曰：「爲近利市三倍，故『爲工』。子夏曰：『工居肆。』」**爲白，爲長，爲高，**案陰在初，故「白」。《白虎通》曰：「白者陰氣。」《三正》文。爲風，爲繩直，故「長」。風行天上，柔以時升，故「高」也。**爲進退，爲不果，**注荀爽曰：「風行无常，故『進退』。風行或東或西，故『不果』。」案，巽初陰柔失正，故進退不果。震初陽剛，故決躁。決躁者，果也。孔子曰：「由也果。」**爲臭，**注虞翻曰：「臭，氣也。風至知氣，巽三入艮鼻，故爲『臭』。《繫》曰：『其臭如蘭。』」**其於人也爲寡髮，**注鄭康成曰：「宣髮，取四月靡草死，髮在人體，猶靡草在地。」見《車人》疏。案，《釋文》云：「寡本又作宣。」虞云：「爲白，故宣髮。」則虞亦作宣。鄭《車人》注云：「人頭髮皓落曰宣，巽爲宣髮。」案，《説文》云：「髮，根也。」巽初陰柔，故髮落。**爲廣顙，**案「廣」當作「黄」。《釋文》云：「鄭作黄。」震的顙，故巽黄顙。坤初之乾，地色黄。**爲多白眼，**注虞翻曰：「爲白，離目上向，則白眼見，故『多白眼』。」**爲近利市三倍。**案陰性貪，初陰故近利。乾坤交易，一陰得二陽，故市三倍，謂策數也。**其究爲躁卦。**案躁卦謂震。

坎爲水，注宋衷曰：「坎陽在中，內光明，有似於水。」案，《説文》云：「水，準也。」北方之行，象衆水並流，中有微陽之气也。**爲溝瀆，爲隱伏，**注虞翻曰：「以陽闢坤，水性流通，故『爲溝瀆』也。陽藏陰中，故『爲隱伏』也。」**爲矯輮，爲弓輪，**注宋衷曰：「曲者更直爲矯，直者更曲爲輮，水流有曲直，故『爲矯輮』。」虞翻曰：「可矯輮，故『爲弓輪』。坎爲月，月在於庚爲弓，在甲象輪。」**其於人也爲加憂，爲心病，**注虞翻曰：「兩陰夾心，爲多眚，故『加憂』。爲勞而加憂，故『心病』。」**爲耳痛，爲血卦，爲赤，**案耳勞多眚，故痛。痛，病也。《管子》曰：「水者地之血氣，如筋脈之流通者也。」《水地》文。陽陷陰中，陰凝陽，故爲「血卦」。《白虎通》曰：「十一月之時，陽氣始養根株，黄泉之下，萬物皆赤。赤者，盛陽之氣也。」《三正》文。坎十一月卦，故赤。**其於馬也爲美脊，**注宋衷曰：「陽在中央，馬脊之象也。」**爲亟心，**注崔憬曰：「取其內陽剛動，故『爲亟心』也。」案，坎水流疾，陽動於中。《説文》云：「亟，敏疾也。」**爲下首，**注荀爽曰：「水之流，首卑下也。」**爲薄蹏，**注荀九家曰：「薄蹏者在下，水又趨下，趨下則流散，流散則薄，故爲『薄蹏』也。」**爲曳，**注宋衷曰：「水摩地而行，故『曳』。」**其於輿也爲多眚，爲通，爲月，爲盜，其於木也爲堅多心。**注虞翻曰：「眚，敗也。坤爲大車，坎拆坤體，故爲車『多眚』也。水流瀆，故『通』。坤爲夜，以坎陽光坤，故『爲月』也。水流潛竊，故『爲盜』也。

陽剛在中，故『堅多心』。棘，棗屬也。」

離爲火，爲日，爲電，【注】荀爽曰：「陽外光也。」鄭康成曰：「取火明也，久明似日，暫明似電也。」【案】《淮南子》曰：「天地之襲精爲陰陽，陰陽之專精爲四時，四時之散精爲萬物。積陽之熱氣生火，火氣之精者爲日。積陰之寒氣爲水，水氣之精者爲月。」《天文》文。又曰：「陰陽相薄爲雷，激揚爲電。」《墬形》文。❶ **爲中女，**【注】荀爽曰：「柔在中也。」**爲甲冑，爲戈兵，**【注】虞翻曰：「外剛，故『爲甲』。乾爲首，巽繩貫甲，而在首上，故『爲冑』。冑，兜鍪也。乾爲金，離火斷乾，燥而鍊之，故『爲戈兵』也。」**其於人也爲大腹，**【注】虞翻曰：「象日常滿，如妊身婦，故『爲大腹』。」【案】坎伏離中，懷妊之象，故大腹。**爲乾卦，**【注】虞翻曰：「火日熯燥物，故『爲乾卦』。」案，「乾」，鄭云：「當爲幹。陽在外，能幹正也。」**爲鼈，爲蟹，爲蠃，爲蚌，爲龜，**【注】鄭康成曰：「皆骨在外。」見《梓人》疏。虞翻曰：「此五者，皆取外剛内柔也。」**其於木也爲科上稿。**【注】宋衷曰：「陰在内，則空中。木中空，則『上科稿』也。」案，《釋文》云：「稿，鄭作槀。」《説文》云：「槁，木枯也。稿，稈也。槁本字，稿假借字。」

艮爲山，【注】宋衷曰：「二陰在下，一陽在上。陰爲土，陽爲木，土積於下，木生其上，山之象

---

❶「墬」，原作「墜」，今據《淮南子》改。

也。」**爲徑路，**注虞翻曰：「艮爲山中徑路，震陽在初則爲大塗，艮陽小，故『爲徑路』。」案，震陽在初，萬物出震，故爲大塗。艮陽小，始萬物，故爲徑路。艮象反震也。**爲小石，**注陸績曰：「艮剛卦之小，故爲『小石』也。」案，《春秋説題辭》云：「《周易》艮爲山，爲小石，石陰中之陽，陽中之陰，陰精補陽，故山含石。」**爲門闕，**案成終成始，萬物所出入，故「爲門闕」。《爾雅》曰：「觀謂之闕。」《白虎通・五祀》云：「門以閉藏自固也。」《水經・穀水》注引《白虎通》云：「門必有闕者，所以飾門別尊卑也。」案，謂之闕者，《釋名》云：「闕，闕也，在門兩旁，中央闕然爲道也。」此言其形也。《穀水》注引潁容説云：❶「闕者，上有所失，下得書之於闕，所以求論譽於人，故謂之闕矣。」《爾雅》疏引《白虎通》云：「闕者何，闕疑也。」此言其義也。《周禮》謂之象魏。《太宰》注鄭司農云：「象魏，闕也。」高誘《淮南子》注云：「門闕高崇嵬嵬然，故曰嵬闕。」又云：「魏闕者，王者門外闕，所以懸教象之書於象魏也。巍巍高大，故曰魏闕。」蓋懸治象，則曰象。巍巍然，則曰魏。又謂之觀者，萬民觀焉也。**爲果蓏，**注宋衷曰：「木實謂之果，草實謂之蓏。桃李瓜瓞之屬，皆出山谷也。」案，艮，陽極，成孰之象，故「爲果蓏」。**爲閽寺，**注宋衷曰：「閽人主門，寺人主巷，艮爲止，此職皆掌禁止者也。」案，《周禮》：「閽人，掌守王之中門之禁。寺人，掌王之內人及女宮之戒令，相道其出入之事而糾之。」鄭注云：「閽人，司昏晨以啟閉者，寺之言侍也。」《釋文》云：「寺亦作⿵門寺。」**爲指，**注虞翻曰：「艮手多節，故『爲指』。」**爲狗，**注虞翻曰：「指屈伸制物，故

❶「潁」，原作「穎」，今據皇清經解續編本改。

『爲拘』。舊作『狗』。上已爲『狗』，字之誤。」**爲鼠，**注虞翻曰：「似狗而小，在坎穴中，故『爲鼠』。」案，《說文》云：「鼠，穴蟲之總名。」**爲黔喙之屬，**注馬融曰：「黔喙，肉食之獸，謂豺狼之屬。黔，黑也，陽玄在前也。」案，《說文》云：「喙，口也。」《釋文》云：「黔作黚，義亦通。」《說文》云：「黚淺黄黑也。」**其於木也爲堅多節。**注虞翻曰：「陽剛在外，故『多節』，松柏之屬。」

兑爲澤，注宋衷曰：「陰在上，令下溼，故『爲澤』也。」**爲少女，爲巫，**注虞翻曰：「坤三索位在末，故少也。乾爲神，兑爲通，與神通氣，女故爲巫。」案，乾坤以山澤通氣，兑爲口舌，以言事神。《說文》云：「巫，祝也，女能事無形，以舞降神者也。」又云：「覡，能齋肅事神明者也，在男曰覡，在女曰巫。」又云：「祝，祭主贊詞者，从示从人口，❶一曰从兑省，《易》曰兑爲口，爲巫。」**爲口舌，**案兑爲金，主言，舌所以出音聲別滋味也。《白虎通》云：「舌能知味，亦能出音聲。」《說文》云：「舌在口，所以言也，別味也。」亦通氣之義也。**爲毁折，**案毁，缺也。折，斷也。兑陰在上，故缺。正秋金能斷物，故折也。**爲附決，**注虞翻曰：「乾體圓，故『附決』也。」案，附，麗也。兑附於乾成夬，猶山附於地爲剥，故曰「附決」。**其於地也爲剛鹵，**注虞翻曰：「乾二陽在下，故剛。澤水潤下，故鹵。」案《說文》云：「鹵，西方鹹地也。東方謂之庈，西方謂之鹵。」**爲妾，**注虞翻曰：「三女少，位賤，故『爲妾』。」**爲**

---

❶「示」，原作「二」，今據皇清經解續編本改。

羊。注虞翻曰：「羔，女使，皆取位賤，故『爲羔』。舊讀以震駹爲龍，艮狗爲狗，兑羔爲羊，皆已見上。此爲再出，非孔子意也。震已爲長男，又言長子，謂以當繼世、守宗廟、主祭祀，故詳舉之。三女皆言長中少，明女子各當外成，故别見之。此其大例者也。」案，虞以「羔」爲女使，羔當即「槀」之假借。《秋官·司厲》云：「其奴男子入於罪隸，女子入於舂槀。」又《槀人》：「女槀每奄二人。」《説文》云：「男有辠曰奴，奴曰童，女曰妾。」又云：「妾，有辠女子，給事之得接於君者。」妾與女槀，皆有辠女子。兑爲少女，秋主刑也。

周易序卦傳

有天地，然後萬物生焉。盈天地之閒者，唯萬物，故受之以屯。屯者，盈也。注荀爽曰：「謂陽動在下，造生萬物於冥昧之中也。」**屯者，物之始生也。**注王肅曰：「屯，剛柔始交而難生，故爲物始生也。」見孔疏。**物生必蒙，故受之以蒙。蒙者，蒙也，物之稺也。**注鄭康成曰：「蒙，幼小之貌，齊人謂萌爲蒙也。」**物稺不可不養也，**注鄭康成曰：「言孩稚不養，則不長也。」**故受之以需。需者，飲食之道也。**注荀爽曰：「坎在乾上，中有離象，水火交和，故爲『飲食之道』也。」**飲食必有訟，故受之以訟。**注鄭康成曰：「訟，猶争也。言飲食之會恒多争也。」案豢豕爲酒，非以爲禍也，而獄訟益繁，❶故禮之初，始諸飲食。**訟必有衆起，故受之以師。師者，衆也。**注荀九家曰：「坤爲衆物，坎爲衆水，上下皆衆，故曰『師』也。凡制軍，萬有二千五百人爲軍，天子六軍，大國三軍，次國二軍，小國一軍。軍有將，皆命卿也。二千五百人爲師。師帥皆中大夫。五百人爲旅，旅帥下大夫也。」案：《淮南子·兵略》云：「人有衣食之情，而物弗能足也。故羣居雜處，分不均，求不澹，則争。争則强脅弱，而勇侵怯。人無筋骨之强，爪牙之利，故割革而爲甲，鑠鐵而爲刃。貪昧饕餮之人，殘賊天下，萬人搔動。有聖人勃然而起，乃討强暴，平亂世，夷險除穢。❷兵之所由來者遠矣！」**衆必有所比，故受之以比。比者，比也。**案比猶親也。地得水而柔，水得地故流，故比也。**比必有所畜，故受之以小畜。物畜然後有禮，故受之以履。**案既庶則富之，既富則教之。**履而泰，然後安，故受之以泰。泰者，通也。**注姚信曰：「安上治民，莫過於禮。有禮然後泰，泰然後安也。」荀爽曰：「謂乾來下降，以陽通陰也。」**物不可以終通，故受之以否。**案交通者，情也。不可通者，禮與分也。禮定而情通，情通而分定，分定然後上下安。**物不可以終否，故受之以同人。與人**

❶「繁」，原作「繫」，今據崇文書局本、皇清經解續編本改。

❷「除」，原作「余」，今據崇文書局本、皇清經解續編本改。

同者，物必歸焉，故受之以大有。案同人親也，親則不否。大有衆也，親故有衆。**有大者，不可以盈，故受之以謙。有大而能謙必豫，故受之以豫。豫必有隨，故受之以隨。以喜隨人者必有事，故受之以蠱。蠱者，事也。**案庶民子來，則萬事舉。**有事然後可大，故受之以臨。臨者，大也。**注宋衷曰：「事立功成，可推而大也。」❶**物大然後可觀，故受之以觀。**注虞翻曰：「臨反成觀，二陽在上，故『可觀』也。」案，荀爽云：「陽稱大，謂一陽大升，故曰『大』也。」臨反成觀，故稱大觀。**可觀而後有所合，故受之以噬嗑。嗑者，合也。**注虞翻曰：「頤中有物食，故合也。」**物不可以苟合而已，故受之賁。賁者，飾也。致飾然後亨則盡矣，故受之以剥。剥者，剥也。**注虞翻曰：「分剛上文柔，故飾。」荀爽曰：「極飾反素，文章敗，故爲剥也。」案亨，獻也，進也。《釋文》云：「亨，鄭許兩反。」著誠去僞，禮之經也。四暘交於中，而發作於外，君子動其本，然後致其飾。致飾於外，中美盡矣，白賁之所以无咎也。《詩》曰：「衣錦尚絅。」惡其文之著也。故君子之道，闇然而日章。小人之道，的然而日亡。案，《京氏傳》云：「上九積陽素尚，全身遠害，貴其正道。」然則致飾而進，非正道明矣，謂徒致其飾也。《荀子・勸學》云：「古之學者爲己，今之學者爲人。君子之學也，以美其身。小人之學也，以爲禽犢。」《說

❶「而大」，原倒，今據崇文書局本、皇清經解續編本改。

苑·反質》云：「孔子卦得賁，意不平。子張問孔子，曰：『賁非正色也，是以歎之。吾聞之，丹漆不文，白玉不雕，寶珠不飾，何也？質有餘者，不受飾也。』」義本此。**物不可以終盡，剥窮上反下，故受之以復。**案《淮南子》曰：「動而有益，則損隨之，故《易》曰：『剥之不可遂盡也，故受之以復。』積薄爲厚，積卑爲高，故君子日孳孳以成煇，小人日快快以至辱。」《繆稱》文。**復則不妄矣，故受之以无妄。**案知之未嘗復行，故不妄。**有无妄然後可畜，故受之以大畜。**注荀爽曰：「物不妄者，畜之大也。畜積不敗，故大畜。」案，「富與貴，是人之所欲也。不以其道得之，不處也」，所謂无妄。**物畜然後可養，故受之以頤。頤者，養也。**注虞翻曰：「天地養萬物，聖人養賢以及萬民。」**不養則不可動，故受之以大過。**注虞翻曰：「人頤不動則死，故受之以大過。」**物不可以終過，故受之以坎。坎者，陷也。陷必有所麗，故受之以離。離者，麗也。**案孔子曰：「陽三陰四，位之正也。故《易》卦六十四，分而爲上下，象陰陽也。夫陽道純而奇，故上篇三十，所以象陽也。陰道不純而偶，故下篇三十四，所以法陰也。乾坤者，陰陽之根本，萬物之祖宗也，爲上篇始者，尊之也。離爲日，坎爲月，日月之道，陰陽之經，所以終始萬物，故以坎離爲終。咸恒者，男女之始，夫婦之道也。人道之興，必由夫婦，所以奉承祖宗，爲天地主也，故爲下篇始者，貴之也。既濟未濟，爲最終者，所以明戒慎而存王道。」《乾鑿度》文。鄭注云：「夫物不可窮，理不可極，故王者亦常則天而行，與時消息，不可安而忘危，存而忘亡。未濟者，亦無窮極之謂者也。」鄭康成曰：「陽起於子，陰起於午，天數大分，以陽出離，以陰入坎，坎爲中男，離爲中女，太乙之行，出從中男，入從中女，因陰陽男女之偶，爲終始也。」見《後漢書·崔駰傳》注。王應麟以此爲康成《易》注。案崔駰《達旨》云：「易稱備物致用，可觀而後有所合，故能扶陽以出，順陰以入。」李賢注云「鄭注《乾鑿度》曰『陽起於子』」云云，則彼自引《乾鑿度》注以證陽出陰入，王應麟遂以此爲鄭「可觀而後有所合」注，誤也。《乾鑿度·太乙行九宮》鄭彼注云：「太乙者，北辰之神名也，居其所曰太乙，常行於八卦日辰之閒曰天乙，四正四維，以八卦神所居，亦名之曰宮。天乙下行，猶天子出巡狩，省方岳之事，每率則復太乙，下行八卦之宮，每四乃還於中央。中央者，北神之所居，故因謂之九宮。天數大分，以陽出以陰入，陽起於子，陰起於午，是以太乙下行九宮，從坎宮始，自此而從於坤宮。坤，母也。又自此而從震宮。震，長男也。又自此而從巽宮。巽，長女也。所行者半矣，還息於中央之宮，既又自此而從乾宮。乾，父也。自此而從兑宮。兑，少女也。又自此從於艮宮。艮，少男也。又自此從於離宮。離，中女也。行則周矣。上遊息於太乙天乙之宮，而反於紫宮，行從坎宮始，終於離宮，出從中男，入從中女，亦因陰陽男女之偶，爲終始。」案，鄭義與李賢所引正合，彼蓋約鄭義也。以陽出離，以陰入坎，當作以陽出坎，以陰入離，即荀《乾·彖傳》注，乾起於坎而終於離，坤起於離而終於坎之義也。

有天地然後有萬物，有萬物然後有男女，有男女然後有夫婦，有夫婦然後有父子，有父子然後有君臣，有君臣然後有上下，有上下然後禮義有所錯。 注 干寶曰：「錯，施也。」此詳言人道，三綱六紀有自來也。人有男女陰陽之情，則自然有夫婦配合之道；有夫婦配合之道，則自然有剛柔尊卑之義；陰陽化生，血體相傳，則自然有父子之親；以父立君，以子資臣，則必有君臣之位，故有上下之序；有上下之序，則必禮以定其體，義以制其宜，明先王制作，蓋取之於情者也。上經始於乾坤，有生之本也；下經始於咸恒，人道之首也。易之興也，當殷之末世，有妲己之禍；當周之盛德，有三母之功。以言天不地不生，夫不婦不成，相須之至，王教之端。故《詩》以《關雎》爲國風之始，而《易》於咸恒備論禮義所由生也。」**夫婦之道，不可以不久也，故受之以恒。恒者，久也。物不可以久居其所，故受之以遯。遯者，退也。物不可以終遯，故受之以大壯。物不可以終壯，故受之以晉。晉者，進也。**案進當以漸，如日之升，壯則傷，其進鋭者其退速。**進必有所傷，故受之以明夷。明夷者，傷也。傷於外者必反其家，❶故受之以家人。家道窮必乖，故受之以睽。睽者，乖也。**案國之本在家，故必反其家。家道窮謂父不父，子不子，兄不兄，弟不弟，夫不夫，婦不婦，並后匹嫡，而禍亂作矣。故家人有嚴君焉。父父子子，兄兄弟弟，夫夫婦婦，正家而天下定也。**乖必有難，故受之以蹇。蹇者，難也。物不可以終難，故受之以解。解者，緩也。緩必有所失，故受之以損。損而不已必益，故受之以益。益而不已必決，故受之**

❶「其」，崇文書局本、皇清經解續編本作「於」。

以夬。夬者，決也。決必有所遇，故受之以姤。姤者，遇也。案遷善，益也。改過則夬，剛長乃終，陽極則陰來，故決必有遇。**物相遇而後聚，故受之以萃。萃者，聚也。聚而上者謂之升，故受之以升。升而不已必困，故受之以困。困乎上者必反下，故受之以井。井道不可不革，故受之以革。**案善則馨聞於上，惡則腥聞於天，聚必升也。桀紂困，湯文亦困，升必困也。困德之辯，井德之地，困不失其所亨，反身修德，故受以井。井泥宜甃，故受以革。**革物者莫若鼎，故受之以鼎。主器者莫若長子，故受之以震。震者，動也。物不可以終動，❶止之，故受之以艮，艮者，止也。物不可以終止，故受之以漸，漸者，進也。**案張而不弛，文武弗能；弛而不張，文武弗爲。一張一弛，文武之道也。**進必有所歸，故受之以歸妹。得其所歸者必大，故受之以豐。豐者，大也。窮大者必失其居，故受之以旅。旅而无所容，故受之以巽。巽者，入也。**案巽爲進退，兩巽相隨，隨所處也，君子无入不自得。**入而後説之，故受之以兑。兑者，説也。**注虞翻曰：「兑爲講習，故『學而時習之，不亦説乎』。」**説而後散之，故受之以渙。渙者，離也。物不可以終離，故受之以節。**注虞翻曰：「風以散物，故離也。」案節，止也。風行水上，故離。水歸於澤，則止不離

❶「以終」，原倒，今據崇文書局本、皇清經解續編本改。

也。**節而信之，故受之以中孚。**案法制有常，故信不欺於物，物亦信焉，故中孚。**有其信者必行之，故受之以小過。有過物者必濟，故受以之既濟，物不可窮也，故受之以未濟終焉。**案窮則變，變則通，未濟思所以濟之，周而復始矣。

周易雜卦傳

乾剛坤柔，比樂師憂。注虞翻曰：「乾剛金堅故剛，坤陰和順故柔。比五得位，建萬國，故樂。師三失位，輿尸，故憂。」**臨觀之義，或與或求。**注荀爽曰：「臨者教思无窮，故爲與。觀者觀民設教，故求也。」**屯見而不失其居，蒙雜而著。**注虞翻曰：「陽出初震，故見。盤桓利居貞，故不失其居。蒙二陽在陰位，故雜。」案發蒙育德，故著也。**震，起也。艮，止也。**注虞翻曰：「震陽動行，故起。艮陽終止，故止。」**損益，盛衰之始也。**案損盛之始，益衰之始，亦平陂往復之義也。**大畜，時也。无妄，災也。**案山澤通氣，大雨時行，故時。天命不祐，故災也。**萃聚而升，不來也。**注虞翻曰：「坤衆在內，故聚。升五不來之二，故不來。」**謙輕而豫，怠也。**注虞翻曰：「謙三位賤，故輕。豫薦樂祖考，故怡。怡，或言怠也。」案《釋文》云：「怠，虞作怡。」案，怡與來爲韻，作怡是也。**噬嗑，食也。賁，无色也。**注虞翻曰：「頤中有物，故食。賁離日在上，五動巽白，故无色也。」**兑見而巽伏也。**案兑陰見，巽陰伏也。**隨，无**

故也。蠱，則飭也。案説而動隨，不必有事，故无故。蠱者，事也，故飭。振民育德，先甲後甲，皆飭也。《月令》曰：「田事既飭，先定準直，農乃不惑。」案《釋文》云：「飭，鄭作飾。」義通。《大戴・盛德》篇云：「德盛則脩法，德不盛則飾政，法政脩而德不衰，故曰王也。」**剥，爛也。復，反也。**案爛，熟也。柔變剛，故爛。陽反初，故反也。**晉，晝也。明夷，誅也。井通而困相遇也。**注虞翻曰：「誅，傷也。離日在上，故晝；明入地中，故誅。❶泰初之五爲坎，故通。困三遇四，故相遇。」**咸，速也。恒，久也。涣，離也。節，止也。解，緩也。蹇，難也。**注虞翻曰：「相感者不行而至，日月久照，四時久成，故久也。涣散，故離。節制數度，故止。震動出物，故緩。蹇險在前，故難。」**睽，外也。家人，内也。否泰，反其類也。大壯則止，遯則退也。**注虞翻曰：「離女在上，故外。家人女正位乎内，故内。否反成泰，泰反成否，故反其類。終日乾乾，反復之道，大壯止陽，陽故止。遯陰消陽，陽故退也。」**大有，衆也。同人，親也。革，去故也。鼎，取新也。**注虞翻曰：「五陽並應，故衆。夫婦同心，故親也。案，火炎上就燥，故親。革更去故，鼎亨飪，故取新也。」**小過，過也。中孚，信也。豐，多故。親寡，旅也。**案，《釋文》云：「豐多故，衆家以此絶句。荀本豐多故親絶句。」是諸家本俱无也字。注虞翻

❶「故」，原植下句「初」之下，今據皇清經解續編本改。

曰：「五以陰過陽，故過。信及豚魚，故信。豐大故多，旅无容，故親寡。六十四卦皆先言卦，乃道其指。至旅體離四，焚棄之行，又在旅家，故獨先言親寡，而後言旅。」**離上而坎下也。小畜，寡也。履，不處也。**案火就燥，炎上；水流溼，潤下。密雲不雨，故寡。履虎尾，故不處也。**需，不進也。訟，不親也。**注虞翻曰：「險在前，故不進；天水違行，故不親也。」**大過，顛也。姤，遇也，柔遇剛也。漸，女歸，待男行也。**注虞翻曰：「顛，殞也。頂滅澤中，故顛也。兑爲女，艮爲男，反成歸妹，巽成兑，故女歸。待艮成震乃行，故待男行也。」**頤，養正也。既濟，定也。**注虞翻曰：「既濟，六爻得位，定也。」**歸妹，女之終也。未濟，男之窮也。**注虞翻曰：「歸妹，人之終始，女終於嫁，從一而終，故女之終也。否艮爲男位。否五之二，六爻失正而來下陰。未濟主月晦，乾道消滅，故『男之窮也』。」**夬，決也，剛決柔也。君子道長，小人道憂也。**注虞翻曰：「以乾決坤，以剛決柔也。乾爲君子，坤爲小人，乾息故君子道長，坤體消故小人道憂。自大過至此八卦，不復兩兩對説。❶大過死象，兩體姤夬，故次以姤，而終以夬，言君子之決小人，故君子道長，小人道憂。」案，干寶云：「凡《易》既分爲六十四卦，以爲上下經，天人之事，各有始終，夫子又爲《序卦》，以明其所承受之義，又

❶ 下「兩」字，皇清經解續編本作「卦」。

重爲《雜卦》，以易其次第，《雜卦》之末，又改其例，化而裁之存乎變，是故聖人之於天下也，同不是，異不非，百世以俟聖人而不惑，一以貫之矣。」

《儒藏》精華編選刊

即出書目(二〇二三)

白虎通德論
誠齋集
春秋本義
春秋集傳大全
春秋左氏傳賈服注輯述
春秋左氏傳舊注疏證
春秋左傳讀
道南源委
桴亭先生文集
復初齋文集
廣雅疏證
龜山先生語録
郭店楚墓竹簡十二種校釋
國語正義
涇野先生文集
康齋先生文集
孔子家語　曾子注釋
禮書通故
論語全解
毛詩後箋
毛詩稽古編
孟子正義
孟子注疏
閩中理學淵源考
木鐘集
群經平議

三魚堂文集　外集
上海博物館藏楚竹書十九種校釋
尚書集注音疏
詩本義
詩經世本古義
詩毛氏傳疏
詩三家義集疏
書疑　東坡書傳　尚書表注
書傳大全
四書集編
四書蒙引
四書纂疏
宋名臣言行録
孫明復先生小集　春秋尊王發微
文定集

五峰集　胡子知言
小學集註
孝經注解　温公易説　司馬氏書儀　家範
礕經室集
伊川擊壤集
儀禮圖
儀禮章句
易漢學
游定夫先生集
御選明臣奏議
周易口義　洪範口義
周易姚氏學